Uni-Taschenbücher 947

Eine Arbeitsgemeinschaft der Verlage

Wilhelm Fink Verlag München
Gustav Fischer Verlag Jena und Stuttgart
Francke Verlag Tübingen und Basel
Paul Haupt Verlag Bern · Stuttgart · Wien
Hüthig Verlagsgemeinschaft
Decker & Müller GmbH Heidelberg
Leske Verlag + Budrich GmbH Opladen
J. C. B. Mohr (Paul Siebeck) Tübingen
Quelle & Meyer Heidelberg · Wiesbaden
Ernst Reinhardt Verlag München und Basel
Schäffer-Poeschel Verlag · Stuttgart
Ferdinand Schöningh Verlag Paderborn · München · Wien · Zürich
Eugen Ulmer Verlag Stuttgart
Vandenhoeck & Ruprecht in Göttingen und Zürich

Helmut Danner

Methoden geisteswissenschaftlicher Pädagogik

Einführung in Hermeneutik,
Phänomenologie und Dialektik

Mit 28 Abbildungen und
4 ausführlichen Textbeispielen

Dritte Auflage

Ernst Reinhardt Verlag München Basel

Helmut Danner, Dr. phil., Jahrgang 1941; Erstes Lehramtsexamen 1965; Studium der Philosophie, Pädagogik und Musikwissenschaft an der Universität München; Promotion 1970 über Heidegger; ab 1975 Wissenschaftlicher Assistent am Institut für Pädagogik an der Universität München. 1983 Habilitation in Pädagogik über »Verantwortung und Pädagogik«; Lehrtätigkeit neben Universität München auch in Trier und Edmonton, Kanada. Seit 1986 Leiter pädagogischer Projekte der Hanns-Seidel-Stiftung in Ägypten.

Die Deutsche Bibliothek – CIP-Einheitsaufnahme

Danner, Helmut:
Methoden geisteswissenschaftlicher Pädagogik : Einführung in Hermeneutik, Phänomenologie und Dialektik / Helmut Danner. –
3. Aufl. – München ; Basel : E. Reinhardt, 1994
    (UTB für Wissenschaft : Uni-Taschenbücher ; 947)
    ISBN 3-8252-0947-4 (UTB) Pb.
    ISBN 3-497-01325-0 (Reinhardt) Pb.
NE: UTB für Wissenschaft / Uni-Taschenbücher

© 1994 by Ernst Reinhardt, GmbH & Co, Verlag, München
Dieses Werk einschließlich aller seiner Teile ist urheberrechtlich geschützt.
Jede Verwertung außerhalb der engen Grenzen des Urheberrechtsgesetzes
ist ohne schriftliche Zustimmung der Ernst Reinhardt, GmbH & Co, München, unzulässig und strafbar. Das gilt insbesondere für Vervielfältigungen, Übersetzungen in andere Sprachen, Mikroverfilmungen und die Einspeicherung und Verarbeitung in elektronischen Systemen.

Einbandgestaltung: Alfred Krugmann, Freiberg/Neckar
Printed in Germany

ISBN 3-8252-0947-4 (UTB-Bestellnummer)

Inhalt

Vorwort zur ersten Auflage	7
Vorwort zur zweiten Auflage	8

I. Einführung ... 11

1. Zum Sinn der Methodenreflexion ... 12
2. Was heißt »geisteswissenschaftliche Pädagogik«? ... 19

II. Hermeneutik ... 31

1. Grundbegriffe der Hermeneutik ... 34
   a) Das Verstehen ... 34
   b) Die Verbindlichkeit des Verstehens ... 47
   c) Der hermeneutische Zirkel ... 55
   d) Hermeneutische Regeln ... 61
   Zusammenfassung ... 65
2. Zwei Textauszüge und zwei hermeneutische Modelle ... 67
   a) *Dilthey* — Die Kongenialität des Interpreten ... 68
   b) *Gadamer* — Die hermeneutische Situation ... 77
   c) Vergleich ... 85
3. Hermeneutik in der Pädagogik ... 89
   a) Auslegung von (pädagogischen) Texten ... 93
   b) Verstehen des Historischen ... 96
   c) Hermeneutik als Hypothesenbildung: eine Reduktion ... 100
   d) Verstehen von Erziehungswirklichkeit ... 104
   Zusammenfassung ... 110
4. Beurteilung der pädagogischen Hermeneutik ... 113

III. Phänomenologie ... 117

1. Grundbegriffe und Grundgedanken nach *Husserl* ... 122
   a) Aufgabe der Phänomenologie ... 123
   b) Von der theoretischen Welt zur natürlichen Einstellung ... 127
   c) Von der natürlichen zur phänomenologischen Einstellung ... 129
   d) Wesensschau ... 130
   e) Transzendentale Reduktion ... 132
   Zusammenfassung ... 134

6   Inhalt

2. Exkurs: Phänomenologie als Philosophie der Lebenswelt
   bei *Merleau-Ponty* 135
3. Die phänomenologische Methode in der geisteswissen-
   schaftlichen Pädagogik 141
   a) Situation und Aufgabe einer pädagogischen Phäno-
      menologie 141
   b) Möglichst vorurteilsfreie Einstellung 148
   c) Beschreiben 151
   d) Wesenserfassung 154
      Zusammenfassung 158
4. *Langeveld* — Beispiel einer phänomenologischen Studie . 160
5. Beurteilung der pädagogischen Phänomenologie 166

IV. Dialektik 170

1. Grundzüge der Dialektik 171
   a) Begriff und Ansätze 171
   b) Das dialektische Grundschema 178
   c) Der Widerspruch von These und Antithese 179
   d) Die »Aufhebung« des Widerspruchs in der Synthese . 181
   e) Der Umschlag zur neuen These 182
      Zusammenfassung 185
2. Kritik der Dialektik als reiner Methode 187
3. Verstehende Dialektik in der geisteswissenschaftlichen
   Pädagogik 190
   a) Verstehende Dialektik im Zusammenhang von
      Hermeneutik und Phänomenologie 192
   b) Mögliche Ansätze einer verstehenden Dialektik 195
   c) Einige dialektische Aspekte in der Pädagogik 198
      Zusammenfassung 202
4. *Schleiermacher* — Beispiel dialektischen Vorgehens 204
5. Beurteilung der verstehenden Dialektik 211

**V. Hermeneutik, Phänomenologie und Dialektik im
   pädagogischen Erkenntnisprozeß** 213

Anmerkungen 216

Literaturverzeichnis 244

Namensverzeichnis 252

Sachverzeichnis 254

Vorwort zur ersten Auflage

Forschungsmethoden können prinzipiell auf zwei Weisen abgehandelt werden: *wissenschaftstheoretisch* im Hinblick auf ihre Begründung und *darstellend* im Hinblick auf ihre vorfindbare Gestalt und ihre Anwendungsmöglichkeit[1]. Dieses Buch greift die zweite Möglichkeit auf. Was in der Literatur, auch in der einschlägigen, häufig als bekannt vorausgesetzt wird, soll hier Gegenstand sein. So werden die geisteswissenschaftlichen Methoden Hermeneutik, Phänomenologie und Dialektik (a) auf allgemein philosophischer Ebene, (b) im Rahmen der geisteswissenschaftlichen Pädagogik, (c) durch Originaltexte und deren Interpretation, (d) mit Hilfe von schematischen Abbildungen und (e) durch Beispiele dargestellt und nach ihren zentralen Begriffen, Grundgedanken und formalen Schritten entfaltet.

Die bewußte Beschränkung auf die Darstellung bringt einige Probleme mit sich, die von Anfang an benannt seien. Zum einen kann eine einführende Darstellung nicht gleichzeitig wissenschaftstheoretische und erkenntnistheoretische Grundlegung und Auseinandersetzung sein, obgleich solche Fragen ständig mit hineinspielen; der Anmerkungsteil wird im Rahmen des Möglichen hierzu Hinweise geben. Zum anderen gehen in die Darstellung notwendigerweise standortbedingte Entscheidungen und Voraussetzungen des Verfassers ein, die aber ebenfalls nicht näher erörtert und begründet werden können, sofern dies nicht durch die Darstellung selbst geschieht. Weiterhin wird die Bemühung, sich einfach und verständlich auszudrücken, oft durchkreuzt von der Schwierigkeit der Sachverhalte, die eine Simplifizierung verbietet; dies wird es mit sich bringen, daß dem einen unsere Darstellung zuweilen zu schwierig, dem anderen aber zu einfach sein wird − das Dilemma einer jeden Einführung.

Das Buch ist nicht nur für Pädagogen geschrieben, sondern für jeden, der sich grundlegende Kenntnisse über Hermeneutik, Phänomenologie und Dialektik aneignen will: der Bezug zur Pädagogik stellt dabei eine bestimmte Konkretisierung dar.

München, Januar 1979   *H. Danner*

Vorwort zur zweiten Auflage

In der Zeit, als dieses Buch in seiner ersten Auflage erschien, wurde eine Wiederbesinnung auf die geisteswissenschaftliche Pädagogik erkennbar. Unter anderem veröffentlichte *Rolf Huschke-Rhein* seine grundlegende Studie über »Das Wissenschaftsverständnis in der geisteswissenschaftlichen Pädagogik. Dilthey — Litt — Nohl — Spranger« (1979). Zudem näherten sich die beiden — im tiefsten grundlos — feindlichen Lager der empirischen und geisteswissenschaftlichen Pädagogik einander an. Die einen schätzten zunehmend den Wert von »interpretativen« und »qualitativen« Verfahren; das andere Lager glaubte unter anderem, mit einer »objektiven Hermeneutik« einen Schritt auf die empirische Wissenschaft zugehen zu können oder zu müssen.

Eine »geisteswissenschaftliche Pädagogik« hat sich allerdings seither nicht wieder etablieren können, was in der von Mode zu Mode getriebenen deutschen Pädagogik der vergangenen Jahrzehnte nicht weiter verwunderlich ist. Welchen Sinn hat es also, diese pädagogische Richtung in einer Neuauflage noch einmal zur Sprache bringen zu wollen? Nun, es geht nicht um die Wiederbelebung einer *historischen* Erscheinungsform der Pädagogik; das nämlich ist die »geisteswissenschaftliche Pädagogik« in gewisser Weise, sofern sie an bestimmte Vertreter und ihre Konzepte und weltanschauliche Voraussetzungen gebunden gewesen ist[2]. Aber diese Wissenschaftsrichtung bedeutet auch und vor allem eine *spezifische Zugangsweise* zur Wirklichkeit und zur Frage von Erziehung und Bildung. *Diese* hat sehr wohl auch heute noch Bedeutung. Sie korrespondiert mit einem bestimmten Inhalt, der wissenschaftlich aufgedeckt werden soll, nämlich das *Sinnhafte* von Erziehung und Bildung und all ihren Bedingungen. Dieses Sinnhafte muß in seinem *lebensweltlichen Zusammenhang* erhoben und verstanden werden.

Neben der historischen Seite enthält also die »geisteswissenschaftliche Pädagogik« eine systematische. Diese könnte dazu berechtigen, von einer »»sinn‹-orientierten Pädagogik« zu sprechen, wobei Sinn dasjenige meint, was es zu *verstehen* und zu *interpretieren* gilt. In diesem Zusammenhang stehen meine Übersetzung und Herausgabe von *M.J. Langevelds* »Grundzüge einer erziehungswissenschaftlichen Methodologie« sowie einige eigene Beiträge zu diesem Themenkreis[3].

Vorwort 9

Im letzten Jahrzehnt erhielt die phänomenologische Orientierung in der Pädagogik wichtige Anregungen durch die Rezeption der französischen Phänomenologie, voran von *Merleau-Ponty*. Hier ist vor allem die Arbeit von *Wilfried Lippitz*, »»Lebenswelt« oder die Rehabilitierung vorwissenschaftlicher Erfahrung« (1980), zu erwähnen. Wie der Titel andeutet, steht in jüngerer Zeit die Thematisierung der »Lebenswelt« im Vordergrund. Dies ist allerdings eine Orientierung, die über die traditionelle »geisteswissenschaftliche Pädagogik« hinausgeht, da diese — sofern sie überhaupt phänomenologische Elemente aufgenommen hatte — sich mit einem Derivat der *Husserl*-schen Phänomenologie begnügte.

Die vorliegende Neuauflage dieses Buches versteht sich wie die erste Auflage als eine *Einführung in Grundbegriffe*; sie verfolgt also das Anliegen der Grundlegung von zentralen Einsichten und somit primär ein didaktisches Anliegen. Dazu soll der Weg der *Darstellung* gegangen werden, nicht der wissenschaftstheoretischen Diskussion von verschiedenen Positionen. Außerdem verbleibt die Darstellung im wesentlichen innerhalb der traditionellen »geisteswissenschaftlichen Pädagogik«. Die behandelten »Methoden« — Hermeneutik, Phänomenologie und Dialektik — erscheinen daher in einer gewissen Einseitigkeit, die aber aus didaktischen Gründen vertretbar ist. Denn zunächst müssen die grundlegenden Begriffe und Erkenntnisakte verstanden sein; erst dann kann die wissenschaftliche Diskussion begriffen und gar in sie eingegriffen werden[4].

Diese Neuauflage korrigiert Fehler, die stehengeblieben sind, und gibt Hinweise auf neuere Literatur, ohne allerdings Vollständigkeit anzustreben; manches wird neu formuliert; zusätzliche Abbildungen sollen der weiteren Verdeutlichung dienen; und schließlich enthält vor allem der Phänomenologie-Teil Ergänzungen, um die jüngere Entwicklung anzudeuten.

Folgendes kann nicht deutlich genug hervorgehoben werden: Wenn hier von »*Methoden*« die Rede ist, dann dürfen diese nicht im instrumentellen Sinne verstanden werden. Die hier gemeinten »Methoden« sind keine Rezepte, keine Anleitungen, um »Geisteswissenschaft« »machen« zu können. Diese »Methoden« sind Zugangswege, die eine bestimmte Erkenntnishaltung erfordern. Der englische Ausdruck »*approach*« gibt angemessener wieder, was gemeint ist, als eine instrumentell mißverstandene »Methode«. »Approach« meint unter anderem Annäherung, auch Annäherungsversuch. In diesem Sinne sind Hermeneutik, Phänomenologie oder Dialektik bestimmte Weisen, sich der Wirklichkeit von und der Frage nach Erziehung und Bildung zu nähern.

10   Vorwort

Diese zweite Auflage kann erscheinen, weil das Buch bisher von Kollegen und Studierenden — auch im Ausland[5] — freundlich und mit Interesse aufgenommen worden ist und weil der Verlag es sachkundig betreut. Allen sei an dieser Stelle gedankt.

Kairo, August 1988   *Helmut Danner*

I. Einführung

»Geisteswissenschaftliche Pädagogik am Ausgang ihrer Epoche — Erich Weniger«: So lautet ein Buchtitel, der 1968 erschienen ist[1]. *Erich Weniger* starb 1961; mit ihm scheint demnach die Epoche der geisteswissenschaftlichen Pädagogik zu Grabe getragen worden zu sein; die Zukunft und der Fortschritt gehören jetzt — wem? Die Vertreter der »kritischen« Erziehungswissenschaft streiten sich mit den empirisch-analytischen Pädagogen um den Rang der alleingültigen Wissenschaftlichkeit. Aber beide glauben, das »weltfremde, metaphysische Gerede« der geisteswissenschaftlichen Pädagogik längst überwunden zu haben. Immerhin, ein Rezensent des genannten Werkes kommt zu dem tröstlichen, wenn auch unsicheren Urteil: »Ist auch die Epoche der geisteswissenschaftlichen Pädagogik an ihr Ende gelangt, so scheint doch ihr Beitrag zur Entwicklung der Erziehungswissenschaft nicht vergeblich gewesen zu sein.«[2]

Wozu also sich mit längst Vergangenen abgeben, noch dazu mit einem ganz speziellen Ausschnitt daraus, mit geisteswissenschaftlichen Forschungsmethoden? Nun wäre es denkbar, daß nicht die Sache selbst, nämlich die geisteswissenschaftliche Pädagogik, zu Ende gegangen ist, sondern einfach das Interesse einiger Schüler des Geisteswissenschaftlers *Erich Weniger* und anderer *an* dieser Sache; daß also die Fragen und Probleme, mit denen sich die geisteswissenschaftliche Pädagogik beschäftigt, nach wie vor bestehen. Wenn es so wäre, dann hätte es also sehr wohl Sinn, sich auf die Denkhaltung der geisteswissenschaftlichen Pädagogik einzulassen, ja es könnte sogar ein Versäumnis für die Erziehungs- und Bildungsfrage bedeuten, wenn man es *nicht* täte. Das vorliegende Buch macht es sich — quasi nebenbei — zur Aufgabe, die Bedeutung der geisteswissenschaftlichen Fragestellung aufzuzeigen. Die Hauptaufgabe aber liegt in der *Darstellung* der Methoden dieser geisteswissenschaftlichen Pädagogik. Zuvor aber scheint es nötig, sich einige Gedanken zu machen über die umstrittenen Begriffe »Geisteswissenschaft« und »geisteswissenschaftliche Pädagogik«. Eine wissenschaftstheoretische Gesamtdarstellung und Grundlegung ist weder möglich noch beabsichtigt.

12   Einführung

1. Zum Sinn der Methodenreflexion

Zunächst fragen wir, was denn »Methode« heißt. Das Wort kommt
aus dem Griechischen: μέϑοδος (méthodos) und setzt sich zusammen aus den Wörtern μετά (metá) = »entlang« und ὁδός (hodós) =
»Weg«. »Methode« bedeutet also soviel wie das »Entlanggehen eines Weges«[3]. Die Methode ist das Verfahren, das einen bestimmten
Weg aufzeigt, um ein vorgesetztes Ziel zu erreichen[4]. Die Verfahren
des Lehrers, um bei seinem Schüler zu einem Urteil zu kommen,
können darin bestehen, den Schüler über längere Zeit zu beobachten oder ihm gezielte Tests vorzulegen. Und der Erziehungswissenschaftler hat beispielsweise die Möglichkeit, die Methode des (strengen) Beschreibens oder der statistischen Erhebung anzuwenden, um
etwa verschiedene Erziehungsstile zu ermitteln.

Uns soll es hier um *Forschungs*methoden gehen. Das heißt also,
daß uns nicht interessiert, welche Wege der Lehrer einschlägt, um
seinen Schülern das Bruchrechnen oder geschichtliches Denken bei-
zubringen. Wir lassen außer acht, welche Maßnahmen Eltern ergreifen mögen, um ihren Kindern Ordnungssinn anzuerziehen. Dies
sind Fragen der Unterrichts- bzw. Erziehungsmethodik, die in unserem Zusammenhang keine Rolle spielen[5]. Wir fragen hier nach Methoden, welche die Pädagogik als *Wissenschaft* anwenden kann und
muß, um zu Erkenntnissen zu kommen. Der Begriff »Forschungs«-
methoden setzt sich also ab gegen praktische Methoden der Pädagogik. Dabei ist zu beachten, daß mit »Forschung« nicht nur etwa La-
bor- und Felduntersuchungen gemeint sind, sondern z.B. auch eine
historische Untersuchung. Mit Forschung soll also hier allgemein
die gezielte, planvolle wissenschaftliche Tätigkeit verstanden werden[6].

Methode bezeichnet also in einer Wissenschaft den Weg, die Art
und Weise, *wie* zu einer Erkenntnis gelangt werden kann. Wenn ich
methodisch arbeite, gehe ich planvoll und nach bestimmten Regeln
vor. Jede Wissenschaft versucht, die Methoden, die ihr am angemes-
sensten sind, herauszufinden, zu begründen und zu differenzieren.
Diese Bemühung einer Wissenschaft um ihre Methoden steht aber
in einem größeren Zusammenhang, den man mit *Wissenschaftstheorie* bezeichnet. In der Wissenschaftstheorie legen die einzelnen Wissenschaften ihr Selbstverständnis als Wissenschaft fest und versuchen, es zu begründen[7]. Das bedeutet also, wenn wir uns hier mit bestimmten Methoden der Erziehungswissenschaft beschäftigen, daß
wir dann auch nach dem Selbstverständnis der Pädagogik als Wissenschaft fragen. Es ist nun einmal ein fundamentaler Unterschied,

ob ich beispielsweise das autoritäre Verhalten von Vätern gesamtmenschlich zu verstehen und zu deuten versuche, oder ob ich eine Strichliste darüber führe, wie oft sie ihren Kindern etwas verbieten. Der Unterschied dieser beiden einfachen Beispiele liegt ja nicht nur in der Methode, sondern darin, wie ich als Wissenschaftler meine, zu pädagogisch bedeutsamen Aussagen gelangen zu können. Hier schließt sich sofort die Frage an, was denn als »pädagogisch bedeutsam« gelten soll, ja letztlich: welches Menschenbild ich habe, aufgrund dessen ich meine, wissenschaftlich so oder so vorgehen zu müssen. Wir können auf diese Fragen hier nicht eingehen; aber sie zeigen, in welcher Dimension und Bedeutung die Methodenreflexion gesehen werden muß. Mit anderen Worten: Es ist nicht gleichgültig, welche Methoden in der erziehungswissenschaftlichen Forschung angewandt werden. Die Reflexion über die Methoden hat darum unter anderem den Sinn der wissenschaftstheoretischen Klärung. An Abbildung 1 kann dies verdeutlicht werden:

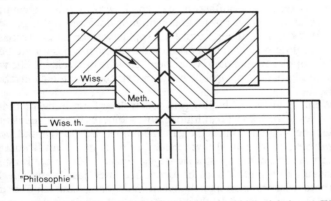

»Philosophie« = philosophische Grundlagen in Abhängigkeit von Weltanschauung, Welt- und Menschenbild
Wiss.th. = Wissenschaftstheorie
Meth. = Forschungs-Methode(n)
Wiss. = Wissenschaft

Abb. 1: Einordnung der Methoden

Das Schaubild will zum einen die *Stellung der Methodenfrage* im Rahmen der Wissenschaftstheorie und der praktischen wissenschaftlichen Forschung andeuten: Die Methodenfrage ist ein Teil

14   Einführung

der Wissenschaftstheorie; die angewandten Methoden bestimmen
wesentlich die wissenschaftliche Tätigkeit; umgekehrt müssen die
Methoden dem jeweiligen Forschungsgegenstand angemessen sein
(kleine Pfeile). Zum anderen soll das Schaubild auf die innere *Abhängigkeit* der Wissenschaftstheorie, der Wissenschaft(en) und damit auch der Methoden von philosophischen, weltanschaulichen
Grundlagen und *Voraussetzungen* hinweisen (große Pfeile). Mit anderen Worten: Das, was unter Wissenschaft verstanden werden soll,
(Wissenschaftstheorie) und die forschende Tätigkeit ändern sich,
wenn von unterschiedlichen philosophischen Voraussetzungen ausgegangen wird. Diese können bewußt als philosophische Grundannahmen oder als weltanschauliche Haltung eingebracht werden; sie
können aber auch unbekannt als jeweiliges Welt- und Menschenbild
einfließen.

Unser Schaubild ist rein *schematisch* und *idealtypisch* — und somit
auch vereinfachend wie jede Schematisierung. Denn vor allem die
These, daß philosophische und weltanschauliche Grundannahmen
in die Wissenschaftsauffassung eingehen, wird weithin abgelehnt[8].
Teilweise wird an der Existenzberechtigung der Philosophie gezwei-
felt; Wissenschaftstheorie und Philosophie werden dann identisch.
Damit würde sich auch unser Schaubild verändern; das untere Feld
»Philosophie« müßte dann wegfallen[9]. Es wäre noch eine Reihe von
anderen Variationen vorstellbar, auf die wir aber hier nicht eingehen
müssen.

Wenn es nicht gleichgültig sein soll, welche Forschungsmethode
angewandt wird, so ist damit noch etwas anderes gesagt: Jedes methodische Vorgehen hat seine ganz *bestimmte Möglichkeit* und *seine
Grenzen*[10]. Mann kann also von einer Methode nur etwas Bestimmtes erwarten; anderes leistet sie dagegen nicht. Auf unser Beispiel
mit den autoritären Vätern bezogen, bedeutet das: Wenn ich die
Verbote, welche sie erteilen, lediglich zähle, dann kann ich über die
Häufigkeit autoritären Verhaltens Aufschluß erhalten; das Zählen
bringt mich jedoch nicht weiter bei der Frage nach dem, was »autori-
tär« überhaupt ist und *bedeutet*; das Zählen sagt nichts aus über den
Sinn, die Berechtigung von Erziehungsverboten, auch nicht über die
Auswirkung auf das Kind, auf sein Verhältnis zum Vater usw. All
dies leistet schon eher die verstehende Methode, die versucht, etwa
die Verbote innerhalb des Gesamtrahmens der Erziehung zu sehen,
sie einzuordnen und gesamtmenschlich zu beurteilen; sie kann zu
einer Differenzierung kommen und zwischen berechtigten und un-
sinnigen Verboten, zwischen autoritativem und autoritärem Erzie-
hungsverhalten unterscheiden[11]. Durch Verstehen und Deuten

Zum Sinn der Methodenreflexion   15

komme ich aber natürlich zu keiner Aussage darüber, wie verbreitet autoritäres Verhalten innerhalb einer Gesellschaft ist.

Nun sind aber Forschungsmethoden im pädagogischen Zusammenhang nicht einfach jeweils verschiedene *Instrumente*, die man nach Gutdünken einsetzen kann. Sie unterscheiden sich nicht nur formal, sondern auch *inhaltlich*. Die Häufigkeit eines erzieherischen Verhaltens *abzuzählen* oder dieses *verstehen* zu wollen, sind zwei *grundverschiedene* Dinge; der Erziehungswissenschaftler kann seinen Untersuchungsgegenstand unter Umständen total verfehlen, ihn gar nicht in den Blick bekommen, wenn er nicht die angemessene Methode anwendet. Was als »angemessen« zu gelten hat, daran scheiden sich die Geister. Es ist, was wir schon angedeutet haben, im letzten eine Frage des Menschen- und auch des Weltbildes[12].

Die Methodenfrage würde jedoch zu einseitig gesehen werden, wenn man meinte, man müsse sich für eine einzige Methode entscheiden. Wissenschaftliche Forschung geschieht immer durch das Zusammenwirken *mehrerer Methoden*. Der wissenschaftstheoretische oder weltanschauliche Streit um die »richtigen« Methoden spielt sich darum auch zwischen Gruppen von Methoden ab, im wesentlichen zwischen den geisteswissenschaftlichen und den empirischen. Unter geisteswissenschaftlichen Methoden werden ziemlich übereinstimmend folgende verstanden: Hermeneutik (als verstehende und historische Methode), Phänomenologie und Dialektik[13]. Für die empirischen Methoden ist eine Aufzählung nicht so eindeutig; am häufigsten werden dazu aufgeführt: Beobachtung, Befragung, Experiment, Test und Statistik[14]. Aber auch jene Polarisierung zwischen empirischen und geisteswissenschaftlichen Methoden müßte nicht so extrem und ausschließlich sein, wenn diese jeweils *sinnvoll* eingesetzt und ergänzend aufeinander bezogen würden[15].

Diese skizzenhaften Andeutungen sollen zeigen: Das Kennenlernen von und das Nachdenken über Methoden sollen zu einem *kritischen Bewußtsein* verhelfen, was eine Methode leisten kann und was nicht. Es soll dadurch auch bewußt werden, was man unter Umständen versäumt, wenn man eine Methode *nicht* anwendet. Dieses Methodenbewußtsein vermag den *Sinn für Wissenschaftlichkeit* zu wekken; denn wissenschaftliches Arbeiten ist methodisches Arbeiten. Darum erweist es sich auch für den Studierenden als sinnvoll, Forschungsmethoden kennenzulernen und mit der Zeit auch selbständig und bewußt anzuwenden.

Wenn wir uns hier ausführlich mit geisteswissenschaftlichen Forschungsmethoden befassen wollen, so soll dennoch von Anfang an die Methodenfrage auch in ihrer *begrenzten und relativen Bedeutung*

16   Einführung

gesehen werden. Der Satz »wissenschaftliches Arbeiten ist methodisches Arbeiten« läßt sich nämlich nicht umkehren. Nicht jedes methodische Vorgehen garantiert schon Wissenschaftlichkeit. Wenn wir also Pädagogik als Wissenschaft ernst nehmen wollen, dann dürfen wir nicht die Methodenfrage zum obersten und einzigen Prinzip erheben; die Methode übernimmt »bei der Beantwortung eines Fragezusammenhanges nur eine dienende Funktion«[16]. Wir müssen uns also vor einer Methodengläubigkeit hüten[17]. Denn mit statistischen Erhebungen über Schülerverhalten oder mit phänomenologischem Beschreiben der Mutter-Kind-Beziehung *allein ist pädagogisch* noch nichts oder nur wenig ausgesagt.

Zudem kann wohl nicht geleugnet werden, daß die Methodendiskussion derzeit zu einer gewissen *Mode-Erscheinung* geworden ist. »Vielleicht ist es keine Übertreibung zu behaupten, daß sie [die Methodologie] selten so eifrig gepflegt wurde wie in unserer Zeit.«[18] In der Bundesrepublik Deutschland hat das den geschichtlichen Hintergrund, daß in den sechziger Jahren damit begonnen wurde, die empirisch-analytischen und sozialwissenschaftlichen Forschungsergebnisse und -methoden zu übernehmen, die in der übrigen westlichen Welt erzielt bzw. angewandt wurden[19]. Mehr oder weniger dazu gedrängt, kommt damit auch die geisteswissenschaftliche Pädagogik in die Situation, verstärkt Methodenreflexion zu betreiben. Dies hat die positive Auswirkung, daß sie sich wissenschaftstheoretisch darstellen und dadurch selbst kritisch prüfen muß. Gleichzeitig gerät sie in Gefahr, ihre inhaltliche Aufgabe zu vernachlässigen, nur weil sie einem modischen Trend nachgibt[20]. Könnte dieser, geistesgeschichtlich gesehen, nicht darin bestehen, daß man die Flucht ins *Formale* angetreten hat, weil man unfähig geworden ist, inhaltlich etwas auszusagen[21]? Auch aus diesem Grund also sollte die Methodenfrage nicht überbewertet, wenn auch in ihrer sinnvollen Aufgabe nicht unterschätzt werden[22].

Ein Gesichtspunkt soll noch genannt werden, der sich aus einer Überbetonung des Methodenproblems ergibt: die *Verdeckung des Gegenstandes* durch die Methoden. Was damit gemeint ist, haben wir in unseren Beispielen schon angedeutet. Wenn ich z.B. zu einer Aussage darüber kommen will, welche Bedeutung das Vertrauen in der Erziehung hat, werde ich mir etwa durch empirische Methoden den Weg verbauen[23]. Das Phänomen des zwischenmenschlichen Vertrauens entzieht sich des quantitativen Zugriffs; es schlüpft durch das Gitterwerk einer Statistik; durch experimentelles Vorgehen wird es von vornherein verhindert. Gehe ich also mit bestimmten Methoden, in diesem Fall mit empirischen, ohne auf die Art des Gegen-

Zum Sinn der Methodenreflexion   17

standes zu achten, an diesen heran, so kann sich dieser entziehen; in unserem Beispiel müßte ich zu dem Ergebnis kommen, daß es pädagogisches Vertrauen überhaupt nicht gibt[24]. Der *Gegenstand* also muß die Methode bestimmen, nicht umgekehrt; die wissenschaftliche Fragestellung muß der Ausgang sein, nicht die Methode[25].

Einen weiteren Aspekt ergibt die Unterscheidung zwischen *geisteswissenschaftlichen und empirischen Methoden*. Letztere haben mehr instrumentellen Charakter an sich; man kann sie erlernen wie eine andere Technik und entsprechend einsetzen; so kann man z.B. ein Experiment durchführen oder nicht. Dies ist im Hinblick auf geisteswissenschaftliche Methoden streng genommen nicht möglich; denn hermeneutisches Verstehen oder phänomenologische Befunde sind immer schon mit im Spiel, wenn ich an einen pädagogischen Sachverhalt überhaupt herangehe und auch, wenn ich über die angemessenste Forschungsmethode reflektiere. Während empirische Methoden mehr den Charakter des technischen Zugreifens besitzen, wollen die geisteswissenschaftlichen Methoden mehr den Gegenstand selbst sprechen lassen. Der Gegenstand »spricht« aber schon, bevor ich überhaupt an eine empirische Untersuchung denke, indem beispielsweise ein erzieherischer Mißstand sichtbar geworden ist. Insofern können geisteswissenschaftliche Methoden und empirische nicht auf einer Ebene gesehen werden. Die Reflexion über geisteswissenschaftliche Methoden hat einen anderen Stellenwert als die über empirische; es geht dort weniger um das Erlernen und spätere Anwenden als um das *Kennenlernen eines Erkenntnisvorganges*, der auch ohne »Methodenstrategie« ständig und längst geschieht[26]. Die bessere Kenntnis wird uns aber helfen, auch im geisteswissenschaftlichen Bereich *methodisch bewußter* vorzugehen.

Damit sind wir wieder zum Anfang unserer Überlegungen über den Sinn der Methodenreflexion zurückgekommen. *Zusammenfassend* wollen wir uns die wichtigsten Gesichtspunkte nochmals vergegenwärtigen:

Eine Methode ist die Art und Weise, *wie* man vorzugehen hat, um zu einem Ziel, z.B. zu Erkenntnissen, zu gelangen. Das griechische *méthodos* bedeutet soviel wie das »Entlanggehen eines *Weges*«.

Uns geht es hier um *Forschungs*methoden, nicht um Erziehungs- oder Unterrichtsmethoden.

18   Einführung

Die Methodenreflexion ist Teil der *Wissenschaftstheorie*, d.h. der philosophischen Begründung dessen, was man unter Wissenschaft und Wissenschaftlichkeit verstehen will. Daher ist eine Methode vom jeweiligen wissenschaftstheoretischen Standpunkt abhängig.

Umgekehrt wird an den Methoden sichtbar, wie sich eine Wissenschaft versteht. Die Beschäftigung mit Forschungsmethoden vermag darum das *Bewußtsein für Wissenschaftlichkeit* zu wecken. (Abb. 1)

Jede wissenschaftliche Methode hat ihre spezifischen *Erkenntnismöglichkeiten* und ihre *Grenzen*. Die einzelnen Methoden unterscheiden sich jedoch oft nicht nur formal und rein äußerlich; sie sind auch wissenschaftstheoretischer Ausdruck eines bestimmten Welt- und Menschenbildes. Daher stehen sie — wie die empirischen und geisteswissenschaftlichen Methoden — im Widerstreit.

Wissenschaftliche Forschung geschieht aber sinnvollerweise durch das Zusammenwirken *mehrerer Methoden*, die ergänzend aufeinander bezogen werden.

Vor einer *Methodengläubigkeit* sollten wir uns hüten, weil Methoden lediglich *dienende* Funktion haben; ein selbständiger Methodenapparat macht nicht die gesamte Forschung aus. Vielmehr kann eine Überbewertung einzelner Methoden oder der Methodenfrage insgesamt bedeuten, daß der Gegenstand der Untersuchung *verdeckt* oder verfälscht wird. Eine Relativierung erfährt die Methodendiskussion auch dadurch, daß sie derzeit zum Teil eine *Mode-Erscheinung* ist.

2. Was heißt »geisteswissenschaftliche Pädagogik«?

Die Ausdrücke »geisteswissenschaftlich« und »Geisteswissenschaften« begegnen uns häufig, auch in pädagogischer Literatur, und wir nehmen sie als selbstverständlich hin. Doch fragen wir uns selbst einmal, was wir uns darunter vorstellen, so geraten wir in Verlegenheit; »Geisteswissenschaft« wird zu einem vagen Gebilde. Die Auskünfte, die wir uns von einschlägiger Literatur erhoffen, verwirren uns möglicherweise noch mehr. *A. Diemer* stellt gar neun Wissenschaftsrichtungen fest, die in den Begriff »Geisteswissenschaft« eingegangen sind[27]. Zu allem Überfluß kann uns ein Buchtitel begegnen, der »die *Unmöglichkeit* der Geisteswissenschaft« behauptet[28]. Die Bezeichnung »Geisteswissenschaft« erweist sich also als *mehrdeutig*, und die Berechtigung dieses Wissenschaftstyps ist *umstritten*.

Aber bei allen Schwierigkeiten läßt sich dennoch umreißen, was denn unter »Geisteswissenschaft« zu verstehen sei. Am einfachsten ist zunächst eine *negative* Bestimmung, also was Geisteswissenschaft *nicht* ist: nämlich *Natur*wissenschaft. Auf einige unterscheidende Merkmale kommen wir noch zurück.

Nun wird in der Regel nicht von *der* Geisteswissenschaft gesprochen, sondern von *den Geisteswissenschaften*, also von mehreren Wissenschaften, die sich als »geisteswissenschaftlich« auszeichnen — wir können für unseren Zusammenhang sagen: die mit geisteswissenschaftlichen Methoden arbeiten. Zu den Geisteswissenschaften zählt man in der Regel die folgenden: Philosophie, Sprachwissenschaften, Geschichte, Kunstwissenschaften, Rechtswissenschaft, Theologie, aber auch — unter bestimmten Voraussetzungen — Pädagogik, Psychologie und Soziologie. Dies sind also Wissenschaften, die in den (alten) philosophischen (philologisch-historischen), theologischen und juristischen Fakultäten gepflegt werden[29]. »Sie sind die Wissenschaften, die im Horizont der uns überhaupt zugänglichen geschichtlichen Zeit die Geschichte selbst, Sprache, Kunst, Dichtung, Philosophie, die Religionen, aber ebenso auch Dokumentationen persönlichen Lebens... zum Gegenstand haben und vergegenwärtigen.«[30] Jene Wissenschaften haben zwar zum Teil selbst eine sehr lange Geschichte; ihr Selbstverständnis und ihre Begründung als »Geisteswissenschaften« sind jedoch relativ *jung* und gehen auf das 19. Jahrhundert zurück[31]. Dies hängt nicht zuletzt mit der Absetzung von den Naturwissenschaften zusammen.

Es war vor allem *W. Dilthey* (1833-1911), der dem Wissenschaftsverständnis der *Naturwissenschaften* ein *geisteswissenschaftliches* entgegensetzen wollte. Für die geisteswissenschaftliche Pädagogik ist er

20   Einführung

der maßgebliche Denker; denn neben dem Versuch einer Begründung der Geisteswissenschaft überhaupt und einer geisteswissenschaftlichen Psychologie legte er den Grund für eine *geisteswissenschaftliche Pädagogik*[32]. *Dilthey* selbst war beeinflußt von *I. Kant* (1724-1804); analog zu dessen »Kritik der reinen Vernunft« forderte er eine »Kritik der historischen Vernunft«[33]. Weiterhin steht hinter der Polarität von Natur- und Geisteswissenschaften die Natur-Geist-Philosophie des Deutschen Idealismus[34]; dessen *spekulatives* Denken lehnte jedoch *Dilthey* strikt ab. Über *Dilthey* ist vor allem auch *F. Schleiermacher* (1768-1834) für die geisteswissenschaftliche Pädagogik fruchtbar geworden. »Das gilt u.a. für die von Schleiermacher gewonnenen Einsichten über das Verhältnis von Theorie und Praxis, Ethik und Pädagogik, Pädagogik und geschichtlich-gesellschaftlicher Wirklichkeit und für Schleiermachers Einsichten in die dialektische Struktur des pädagogischen Geschehens und Handelns.«[35]

In die Grundlegung der geisteswissenschaftlichen Pädagogik durch *Dilthey* geht zunächst sein *lebensphilosophischer* Ansatz ein. »Lebensphilosophie« bedeutet, daß das »Leben« als einheitlicher, nicht mehr hinterfragbarer Grund von allem gesehen wird; es geht um Unmittelbarkeit, um das Schöpferische im Gegensatz zu einem rein spekulativen Denken. Nach *Dilthey* setzt geisteswissenschaftliche Erkenntnis an beim *Erleben* des Menschen, auch bei dessen *Geschichte*. »Die einzelnen Erscheinungen im Reiche der Geschichte lassen sich, das ist seine These, nicht von außen her ›erklären‹ wie physikalische Vorgänge, sondern nur von innen her ›verstehen‹, d.h. von einer erlebenden Seele als Ausdruck eines Inneren auffassen, das ebenfalls erlebt und versteht. Dabei wird das Ganze nicht erst aus Elementen aufgebaut, sondern die Einzelerscheinungen sind bereits als ganzheitliches Gefüge, als ›Struktur‹ gegeben und werden aus der *Ganzheit* heraus verstanden. Seelenleben verstehen heißt also ganzheitliche Gefüge erfassen, beschreiben und zugliedern.«[36]

Hinter der *Dilthey*schen Gegenüberstellung von Natur- und Geisteswissenschaft steht, wie gesagt, die Philosophie des Deutschen Idealismus, die zwischen Natur und Geist unterscheidet. Die Geisteswissenschaft hat es demnach nicht mit »Natur« zu tun, sondern mit »Geist«, »Geistigem«. Es stellt sich die Frage, was unter »Geist« zu verstehen sei. Nun macht uns auch der *Geist-Begriff* – ähnlich wie der Begriff »Geisteswissenschaft« – erhebliche Schwierigkeiten, ihn eindeutig zu bestimmen[37]. In unserem Zusammenhang geht er streng genommen auf die Philosophie *G. W. F. Hegels* (1770-1831) zurück; verschiedene Vertreter der geisteswissenschaftlichen Päd-

Was heißt »geisteswissenschaftliche Pädagogik«? 21

agogik berufen sich auch auf sie. So kann etwa bei *E. Spranger* mit gutem Recht von »Geistes«-Wissenschaft gesprochen werden, da er sich ausdrücklich auf die »Philosophie des Geistes« bezieht. *Spranger* macht aber eigenständige Ergänzungen, um das spezifisch Pädagogische hervorzuheben[38]. Der streng philosophische Geistbegriff wird also uminterpretiert.

Nun wäre aber geisteswissenschaftliche Pädagogik zu eng verstanden, wenn man sie prinzipiell auf den *Hegel*schen Geistbegriff, an den sich *Spranger* anlehnt, festlegen wollte. Unter anderem wird dies daran sichtbar, daß auch Ansätze der sogenannten Existenzphilosophie in die Geisteswissenschaften Eingang gefunden haben, so etwa durch *O. F. Bollnow* in die Pädagogik; die spekulative Geist-Philosophie *Hegels* steht aber in vieler Hinsicht in konträrem Gegensatz zur sogenannten Existenzphilosophie. Hält man sich darum die große Spannweite dessen, was sich alles als «Geisteswissenschaft« versteht, vor Augen, dann scheint es besser, auf die Begriffe »Geist« und »Geisteswissenschaft« ganz zu verzichten. Aber in der Praxis wird »Geisteswissenschaft« übereinstimmend als Sammelbegriff, als Etikett verwendet, um eine bestimmte Art von Wissenschaft damit anzuzeigen. Gemeint sind Wissenschaften, die in einem bestimmten Sinn vom Menschen handeln. So heißen die »Geisteswissenschaften« im Englischen »humanities« und im Französischen »sciences humaines«[39]. Es geht bei ihnen um die humanitas, um das Menschliche, um dasjenige, was den Menschen zum Menschen macht. Hierfür kann nun auch losgelöst von der Geist-Philosophie des Deutschen Idealismus die Chiffre »Geist« verwendet werden. Denn dasjenige, was den Menschen gegenüber dem Naturding und dem Tier auszeichnet, ist »Geist«. Durch ihn wird der Mensch befreit aus den rein kausalen Bezügen; er kann und muß zu seinem Leben Stellung nehmen; er muß sich entscheiden; Gestaltung des Daseins, Orientierung an Qualität und Werthaftem sind Kennzeichen und Folge menschlichen »Geistes«. Faßt man den »Geist« in einem solch weiten und humanen Sinn, dann wird die »Geisteswissenschaft« in der *Dilthey*schen Ausprägung zu einem bestimmten historischen Typ dieser Wissenschaftsrichtung. Entsprechend kann dann »geisteswissenschaftliche Pädagogik« auch andere Formen und Inhalte annehmen, als sie *Dilthey* bestimmt hat[40].

Einige wohl gleichbleibende Kriterien lassen sich jedoch für die geisteswissenschaftliche Pädagogik angeben. Ein erstes ist mit der *Geschichtlichkeit* des Menschen gegeben. Diese besagt zwar auch, daß der Mensch eine Vergangenheit, eine Entwicklung hat, daß es also menschliche Dinge und Ereignisse gibt, die vorüber sind und die

22 Einführung

man daher nachträglich erforschen und festhalten kann. Der Mensch aber *hat* nicht nur diese faktisch feststellbare Geschichte, er *ist* sie auch. Damit ist gemeint, daß jeder von uns eingeflochten ist in seine Vergangenheit, daß diese ihn in seinem Handeln und Denken immer mit bestimmt, ob er will oder nicht, und mehr noch: daß alles, was ich heute tue und unterlasse, Folgen hat, die auf mich zurückfallen, d.h.: ich bin dafür verantwortlich. In diesem Sinne lebe ich nicht nur aus meiner Geschichte, sondern »mache« sie auch. Geschichtlichkeit kann darum nicht zusätzlich und beliebig in (pädagogische) Überlegungen einbezogen werden; sie ist vielmehr konstitutiv für das Wesen des Menschen[41].

Ein entscheidender Gesichtspunkt von Geschichtlichkeit ist folgender: Der Mensch lebt nur in einem Hier und einem Jetzt, also in einer bestimmten räumlichen Umgebung und in einer bestimmten Zeit; er ist eingebunden in seine gesellschaftliche und historische Umwelt, wenn auch nicht davon determiniert. Es ist ein Verdienst der Lebensphilosophie und damit auch *Diltheys*, die Realität gegenüber der reinen Spekulation wieder in die Philosophie eingebracht zu haben[42]. Eine Folge davon ist, daß in der geisteswissenschaftlichen Pädagogik die Erziehungs*wirklichkeit* interessiert.

Geisteswissenschaftliche Pädagogik hat es zum einen zu tun mit der *Geschichte von Erziehung und Bildung*, aber eben nicht nur, insofern es in vergangenen Zeiten pädagogische Gedanken und Theorien gegeben hat, sondern auch insofern sich darin *Einmaliges* und *Individuelles* ausdrücken. Zum anderen muß dieses Einmalige darum *selbst* zum Gegenstand der pädagogischen Reflexion gemacht werden. Denn Erziehung und Bildung haben es nicht mit genormten Menschen zu tun, sondern mit Individuen. Mit der Theorie vom »pädagogischen Bezug« (*H. Nohl*) und dem Beachten der pädagogischen Verantwortung (z.B. *W. Flitner, E. Weniger*) hat die geisteswissenschaftliche Pädagogik unter anderem diesen Aspekten Rechnung getragen.

Ebenso wie der Gedanke der Geschichtlichkeit geht der von der *Ganzheit* auf *W. Dilthey* zurück. Mit Ganzheit ist bei ihm zunächst ein psychologisches Moment gemeint, nämlich die »Teleologie des Seelenlebens«. Diese bedeutet, daß jedes einzelne Psychische eingeordnet ist in einen größeren seelischen Zusammenhang. Dieser ergibt sich aus einer Geordnetheit, Strukturiertheit und Zielstrebigkeit des Seelenlebens[43]. Heute mag der psychologische Ansatz *Diltheys* überholt sein. Richtig bleibt jedoch, daß es in der Erziehung und Bildung immer um den *ganzen Menschen* geht, um die Einheit von »Denken, Fühlen und Wollen«. Mit diesem Gedanken verbin-

Was heißt »geisteswissenschaftliche Pädagogik«?   23

det sich ein weiterer: Die jeweilige Erziehungssituation steht in einem geschichtlichen und ganzheitlichen Zusammenhang, der nicht nur durch den Zögling gegeben ist, sondern auch durch den Erziehungsauftrag. Mit anderen Worten: Jede Erziehung verfolgt ein übergreifendes *Ziel;* mit der Zielvorstellung werden aber gleichzeitig ein bestimmtes *Menschenbild* und bestimmte *Werte* angestrebt; es ist immer ein Erziehungssinn, letztlich ein Lebenssinn leitend. Hiermit sind nun *qualitative* Momente angesprochen, die mit rein naturwissenschaftlichen, quantifizierenden Methoden nicht erfaßt werden können, die aber im Rahmen der Pädagogik reflektiert werden müssen.

Sinn,- Wert-, Zielfragen verweisen auf einen größeren Zusammenhang, der das Erziehungsgeschehen übersteigt: auf *Kultur* und *Gesellschaft*. Diese sind ein Generalthema der geisteswissenschaftlichen Pädagogik[44]. Sie betont also »die Verflechtung der individuellen seelischen Struktur mit den objektiv-geistigen Sinnbezügen (Kulturbereichen) und die Einordnung aller Einzelerscheinungen in die geschichtlich-kulturell-gesellschaftliche Gesamtlage und -entwicklung.«[45]

Ein weiteres Kriterium der Geisteswissenschaften und somit der geisteswissenschaftlichen Pädagogik stellt die Überzeugung dar, daß in jede Erkenntnis der Erkennende mit eingeht. »Im Prozeß des geisteswissenschaftlichen Erkennens stehen Subjekt und Objekt innerhalb der Erkenntnisrelation in einem ‚Lebensbezug‘, weil beide dem werdenden Zusammenhang der geschichtlichen Wirklichkeit angehören.«[46] Damit ist gemeint, daß der Mensch nicht aufhören kann, ganz er selbst zu sein, wenn er denkt und wenn er Wissenschaft betreibt. So bezeichnet *R. Schwarz* die *Erkenntnis* »als totalen *Akt der Gesamtperson.*«[47] Zum ganzen Menschen, zur Gesamtperson gehört aber, daß jeder von uns — bewußt oder unbewußt — von Grundüberzeugungen, von weltanschaulichen Vorentscheidungen geleitet ist. Damit sind nun einem blinden Irrationalismus und einer weltanschaulichen Willkür in der Wissenschaft *nicht* das Wort geredet. Es wird von den Geisteswissenschaften jedoch geleugnet, daß Wissenschaft »rein«, also völlig voraussetzungslos möglich sei; die Voraussetzungen sollen aber soweit wie möglich benannt werden[48]. Die Berücksichtigung der Voraussetzungen und Bedingungen der Erkenntnis hat den Geisteswissenschaften — insbesondere vom analytisch-positivistisch orientierten Wissenschaftstyp — den Vorwurf der Unwissenschaftlichkeit eingebracht[49]. Wir können und wollen in diesen Prinzipienstreit hier nicht eingreifen, hoffen aber, daß durch die nachfolgende Erörterung der geisteswissenschaftlichen Methoden

24 Einführung

die Möglichkeit und Berechtigung geisteswissenschaftlichen Vorgehens deutlich werden wird.

In Stichpunkten wollen wir einige Gesichtspunkte festhalten, die geisteswissenschaftliche und naturwissenschaftliche Wissenschaft voneinander unterscheiden: »Geist« und »Natur« stehen sich gegenüber. »Geist« manifestiert sich in *Geschichte* und Geschichtlichkeit; »Natur« dagegen wird erhellt in »*Wissenschaft*«. Vom *Blickwinkel* dieser Natur-Wissenschaft aus ist Geistes-Wissenschaft *keine* Wissenschaft; wir müssen dagegenhalten: Sie ist lediglich eine Wissenschaft *anderer* Art. Während nämlich die Naturwissenschaft, z.B. die Physik, aus ist auf allgemeine *Gesetzmäßigkeiten*, befaßt sich Geisteswissenschaft mit geschichtlichen, anthropologischen Grundstrukturen. Das Auffinden von Gesetzmäßigkeiten beruht auf der Beschäftigung mit positiv Gegebenem (Positivismus!), mit *quantitativen* Momenten; Geisteswissenschaft hat dagegen *qualitative* Momente zum Inhalt, wie etwa Sinn, Wert, persönliche Einmaligkeit, Schönheit etc. Naturwissenschaft kann darum *messen*, zählen, wiegen, um zu Ergebnissen zu kommen, während Geisteswissenschaft auf Hinschauen, Beschreiben, *Deuten* angewiesen ist. Die Zusammenhänge sind im naturwissenschaftlichen Bereich *kausal*, d.h. auf eine bestimmte Ursache folgt immer eine bestimmte Wirkung; Geisteswissenschaften haben es dagegen mit *Sinn*-Zusammenhängen zu tun. Dort sind *Beweise* möglich, hier »nur« *Hinweise*. Das eine Vorgehen muß »exakt«, das andere dagegen muß »streng« sein, um als wissenschaftlich zu gelten[50].

Damit sind einige Kennzeichen der geisteswissenschaftlichen Pädagogik genannt. Darüber hinaus sei noch darauf hingewiesen, daß geisteswissenschaftliche Pädagogik nicht verwechselt werden sollte mit *normativer* Pädagogik. Diese gehört philosophisch gesehen der Richtung des Neukantianismus an; ihr Generalthema ist das »Sollen« in der Erziehung und die Bemühung um die Begründung von Normen[51]. Das heißt nicht, daß in der geisteswissenschaftlichen Pädagogik Norm- und Zielfragen ausgeklammert würden; sie legt jedoch ihren Schwerpunkt — im Gegensatz zur normativen Pädagogik — auf die *Erziehungswirklichkeit* und deshalb auch auf das *Theorie-Praxis-Verhältnis*. Ebenso ist geisteswissenschaftliche Pädagogik nicht gleichzusetzen mit »*philosophischer*« Pädagogik. Zwar reflektiert sie auf philosophische Weise; ihr Anliegen besteht aber gerade auch darin, die *Autonomie* der Pädagogik als Wissenschaft zu begründen. Es gibt eine Reihe anderer Ansätze philosophisch orientierter Pädagogik, die wenig mit »geisteswissenschaftlicher« Pädagogik zu tun haben, so etwa die Orientierung an *Hegel, Kant* oder an der

Was heißt »geisteswissenschaftliche Pädagogik«? 25

sogenannten Existenzphilosophie, wobei letztere besonders durch
O. F. Bollnow für die geisteswissenschaftliche Pädagogik fruchtbar
gemacht worden ist. Schließlich ist diese Pädagogik auch abzugrenzen gegen die sogenannte *kritische Erziehungswissenschaft*; geisteswissenschaftliche Pädagogik versteht sich im Gegensatz zu dieser
nicht als Sozialwissenschaft; ihr Anliegen ist weder primär soziologisch noch politisch, sondern pädagogisch; ihr geht es in erster Linie
um Erziehung und Bildung und nicht um Gesellschaftsverände-
rung[52].

Es war hier unmöglich, einen systematischen und historischen
Aufriß alles dessen zu geben, was man unter geisteswissenschaftlicher Pädagogik versteht. Um wenigstens einen gewissen Überblick
über die *wichtigsten Vertreter* zu vermitteln, stellen wir diese auf einer
gesonderten Tafel vor (Abb. 2, S. 26) und beschränken uns auf die
»Klassiker« dieser Richtung. Wir führen dort gleichzeitig jeweils die
allerwichtigsten Schwerpunkte des Werks der einzelnen Pädagogen
mit an, wodurch stichwortartig auch die Inhalte der geisteswissenschaftlichen Pädagogik sichtbar werden. Die Zuordnung einzelner
Vertreter ist nicht immer eindeutig; so zählt *A. Reble* unter anderem
auch *A. Fischer* zu den geisteswissenschaftlichen Pädagogen[53], was
insbesondere im Hinblick auf dessen Entwicklung einer phänomenologisch orientierten Pädagogik seine Berechtigung hat. Die Auf-
nahme *M. J. Langevelds* unter die geisteswissenschaftlichen Pädagogen erscheint gerechtfertigt durch seine Schülerschaft zu *T. Litt*,
durch sein phänomenologisches Vorgehen und durch seine eigenen
wissenschaftstheoretischen Reflexionen[54].

Im Verlauf unserer Methodenüberlegungen werden wir immer
wieder von Bildung und Erziehung sprechen müssen. Darum
scheint es angebracht, aus dem Bereich der geisteswissenschaftlichen Pädagogik exemplarisch einen *Erziehungs-* und einen *Bildungsbegriff* vorzustellen, um eine Orientierung für das Folgende zu geben. Denn bekanntlich gibt es die unterschiedlichsten Erziehungs-
und Bildungsbegriffe.

R. Meister (1881-1964) formulierte 1946 einen weit und allgemein
gefaßten *Erziehungsbegriff*; er lautet:

»Erziehung ist die planmäßige Führung, die die erwachsene Generation der heranwachsenden bei ihrer Auseinandersetzung mit
der überkommenen Kultur angedeihen läßt. . .«[55].

Dreierlei scheint uns hier wichtig zu sein: 1. Bei Erziehung handelt
es sich um ein *Verhältnis zwischen* »heranwachsender« und »erwachsener« Generation; es besteht also ein Verhältnis zwischen solchen,
die Hilfe benötigen und solchen, die diese geben können; man

26 Einführung

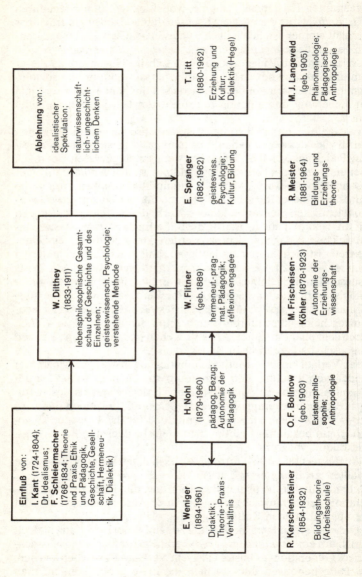

Abb. 2: Hauptvertreter der geisteswissenschaftlichen Pädagogik. (Pfeile zwischen Personen bedeuten Schülerschaft)

Was heißt »geisteswissenschaftliche Pädagogik«? 27

spricht hierbei von »pädagogischem Gefälle«, das jedoch kein unterdrückendes Herrschaftsverhältnis ist, sondern sich vielmehr durch Verantwortung legitimiert. 2. Erziehung soll *planmäßige Führung* sein; sie geschieht also nicht zufällig, nebenbei und nur durch die »Umstände«; sie wird vielmehr bewußt und verantwortlich übernommen. Dabei beruht »Führung« auf einem personalen Vertrauensverhältnis zwischen Erzieher und Zögling(en), wobei nicht gegängelt wird, sondern alles auf die vertrauende und (später) auch einsichtige Zustimmung des Zöglings ankommt. 3. Es handelt sich um *Auseinandersetzung* mit der überkommenen Kultur, nicht um ein bloßes Übernehmen und Reproduzieren von Kultur, die von äußerlichen Verhaltensweisen über Sprache, Fertigkeiten, Wissenschaft usw. bis zu Grundüberzeugung reicht[56].

Als Beispiel für einen *Bildungsbegriff* zitieren wir die Ausführungen *E. Sprangers*[57]. Auch er definiert sehr allgemein:»Bildung ist die durch Kultureinflüsse erworbene, einheitliche und gegliederte, entwicklungsfähige Wesensformung des Individuums, die es zu objektiv wertvollen Kulturleistungen befähigt und für objektive Kulturwerte erlebnisfähig (einsichtig) macht.« Diesen verdichteten Satz erläutert *Spranger* wie folgt: Bildung »ist Wesensformung des Individuums; denn bloß vorübergehende Eigenschaften würden wir nicht als Bildung ansehen... Bildung ist ferner *einheitlich* und *gegliedert*, d.h. vielseitig und doch geschlossen. Einen Menschen von ganz einseitiger Seelenkultur würden wir nicht gebildet nennen; aber auch nicht den Vielseitigen, der nach allen Seiten umrißlos auseinanderfließt und keinen Mittelpunkt, kein *festes* Wesen, keine *Form* hat.« Echte Bildung enthält »*immer Entwicklungsfähigkeit* und *Weiterwachsen*, weil sie selbst ja im Grunde nichts ist als ein veredeltes Entwicklungsergebnis. Diese Veredlung wird gewonnen durch *Kultureinflüsse*... In den Kultureinflüssen selbst ist ein objektiver Wertgehalt gegeben...« Sie machen den Menschen »einerseits fähig, Kulturgehalt zu *verstehen*...; andererseits erwecken sie in ihm selbst wertschaffende Kräfte, die das Verstehen und das Erlebnis wieder in objektive Kulturwerte (*Leistungen*) umsetzen... Es muß für diese erlebenden und schaffenden Kräfte auch ein persönlicher Mittelpunkt da sein, und indem die Kulturwerte auf diesen einheitlich bezogen werden, erhöht sich die rohe Individualität zur *geformten Individualität* oder zur voll gebildeten Persönlichkeit.«

Erziehung und Bildung wollen wir nicht eingeschränkt sehen auf den schulischen Bereich, wenngleich aus der pädagogischen Literatur häufig der Eindruck entsteht, als gäbe es nur diesen. Man könnte eher umgekehrt die Frage stellen, inwiefern unsere Schulen über-

28 Einführung

haupt in der Lage sind zu erziehen und zu bilden. Außerdem sollen Erziehung und Bildung hier nicht in einem Über- und Unterordnungsverhältnis gesehen werden; beide sind gleich wichtige Vorgänge der Menschwerdung und des Menschseins, die allerdings eng zusammengehören[58].

Wir gingen der Frage nach, was denn *geisteswissenschaftliche Pädagogik* sei, mit deren Methoden wir uns befassen wollen. Die einzelnen Gesichtspunkte, die sich ergeben haben, wollen wir uns nochmals vergegenwärtigen:

»Geisteswissenschaft« ist als Begriff zunächst *mehrdeutig* und in ihrem Wissenschaftscharakter *umstritten.*

Als Geisteswissenschaften bezeichnet man die Wissenschaften der früheren philosophischen, theologischen und juristischen Fakultäten.

Unter dem Einfluß von *I. Kant*, dem Deutschen Idealismus und vor allem von *F. Schleiermacher* konzipierte *W. Dilthey* eine Theorie der Geisteswissenschaften, die er den *Naturwissenschaften entgegensetzte.*

Lebensphilosophie, geisteswissenschaftliche *Psychologie* und *Geschichtlichkeit* sind hierbei die wichtigsten Ansatzpunkte für *Dilthey*. Er ist auch der Begründer der *geisteswissenschaftlichen Pädagogik.*

Der *Geist-Begriff* im *Hegel*schen Sinn trifft im Rahmen der »geistes«-wissenschaftlichen Pädagogik nur für einige Vertreter zu; zum Teil ist er eher irreführend. Unter Geist soll hier ganz allgemein dasjenige verstanden werden, *was den Menschen* gegenüber dem Naturding und dem Tier *auszeichnet.* Dadurch wird auch »geisteswissenschaftliche Pädagogik« von der *Dilthey*-Tradition unabhängig.

Charakteristische *Gesichtspunkte* geisteswissenschaftlicher Pädagogik sind:
Geschichtlichkeit, insofern der Mensch Geschichte als feststellbare, vergangene Fakten *hat* und insofern er Geschichte *ist*, weil er frei und verantwortlich handeln kann;

Zusammenfassung 29

die *Einmaligkeit*, das *Individuelle* in jedem Einziehungs- und Bildungsvorgang;
Ganzheit und *Struktur* des persönlichen und des geschichtlich-kulturell-gesellschaftlichen Lebenszusammenhangs;
*Ziel-, Wert-, Sinn*fragen im Hinblick auf Erziehung und Bildung; *Erziehungswirklichkeit, Theorie-Praxis-Verhältnis* sowie *Autonomie* der Pädagogik.

Am meisten ist geisteswissenschaftliche Pädagogik deshalb umstritten, weil sie die Möglichkeit einer voraussetzungslosen, »reinen« Wissenschaft leugnet; sie betrachtet vielmehr die *Erkenntnis* als »*Akt der Gesamtperson*« (*R. Schwarz*), somit auch als bedingt durch deren existentielle Grundentscheidungen.

Geisteswissenschaftliche Pädagogik ist abzugrenzen gegen die *normative* und eine »*philosophische*« Pädagogik und gegen die sogenannte *kritische* Erziehungswissenschaft.

»Klassische« Vertreter der geisteswissenschaftlichen Pädagogik sind: *Dilthey, Frischeisen-Köhler, Spranger, Litt, Nohl, W. Flitner, Weniger, Meister, Kerschensteiner, Bollnow, Langeveld.*

Als allgemeine Definition von *Erziehung* im Sinne der geisteswissenschaftlichen Pädagogik kann die von *R. Meister* gelten: »Erziehung ist die planmäßige Führung, die die erwachsene Generation der heranwachsenden bei ihrer Auseinandersetzung mit der überkommenen Kultur angedeihen läßt.«

Definition von *Bildung* durch *E. Spranger*: »Bildung ist die durch Kultureinflüsse erworbene, einheitliche und gegliederte, entwicklungsfähige Wesensformung des Individuums, die es zu objektiv wertvollen Kulturleistungen befähigt und für objektive Kulturwerte erlebnisfähig (einsichtig) macht.«

Vor diesem Hintergrund müssen wir nun die Forschungsmethoden der geisteswissenschaftlichen Pädagogik sehen. Nach dem Gesagten läßt sich bereits vermuten, daß eine derartig konzipierte Pädagogik auf die Hermeneutik als geschichtlich-verstehende Methode ange-wiesen ist. Auch die wesenserfassende Beschreibung der phänom-enologischen Methode sowie die dialektische Methode, die gegen-sätzliche Momente des Denkens und der Wirklichkeit reflektiert, werden sich als dieser Wissenschaft angemessen erweisen. Der Her-meneutik als verstehender und historischer Methode kommt dabei eine weiterreichende Bedeutung zu, weshalb zuweilen auch von »hermeneutischem Verfahren« statt von geisteswissenschaftlichen Methoden gesprochen wird. Es wird sich aber zeigen, daß herme-neutisches Vorgehen nicht gleichgesetzt werden kann mit geistes-wissenschaftlichem Denken. Hieraus ergibt sich dann indirekt eine Relativierung der »geisteswissenschaftlichen Pädagogik« im Hin-blick auf ihren umfassenden Anspruch.

Zur Vertiefung und Ergänzung des Vorangegangenen weisen wir nochmals auf folgende Literatur hin:

Zur Methodenreflextion:

H. Röhrs: Forschungsmethoden in der Erziehungswissenschaft, S. 9-45.

Zum Wissenschaftsverständnis und zur Einordnung der geisteswissen-schaftlichen Pädagogik:

W. Flitner: Das Selbstverständnis der Erziehungswissenschaft in der Gegenwart.

R. Huschke-Rhein: Das Wissenschaftsverhältnis in der geisteswissen-schaftlichen Pädagogik.

J. Hintjes: Geesteswetenschappelijke pedagogiek.

II. Hermeneutik

Bei unseren Überlegungen zum Sinn der Methodenreflexion sowie zum Begriff der »geisteswissenschaftlichen Pädagogik« stießen wir bereits auf den Sachverhalt des »Verstehens«. Wir sahen, daß es umstritten ist, diesen innerhalb einer Wissenschaft zu berücksichtigen, weil damit keine »exakte« Wissenschaft betrieben werden könne. Nun sind jedoch insbesondere die Vertreter der Geisteswissenschaften der Auffassung, daß ein so elementarer Vorgang wie das Verstehen nicht als »vorwissenschaftlich« ausgeklammert werden darf, sondern daß man ihn eigens zum Gegenstand der wissenschaftlichen Reflexion machen muß und dies auch kann. Es ist der Inhalt der *Hermeneutik*, den Verstehensvorgang zu untersuchen und ihn zu strukturieren. Hierbei soll nicht zuletzt eine bestimmte Objektivität des Verstehens-Inhaltes aufgewiesen werden[1]; mit diesem Anliegen hängt es zusammen, daß immer wieder versucht wurde, bestimmte hermeneutische Regeln aufzustellen; auf deren Bedeutung werden wir später noch zurückkommen.

Das Wort »Hermeneutik« kommt aus dem Griechischen[2]. Das zugehörige Verb heißt ἑρμηνεύειν (hermeneúein) und bedeutet dreierlei: *aussagen* (ausdrücken), *auslegen* (erklären) und *übersetzen* (dolmetschen). Diese Bedeutungen scheinen auf den ersten Blick wenig miteinander zu tun zu haben; ihnen liegt jedoch eine Grundbedeutung zugrunde: etwas soll zum Verstehen gebracht werden, Verstehen soll vermittelt werden. Also: wenn ich einen Sachverhalt ausdrücke und so zu einer Aussage komme, möchte ich, daß andere diesen verstehen. Das Gesprochene seinerseits soll (von den anderen) verstanden werden; sie müssen es auslegen, deuten. Eine Auslegung, »Interpretation« liegt insbesondere dann vor, wenn Fremdsprachliches verstanden werden soll. Das lateinische *interpretare* entspricht dem griechischen hermeneúein, und deshalb heißt der »Dolmetscher« im Englischen »interpreter«, d.h. er ist beim Übersetzungsvorgang derjenige, der »interpretiert«, auslegt. Wer wüßte vom Erlernen und vom Gebrauch von Fremdsprachen her nicht, daß eine wörtliche Übersetzung meist schlecht oder gar falsch ist und daß der ausgesagte Sachverhalt vom »Geist« der einen Sprache in den »Geist« der anderen herübergeholt werden muß?

Unter Hermeneutik haben wir somit die »*Kunst der Auslegung*« zu verstehen. Bei dem Begriff »Kunst« schwingen jedoch Assoziatio-

32 Hermeneutik

nen mit, die den eigentlichen Sinn verdecken. Von einem romantisch geprägten Kunstverständnis herkommend, legen wir dort das Genialische, Subjektive hinein. In diesem Sinn hätte eine »Kunst der Auslegung« in einer Wissenschaft wenig zu suchen. Zwar werden wir bei *Dilthey* noch sehen, daß die Kongenialität beim Verstehensprozeß eine Rolle spielt; dennoch muß »Kunst« in diesem Zusammenhang viel nüchterner verstanden werden, nämlich vom griechischen téchne-Begriff her. Hermeneutik ist dort τέχνη ἑρμηνευτική (téchne hermeneutiké). Sie stellt demnach so etwas dar wie ein handwerkliches Können und Wissen, eine Kunstfertigkeit; dies schließt wiederum ein, daß nach bestimmten Regeln vorgegangen wird[3]. Hermeneutik als romantisch-kunstvolles, schwärmerisches Vorgehen zu betrachten, würde darum die Sache verfehlen. Wir sollten auch noch beachten, daß »Hermeneutik« doppelsinnig verwendet wird, zum einen nämlich als die Auslegungskunst selbst und zum anderen als die Theorie der Auslegung[4].

Wenn die Hermeneutik die »Kunst der Auslegung« sein soll, so fragt sich, *was* denn überhaupt ausgelegt und verstanden werden kann. Häufig wird Hermeneutik eingegrenzt auf *Textinterpretation*. Dies ist zwar ein wichtiges und weites hermeneutisches Gebiet, und an der Textauslegung kann besonders gut deutlich gemacht werden, was hermeneutisches Vorgehen ist. Verstehen im hermeneutischen Sinn erstreckt sich jedoch nicht nur auf Texte. Vielmehr können wir ganz allgemein und vorwegnehmend sagen, daß wir immer dann hermeneutisch vorgehen, wenn wir mit *Menschen* und mit *menschlichen Produkten* im weitesten Sinn umgehen[5]. Es ist nicht zuletzt im pädagogischen Raum von Bedeutung, diese Weite der hermeneutischen Möglichkeit und Realität zu beachten. Denn sowohl der pädagogische Praktiker wie der Theoretiker gehen ja nicht nur mit Büchern um, sondern beziehen ihr Wissen, ihre ausformulierte Erfahrung aus dem erzieherischen Umgang. Dort aber haben sie es mit (meist jungen) Menschen zu tun, die sprechen, gestikulieren, sich zu anderen verhalten, die Dinge produzieren, also malen, schreiben, Mathematikaufgaben lösen etc. All dies und nicht nur Systematische Pädagogiken oder *Pestalozzis* Schriften wollen »verstanden« werden.

Darum noch einmal: Hermeneutik kann nicht auf Textauslegung eingeengt werden, ohne ihren vollen Gehalt zu verfälschen; Textauslegung ist ein (wichtiger) Spezialfall der Hermeneutik. Hermeneutisches Verstehen geschieht überall dort, wo ein Mensch auf einen anderen Menschen oder auf menschliche Erzeugnisse trifft. So muß etwa auch der Vorgang, wenn ein Archäologe eine Tonscherbe

Hermeneutik 33

in ihrer Bedeutung einzuordnen versucht, als ein hermeneutischer verstanden werden.

Es würde hier zu weit führen, die *Geschichte der Hermeneutik* darzustellen[6]. Einige wenige Stichpunkte sollen für unseren Zusammenhang genügen: Die griechische Mythologie kennt bereits den Götterboten *Hermes*; sein Geschäft »ist das hermeneúein...; ihm wird die Erfindung dessen zugeschrieben, was der Verständigung dient, besonders Sprache und Schrift«[7]. Bei *Aristoteles* (384-322/21 v. Chr.) taucht der Auslegungs-Begriff zum ersten Mal in einem philosophischen Titel auf: »Peri hermeneias« (»De interpretatione« — »Über die Aussage«); hingegen verwendet erst 1654 *Dannhauser* den *heutigen* Hermeneutik-Begriff zum ersten Mal und zwar in seiner Schrift: »Hermeneutica sacra sive methodus exponendarum sacrarum litterarum«[8]. Im Verlauf der Geschichte können grob gesehen drei hermeneutische Strömungen ausgemacht werden: 1. eine *philologisch-historische* Hermeneutik, die sich im engeren Sinn mit Textauslegung befaßt (wie ist etwa die »Odyssee« *Homers* zu verstehen?); 2. eine *theologische* Hermeneutik (wie müssen das Alte und das Neue Testament ausgelegt werden?); 3. eine *juristische* Hermeneutik, deren Kernfrage die Auslegung und Anwendung von vorgegebenen Gesetzen im Hinblick auf konkrete Fälle ist. Diese hermeneutischen Einzeldisziplinen waren auf ihr spezifisches Gebiet bezogen und nahmen für dieses eine dienende Funktion ein. Erst *F. Schleiermacher* (1768-1834) unternahm es, eine *allgemeine Hermeneutik* zu entwickeln und sie als eine »Kunstlehre des Verstehens« überhaupt zu bestimmen, die hinter die speziellen Hermeneutiken und deren Vielzahl von Regeln zurückging[9]. Diese sollte »von der einfachen Tatsache des Verstehens ausgehend aus der Natur der Sprache und aus den Grundbedingungen des Verhältnisses zwischen dem Redenden und dem Vernehmenden ihre Regeln in geschlossenem Zusammenhang« entwickeln[10]. *W. Dilthey* (1833-1911) sah in dieser allgemeinen Hermeneutik die methodologische Grundlegung der Geisteswissenschaften[11]. Bei *Schleiermacher* und bei *Dilthey* liegen unterschiedliche Konzepte einer Hermeneutik vor; in der weiteren Entwicklung ergeben sich wiederum divergierende Ansätze, so etwa dann auch bei *H. G. Gadamer*. Auf diese drei wichtigen Vertreter werden wir noch näher eingehen.

Wir wollen nun im folgenden versuchen, uns ein Grundgerüst der wichtigsten Begriffe und Gedanken der Hermeneutik zu erarbeiten. Hierbei geraten wir in die schwierige Situation, daß es keine einheitliche und allgemein anerkannte Theorie der Hermeneutik gibt[12]. Wir können darum immer nur auf bestimmte Autoren verweisen;

34   Hermeneutik

gleichzeitig müssen wir die große Fülle historischer und gegenwärtiger Ansätze außer acht lassen und müssen häufig so tun, als gäbe es Übereinstimmung hinsichtlich einzelner Begriffe. Exemplarisch werden wir dagegen anschließend auf *Dilthey* und *Gadamer* eingehen, indem wir kurze Texte von diesen Autoren interpretieren. *Dilthey* greifen wir heraus, weil er die geisteswissenschaftliche Pädagogik entscheidend beeinflußt hat und heute noch bedeutsam ist; bei *Gadamer* ergeben sich neue Möglichkeiten eines hermeneutischen Ansatzes für die Pädagogik. Im Anschluß an die Textinterpretationen wollen wir ausloten, was Hermeneutik für die Pädagogik bedeutet. Es liegt in der Natur der Sache, daß dieses Kapitel über die Hermeneutik einen Schwerpunkt innerhalb unserer Frage nach den geisteswissenschaftlichen »Methoden« bildet; denn das hermeneutische Verstehen macht den Kern des Erfassens von Erziehungswirklichkeit aus, dem phänomenologische Bestandsaufnahme und dialektisches Reflektieren zugeordnet sind.

1. Grundbegriffe der Hermeneutik

a) Das Verstehen

Der zentrale Begriff der Hermeneutik lautet »Verstehen«. Wir haben schon darauf hingewiesen, daß damit — zunächst — ein sehr schlichter, alltäglicher Sachverhalt gemeint ist. Er ist uns so vertraut und nah, daß wir quasi erst zurücktreten müssen, um ihn wahrzunehmen. »Verstehen ist eine Kunst, die gleich der Logik unbewußt geübt wird, bis die Theorie in der Reflexion über das Verfahren seine Gesetze ins Bewußtsein hebt«[13]. Wir verkehren mit anderen Menschen, sprechen miteinander, lesen Reklameschilder, hören Musik oder folgen einem Vortrag. Ständig »verstehen« wir: die Gesten des anderen, seine Worte, die Aufforderung der Werbung, eine Melodie, einen geistigen Zusammenhang. Diese Unmittelbarkeit des Verstehens kann plötzlich gestört sein: Der andere macht eine Handbewegung, die uns irritiert, oder wir können dem Gesagten nicht folgen. Es tritt uns unter Umständen schmerzlich ins Bewußtsein, daß wir *nicht* verstehen, daß aber Verstehen notwendig wäre. Es erweist sich als ein menschliches Grundverhältnis[14], das reflektiert werden kann und muß. Insbesondere wenn wir den vorwissenschaftlichen Raum verlassen, ist es notwendig, das zunächst selbstverständlich erscheinende Verstehen in die Theorie zu heben: die

Grundbegriffe der Hermeneutik 35

Aufgabe der Hermeneutik. Verstehen ist dann nicht mehr ein un-
mittelbarer, unreflektierter Vorgang, sondern es soll sich in seiner
Struktur, in seiner Leistungsfähigkeit, in seiner Komplexität zeigen.

Dilthey war es u.a., der den Verstehensbegriff dem *Erklären* gegen-
übergestellt hat: »Die Natur *erklären* wir, das Seelenleben *verstehen*
wir.«[15] Hiermit sind auch die Bereiche kurz angegeben, denen das
Erklären einerseits und das Verstehen andererseits zugeordnet sind.
Unter »Natur« haben wir die Natur im physikalischen Sinne zu verstehen, also insofern sie Gesetzmäßigkeiten verkörpert. Ein Vorgang in der Natur kann darum zurückgeführt werden auf bestimmte
andere Vorgänge, die Ursache sind für jenen; man kann die zugrun-
deliegenden Gesetze aufweisen. So werden etwa Ebbe und Flut
durch die Konstellation von Erde und Mond und die Anziehungs-
kraft *erklärt*. Für das Feld des Verstehens reicht allerdings der Hinweis *Diltheys* auf das »Seelenleben« nicht aus, insbesondere wenn
wir darunter nur individuelles Seelenleben fassen; wir sagten bereits,
daß alles Menschliche, alles »Geistige« verstanden wird, allerdings
insofern auch das »Seelenleben«. Zum Erklären liegt der wesentliche Unterschied des Verstehens darin, daß wir es dabei mit Dingen
und Vorgängen zu tun haben, die noch etwas anderes *bedeuten*[16].
Eine Geste ist ja gerade nicht damit »verstanden«, sondern nur »erklärt«, daß auf den Weg von Arm und Hand, auf die Muskelkraft, auf
die Übertragung durch Sehnen, auf den Energieverbrauch hingewiesen wird. Eine Geste wird jedoch erst zur Geste durch das, was sie
bedeutet: zur Begrüßung zuwinken, jemanden herbeiholen, einen
anderen abweisen usw. Das wird *verstanden* — im einzelnen Fall vielleicht auch nicht oder nicht ganz, aber entscheidend ist unsere geistige Bewegung, die wir hier vollziehen oder vollziehen wollen und die
eine andere ist als Erklären. In diesem Sinn kann ich ein Naturgesetz
nicht verstehen; ich kann nur hinnehmen, daß es so ist, also feststellen. Ein anderes Beispiel: Einen Stein können wir im Sinne der Naturwissenschaft analysieren, also nach Gewicht, Umfang, Inhalt,
Fallgeschwindigkeit, nach seiner chemischen Zusammensetzung,
nach seiner Entstehung. Derselbe Stein kann aber auch von einem
Steinzeitmenschen behauen sein; er mag in einer Mauer eingefügt
sein oder zur Beschwerung des Dachs auf einer Hütte liegen. Die natürlichen Eigenschaften können der Erklärung zugeordnet werden;
seine menschliche Verwendung *als* Werkzeug, *als* Baumaterial, *als*
Gewicht wird dagegen verstanden[17]. Analog haben wir ein konkretes
Verhältnis zwischen Erwachsenen und Kindern zu sehen, das es zu
verstehen gilt; pädagogisch bedeutsam ist dabei nicht, in welcher
räumlichen Distanz es sich abspielt, mit wieviel Phon Lautstärke

miteinander gesprochen wird etc., sondern ob es sich um einen bloßen Umgang miteinander oder um ein erzieherisches Verhältnis handelt, ob es für die Kinder förderlich oder schädlich ist — mit physikalischen Daten allein wäre also hier noch nichts gewonnen; pädagogisch interessant ist vielmehr, was sie *bedeuten*.

Bei der Unterscheidung von »erklären« und »verstehen« müssen wir beachten, daß es sich dabei um den definitorischen Versuch handelt, zwei Sachverhalte auseinanderzuhalten. Wir dürfen nicht übersehen, daß wir umgangssprachlich mit dem Wort »verstehen« vielerlei Vorgänge bezeichnen und umgekehrt den eben beschriebenen Sachverhalt »Verstehen« mit einer Reihe anderer Begriffe belegen. »Erklären« und »Verstehen« werden darum umgangssprachlich durchaus wechselweise verwendet. »Verstehen« im hermeneutischen Sinn ist ein terminus technicus. Schematisch kann »Verstehen« vom umgangssprachlichen Gebrauch und von »Erklären« abgegrenzt und in sich selbst differenziert werden, wie dies in Abbildung 3 angedeutet ist.[18]

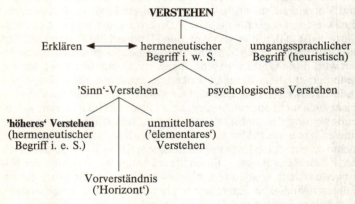

Abb. 3: Abgrenzung und Differenzierung von »Verstehen«

Verstehen ist das Erkennen von etwas als etwas (Menschliches) und gleichzeitig das Erfassen seiner Bedeutung: Irgendwelche Laute erkenne ich als Worte und erfasse deren Bedeutung.

Erklären dagegen ist das Herleiten von Tat-sachen aus Ur-sachen, das Ableiten einer Gegebenheit von einem Prinzip[19]: Die Fallgesetze erklären das Fallen des Steines. Wir können noch einen Schritt

Grundbegriffe der Hermeneutik   37

weitergehen und nicht-kausale, nicht-gesetzmäßige Vorgänge mit einbeziehen, so daß wir sagen können: Die Unkonzentriertheit eines Schülers wird erklärt durch seine mangelnde Lernmotivation oder durch die häuslichen Verhältnisse oder durch seinen schlechten Gesundheitszustand etc. Es ist sinnvoll, nicht nur im Bereich der »Natur« von Erklären zu sprechen. Denn auch im humanen Bereich führen wir ja etwas auf ein anderes zurück. Nur sprechen wir dann nicht von *kausalen Ursachen*, sondern von *Gründen*, denen das Moment der *Freiheit* anhaftet. Erklären im Bereich des Menschlichen geht darum immer einher mit Verstehen; denn die Gründe sind etwas, was verstanden werden muß. Zu beachten ist auch, daß mit »Erklären« hier nicht im umgangssprachlichen Sinne ein »Erläutern« gemeint ist, etwa wenn wir sagen: »Ich erkläre dir, wie dieses Buch zu verstehen ist«.

Häufig wird bestritten, daß es sinnvoll ist, die Unterscheidung zwischen Verstehen und Erklären zu machen[20]. Wir betonen nochmals, daß es sich dabei um ein begriffliches Instrumentarium handelt, das dazu dient, bestimmte Sachverhalte sichtbar zu machen. Im Hinblick auf das Verstehen muß beachtet werden, daß es bei diesem darum geht, *was* jemand tut oder *als was* etwas erscheint, und nicht darum, *warum* er es tut oder *warum* etwas so ist, wie es ist[21]. Auf diese Warum-Frage antworten wir durch Erklären, indem wir Ursachen und Gründe angeben. Im kausalen Bereich der Naturvorgänge ist das Erklären im Prinzip eindeutig (Beispiel: fallender Stein); beim Erklären im menschlichen Bereich muß immer auch Verstehen mit dazukommen (Beispiel: unkonzentrierter Schüler). Das macht das Auseinanderhalten der Begriffe Verstehen/Erklären schwierig[22]; dennoch erscheint uns deren theoretische Unterscheidung im Hinblick auf die hermeneutische Frage sinnvoll.

Nach dieser begrifflichen Unterscheidung zum »Erklären« wollen wir nun das Verstehen selbst etwas genauer betrachten. Wir haben gesehen, daß im Verstehen etwas *als* etwas erscheint, und können folgende *Strukturmomente* unterscheiden: 1. Wir nehmen ein Ding, einen Vorgang sinnlich war. 2. Wir erkennen dieses oder diesen als etwas Menschliches. 3. Wir verstehen die Bedeutung, den Sinn dieses Menschlichen. Den gesamten Vorgang in seiner Einheit bezeichnen wir als Verstehen. Dies führen wir uns anhand einer einfachen Graphik vor Augen und stellen nochmals zur Erläuterung den Vorgang des Erklärens daneben: Ein bestimmtes Ding oder ein Vorgang wird auf eine oder mehrere Ursachen bzw. Gründe zurückgeführt. (Abb. 4, S. 38)

Wenn wir eine Definition von »Verstehen« zu Hilfe nehmen, die

38 Hermeneutik

I. Verstehen

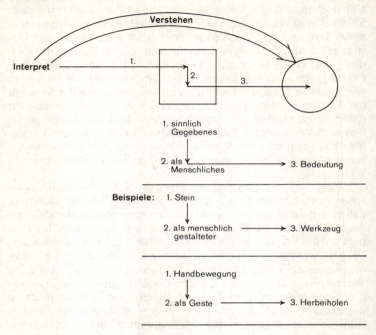

II. Erklären

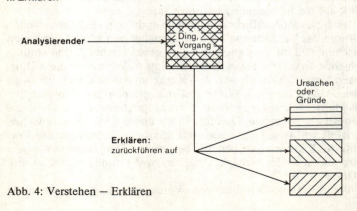

Abb. 4: Verstehen — Erklären

uns *W. Dilthey* gibt, dann können wir uns diesen Begriff noch einmal von einer etwas anderen Seite her klar machen: Jene lautet nämlich: »Wir nennen den Vorgang, in welchem wir aus Zeichen, die von außen sinnlich gegeben sind, ein *Inneres* erkennen: Verstehen.«[23]

Welche Momente machen hiernach das Verstehen aus? Vereinfachen wir den Satz *Diltheys*; dann lautet er: Wir erkennen aus *Zeichen* ein *Inneres*. Diese »Zeichen« werden näher bestimmt: Sie sind von *außen* gegeben, und *wie* sie gegeben sind, erfahren wir auch, nämlich »sinnlich«, d.h. über unsere Sinne. Die »Zeichen« haben demnach zwei Aspekte: ein Äußeres und ein Inneres. Verstehen besteht darin, durch das Äußere ein Inneres zu erkennen. Dieses Verhältnis stellen wir in Abbildung 5 dar:

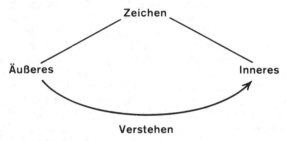

Abb. 5: Verstehen nach *Dilthey*, I

Diesen abstrakten Sachverhalt wollen wir uns an einigen *Beispielen* verdeutlichen. Auch im Alltagsleben sprechen wir von »Zeichen«, so etwa bei Verkehrszeichen. Ein bestimmtes nehme ich durch Anschauen folgendermaßen wahr: rund, weiß, roter Rand; dies ist das »Äußere« des Zeichens. Sein »Inneres« besteht in seiner Bedeutung: Auf dem so gekennzeichneten Weg darf nicht gefahren werden. Das Verstehen beruht also in dem Erkennen der Bedeutung des Verkehrszeichens. — Was geschieht denn, indem der vorliegende Text gelesen wird? Zeichen reiht sich an Zeichen: nämlich Buchstabe an Buchstabe, Wort an Wort. Deren Äußeres sind bestimmte schwarze Linien auf dem Papier, irgendwelche Formen: g – O – z – T. Aber der Leser versteht ihre Bedeutung, erkennt sie als Buchstaben, er versteht die Bedeutung der Worte, der Sätze, versteht also ein »Inneres«, einen Sinn. Es könnten auch andere Zeichen auf dem Papier stehen, z.B. ᛝᛏᛝᛟᛊ; sie ergeben keinen Sinn, weil ihnen von niemandem ein Sinn verliehen worden ist.

Dilthey bringt im Anschluß an die zitierte Definition als Beispiele u.a. das Lallen eines Kindes und das Schauspiel »Hamlet«. Das Äußere des Lallens sind Laute, die wir als unartikuliert kennzeichnen würden; ihr Inneres kann Wohlbehagen bedeuten; das Lallen ist also nicht sinnlos — es ist der Ausdruck von etwas. Wesentlich komplizierter gestaltet sich das Verstehen des »Hamlet«: Es wird gesprochen; die Schauspieler gestikulieren; sie agieren miteinander und gegeneinander; es gibt ein bestimmtes Bühnenbild; es entspinnt sich eine vielschichtige Handlung; der Zuschauer erlebt Gefühlsausbrüche, Böses und Gutes, Abstoßendes und Sympathisches usw. usw. Dies alles wird über »Zeichen« erfahren, die sinnlich wahrgenommen werden. Aber *was* sie im einzelnen und in ihrem Zusammenhang bedeuten, ob wir vor allem dieses Schauspiel tatsächlich verstehen — dies ist kaum zu entscheiden. Dennoch bemühen wir uns um Verständnis. Aber auch jeder Regisseur, jeder einzelne Schauspieler legen das Stück und die einzelne Rolle aus; sie interpretieren den Text *Shakespeares*, der bei uns obendrein noch übersetzt worden ist. Auslegung und Interpretation sind wesentliche Momente einer Theateraufführung, ebenso des Zuschauens. Hier geschieht ein komplexer, differenzierter hermeneutischer Vorgang. Dieser dauert nicht nur die Stunden der Aufführung, sondern reicht weit in das Leben aller Beteiligten hinein, und auch dies nicht nur zeitlich; er betrifft die Erlebnisfähigkeit, das Wissen, das geschichtliche Bewußtsein, die ethische Grundeinstellung etc. All dies geht in den Verstehensvorgang ein.

Werfen wir nun auch einen Blick auf die reine Textauslegung, und stellen wir uns vor, wir würden den Stanser Brief von *Pestalozzi* lesen. Auch hier haben wir zunächst das simpel sinnlich Gegebene: bedrucktes Papier; aber ähnlich wie beim Schauspiel eröffnet sich beim Vordringen in den Gehalt und Sinn des Textes eine komplizierte Welt; Historisches, Sprache, Gefühlsmäßiges, ethisch Gesetztes, Verantwortung für verwahrloste Kinder, die Frage nach der Bildsamkeit und der Erziehung überhaupt durchdringen sich und wollen von uns verstanden werden. Jenes »Innere«, von dem *Dilthey* spricht, ist also umfassend und betrifft unser »gesamtes Leben«, wie er sagen würde. Zugleich wurde auch sichtbar, daß mit diesem »Inneren« nichts Mystisches gemeint ist. Wir werden später noch näherhin zu entfalten haben, was mit diesem Terminus angedeutet ist.

Kehren wir noch einmal zu dem einfachen Schema zurück, das wir im Anschluß an *Dilthey* aufgezeichnet haben (Abb. 5): Verstehen als Erkennen eines Inneren am Äußeren eines Zeichens. Die skiz-

Grundbegriffe der Hermeneutik 41

zierten Beispiele erlauben uns, jenes Schema inhaltlich ein wenig auszufüllen. Das Verstehen kann als *Interpretation* und *Auslegung* — insbesondere von Texten — verstanden werden. Das »Innere« zeigt sich als *Sinn und Bedeutung*, während das »Äußere« als *Ausdruck* jenes Sinns verstanden werden kann; dies leuchtet unmittelbar bei Gesten etc. ein. Die Zeichen, die verstanden werden, sind nach *Betti* die »sinnhaltigen Formen«[24]; an sie als die *hermeneutischen Gegenstände* stellt *Dilthey* die Forderung, daß sie möglichst unverändert und dauernd zugänglich sein müßten, um zu einem möglichst allgemeingültigen Verstehen gelangen zu können. Er spricht darum von »*dauernd fixierten Lebensäußerungen*«[25]. Mit »Lebensäußerungen« sind menschliche Produkte gemeint, Äußerungen des menschlichen Geistes, die — in der Regel — schriftlich niedergelegt sind. Es versteht sich von selbst, daß neben Texten auch Kunstwerke, notierte Musik, archäologische Funde usw. hierzu zählen. Wenn wir diese Momente nochmals zusammenfassen, dann ergibt sich das Schema der Abbildung 6:

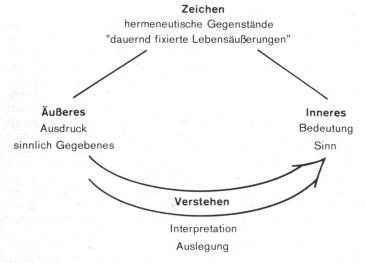

Abb. 6: Verstehen nach *Dilthey*, II

Bringen wir dieses Schema mit Abbildung 4 in Verbindung, so werden wir sehen, daß genau genommen zwischen beiden nur ein einziger Unterschied besteht. Wir gingen dort davon aus, daß im

42 Hermeneutik

Verstehensvorgang zunächst ein Sinnliches gegeben ist und dieses *als* Menschliches, als Geistiges verstanden wird. Dieses Geistige aber ist für *Dilthey* der Ausgangspunkt seiner Definition in Form des »Zeichens«; hieran unterscheidet er das sinnlich Gegebene und die Bedeutung, die dieses hat. Anders ausgedrückt: *Dilthey* setzt mit seiner Definition und mit dem Begriff des »Zeichens« voraus, daß dieses schon als *solches* verstanden ist. Dies ist wohl der Vorgang, wie Verstehen faktisch geschieht; Wahrnehmen eines Gegenstandes oder Vorgangs und ihn als Menschliches zu verstehen, fallen zusammen. Das mag der Grund dafür sein, daß Verstehen auch theoretisch oft nicht in den Blick kommt.

Die aufgewiesene Struktur des Verstehens setzen wir nun voraus und versuchen, einen weiteren Aspekt bewußt zu machen. In hermeneutischem Sinn hat vorrangig das *Sinn*-Verstehen Bedeutung, das vom (bloß) *psychologischen* Verstehen abgegrenzt werden muß (siehe Abb. 3). Diese Unterscheidung wird allerdings von den Kritikern der Hermeneutik häufig nicht beachtet[26]; aus diesem Grund wird den Hermeneutikern vorgeworfen, daß sie über subjektive Aussagen nicht hinauskämen.

Versuchen wir, an einem Beispiel den Unterschied von psychologischem und Sinn-Verstehen zu erfassen: *Mozarts* »Kleine Nachtmusik« kann man in zwei völlig unterschiedlichen Weisen spielen und anhören. Einmal mit »Gefühl«, ein andermal »sachlich«; man kann in die Musik »hineinhorchen«, »hineinfühlen«, kann nachempfinden wollen, was Mozart stimmungsmäßig erlebt hat, als er diese Musik niederschrieb, man kann sich sogar Vorgänge oder Landschaften ausmalen, die zu dieser Musik passen; wenn man dies dann reflektiert, kann man sagen: ich »verstehe« diese Musik so oder so — ein anderer wird sie ähnlich oder auch ganz unterschiedlich »verstehen«. Die »sachliche« Möglichkeit dagegen, diese Musik zu »verstehen«, müßte so umschrieben werden: *Hören* der musikalischen Gestalt, also der Melodiebögen, der Harmonien, der Tempi, des Verhältnisses der einzelnen Stimmen zueinander, der Gestaltung von Details wie Legato oder Staccato, Phrasierungen, Betonungen usw. usw.; dies allerdings nicht im analytisch-sezierenden Sinn, sondern als schlicht gehörte Gegebenheiten. Die erste Auffassung, die gefühlsmäßige, ist typisch romantisch, sie liegt auf der psychologischen Ebene; sie mag vielleicht dem so Erlebenden »etwas geben«; sie hält sich aber tatsächlich im subjektiven Bereich auf und zerstört letztlich jede Musik auf diese Weise — wie es insbesondere mit der »Kleinen Nachtmusik« häufig geschieht. Für die zweite Auffassung gibt es hingegen sachliche Notwendigkeiten, die beachtet werden

Grundbegriffe der Hermeneutik 43

müssen. Ein einzelner Ton ist für sich gesehen noch keine Musik, er braucht den Zusammenhang der musikalischen Gestalt, einer Melodie, eines Rhythmus, der Harmonie: Er steht in einem *Sinn*zusammenhang; erst von diesen Bezügen her gesehen erhält er einen Sinn. Dieser Sinn ist das Übergreifende; ähnlich ist ein vorgegebenes Tempo ein Übergeordnetes, das nicht umgangen werden darf; tue ich dies dennoch aus gefühlsmäßigen Gründen, dann mißverstehe ich jenen bestimmten musikalischen Sinn, trage etwas hinein, was das musikalische Stück nicht enthält; ich interpretiere also falsch[27]. Unbestritten sei allerdings, daß auch auf der angedeuteten sachlichen Ebene vielfältige Interpretation möglich ist; die unterschiedlichen Schallplattenaufnahmen desselben Stückes beweisen es. Wenn keine subjektiv-psychologische Interpretation vorliegt, dann liegt die Differenz auf der Sinn-Ebene — wir stellen die Frage, wie dies möglich und legitim ist, noch zurück. Bedeutsam für uns ist in hermeneutischer Hinsicht, daß es neben dem subjektiven Einfühlen noch eine andere Ebene gibt, die der vorgegebene Sinn ausmacht. *Diese Ebene, also den Sinn zu verstehen, ist die vordringliche hermeneutische Aufgabe*[28].

Eines dürfte bei unserem Beispiel außerdem sichtbar geworden sein: »Sinn« ist hier nichts Mysteriöses, Metaphysisches[29], etwa in der Bedeutung des Slogans »Ohne Gott ist alles sinnlos!«. Jener angeführte musikalische Sinn meint den Bedeutungszusammenhang, der sich sachlich ergibt. Ebenso kann ein Lehrer nach dem Sinn oder der Bedeutung des störenden Verhaltens eines Schülers fragen. Wenn er diesen Sinn erfaßt, wird er den Schüler verstehen; es ist beispielsweise denkbar, daß der Tod eines nahen Verwandten den Schüler verstört, aus dem Lot gebracht hat und er sich selbst in seiner Existenz bedroht fühlt. Von dorther erhält sein auffälliges Verhalten einen Sinn. An diesem Beispiel sehen wir darüber hinaus, daß jener hermeneutisch verstandene Sinn durchaus Bezug haben kann zu einem »letzten Sinn«, der den Verstehens-Horizont unseres Lebens, unserer Existenz ausmacht[30].

Dasjenige, was verstanden wird, befindet sich quasi vor einem Horizont, von dem her es erst als das verstanden werden kann, was es ist. Das Verstandene verweist auf anderes; es steht in einem *Verweisungszusammenhang*[31]. Wir erinnern uns an die Struktur des Verstehens, die von einem »als« bestimmt ist: Ein bestimmter Laut wird *als* Wort und dieses *als* Bedeutung von etwas verstanden. Der Wort-Sinn steht in dem größeren Zusammenhang des Satzes, dieser gehört in ein ganzes Gespräch etc. Hier wird nochmals ein Unterschied zum Erklären sichtbar; denn das Verstehen geht auf den Sinn aus,

44   Hermeneutik

der für sich ein *Ganzes* ist; so werden die etwa 700 Seiten der »Kritik
der reinen Vernunft« von *Kant* nur von ihrem einzigen Sinn her verständlich, nämlich von der transzendentalen Methode her; wer diesen *einen* Sinn — die apriorische Bedingung der Möglichkeit menschlicher Erkenntnis — versteht, versteht auch dessen Entfaltung in dem
gesamten Werk — anders nicht. Beim Erklären dagegen muß unter
Umständen eine lange Kette von Details aneinandergereiht werden;
hat sie Lücken, fällt auch die Erklärung in sich zusammen. Andererseits wiederum kann etwa ein Student des ersten Semesters den Sinn
von *Rousseaus* »Emile« bereits besser verstanden haben als ein
Examenskandidat, obgleich der an Fakten mehr weiß als jener; denn
der Sinn geht nicht unbedingt durch ein Vielerlei an Wissen auf: Er
ist ein Ganzes, das man als solches erfassen muß.

Hermeneutisches Verstehen ist in erster Linie Sinn-Verstehen.
Psychologisches Einfühlen, Sich-hineinversetzen in den anderen
macht darum nicht das gesamte hermeneutische Verstehen aus; es
kann als ein Sonderfall von Verstehen begriffen werden[32]. In jenem
empathischen Verstehen kann ein Verzeihen mitschwingen: »Ich
verstehe dich, und darum bin ich dir nicht böse«. Zu *Dilthey* ist anzu-
merken, daß er ursprünglich tatsächlich darauf aus war, den Verstehensakt psychologisch zu fassen, also als Einfühlen. Doch hiervon ist
er später abgerückt und hat sich um eine »Geistes«-wissenschaft im
engeren Sinn bemüht[33]: Er verwies auf die Differenz zwischen Seele
und Geist[34]; denn Seele ist das Individuelle, Geist das Überindividuelle. *R. Broecken* macht auf die Ablehnung *Diltheys* einer psychologischen »Motivspürerei« aufmerksam, »weil persönliche Motive oft
nicht einmal vom Handelnden selbst mit letzter Deutlichkeit durchschaut werden und für die geschichtliche Wirkung auch belanglos
sind; hingegen ist ›das Verhältnis der Setzung von Zwecken, die
Auffindung von Mitteln und des Handelns‹ ›rational und durchsichtig‹ . . .; diesen Handlungssinn kann also die Geisteswissenschaft mit
einiger Sicherheit identifizieren.«[35]

Neben der Unterscheidung zwischen psychologischem Verstehen
und Sinn-Verstehen sollten wir eine weitere beachten, auf die ebenfalls *Dilthey* aufmerksam gemacht hat: die zwischen *elementarem* und
höherem Verstehen[36] (siehe Abb. 3). Der zugrunde liegende Sachverhalt ist uns durch die bisherigen Überlegungen schon vertraut geworden; wir können uns darum kurz fassen. Das *elementare* Verstehen finden wir in unserem alltäglichen Umgang miteinander vor; wir
verstehen den anderen durch seine Gesten, seine Anrede an uns; wir
verstehen unmittelbar, wenn wir jemand sägen sehen, was er tut;
und so ordnen wir die einzelnen Töne einer Melodie zu, ohne ei-

Grundbegriffe der Hermeneutik   45

gentlich jene als einzelne zu hören. Im elementaren Verstehen erfassen wir das menschliche und darum geistige Geschehen um uns herum *als* solches, ohne uns bewußt um Verstehen zu bemühen; es geschieht mit einer gewissen Selbstverständlichkeit. So wird ein Lehrer das Lachen eines Kindes unmittelbar als solches und als Ausdruck der Freude wahrnehmen.

Lacht das Kind aber immer wieder und beginnt deswegen dem Lehrer als unnormal aufzufallen, dann wird er möglicherweise den Grund des Lachens erfahren und dessen Sinn verstehen wollen. Hieran könnte sich — in einem extrem gedachten Fall — eine ganze Analyse des Kindes, seiner häuslichen Verhältnisse, seiner Lebensgeschichte entspinnen, so daß jener zunächst unscheinbare und »elementar« verstandene Vorgang des Lachens in dem gesamten individuellen *Lebenszusammenhang* des Kindes erscheint; dann läge »höheres« Verstehen vor. Dieses wird also gefordert, wenn der unmittelbare Verstehensakt irritiert wird, weil eben Verstehen ausbleibt, wenn darum ein größerer Zusammenhang notwendig wird, um verstehen zu können. Der gesamte Verstehenshorizont muß ausgeleuchtet werden, um einzelne Worte, einzelne Handlungen verstehen zu können. Wenn die Anwesenden in einem Gerichtssaal sich bei der Urteilsverkündung erheben, so ist dies nur aufgrund des allgemeinmenschlichen, wenn auch historisch und gesellschaftlich bedingten Zusammenhangs verstehbar. Auch hier muß höheres Verstehen einsetzen. Dieses ist gegenüber dem elementaren Verstehen ein komplizierteres, komplexes Verfahren, das unter Umständen sehr mühsam sein kann — denken wir nur an unser Beispiel mit der »Kritik der reinen Vernunft«; es kann Jahre brauchen, um dieses Werk in seinem innersten Gedanken und in dessen Ausdifferenzierungen zu verstehen. Oder erinnern wir uns an die Vielschichtigkeit des »Hamlet«; auch die ist nicht mit *einem* Akt des elementaren Verstehens erfaßbar.

Höheres Verstehen baut also auf das elementare auf und stellt einen *individuellen* oder einen *allgemeinmenschlichen* (Lebens-)*Zusammenhang* her. Der Verstehensvorgang bleibt aber beim höheren wie beim elementaren Verstehen im Prinzip immer derselbe: Etwas wird als etwas verstanden. Es leuchtet ein, daß im Rahmen einer *Hermeneutik* das höhere Verstehen im Zentrum stehen wird. Dabei geht es dann nicht um das Verstehen von flüchtigen Zufälligkeiten, sondern um »dauernd fixierte Lebensäußerungen«, wie *Dilthey* präzisiert[37]; insbesondere in schriftlichen Zeugnissen ist diese Voraussetzung gegeben, weshalb Hermeneutik ein wesentliches Feld in der Textinterpretation hat. Andererseits wird sich das elementare Verstehen beim

46 Hermeneutik

(unmittelbaren) Erfassen der Erziehungswirklichkeit als grundlegend erweisen; deshalb sollte es gerade in unserem Zusammenhang beachtet werden. Nehmen wir die andere Unterscheidung zwischen psychologischem und Sinn-Verstehen hinzu, so können wir formal nochmals differenzieren zwischen einem elementaren psychologischen Verstehen (Einfühlen) und einem elementaren Sinn-Verstehen (Erfassen einer Geste, Verstehen eines Wortsinns). Im Bereich des höheren Verstehens scheint es problematisch zu sein, im streng hermeneutischen Sinn mit subjektiver Einfühlung zu operieren; denn die Seelenzustände *Shakespeares* bei der Abfassung des »Hamlet« oder das mögliche Gefühlsleben der einzelnen Figuren des Schauspiels interessieren im Grunde nicht und sind auch nicht faßbar; verstanden soll auf der Sinnebene ein Allgemeinmenschliches, ein Objektives werden[38].

Wir versuchen, diese Differenzierung in einem Schema zusammenzufassen. Dabei muß uns klar sein, daß es sich nur um Schwerpunkte handeln kann; es gehen die Bereiche »Alltag« und »Wissenschaft« ineinander über; auch die in Klammern angeführten *Beispiele* sind austauschbar und stellen nur Akzente dar.

	psychologisches Verstehen	*Sinn-Verstehen*
elementares Verstehen	Alltag (Lachen)	Alltag (Geste, Sprache) Wissenschaft (Sprache)
höheres Verstehen	Alltag (Motive eines einzelnen Handelnden)	Alltag (Gebrauchsanleitung) Wissenschaft (Texte, historische Gegebenheiten)

Für den hermeneutischen Verstehensbegriff halten wir zunächst fest:

Verstehen richtet sich immer auf *Menschliches* (Geistiges) und zwar auf Handlungen, sprachliche Gebilde und nichtsprachliche Gebilde. Im Verstehen wird ein sinnlich Gegebenes *als* ein Menschliches und dieses in seinem Sinn er-

Grundbegriffe der Hermeneutik   47

kannt. *Sinn-Verstehen* hat für eine Hermeneutik größere Bedeutung als psychologisches Verstehen, ebenso *höheres*
Verstehen als elementares.

b) Die Verbindlichkeit des Verstehens

Wir haben bisher die formale Struktur des Verstehens beachtet. Diese zeigte sich vor allem in ihrem Als-Charakter. Hierbei stießen wir
mit unseren Beispielen auf ein wiederkehrendes, inhaltliches Problem. Es besteht darin, inwieweit Verstehen verbindlich ist. Anders
ausgedrückt: Wie ist es *überhaupt* möglich, daß jemand das versteht,
was ein anderer hervorgebracht hat?
   Genau besehen haben wir implizit die Antwort auf diese Frage
schon gegeben. Es war notwendigerweise immer die Rede von einer
»*Sinn-Ebene*«, auf die Verstehen abzielt und auf der es sich abspielt.
Wir erinnern uns auch, daß *Dilthey* sagt, Verstehen sei das Erkennen
eines *Inneren* an dem Äußeren eines Zeichens. Auf dieses »Innere«
kommt es an. Das »Innere« und die »Sinn-Ebene« verweisen auf
das, was *Dilthey* als »*objektiven Geist*« bezeichnet[39]. Wir müssen zugeben, daß wir heute mit einem solchen *Begriff* im allgemeinen nur
noch wenig anfangen können. Dennoch scheint es hilfreich zu sein,
sich mit der *Sache* auseinanderzusetzen, die mit dem »objektiven
Geist« gemeint ist. Von dieser Sache her wird es uns möglich sein,
näher auf die Frage einzugehen, wie Verstehen überhaupt möglich
sei und wie es Verbindlichkeit erreichen könne.
   Ein häufiges Mißverständnis liegt darin, dem Wort »objektiv« die
Bedeutung von »absolut« unterzuschieben. »Absolut« wird dann in
den Zusammenhang von ewiger und allgemeingültiger Wahrheit
oder Ähnlichem gebracht. Es muß aber die sogenannte absolute
Wahrheit von einer objektiven Gegebenheit unterschieden werden.
Das »Objektive« ist nämlich in dem Sinne zu verstehen, daß es dem
»*Subjektiven*« gegenübersteht. So steht etwa dem subjektiven Verhalten eines Autofahrers die objektive Vorschrift der Verkehrsre-
geln gegenüber; das bedeutet nicht, daß die in einem bestimmten
Land und zu einer bestimmten Zeit geltenden Verkehrsvorschriften
absolute Gültigkeit besitzen, also immer und überall gelten müssen.
Es schließt aber auch nicht aus, daß in unserem Beispiel die objektive
Gegebenheit der Verkehrsregeln in Verbindung gebracht wird zu
absoluten Maßstäben, etwa insofern, daß man sich auch im Verkehr
so zu verhalten hat, daß niemand verletzt und getötet wird. Also:
Das »Objektive« kann in einen »absoluten« Bereich hineinreichen,

48 Hermeneutik

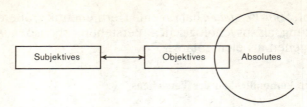

Abb. 7: Subjektives — Objektives

ohne mit ihm identisch zu sein. Schematisch können wir uns die Abgrenzung dieser Begriffe in Abbildung 7 verdeutlichen.

Mit »objektivem Geist« ist darum nicht unbedingt eine metaphysische Größe oder ein Absolutes gemeint. Nach dieser Vorklärung stellen wir fest: Hermeneutisches Verstehen ist nur möglich aufgrund des »objektiven Geistes«. Weshalb? Er stellt ein *Gemeinsames* dar, ein verbindendes Drittes, an dem die einzelnen Subjekte, die konkreten Menschen also, Anteil haben. *Dilthey* umschreibt dies folgendermaßen: »Jedes Wort, jeder Satz, jede Gebärde oder Höflichkeitsformel, jedes Kunstwerk und jede historische Tat sind nur verständlich, weil eine Gemeinsamkeit den sich in ihnen Äußernden mit dem Verstehenden verbindet; der einzelne erlebt, denkt und handelt stets in einer *Sphäre von Gemeinsamkeit*, und nur in einer solchen versteht er. Alles Verstandene trägt gleichsam die Marke des Bekanntseins aus solcher Gemeinsamkeit an sich. Wir leben in dieser Atmosphäre, sie umgibt uns beständig. Wir sind eingetaucht in sie. Wir sind in dieser geschichtlichen und verstandenen Welt überall zu Hause, wir verstehen Sinn und Bedeutung von dem allen, wir selbst sind verwebt in diese Gemeinsamkeiten.«[40] Jene »Sphäre der Gemeinsamkeiten« ist eine Umschreibung für den »objektiven Geist«. Hieran hat jeder von uns Anteil, ohne aber in dieser Gemeinsamkeit ganz aufzugehen. Dennoch stellt dieser »objektive Geist« *etwas Verbindliches* für uns dar, da wir nicht beliebig darüber verfügen können; er ist uns vorgegeben; wir sind gewissermaßen in diese »Sphäre der Gemeinsamkeiten« hineingeboren. Sofern wir als Subjekte (= S) Anteil haben am »objektiven Geist«, können wir uns dies an Abbildung 8 veranschaulichen.

Hierfür nochmals ein Beispiel: Wenn Herbert das Wort »BAUM« ausspricht, dann meint er damit die Sache »Baum« und nichts anderes, und *deshalb* kann Kurt ihn verstehen. Beide stehen in der Gemeinsamkeit ihrer Sprache; wir können auch sagen: im Geist ihrer gemeinsamen Sprache. Die von *Dilthey* herangezogene »Gemein-

Grundbegriffe der Hermeneutik 49

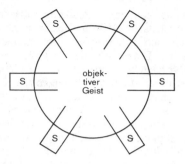

Abb. 8: »Objektiver Geist«

samkeit« erschöpft sich nämlich nicht darin, daß die einzelnen Worte, Gebärden etc. funktionale Zeichen im Sinne einer Informationstheorie wären[41]; sondern die Worte und Gebärden verweisen auf einen größeren Zusammenhang. So ist »BAUM« nicht nur ein Signal für die Sache »Baum«, sondern es schwingt beispielsweise mit, welches Verhältnis zur Natur der Sprechende und der Hörende sowie ihre Gesellschaft und ihre Zeit haben. Jede Sprache ist zwar Ausdruck eines bestimmten »objektiven Geistes«, dieser aber geht nicht in Sprache auf. Zum »objektiven Geist« gehört die Gemeinsamkeit *aller* Lebensbezüge, die *Dilthey* mit Wort, Satz, Gebärde, Höflichkeitsformel, Kunstwerk und historischer Tat andeutet, also nicht nur die Sprache.

Gibt es nun die *eine* Gemeinsamkeit, innerhalb derer sich möglicherweise alle Menschen gleichermaßen verständigen können? Eine Barriere stellen offensichtlich bereits die verschiedenen Sprachen dar. Aber kann man die nicht jeweils übersetzen? Machen wir ein kleines Experiment und übersetzen das harmlose Wort »Brot« ins Französische. Der Fall scheint klar zu sein: Es heißt »le pain«. Bei einem Besuch in Frankreich stellen wir jedoch fest: »Le pain« ist ein Weißbrot und nicht das gewohnte Schwarzbrot; es wird zu den Mahlzeiten gegessen, und man macht keine belegten Brote damit wie bei uns. Wir sehen: Mit »pain« verbinden sich ganz andere Eßgewohnheiten; es verweist auf einen anderen Lebenszusammenhang als den, auf den im Deutschen mit »Brot« verwiesen wird. Die Worte »pain« und »Brot« gehören also nicht einfach austauschbaren »Informationssystemen« an; sie verweisen vielmehr auf unterschiedliche Kulturräume: auf unterschiedliche Formen des »objektiven Geistes«. Dieser ist also »nur« der Ausdruck einer *bestimmten Kultur* und einer *bestimmten Zeit*; aber umgekehrt müssen wir sehen: Der »objektive Geist« ist das die Kultur Bestimmende. Denn daß das Wort »BAUM« die Sache »Baum« bedeutet und nichts anderes, liegt nicht im Belieben der Einzelnen; dies und alle weiteren Lebensbezüge sind ihnen vorgegeben. Innerhalb *dieses* Vorgegebenen und Gemeinsamen ist ihnen dann Verstehen möglich.

Bei der Frage nach einer durchgehenden Gemeinsamkeit als Verstehensgrundlage stoßen wir auf eine weitere, fundamentale Schwierigkeit: Der »objektive Geist« als diese Gemeinsamkeit ist nicht nur kulturbedingt, sondern auch historisch bedingt. »Objektiver Geist« ist *geschichtlich*. Wir sahen, daß *Dilthey* im Hinblick auf das höhere Verstehen von »dauernd fixierten Lebensäußerungen« sprach. Solche sind Schriftzeugnisse, archäologische Funde, Schulsysteme, die interpretiert und verstanden werden, und sie sind immer etwas *geschichtlich Gewordenes*[42]. »Leben« hat sich in ihnen, wie *Dilthey* sagt, objektiviert, manifestiert[43]. Alles ist bei den »Objektivationen des Lebens« »durch geistiges Tun entstanden und trägt daher den Charakter der Historizität. In die Sinnenwelt selbst ist es verwoben als Produkt der Geschichte. Von der Verteilung der Bäume in einem Park, der Anordnung der Häuser in einer Straße, dem zweckmäßigen Werkzeug des Handwerkers bis zu dem Strafurteil im Gerichtsgebäude ist um uns stündlich geschichtlich Gewordenes. Was der Geist heute hineinverlegt von seinem Charakter in seine Lebensäußerung, ist morgen, wenn es dasteht, Geschichte.«[44] Aber Geschichte dürfen wir hier nicht so verstehen, daß sie Vergangenes darstellt, das uns heute nichts mehr angeht oder das wir nach Belieben als Kuriosum betrachten können; vielmehr wird Vergangenes im »objektiven Geist« *Gegenwart*[45]. Im »objektiven Geist« ist Geschichte gegenwärtig. Wenn wir also unser heutiges Schulsystem in der Bundesrepublik Deutschland verstehen wollen, so muß eine reine Bestandsaufnahme durchdrungen sein von dem Bewußtsein der Herkunft dieser Institutionen; wir werden verwiesen auf die Schulreformen im 19. Jahrhundert, auf die Ansätze des Beginns unseres Jahrhunderts, auf Bestrebungen nach dem Zweiten Weltkrieg usw. All diese Strömungen sind heute wirksam; mit ihnen müssen wir uns auseinandersetzen, wenn wir uns entscheiden, ob wir das Schulsystem verändern oder beibehalten wollen. In diesem Sinn spricht *G. Picht* davon, daß wir für unsere Geschichte verantwortlich sind, zwar nicht im Sinne einer Kollektivschuld, sondern in Form einer Auseinandersetzung mit unserer Vergangenheit, weil diese nicht einfach vorbei ist, sondern bis heute hereinwirkt[46].

Im Hinblick auf das Verstehen müssen wir darum festhalten: Es ist *Verstehen von Geschichtlichem*; denn jenes Gemeinsame, das Verstehen erst ermöglicht, stellt ein geschichtlich Gewordenes dar. Verstehen ist »Einrücken in den Überlieferungszusammenhang«[47]. Freilich ist uns dies nicht immer bewußt; aber es gilt auch für elementare Verstehensakte im Alltag wie im wissenschaftlichen Zusammenhang. An der Sprache wird dieser Sachverhalt wiederum am deutlichsten sichtbar. Es gibt ein Althochdeutsch, ein Mittelhochdeutsch, eine Sprache des 19. Jahrhunderts usw. Unsere heutige Sprache kann bei aller Uminterpretation von Bedeutungen und bei allem Wandel des Sprachgeistes davon nicht losgelöst werden. Sie stellt ebenfalls ein geschichtlich Gewordenes dar. Wenn wir darum sprechen und verstehen, bewegen wir uns in diesem geschichtlichen Raum[48].

Nun ist es für den hermeneutischen Ansatz typisch, daß gesagt wird, Menschliches könne nur vom Menschen, Geistiges nur vom selben Geist verstanden werden. *Dilthey* kann darum konsequenterweise sagen: »Die erste Bedingung für die Möglichkeit der Geschichtswissenschaft liegt darin, daß *ich selbst ein geschichtliches Wesen bin*, daß der, welcher die Geschichte erforscht, derselbe ist, der die Geschichte macht.« Diese Bedingung wird erfüllt; denn: »Die Sprache, in der ich denke, ist in der Zeit entstanden, meine Begriffe sind in ihr herangewachsen. Ich bin so bis in nicht mehr erforschbare Tiefen meines Selbst ein historisches Wesen.«[49] Geschichte kann also nur von einem geschichtlichen Wesen verstanden werden. Dieser Satz beschränkt sich nicht auf die Geschichtswissenschaft, sondern muß auf alles Geschichtliche bezogen werden. »Objektiver Geist«, der geschichtlich ist, wird verstanden, weil der Verstehende ein historisches Wesen ist; wir können sagen: Das *Verstehen selbst ist geschichtlich*[50]. Aus diesem Grund wird die Hermeneutik auch oft als die »historische Methode« oder als die »geschichtlichverstehende« bezeichnet[51]. Der Gedanke, daß Verstehen geschichtlich ist, wird wohl am konsequentesten von *H. G. Gadamer* ausgeführt; darauf kommen wir später ausführlicher zurück (II. 2. b).[52]

Es zeigt sich: Hermeneutik muß den jeweiligen Verstehens-Horizont im Hinblick auf den Kulturraum und die geschichtliche Situation erhellen. Um etwa den »Emile« richtig zu interpretieren, muß ich unter anderem sehen, daß *Rousseau* ihn gegen die Aufklärung — ohne ihr selbst entkommen zu können — geschrieben hat; daß zu seiner Zeit die Frau mit Selbstverständlichkeit noch eine untergeordnete Rolle spielte; oder daß 27 Jahre nach Erscheinen des »Emile« die Französische Revolution begann usw.

Verstehen von anderen Menschen und ihren Produkten wird er-

52 Hermeneutik

möglicht durch den »objektiven Geist«. Dieser aber hängt ab von der betreffenden Kultur und Zeit. Wenn wir also zunächst meinen konnten, durch den »objektiven Geist« sei eine verbindliche Basis für das Verstehen gegeben, so erweist sich diese wiederum als relativ, weil sie zeit- und kulturbedingt ist. Wir stehen vor der Frage, ob denn ein allgemeingültiges Verstehen möglich ist. Darauf gibt es die klare Antwort: *nein*. Liegt es dann aber nicht nahe, die Hermeneutik als die verstehende Methode zu den Akten zu legen und uns nach Zuverlässigerem umzusehen? Denn müssen wir für eine Wissenschaft, auch für die Pädagogik, nicht *Allgemeingültigkeit* fordern? Verlieren wir uns sonst nicht in Subjektivität und bloße Meinungen? Dies werfen allerdings die Kritiker der Hermeneutik vor. Wir stehen vor dem Kernproblem der Hermeneutik und damit der Geisteswissenschaften. An dieser Stelle wäre es notwendig, eine Erkenntnistheorie und Logik der Hermeneutik zu entwickeln[53]. Wir können jedoch dieses Problem hier nicht lösen und müssen uns mit einigen allgemeinen Hinweisen begnügen. So viel kann vorweg gesagt werden: Die Verbindlichkeit des hermeneutischen Verstehens liegt zwischen den Extremen einer (absoluten) Allgemeingültigkeit und einer bloßen Subjektivität. Bedenken wir, daß es gerade die Pädagogik mit konkreten Menschen zu tun hat; auch die Erziehungsreflexion geht von der konkreten Situation aus und ist letztlich *für* diese da. Der Mensch in seiner Konkretheit kann also nicht übergangen werden. Es fragt sich, ob man dieser anders als durch Verstehen gerecht werden kann. Man könnte fordern, daß wegen des Wissenschaftsideals »Allgemeingültigkeit« auf Verstehen verzichtet werden muß. Ergebnis könnte allerdings sein, daß der Mensch und die Erziehung auf allgemeingültige Daten reduziert würden, daß es am Ende nicht mehr um lebendige Menschen ginge, sondern um ein Gerippe, das sich aus »allgemeingültigen« Daten zusammensetzt. Wäre das der Sinn der Pädagogik?

Aber was ist genauer unter *Allgemeingültigkeit* zu verstehen? Sie ist nach *O. F. Bollnow* gekennzeichnet durch »ihre Unabhängigkeit von den Besonderheiten des erkennenden Menschen, d.h. ihre Zugänglichkeit und Verbindlichkeit für jedes erkennende Wesen schlechthin«[54]. Das schließt ein, daß die Vorgänge oder Dinge, über die Allgemeingültiges ausgesagt ist, *wiederholbar* sind und zwar völlig *identisch*; sie sind *von jedem jederzeit überprüfbar*; dies wiederum setzt voraus, daß sie einer *Gesetzesstruktur* gehorchen. Physikalische Gegebenheiten etwa können darum allgemeingültig formuliert werden. Wer über den Menschen allgemeingültige Aussagen erhalten will, muß auch bei ihm etwa im Sinne der Physik vorgehen. Doch

Grundbegriffe der Hermeneutik   53

versuchen wir dann umgekehrt, die so erlangten Gesetzmäßigkeiten auf das Individuum anzuwenden, dann stellen wir fest, daß sich der konkrete Einzelne einer solchen Definition entzieht. Darum noch einmal: Erziehung hat es mit konkreten Menschen zu tun, über die im letzten keine allgemeingültigen Aussagen möglich sind; *dieses* bestimmte Kind soll erzogen werden, nicht ein »Typ«. Allgemein-gültigkeit stellt ein Wissenschafts*ideal* dar[55]; in letzter Konsequenz wäre zu fragen, ob diesem Ideal der Mensch aufgeopfert werden soll.

O. F. *Bollnow* schlägt angesichts dieser Situation vor, den Begriff »Allgemeingültigkeit« im Rahmen der Geisteswissenschaften fallenzulassen und im Anschluß an G. *Misch* die »Objektivität« als Kriterium der Verbindlichkeit anzuerkennen[56]. *Bollnow* versteht dann unter Objektivität »die Wahrheit im Sinn der *Angemessenheit einer Erkenntnis an ihren Gegenstand.* Wir heben diesen in der Natur der Wahrheit enthaltenen Zug als besonderen Begriff heraus, um in ihm die methodische Seite, *das höchste erreichbare Maß an wissenschaftlicher Sicherheit* zu betonen.«[57] Kriterium für die Verbindlichkeit ist hier also nicht die Zugänglichkeit für jeden und zu jeder Zeit, sondern die »Angemessenheit der Erkenntnis an ihren *Gegenstand*«; von »Objektivität« kann insofern gesprochen werden, als die Verbindlichkeit des Verstehens nicht vom Subjekt, sondern vom Objekt her bestimmt wird. Freilich kann man nun einwenden: Wer entscheidet darüber, ob das Verstehen angemessen ist oder nicht? Dann aber legt man wiederum den Maßstab der Allgemeingültigkeit an. Aus diesem Dilemma gibt es vermutlich keinen logischen Ausweg. Mit *Bollnow* kann man nur nochmals auf das Festmachen des Verstehens an der Objektseite verweisen: »Die Objektivität der Erkenntnis . . . bewährt sich . . . daran, daß sie auf den *Widerstand der Sache* selbst stößt, dem sie standhält und der umgekehrt ihr Halt gibt.«[58]

Wir sahen, daß das Gemeinsame, über das Verstehen erst möglich wird, bezogen ist auf Kultur und Zeit; dadurch wird Verstehen relativiert. Eine weitere Relativierung kann in der Tatsache gesehen werden, daß das Subjekt immer an einer Erkenntnis beteiligt ist; umgekehrt muß jedoch anerkannt werden, daß Verstehen *nur möglich ist aufgrund* der *Subjektivität* des Verstehenden. *Bollnow*[59] sieht darin keine Beeinträchtigung der Objektivität. Aber er unterscheidet zwischen einer »*wesensmäßigen*« und einer »*vermeidbaren*, schlechten« Subjektivität. Letztere »ist die Subjektivität im Sinne schrankenloser *Beliebigkeit* und bloßer *Befangenheit* in sich selbst und die gar nicht zur echten Berührung mit der Sache selbst vordringt.« Die andere Subjektivität, die »notwendig zum unzerreißbaren Wesen der Erkenntnis gehört, weil es diese allererst ermöglichen hilft« charakteri-

54   Hermeneutik

siert *Bollnow* folgendermaßen: Sie ist ein »inneres persönliches *Be-teiligtsein*«, ein »Interessiertsein des Menschen am Gehalt der zu erkennenden Wahrheit«; außerdem müssen, »um die Wahrheit zu ergreifen«, »bestimmte *Vorbedingungen* auf seiten des Subjekts erfüllt sein«; und schließlich geht »die ganze *Einmaligkeit* des Subjekts mit in die Erkenntnis« ein. »Dies ist der Fall . . ., wo innerste Tiefe des Subjekts nicht nur als auslösende Bedingung, sondern als konstitutiver Bestandteil mit in die Erkenntnis eingeht.«

Wir erinnern uns, daß schon in der Einführung die Erkenntnis als »Akt der Gesamtperson« bezeichnet worden ist. Außerdem wird die Beteiligung des Subjekts am Verstehen aus der Struktur des Verstehens ersichtlich, da ja diese gerade darin besteht, daß etwas *als* Menschliches von einem *Menschen* verstanden wird (siehe Abb. 4). Der menschliche Erfahrungshintergrund des Subjekts geht in das Verstehen mit ein; anders ist Verstehen nicht möglich. Dies bedeutet aber nicht Willkür. Vielmehr führt nach *Dilthey* das Verstehen aus der Subjektivität heraus in das Allgemeine[60], wir können auch sagen: in die *Intersubjektivität* oder in das Überindividuelle. Jetzt wird auch deutlich, weswegen es legitim etwa unterschiedliche Wiedergaben der »Kleinen Nachtmusik« geben kann; das Spielen ist ein interpretierendes Verstehen, und jeder Dirigent hat *seine* Auffassung, die nicht psychologisch willkürlich sein muß, sondern durchaus sachlich begründet sein kann. Und der »Hamlet« oder der *Pestalozzi*-Text machen uns deshalb Schwierigkeiten im Verstehen, so daß wir nicht sicher sind, ob wir sie ganz und richtig verstanden haben, weil sie nicht zuletzt aus anderen geschichtlichen Zusammenhängen stammen[61].

Zusammenfassung

Verstehen ist Verstehen des »objektiven Geistes«. Dieser stellt das Gemeinsame eines historisch bedingten Kulturraums dar, an dem jedes Subjekt Anteil hat. Der »objektive Geist« ist die Summe der Gemeinsamkeiten von Sinngebungen, aufgrund derer gegenseitiges sinnhaftes Verstehen möglich ist; jene Sinngebungen sind zwar uns als Individuen vorgegeben, aber doch historisch und soziokulturell bedingt, also nicht von vornherein etwas »Absolutes«. Die Verbindlichkeit des hermeneutischen Verstehens ist zwischen zwei Extremen zu sehen: zwischen der (vermeidbaren) Subjektivität einerseits, die durch willkürliche Beliebigkeit und bloßer Befangenheit bestimmt und auf der rein psychologischen Ebene zu sehen ist, und der Allgemeingültigkeit andererseits, die als einseitiges Wissenschaftsideal jede Aussage jedem jederzeit zugänglich sehen möchte. Beide Möglichkeiten scheiden für die Hermeneutik aus. Die Objektivität (im *Bollnow*schen Sinn) hingegen erlangt ihre Verbindlichkeit am Widerstand der Sache und durch ihre Orientierung auf der Sinnebene; sie basiert auf der Gemeinsamkeit des »objektiven Geistes«, der geschichtlich und kulkturell bedingt ist, und auf der »wesensmäßigen« Subjektivität.

Daraus ergibt sich folgende Übersicht:

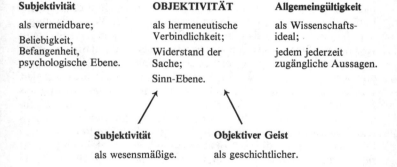

c) Der hermeneutische Zirkel

Hermeneutik wird als »Kunst der Auslegung« verstanden. Doch was wir hiervon bisher kennengelernt haben, sind erst die wichtigsten Grundgedanken. Zum einen zeigte sich das Verstehen in seiner Struktur und in verschiedenen Formen; zum anderen erwies sich die Verbindlichkeit des Verstehens gebunden an den Rahmen des »objektiven Geistes«. Mit einer »Kunst der Auslegung« hat das noch nicht viel zu tun. Die Frage lautet: Worin zeigt sich diese? Es dürfte unmittelbar einleuchten, daß das elementare Verstehen den hermeneutischen Vorgang des Interpretierens nicht ausmacht. Denn im

56 Hermeneutik

elementaren Verstehensakt wird etwas unmittelbar verstanden, mißverstanden oder gar nicht verstanden; mehr Möglichkeiten gibt es auf dieser Stufe nicht; hier gibt es nichts auszulegen. Hermeneutisches Interpretieren und Auslegen setzen erst ein, wo größere Zusammenhänge erfragt werden: also beim *höheren* Verstehen. Unsere Frage lautet darum anders formuliert: *Wie kommt höheres Verstehen zustande?* Bei der Beantwortung dieser Frage dürfen wir das bisher Erarbeitete voraussetzen, nämlich die allgemeine Struktur des Verstehens, wonach etwas als etwas in seiner Bedeutung erkannt wird, und die Basis des Gemeinsamen, das durch den »objektiven Geist« gegeben ist.

Verfolgt man nun die Art und Weise, wie höheres Verstehen vor sich geht, so kann man eine wiederkehrende Bewegung erkennen, die sich allerdings in vielfältig umschreibbaren Möglichkeiten zeigt: Es handelt sich um *eine Art Kreisbewegung*, und man spricht daher vom »hermeneutischen Zirkel«. Um zu sehen, was damit gemeint ist, betrachten wir ein einfaches Beispiel: Eine junge Mutter merkt, daß sie bei der Erziehung ihrer kleinen Tochter nicht mehr zurechtkommt; sie sucht Hilfe in einem Erziehungsbuch. Wir nehmen an, daß die junge Frau bislang nur unreflektiert erzogen hat mit einem vagen Bewußtsein von dem, was Erziehung ist und soll. In dem Buch werde nun ein differenzierter Erziehungsbegriff entwickelt, um von dorther praktische Hinweise geben zu können. Uns interessiert hier, was im Hinblick auf das Verstehen geschieht, wenn jene Mutter das Buch ernsthaft liest. Wir können voraussetzen, daß sie einen einfachen Erziehungsbegriff bei der Lektüre mit einbringt, den sie vielleicht so formuliert: »Ich möchte, daß aus dem Kind etwas wird.« Diesen Vorbegriff, dieses Vorverständnis[62] von Erziehung braucht sie, um das Buch überhaupt verstehen zu können; ohne ihn hätte sie nicht einmal danach gegriffen. Sie wird den Text zunächst von ihrem Vorwissen her auslegen; dann wird sie feststellen, daß Erziehung noch anders gesehen werden muß, als sie bisher gemeint hat: Ihr Vorwissen von Erziehung wird korrigiert. Dadurch aber versteht sie das Buch wiederum besser, angemessener. Ihr eigener Erziehungsbegriff wird erweitert und vertieft. — Brechen wir hier die Entfaltung unseres Beispiels ab. Wer könnte nicht auch aus eigener Erfahrung diesen Vorgang bestätigen? Daß nämlich mit Hilfe eines Vorverständnisses ein Text verstanden wird und das Textverständnis das Vorverständnis korrigiert usw. Schematisch halten wir dies in Abbildung 9 fest:

Grundbegriffe der Hermeneutik 57

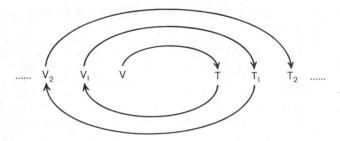

V = Vorverständnis; T = Textverständnis; V_1 = erweitertes Vorverständnis; T_1 = erweitertes Textverständnis usw.

Abb. 9: Hermeneutischer Zirkel, I

Es handelt sich hier nur um ein *Beispiel* eines hermeneutischen Zirkels, das von einem Vorverständnis ausgeht. Dieses wiederum muß differenziert werden im Hinblick auf ein Vorwissen, das durch Informationen und Interpretationen laufend korrigiert wird, und einem grundlegenden Verstehenshorizont. Von diesem her und auf diesen zu verstehen wir; er macht unsere persönliche und kulturell bedingte Weltsicht aus und verändert sich im Laufe eines individuellen Lebens — sofern überhaupt — nur partiell.

Anhand des Schemas wird die zirkulierende Bewegung augenscheinlich, gleichzeitig aber auch, daß es sich streng genommen nicht um eine geschlossene Kreisbewegung handelt, sondern eher um eine *Spirale*. Denn die Momente, zwischen denen des Verstehen hin- und herläuft (*Schleiermacher*[63]), bleiben ja nicht gleich; vielmehr werden sie korrigiert und erweitert. Es wurde darum vorgeschlagen, nicht von hermeneutischem »Zirkel«, sondern von hermeneutischer »Spirale« zu sprechen[64]. Wir halten dagegen die Benennung »hermeneutischer Zirkel« für vertretbar; denn *logisch* gesehen scheint tatsächlich ein Zirkel vorzuliegen; außerdem hat man jenen Sachverhalt seit *F. Ast* und *F. Schleiermacher* mit »hermeneutischem Zirkel« bezeichnet[65]. Wichtig ist allerdings, daß wir den hermeneutischen Zirkel *nicht als circulus vitiosus* begreifen, also nicht als logischen Kreis, bei dem das zu Beweisende schon in den Voraussetzungen angesetzt ist. Dennoch wird am hermeneutischen Zirkel eine *paradoxe* Situation des hermeneutischen Vorgehens sichtbar: Es muß nämlich dasjenige, was verstanden werden soll, schon irgendwie vorweg verstanden sein[66]. So war in unserem Beispiel ein Vorverständ-

58 Hermeneutik

nis von »Erziehung« notwendig, damit die Mutter das Buch letztlich verstehen konnte.

Schleiermacher setzt dieses Paradox an den Anfang seiner Vorlesung von 1826; sie soll nämlich über die Theorie der Erziehung handeln und beginnt mit dem lapidaren Satz »Was man im allgemeinen unter *Erziehung* versteht, ist als bekannt vorauszusetzen«![67] Wir erwarten eine Abhandlung über Erziehung; statt dessen wird uns gesagt, daß wir schon wüßten, was dies sei. Freilich entfaltet dann die Vorlesung das Phänomen Erziehung und entwickelt eine bestimmte Theorie darüber, so daß wir am Ende wesentlich mehr wissen als am Anfang; es kann auch sein, daß wir uns unter Erziehung etwas völlig anderes vorgestellt haben als *Schleiermacher*. Trotzdem muß er in gewisser Weise das voraussetzen, was er uns erst verständlich machen will.

An dem Leser, der die Erziehungstheorie *Schleiermachers* studiert, können wir noch etwas anderes erkennen, was allerdings mit dem hermeneutischen Zirkel gegeben ist: Der Begriff von Erziehung, wie ihn der Leser zunächst hat, und die *Schleiermachersche* Theorie von der Erziehung klaffen weit auseinander. Der Verstehende und der Text des Autors müssen erst nach und nach, oft mühsam in Übereinstimmung gebracht werden, indem sich der Leser den Sinn des Textes aneignet, also zu verstehen versucht. Doch zunächst besteht eine *hermeneutische Differenz* zwischen Verstehendem und dem vom Autor Gesagten, und es bleibt letztlich offen, ob es zu einem endgültigen, kongruenten Verstehen kommt, ja überhaupt kommen kann. Wie oft müssen wir feststellen, daß wir einen Autor immer noch nicht richtig verstanden haben, obwohl wir uns womöglich schon ganz sicher waren? Natürlich wird der Abstand zwischen meinem Verstehen und dem vom Autor Gemeinten kleiner, doch die Auflösung der hermeneutischen Differenz scheint eher eine Zielvorstellung als eine realisierbare Möglichkeit zu sein. Die hermeneutische Differenz gehört als Strukturmoment zu jeder hermeneutischen Situation[68]. Wo fraglose Übereinstimmung herrscht, gibt es nichts zu verstehen im Sinne des »höheren Verstehens«. Die verschiedenen hermeneutischen Theorien versuchen mit diesem Problem jeweils auf ihre Art fertig zu werden. Bei *Schleiermacher* soll durch grammatische und psychologische Rekonstruktion die Situation des Autors wiederhergestellt werden; für *Dilthey* liegt die Möglichkeit des adäquaten Verstehens in der Kongenialität des Verstehenden; und nach *Gadamer* stellt sich das Problem völlig neu, da der Interpret sogar *anders* verstehen *muß* aufgrund seiner besonderen hermeneutischen Situation[69]. Hermeneutische Differenz entsteht durch die

»wesensmäßige« Subjektivität eines vorgegebenen »Textes« einerseits und eines Interpreten andererseits; eine Annäherung im Verstehen ist auf dem Hintergrund des »objektiven Geistes« möglich. In Anlehnung an *K. Wuchterl*[70] läßt sich die hermeneutische Differenz schematisch gemäß Abbildung 10 darstellen:

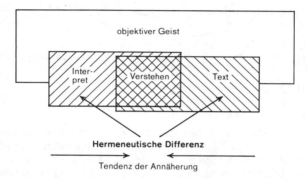

Abb. 10: Hermeneutische Differenz

Die Überwindung der hermeneutischen Differenz geschieht in der Bewegung des hermeneutischen Zirkels. Dieser kann aber nicht nur an der Annäherung von Vorverständnis und Text-Sinn nachgewiesen werden. Auch innerhalb der Interpretation selbst tritt diese Bewegung des Verstehens immer wieder auf. So erschließt sich unter Umständen der Sinn eines einzelnen Wortes erst aus dem gesamten Satz. Andererseits wird der Satz aber erst klarer, wenn alle Worte verstanden sind. Ebenso können einzelne zentrale Begriffe oft nur aufgrund des ganzen Textes verstanden werden, während der Gesamttext das Verstehen dieser Begriffe zur Voraussetzung hat, sich in seinem Gesamtsinn also erst erschließt, wenn die Begriffe inhaltlich gefüllt werden können. Allgemein kann diese Zirkelbewegung gesehen werden zwischen einem *Teil* und einem *Ganzen* oder zwischen einem Besonderen und dem Allgemeinen[71]. Der hermeneutische Zirkel besteht darin, daß der Teil vom Ganzen her verstanden, korrigiert oder erweitert wird und daß umgekehrt das Ganze sich in gleicher Weise vom Teil her bestimmt. Dies ergibt das Schema der Abbildung 11:

Hermeneutik

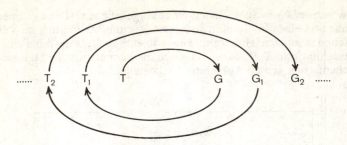

T = Teil, z.B. Wort; G = Ganzes, z.B. Satz; T_1 = vom Ganzen her interpretierter Teil; G_1 = vom Teil her interpretiertes Ganzes usw.

Abb. 11: Hermeneutischer Zirkel, II

Als Beispiel eines hermeneutischen Zirkels sei noch das Verhältnis von *Theorie* und *Praxis* erwähnt, das insbesondere in der Pädagogik eine Rolle spielt. Erziehungsreflexion (Theorie), die von Erziehungswirklichkeit (Praxis) ausgeht, versucht diese zu verstehen; dabei ergeben sich möglicherweise bestimmte Schematisierungen, allgemeine Einsichten. Diese können umgekehrt der Praxis helfen, sich selbst besser zu verstehen. Die so von der Theorie beeinflußte Praxis kann wiederum Gegenstand einer Theorie werden usw. Hier sei etwa an *Pestalozzis* Gedanken der Wohnstuben-Erziehung erinnert. Diesen Gedanken hat er aus der Familienerziehung gewonnen und in seine Pädagogik aufgenommen, andererseits aber auch in die Schulpraxis. Nun ist wiederum eine modifizierte Schultheorie denkbar, die jenen Wohnstuben-Gedanken mit berücksichtigt[72].

Ein Mißverständnis sollten wir vermeiden: Der hermeneutische Zirkel stellt *keine Addition* dar[73]. Er besteht nicht darin, daß beispielsweise innerhalb eines Textes eine Wortbedeutung nach der anderen geklärt und den anderen hinzugefügt wird, daß man dann noch den Textzusammenhang mit dazunimmt und dann womöglich noch den historischen Kontext. In der Interpretationspraxis wird man selbstverständlich immer wieder auch schrittweise vorgehen und Erkenntnisse zusammenfügen. Dies meint aber der hermeneutische Zirkel nicht, sondern vielmehr jenes gegenseitige Sicherhellen von Wort und Satz, Satz und Wort, Satz und Gesamttext, Gesamttext und Satz etc. Er ist ein Hin- und Herspielen.

Obgleich wir hauptsächlich auf Beispiele aus der *Textinterpretation* zurückgegriffen haben, sollten wir auch festhalten, daß der hermeneutische Zirkel *nicht nur* dort vorliegt. Der Hinweis auf das Theorie-Praxis-Verhältnis hat das angedeutet. Ein interessanter Fall eines hermeneutischen Zirkels könnte etwa ebenso zwischen archäologischen Funden und tradierten Erzählungen gesehen werden, auch wenn letztere schriftlich vorliegen. Man denke hierbei an die Ausgrabungen von Troja und Mykene, wobei *Schliemann* sich an die Ilias und an die Odyssee gehalten hat; durch die Ausgrabungen ergab sich ein neues Verständnis *Homers*.

Zusammenfassung

Höheres Verstehen verläuft nicht geradlinig von einer Erkenntnis zur nächsten fortschreitend, sondern kreisförmig, wobei das eine das andere und dieses das eine erhellt. Diese Bewegung des Verstehens wird als hermeneutischer Zirkel bezeichnet. Unter dem Gesichtspunkt des methodischen Vorgehens ist es wichtig, sich die Zirkelstruktur vor Augen zu halten. Denn es kann bei der Interpretation notwendig sein, daß man unter Umständen etwas halb oder gar nicht Verstandenes zunächst stehen läßt, um seine Aufhellung von etwas anderem her zu versuchen[74].

d) Hermeneutische Regeln

Mit dem hermeneutischen Zirkel haben wir einen zentralen Aspekt der Hermeneutik kennengelernt; unsere Frage war, wie denn höheres Verstehen möglich ist und vor sich geht. Hierauf ist der Verweis auf den hermeneutischen Zirkel nur eine Teilantwort. Aber immerhin gibt er Anhaltspunkte für *Regeln*, die beim höheren Verstehen, bei der Interpretation also, zu beachten sind, und es entsteht die Forderung nach mehr und anderen Regeln, die sich nicht aus der Tatsache des hermeneutischen Zirkels allein ergeben. Der Wunsch nach Regeln ist verständlich, denn so meint man: Hat man klar formulierte Regeln zur Hand, dann kann man diese hermeneutische Methode auch benutzen. Nun lassen sich Regeln zwar leicht »schwarz auf weiß nach Hause tragen«, aber wir sollten nicht übersehen, daß sie — zumindest für sich allein genommen — uns nicht weiterhelfen. Denn sie hängen mit den systematischen Überlegungen, die wir bisher angestellt haben, aufs engste zusammen: mit dem »Verstehen«, dem

62 Hermeneutik

»objektiven Geist« und mit dem »hermeneutischen Zirkel«. Ohne
diesen sachlichen Hintergrund und ohne das damit Gemeinte nach-
vollzogen zu haben, sind sie nutzlos. Darüber hinaus läßt sich etwa
das Gemeinsame, das mit »objektivem Geist« gemeint ist, nicht methodisch über Regeln herstellen; damit der Interpret daran partizi-
pieren kann, sind »Sozialisation«, Erziehung, unter Umständen ein
langes Studium, lebenslanges Einleben notwendig. Regeln können
dann nur Ausdruck einer anderen Seite des bereits Gesagten sein;
sie können oft nur bewußt machen, was ohnehin geschieht, wenn
wir »verstehen«. Insofern haben sie ihre Berechtigung und können
Hilfestellung für den Verstehensprozeß geben. Aber sie können
nicht als methodische Instrumente technisch eingesetzt werden, um
zu garantierten Ergebnissen zu kommen[75].

Nach diesem Hinweis auf die Problematik von hermeneutischen
Regeln versuchen wir, einige Anhaltspunkte für einen Interpreten
zu formulieren. Wir gehen dabei so vor, daß wir einigen *Feststellungen*, die sich aus unserer bisherigen systematischen Darstellung ergeben, *Fragen* anschließen, die sich ein Interpret stellen sollte. Diese
dienen dem Gesichtspunkt, hermeneutische Objektivität (im Sinne
Bollnows[76]) anzustreben. Die so als Fragen formulierten »Regeln«
wollen nicht auf Textinterpretation eingeschränkt werden:

Verstehen ist Erkennen von *etwas als* etwas Menschliches und von
dessen Bedeutung. — Was *bedeutet* das zu Verstehende; was *meint*
sein Urheber damit? In welchem größeren Bedeutungs-, *Sinn*-Zu-
sammenhang steht es? Zu welchem *Anlaß* und *Zweck* wurde es geschaffen; welche *Ziel*-setzung hat es?[77]

Hermeneutisches Verstehen ist von »Erklären« zu unterscheiden.
— Soll etwas in seinem *Sinn*, in seiner Bedeutung erfaßt werden, oder
soll es zurückgeführt werden auf seine *Ursachen* oder *Gründe*? Soll
etwa nur eine *Warum*-Frage beantwortet werden?

Psychologisches und Sinn-Verstehen sind zu unterscheiden. —
Lasse ich mich bei dem Versuch zu verstehen von meinen *Gefühlen*
leiten, oder orientiere ich mich an der *Sache*? *Will* ich überhaupt verstehen, oder habe ich Aversionen gegen das zu Verstehende?

Verstehen ist möglich aufgrund eines Gemeinsamen, aufgrund
des »objektiven Geistes«. — Wird der Sinn aus dem zu Verstehenden
herausgeholt, oder trage ich nur etwas *hinein*, was von mir, aber nicht
von der Sache stammt[78]?

»Objektiver Geist« ist kulturell bedingt. — In welchem kulturellen
Kontext steht das zu Verstehende? Welche kulturellen Erscheinungen können helfen, es zu erhellen[79]?

Grundbegriffe der Hermeneutik 63

»Objektiver Geist« ist geschichtlich bedingt. — Welchen *histori-schen Kontext* hat das zu Verstehende? Wie ist es *geworden*?

Das Verstehen selbst ist geschichtlich. — Was legen wir aufgrund *unserer heutigen Situation* in das zu *Verstehende* hinein[80]?

Hermeneutisches Verstehen kann zwar nicht dem Ideal der »All-gemeingültigkeit« gerecht werden; es kommt jedoch der Forderung nach Objektivität nach. — Gebe ich etwa wegen des Ideals der Allge-meingültigkeit den eigentlichen Sinn einer Sache auf? Wie verste-hen *andere* außer mir das zu Verstehende? Welche *sachlichen* Argu-mente haben sie? Was könnte ein anderer gegen meine Auffassung von einem zu Verstehenden *einwenden*? Bin ich *offen* für Gegenargu-mente[81]?

Wesensmäßige Subjektivität beeinträchtigt nicht die Objektivität der Interpretation; sie ist von der vermeidbaren Subjektivität zu un-terscheiden. — Welches *Vorverständnis* und welches *Vorwissen* brin-ge ich in den Verstehensprozeß ein? Wie verstehe ich den Sachver-halt — möglicherweise im Gegensatz zum Autor? *Hindert* mich mein Vorverständnis am Verstehen? *Verurteile* ich etwas oder jemanden aufgrund eines Vorurteils? Versuche ich *redlich* zu verstehen[82]? Kann ich mein Urteil »Ich verstehe es so« *sachlich* begründen?

Höheres Verstehen verläuft in einer Zirkelbewegung. — Wie kann der *Teil* aus dem Ganzen, das *Ganze* vom Teil her verstanden wer-den? Welchen Sinn erhält eine *Einzelheit* vom Gesamtsinn her; wel-cher Sinn ergibt sich für das *Allgemeine*, wenn ein einzelnes in be-stimmter Weise verstanden werden muß[83]?

Aus dem Abstand zwischen Interpreten und zu Verstehenden er-gibt sich eine hermeneutische Differenz. — Liegt ein entdeckter *Wi-derspruch* in dem zu Verstehenden selbst, oder ergibt er sich aus *mei-nem* ungenügenden Verstehen? Lehne ich möglicherweise einen *Autor* als »dumm« ab, nur weil *ich* ihn nicht verstehe? Kann ich Un-verstandenes und auch Widersprüche zunächst bestehen lassen und vom Ganzen her aufzulösen versuchen?

Die hier formulierten Fragen wollen nicht mehr und nicht weniger, als einem Interpreten Anhaltspunkte geben, wie er der zu verstehen-den Sache so weit wie nur irgendwie möglich gerecht werden kann. Wir sollen dabei nicht verkennen, daß die aufgeführten Fragen nicht vollständig sind und daß sie sich überschneiden und gegenseitig be-dingen. Wir erheben darum keineswegs den Anspruch auf eine ge-schlossene Regel-Lehre.

Eine Zusammenfassung von hermeneutischen Regeln finden wir in den vier Kanones, die *E. Betti* formuliert hat[84]. Sie zeigen, daß auch heute versucht wird, allgemeine Regeln der Interpretation aufzustellen. Wir lassen es bei diesem kurzen Hinweis bewenden und heben unabhängig davon nochmals hervor, wie schwierig und fragwürdig es ist, sich auf hermeneutische Regeln allein zu stützen; Hermeneutik ist keine technische Methode. Im Zusammenhang mit der Textinterpretation im Rahmen der Pädagogik kommen wir nochmals auf die Regel-Frage zurück, indem wir Regeln der Textinterpretation zusammenstellen[85].

Zum Abschluß sei auf einen Anspruch verschiedener Hermeneutiker hingewiesen, der zunächst als Kuriosität empfunden werden mag. Er lautet nämlich: Ein Autor soll *besser verstanden* werden, als er sich selbst verstanden hat[86]. Angesichts der Frage, ob denn ein Autor überhaupt angemessen, ganz oder gar kongruent verstanden werden könne, klingt die Forderung nach dem Besser-Verstehen in der Tat erstaunlich. »Ist es nicht selbstverständlich, daß jeder sich selbst am besten versteht? Jeder hat doch seine eigene Verständniswelt, in die sich kein anderer vollkommen ›hineinversetzen‹ kann, die aber auch kein anderer vollkommen thematisch einholen kann. Trotzdem hat die Forderung, den anderen besser zu verstehen, als er selbst sich verstanden hat, einen echten Sinn. Gerade die *Distanz* macht es möglich und notwendig, auf die geschichtlichen Bedingungen zu reflektieren, das Mitgemeinte, aber Ungesagte ausdrücklich zu machen, was dem Verfasser so selbstverständlich war, daß er es gar nicht ausgesprochen hat, daß es ihm vielleicht gar nicht zum Bewußtsein kam, aber unreflektiert in sein Denken eingegangen ist. . . Wenn wir die Bedingungen ausdrücklich machen, die den unthematischen Hintergrund der Aussagen bestimmen, wenn wir überdies die Einzelaussagen in ihrem Zusammenhang lesen und verstehen, einzelne Worte in ihrem Bedeutungswandel und ihren Bedeutungsnuancen im Sprachgebrauch des Verfassers verfolgen, denn verstehen wir ihn in diesem Sinn besser, als er sich selbst verstanden hat.«[87] Gemeint ist also, daß wir die geschichtliche und persönliche *Situation* eines Autors aus unserer Warte *überschauen* können, was ihm selbst nicht möglich war, und daß unser Verstehen seine Bedingtheiten mit einbeziehen kann. Allerdings muß gegen diesen Anspruch kritisch eingewendet werden, daß damit ja behauptet wird, man selbst stände souverän über der Geschichte. Zugegebenermaßen ist unsere heutige Situation nicht mehr dieselbe wie die eines Autors aus früherer Zeit. Aber können wir damit schon rechtfertigen, daß wir uns selbst in diesem Sinne erhaben und unbefangen wähnen? Stehen nicht auch wir selbst, als Interpreten, in einer bestimmten geschichtlichen und persönlichen Situation, die wir mögli-

Zusammenfassung   65

cherweise gar nicht voll durchschauen können? *H. G. Gadamer* sagt,
daß *wir* in Wahrheit *nicht besser* verstehen, »weder im Sinne der
grundsätzlichen Überlegenheit, die das Bewußte über das Unbe-
wußte der Produktion besitzt. Es genügt zu sagen, daß man *anders*
versteht, *wenn man überhaupt versteht*.«[88] Mit dem »Besser-Verstehen« bietet sich zwar so etwas wie eine »Krönung« der Hermeneutik
an; doch scheint die Möglichkeit des »Anders-Verstehens« die realistischere zu sein.

Die voranstehenden systematischen Überlegungen sollten deutlich
machen, welche Grundgedanken die Hermetik bestimmen. Wir *fassen die einzelnen Gedankenschritte* zusammen:

Hermeneutik als die »Kunst der Auslegung« beschränkt
sich nicht auf Textinterpretation; ihr Gegenstand ist vielmehr das *Menschliche* insgesamt, insbesondere sofern es als
»*dauernd fixierte Lebensäußerungen*« vorliegt.

Zentraler Begriff der Hermeneutik ist das *Verstehen*. Als terminus technicus meint es das Erfassen (1.) von etwas (2.) *als*
etwas Menschliches und (3.) von dessen Bedeutung. In diesem Sinn unterscheidet es sich vom *Erklären*, unter dem ein
Zurückführen eines Dinges oder Vorgangs auf Ursachen
oder Gründe begriffen wird. (Abb. 3 und 4)

Nach *Dilthey* meint Verstehen das Erkennen eines *Inneren*
an dem *Äußeren* eines Zeichens. (Abb. 5 und 6)

Vom *psychologischen* Verstehen im Sinne des Einfühlens
muß das *Sinn-Verstehen* unterschieden werden, das die eigentliche Bedeutung für die Hermeneutik hat. Die Sinn-
Ebene meint einen *Verweisungszusammenhang* und ein
Ganzes.

Außerdem sind *elementares* und *höheres* Verstehen voneinander zu unterscheiden, wobei ersteres das unmittelbare
Verstehen von einfachen geistigen Gegebenheiten meint;
höheres Verstehen bedeutet das Erfassen komplexer Zusammenhänge; es stellt individuelle und allgemeinmenschliche *Zusammenhänge* her und macht den eigentlichen
Gegenstand der Hermeneutik aus. (Abb. 3)

Bei der Frage, wie Verstehen möglich sei, wurden wir auf den »*objektiven Geist*« verwiesen, der ein *Gemeinsames* darstellt, an dem die einzelnen Subjekte teilhaben. (Abb. 8)

Dieses Gemeinsame des »objektiven Geistes« muß in seiner *kulturellen* und *historischen Bedingtheit* gesehen werden; auch das Verstehen selbst ist geschichtlich, und es richtet sich auf ein Geschichtliches, da der »objektive Geist« ein geschichtlich Gewordenes ist.

Hermeneutisches Verstehen kann dem Anspruch einer »*Allgemeingültigkeit*« nicht gerecht werden, sofern darunter ein von jedem jederzeit Überprüfbares verstanden wird. Verstehen bleibt jedoch auch nicht bei einer *willkürlichen Subjektivität* stehen. Vielmehr wird hermeneutische *Objektivität* durch die »*Angemessenheit* einer Erkenntnis an ihren Gegenstand« (*Bollnow*) erreicht. Dabei spielt eine als *wesensmäßig* zu verstehende *Subjektivität* als Vorbedingung des Verstehens eine Rolle.

Höheres Verstehen wird durch die Bewegung des *hermeneutischen Zirkels* gekennzeichnet. Dieser bedeutet, daß unter anderem Teil und Ganzes, Vorverständnis und zu Verstehendes, Theorie und Praxis sich gegenseitig erhellen. Der hermeneutische Zirkel ist weder ein circulus vitiosus noch eine Addition verschiedener Elemente. (Abb. 9 und 11)

Am hermeneutischen Zirkel wird die *hermeneutische Differenz* sichtbar, die zwischen Verstehendem und dem zu Verstehenden besteht; diese gilt es annäherungsweise zu überwinden. (Abb. 10)

Hermeneutische *Regeln* zielen im wesentlichen darauf ab, dem Interpreten Hilfestellung zu geben. Sie sind von der jeweiligen hermeneutischen Theorie abhängig; sie dürfen zu *keiner Technologie* verleiten.

Der Anspruch des *Besser-Verstehens* wird sinnvollerweise auf ein *Anders-Verstehen* reduziert.

Zwei Textauszüge und zwei hermeneutische Modelle   67

Zur Ergänzung und Vertiefung verweisen wir auf folgende Literatur:

O. F. Bollnow: Das Verstehen. Drei Aufsätze zur Theorie der Geisteswissenschaften.
A. Diemer: Elementarkurs Philosophie — Hermeneutik.

2. Zwei Textauszüge und zwei hermeneutische Modelle

Nach unseren allgemeinen Überlegungen zur Struktur, zum Gemeinsamen und zur Zirkelbewegung des Verstehens und schließlich zu hermeneutischen Regeln sollten wir uns noch zwei besondere Aspekte der Hermeneutik näher ansehen. Wir greifen dazu je einen Grundgedanken *Diltheys* und *Gadamers* heraus und stellen sie in Form der Originaltexte vor und schließen jeweils eine kurze Erläuterung an. Dabei geht es uns darum zu zeigen, welch grundverschiedene Ansätze die hermeneutischen Theorien der beiden Autoren haben. Während *Dilthey* die Möglichkeit des Verstehens in der *Kongenialität des Interpreten* begründet sieht, liegt sie für *Gadamer* in der *hermeneutischen Situation*. Diese unterschiedlichen Ansätze haben nicht zuletzt für die Pädagogik Bedeutung; sie könnten sich beispielsweise in folgenden Fragen ausdrücken: Müssen wir uns in *Pestalozzis* Welt, Gedanken, Probleme *hineinversetzen*, um ihn richtig zu verstehen, oder begreifen wir ihn nur dann angemessen, wenn wir fragen, was er *uns heute* zu sagen hat?

Um wenigstens in groben Umrissen den historischen Zusammenhang herzustellen, charakterisieren wir zuvor kurz die Hermeneutik-Konzeption *F. Schleiermachers* (1768-1834). Auf ihn hat sich *Dilthey* stark bezogen, und von beiden setzt sich *Gadamer* ab. *Schleiermacher*[89] sieht an dem, was zu verstehen ist, zwei verschiedene Seiten: Die eine macht die *Sprache* aus, die andere die *Individualität* des Autors[90]. Verstehen muß daher in zwei unterschiedlichen Formen geschehen. Das *grammatische Verstehen* geht auf die unmittelbare (sprachliche) Gegebenheit als solche, und das *psychologische Verstehen* richtet sich auf das Individuum, um das zu Verstehende aus dessen Lebenszusammenhang zu erfassen; denn durch ihn ist es bedingt[91]. Neben die sprachliche Interpretation muß also die psychologische treten. Was jedoch in unserem Zusammenhang besonders interessiert, ist, *wie* diese Verstehensformen nach *Schleiermacher* vor sich gehen. Der ausschlaggebende Gedanke ist nämlich, daß es sich um *Rekonstruktionen* handeln soll und zwar in grammatischer wie in

68   Hermeneutik

psychologischer Sicht. Verstehen ist für *Schleiermacher* der *umge-kehrte Vorgang* wie die geistige Produktion des zu Verstehenden; es ist also wiederholende *Reproduktion*. Dabei unterscheidet *Schleier-macher* zwei Methoden. Die eine ist die vergleichende, »komparati-ve«. Die andere nennt er die »divinatorische« (»vorahnende«); sie leistet das Entscheidende für die Rekonstruktion und bedeutet, daß der Interpret sich vollkommen in den Autor hineinversetzen, sich mit ihm gleichzusetzen habe, ja sich selbst gleichsam in den anderen verwandeln muß[92]. So kann er verstehen. — Nun betrachten wir die Texte von *Dilthey* und *Gadamer*. Über das theoretische Anliegen hinaus möchten unsere Leseproben dazu anregen, zu den Original-texten zu greifen und die Theorie der Hermeneutik daran zu studie-ren.

a) Dilthey — Die Kongenialität des Interpreten

Wir stellen zunächst einen kurzen Text von *Wilhelm Dilthey* (1833-1911) vor[93]. Dieser stammt aus dem dritten Teil des siebten Bandes der Gesammelten Schriften, der den Titel hat: »Der Aufbau der ge-schichtlichen Welt in den Geisteswissenschaften«; er wurde etwa Anfang 1910 verfaßt[94]. Das Kernstück unserer Textauswahl ist über-schrieben mit »Hineinversetzen, Nachbilden, Nacherleben« (S. 213-216). Um anschließend mühelos auf den Text eingehen zu können, numerieren wir diesen satzweise durch[95]. Er lautet:

»[1] Das Verstehen ist ein Wiederfinden des Ich im Du; [2] der Geist findet sich auf immer höheren Stufen von Zusammen-hang wieder; [3] diese Selbigkeit des Geistes im Ich, im Du, in jedem Subjekt einer Gemeinschaft, in jedem System der Kultur, schließlich in der Totalität des Geistes und der Univer-salgeschichte macht das Zusammenwirken der verschiedenen Leistungen in den Geisteswissenschaften möglich. . .

[4] Wie der objektive Geist eine Ordnung in sich enthält, die in Typen gegliedert ist, so ist auch in der Menschheit gleichsam ein Ordnungssystem enthalten, das von der Regel-haftigkeit und der Struktur im Allgemeinmenschlichen zu den Typen führt, durch welche das Verstehen die Individuen auffaßt. . .

[5] Die Stellung, die das höhere Verstehen seinem Gegen-stande gegenüber einnimmt, ist bestimmt durch seine

Zwei Textauszüge und zwei hermeneutische Modelle 69

Aufgabe, einen Lebenszusammenhang im Gegebenen aufzu-
finden. [6] Dies ist nur möglich, indem der Zusammenhang,
der im eigenen Erleben besteht und in unzähligen Fällen
erfahren ist, mit all den in ihm liegenden Möglichkeiten
immer gegenwärtig und bereit ist. [7] Diese in der Verständi-
gungsaufgabe gegebene Verfassung nennen wir ein Sichhineinversetzen, sei es in einen Menschen oder ein Werk. [8] Dann
wird jeder Vers eines Gedichtes durch den inneren Zusammenhang in dem Erlebnis, von dem das Gedicht ausgeht, in
Leben zurückverwandelt. [9] Möglichkeiten, die in der Seele
liegen, werden von den durch die elementaren Verständnislei-
stungen zur Auffassung gebrachten äußeren Worten hervorge-
rufen. . . [10] Schon indem das Gedicht die äußere Situation
angibt, wirkt dies darauf begünstigend, daß die Worte des
Dichters die ihr zugehörige Stimmung hervorrufen. [11] Auch
hier macht sich das schon erwähnte Verhältnis geltend, nach
welchem Ausdrücke des Erlebens mehr enthalten, als im
Bewußtsein des Dichters oder Künstlers liegt, und darum auch
mehr zurückrufen. [12] Wenn nun so aus der Stellung der
Verständnisaufgabe die Präsenz des eigen erlebten seelischen
Zusammenhangs folgt, so bezeichnet man das auch als die
Übertragung des eigenen Selbst in einen gegebenen Inbegriff
von Lebensäußerungen.

[13] Auf der Grundlage dieses Hineinversetzens, dieser Transposition entsteht nun aber die höchste Art, in welcher die
Totalität des Seelenlebens im Verstehen wirksam ist — das
Nachbilden oder Nacherleben. [14] Das Verstehen ist an sich
eine dem Wirkungsverlauf selber inverse Operation. [15] Ein
vollkommenes Mitleben ist daran gebunden, daß das Verständnis in der Linie des Geschehens selber fortgeht. [16] Es
rückt, beständig fortschreitend, mit dem Lebensverlauf selber
vorwärts. [17] So erweitert sich der Vorgang des Sichhinein-
versetzens, der Transposition. [18] Nacherleben ist das
Schaffen in der Linie des Geschehens. . .

[19] Das lyrische Gedicht ermöglicht so in der Aufeinanderfolge seiner Verse das Nacherleben eines Erlebniszusammenhanges: nicht des wirklichen, der den Dichter anregte, sondern
dessen, den auf Grund von ihm der Dichter einer idealen
Person in den Mund legt. [20] Die Aufeinanderfolge der
Szenen in einem Schauspiel ermöglicht das Nacherleben der
Bruchstücke aus dem Lebensverlauf der auftretenden

70   Hermeneutik

Personen. [21] Die Erzählung des Romanschriftstellers oder
Geschichtsschreibers, die dem historischen Verlauf nachgeht,
erwirkt in uns ein Nacherleben. [22] Der Triumph des Nacherlebens ist, daß in ihm die Fragmente eines Verlaufes so
ergänzt werden, daß wir eine Kontinuität vor uns zu haben
glauben.

[23] Worin besteht nun aber dies Nacherleben? [24] Der
Vorgang interessiert uns hier nur in seiner Leistung; eine
psychologische Erklärung desselben soll nicht gegeben werden.
[25] So erörtern wir auch nicht das Verhältnis dieses Begriffes
zu dem des Mitfühlens und dem der Einfühlung, obwohl der
Zusammenhang derselben darin deutlich ist, daß das Mitfühlen die Energie des Nacherlebens verstärkt. [26] Wir fassen
die bedeutsame Leistung dieses Nacherlebens für unsere Aneignung der geistigen Welt ins Auge. [27] Sie beruht auf zwei
Momenten. [28] Jede lebhafte Vergegenwärtigung eines Milieu
und einer äußeren Lage regt Nacherleben in uns an. [29] Und
die Phantasie vermag die Betonung der in unserem eigenen
Lebenszusammenhang enthaltenen Verhaltensweisen, Kräfte,
Gefühle, Strebungen, Ideenrichtungen zu verstärken oder zu
vermindern und so jedes fremde Seelenleben nachzubilden.
[30] Die Bühne tut sich auf. [31] Richard erscheint, und eine
bewegliche Seele kann nun, indem sie seinen Worten, Mienen
und Bewegungen folgt, etwas nacherleben, das außerhalb jeder
Möglichkeit ihres wirklichen realen Lebens liegt. . .

[32] Und in diesem Nacherleben liegt nun ein bedeutender
Teil des Erwerbs geistiger Dinge, den wir dem Geschicht-
schreiber und dem Dichter verdanken. [33] Der Lebensverlauf
vollzieht an jedem Menschen eine beständige Determination,
in welcher die ihm liegenden Möglichkeiten eingeschränkt
werden. [34] Die Gestaltung seines Wesens bestimmt immer
jedem seine Fortentwicklung. [35] Kurz, er erfährt immer, mag
er nun die Festlegung seiner Lage oder die Form seines
erworbenen Lebenszusammenhanges in Betracht ziehen, daß
der Umkreis neuer Ausblicke in das Leben und innerer
Wendungen des persönlichen Daseins ein eingegrenzter ist.
[36] Das Verstehen öffnet ihm nun ein weites Reich von
Möglichkeiten, die in der Determination seines wirklichen Lebens nicht vorhanden sind. [37] Die Möglichkeit, in meiner
eigenen Existenz religiöse Zustände zu erleben, ist für mich
wie für die meisten heutigen Menschen eng begrenzt.

Zwei Textauszüge und zwei hermeneutische Modelle   71

[38] Aber indem ich die Briefe und Schriften Luthers, die
Berichte seiner Zeitgenossen, die Akten der Religionsgespräche
und Konzilien wie seines amtlichen Verkehrs durchlaufe, erlebe
ich einen religiösen Vorgang von einer solchen eruptiven
Gewalt, von einer solchen Energie, in der es um Leben und
Tod geht, daß er jenseits jeder Erlebnismöglichkeit für einen
Menschen unserer Tage liegt. [39] Aber nacherleben kann ich
ihn. . . [40] So kann der von innen determinierte Mensch in
der Imagination viele andere Existenzen erleben. [41] Vor dem
durch die Umstände Beschränkten tun sich fremde Schön-
heiten der Welt auf und Gegenden des Lebens, die er nie
erreichen kann. [42] Ganz allgemein ausgesprochen: der durch
die Realität des Lebens gebundene und bestimmte Mensch
wird nicht nur durch die Kunst. . ., sondern auch durch das
Verstehen des Geschichtlichen in Freiheit versetzt. . .

[43] Wie deutlich zeigt sich im Nachbilden und Nacherleben
des Fremden und Vergangenen, daß das Verstehen auf einer
besonderen persönlichen Genialität beruht! [44] Da es aber
eine bedeutsame und dauernde Aufgabe ist als Grundlage der
geschichtlichen Wissenschaft, so wird die persönliche Genialität zu einer Technik, und diese Technik entwickelt sich mit
der Entwicklung des geschichtlichen Bewußtseins. [45] Sie ist
daran gebunden, daß dauernd fixierte Lebensäußerungen dem
Verständnis vorliegen, so daß dieses immer wieder zu ihnen
zurückkehren kann. [46] Das kunstmäßige Verstehen dauernd
fixierter Lebensäußerungen nennen wir *Auslegung*. [47] Da nun
das geistige Leben nur in der Sprache seinen vollständigen,
erschöpfenden und darum eine objektive Auffassung ermögli-
chenden Ausdruck findet, so vollendet sich die Auslegung in
der Interpretation der in der *Schrift* enthaltenen Reste menschlichen Daseins. [48] Diese Kunst ist die Grundlage der Philologie. [49] Und die Wissenschaft dieser Kunst ist die Hermeneutik.«

Was besagt dieser Text? Worin geht er über das bereits Dargelegte
hinaus? Wie bestätigt sich die von uns vorweggenommene Behauptung, es gehe hier um »Kongenialität«?
  Der erste Satz lautet: »Das Verstehen ist ein *Wiederfinden des Ich
im Du*«. Damit ist auf schlichte Weise der ganze Text zusammengefaßt, der auf den letzten von uns zitierten Absatz zustrebt, wo es
heißt, »daß das Verstehen auf einer *besonderen perönlichen Genialität*

beruht« [43][96]. Es hängt alles an diesem »Wiederfinden« des Ich und Du, um jene »Genialität« zu verstehen. Auf welche Weise findet sich das Ich im Du wieder? Oder anders ausgedrückt: Wie kann der Verstehende die Äußerung eines anderen Menschen verstehen; wie kommt es dazu, daß sie ihm vertraut und nicht unüberbrückbar fremd ist? In den folgenden beiden Sätzen wird vorausgesetzt, daß das »Ich« und das »Du« als *geistige* zu verstehen sind. Es wird die »*Selbigkeit* des Geistes« im Ich und Du festgestellt; außerdem wird von »Stufen von Zusammenhang« gesprochen. Das bedeutet, daß Ich und Du als geistige Größen als *Zusammenhang* begriffen werden und daß es »immer höhere *Stufen*« von Zusammenhängen gibt. Die geistigen Zusammenhänge werden also immer komplexer und differenzierter. Als Beispiele für diese »immer höheren Stufen« werden aufgeführt: Ich, Du, jedes Subjekt einer Gemeinschaft, ein System einer Kultur, die Totalität des Geistes und der Universalgeschichte [3]. Für all diese »Stufen« wird die Selbigkeit des Geistes behauptet. Es gilt hier, was wir früher über den »objektiven Geist« gesagt haben, daß nämlich der Einzelne (Ich, Du, jedes Subjekt einer Gemeinschaft) am »objektiven Geist« teilhat[97]; insofern ist der Geist derselbe. Dabei leuchtet ein, daß etwa das »System der Kultur« komplexer ist als der Einzelne in seiner Geistigkeit, also eine höhere Stufe von Zusammenhang darstellt. Jene »Selbigkeit des Geistes« ist ein Axiom *Diltheys*, hinter dem die Lebensphilosophie steht; aber mit der »Selbigkeit« wird das »Wiederfinden« möglich.

Die »Selbigkeit des Geistes« wird dann [4] auch in formaler Hinsicht festgestellt: Der Zusammenhang jeder (geistigen) Stufe ist *gegliedert* und zwar nach Typen; dadurch ist ein Ordnungssystem, eine *Struktur* gegeben. Wichtig ist hier, daß es heißt, daß das Verstehen durch die *Typen* das Individuum auffaßt; Verstehen geschieht also auf der Grundlage eines gegliederten Ordnungssystems; das Ich findet sich im Du wieder, insofern es darin einen bestimmten Typus vorfindet — das Verhalten des anderen etwa wird als der Typus »Freude« erfaßt; weil mir Freude aus meinem eigenen Erleben vertraut ist, verstehe ich den anderen.

Erst mit Satz 5 beginnt der zusammenhängende Textteil; die vorausgeschickten Zitate sollen helfen, diesen besser zu verstehen. Außerdem wird für das Folgende die Unterscheidung von elementarem und höherem Verstehen vorausgesetzt; bekannt ist uns auch bereits, daß unter dem höheren Verstehen das Auffinden eines Lebenszusammenhangs verstanden wird [5]. Dieses Auffinden eines *anderen* Lebenszusammenhangs setzt jedoch den *eigenen* erlebten Zusammenhang des Verstehenden als Grundlage des Verstehens voraus

Zwei Textauszüge und zwei hermeneutische Modelle 73

und zwar »mit all den in ihm liegenden Möglichkeiten« [6]. Dazu gehört auch der strukturierte Zusammenhang, von dem oben [2;4] die Rede war. Indem nun der eigene strukturierte Zusammenhang zum Verstehen des anderen Lebenszusammenhangs bereitgestellt wird, geschieht ein »*Sichhineinversetzen*« in den anderen Menschen oder in ein (menschliches, geistiges) Werk [7]. Das erläutert *Dilthey* dann [8-10] am Verstehen eines Gedichtes: Durch die Worte des Gedichtes wird eigenes Erlebtes wachgerufen; dadurch wird umgekehrt das Erleben, dem das Gedicht entsprungen ist, wieder »in Leben zurückverwandelt«, d.h. es wird wieder aktuell im Verstehenden. Diese Aktualisierung wird ermöglicht durch die »Selbigkeit des Geistes«. Nun aber geschieht nach *Dilthey* noch mehr als ein bloßes Wiederauflebenlassen einer geistigen Situation: Es wird *mehr* verstanden, mehr »zurückgerufen«, »als im Bewußtsein des Dichters oder Künstlers liegt« [11]. Wir werden an die These erinnert, daß es darum gehe, den Autor »*besser*« zu verstehen als er sich selbst; aber dieses Mehr-Verstehen klärt nicht nur die Situation des Autors auf; es meint den genuinen Beitrag am Verstehen, der vom Erlebnishintergrund des Interpreten stammt. Das bedeutet, daß Verstehen nach *Dilthey* nicht nur eine Reproduktion ist, sondern auch ein *kreativer* Vorgang. Das wird mit dem Folgenden noch deutlicher.

Zunächst gibt *Dilthey* eine begriffliche Klärung und bezeichnet den beschriebenen Vorgang als »Übertragung«, »Hineinversetzen« oder »Transposition« [12;13]. Davon hebt er nun »die höchste Art« des höheren Verstehens ab: das »Nachbilden oder *Nacherleben*« [13]. Wie unterscheidet sich das Nacherleben vom Hineinversetzen? Es ist zunächst ebenfalls ein Verstehen, in dem »die Totalität des Seelenlebens« »wirksam ist« [13]; auch hier wird also der strukturierte geistige Zusammenhang des Verstehenden als Voraussetzung des Verstehens angenommen. Aber während das Sichhineinversetzen quasi eine statische Momentaufnahme des zu Verstehenden ermöglicht, geht das Nacherleben »in der Linie des Geschehens selber fort« [16], vollzieht es also dynamisch die Entstehung des zu Verstehenden nach. Insofern Verstehen nur ein Ergebnis feststellt und sich in dieses hineinversetzt, ist es zum »Wirkungsverlauf selber« gegenläufig, ist es eine »inverse Operation« [14]; Nacherleben dagegen »ist das Schaffen in der Linie des Geschehens« [18]; es erlebt also noch einmal, was und wie der Autor erlebt hat, besser: wie er eine in seiner Phantasie geschaffene Gestalt erleben ließ. Diesen Gedankengang des Nacherlebens erläutert *Dilthey* mit dem Hinweis auf das lyrische Gedicht, bei dem in der Aufeinanderfolge der Verse ein Erlebniszusammenhang nacherlebt wird [19]; weiterhin mit dem Hinweis auf

74 Hermeneutik

ein Schauspiel, wo die Aufeinanderfolge der Szenen den Lebensverlauf der einzelnen Personen nacherleben läßt [20], und schließlich mit dem Hinweis auf das Nacherleben eines historischen Verlaufs [20]. Wichtig dabei ist, daß *Dilthey* nicht das Nacherleben des *persönlichen* Erlebniszusammenhanges, wie ihn der Dichter oder der Geschichtsschreiber etc. erlebt hat, meint; es geht vielmehr um den Erlebniszusammenhang, den der Dichter »erfunden« hat, den er also »einer *idealen Person* in den Mund legt«, allerdings auf Grund des Erlebniszusammenhangs, der ihn »anregte« [19]. *Dilthey* rückt hiermit von einer rein psychologischen Auffassung des Verstehens ab und bezieht es auf die geistige Ebene: »Der Vorgang (des Nacherlebens) interessiert uns hier nur in seiner *Leistung*« [24] im Hinblick auf »unsere Aneignung der *geistigen Welt*« [26]. Freilich macht es uns *Dilthey* durch seine psychologische Ausdrucksweise nicht leicht, ihn nicht doch psychologisch zu verstehen, da Begriffe wie »Hineinversetzen« oder »Nacherleben« dies unmittelbar nahelegen, auch wenn er sie vom »Mitfühlen« oder der »Einfühlung« abhebt [25].

Eine Leistung des Nacherlebens (als der höchsten Möglichkeit des höheren Verstehens) besteht nun darin, daß zunächst einfach verstandene Fragmente eines Verlaufs in eine *Kontinuität* gebracht werden, daß also ein Zusammenhang hergestellt wird [22]. So werden etwa einzelne Szenen eines Theaterstücks als Ganzes aufgefaßt. Auch hier ist wieder auf den strukturierten Zusammenhang hinzuweisen, der durch den Verstehenden gegeben und der Voraussetzung für das Verstehen ist [2-6]. Die bedeutsame Leistung des Nacherlebens liegt für *Dilthey* in der *Aneignung* der geistigen Welt [26]. Die folgenden Gedanken *Diltheys* hierzu wären auch im Hinblick auf den Lern- und Bildungsprozeß zu reflektieren; denn was ist dieser anderes, als die »Aneignung einer geistigen Welt«[98]? Nach *Dilthey* beruht sie »auf zwei Momenten« [27]: 1. auf dem *Verstärken* oder Vermindern *des Eigenen* [29] und 2. auf dem *Befreien* aus der eigenen Begrenzung [42]. Hier wird nochmals aufgegriffen, was schon mehrmals ausgesagt wurde: daß nämlich der geistige Lebenszusammenhang des Verstehenden vorhanden sein muß, um etwas anderes überhaupt verstehen zu können. Die eigenen »Verhaltensweisen, Kräfte, Gefühle, Strebungen, Ideenrichtungen« tragen dazu bei, »*fremdes* Seelenleben nachzubilden« [29]. Aber gleichzeitig wird dieses Eigene verstärkt oder vermindert; denn die Konfliktsituation, in der sich Richard befindet — vermutlich in Richard II. von *Shakespeare* —, ist nicht meine eigene; aber trotzdem kann ich sie durch das Schauspiel nacherleben, verstehen [30;31].

Der ganze folgende Absatz spricht von dem zweiten Gesichts-

Zwei Textauszüge und zwei hermeneutische Modelle 75

punkt der »Aneignung der geistigen Welt« [32-42]: Die *eigene* Erlebnismöglichkeit wird nicht nur verstärkt oder vermindert; sie wird auch *überschritten*. Das persönliche Dasein nämlich wird von außen her und von innen heraus eingegrenzt, determiniert [33-35]; jeder von uns hat in vieler Hinsicht nur ganz bestimmte, eingeschränkte Möglichkeiten der Erfahrung. Das Verstehen dagegen eröffnet uns »ein weites Reich von Möglichkeiten, die in der Determination unseres wirklichen Lebens nicht vorhanden sind« [36]. *Dilthey* erläutert das durch das Beispiel der eng begrenzten religiösen Erfahrung und der Überschreitung dieser Begrenzung durch das Studium *Luthers* [37-39]. So wird »der durch die Realität des Lebens gebundene und bestimmte Mensch« im verstehenden Nachvollzug »anderer Existenzen« in »*Freiheit* versetzt« [40-42]. Diese Freiheit muß freilich als eine geistige verstanden werden; eine Befreiung aus realen Verhältnissen müßte deren konkrete Veränderung voraussetzen; darum geht es hier jedoch nicht, sondern um das Phänomen des Verstehens, das allerdings Voraussetzung sein muß für eine Veränderung der Verhältnisse. Wie real jedoch wiederum das nacherlebende Verstehen ist, kann jeder von uns bestätigen, wenn er daran denkt, wie sehr er schon mit und in den Gestalten eines Buches oder eines Films gelebt hat.

»Das Wiederfinden des Ich im Du« erweist sich somit als ein differenzierter Vorgang, der nicht wörtlich genommen werden darf, so daß das verstehende Subjekt im Verstehen nur in sich kreisen könnte, weil es im anderen nur das versteht, was es ohnehin aus sich selbst schon kennt. Vielmehr liegt im Verstehen einerseits ein Mehr, das über das »im Bewußtsein des Dichters oder Künstlers« Befindliche hinausgeht, weil schon in den »Ausdrücken des Erlebens« mehr enthalten ist [11]. Andererseits geschieht im Verstehen ein »Erwerb geistiger Dinge«, wobei über die reale, gegebene Möglichkeit des Verstehenden hinausgegangen wird. »Wiederfinden« muß darum als ein *kreativer* Vorgang verstanden werden. Aus diesem Grund kann *Dilthey* in der Sprache des 19. Jahrhunderts dann sagen, »daß das Verstehen auf einer besonderen persönlichen *Genialität* beruht« [43]. Verstehen als Nacherleben des zu Verstehenden ist kon-genial; der verstehende Geist muß eine ähnliche »Genialität« besitzen wie derjenige, den es zu verstehen gilt. Das scheint besonders bei Produkten von Dichtern, Künstlern, großen Staatsmännern etc. Voraussetzung zu sein. Da aber das nacherlebende Verstehen von Fremden und Vergangenem immer Aufgabe und Grundlage einer »geschichtlichen Wissenschaft« ist, kann man nicht auf die persönliche Genialität bauen; sie muß »zu einer *Technik* werden« [44]. Wir dürfen statt

76   Hermeneutik

»geschichtlicher Wissenschaft« ganz allgemein von Wissenschaften
sprechen, die auf Verstehen angewiesen sind, das ja immer, wie wir
gesehen haben, geschichtlich und auf Geschichtliches bezogen ist[99].
Zur verstehenden Technik, die an die Stelle der »persönlichen Genialität« treten muß, um verstehende Wissenschaft überhaupt zu ermöglichen, muß ein Weiteres hinzukommen: Diese Technik »ist
daran gebunden, daß dauernd *fixierte* Lebensäußerungen dem Verständnis vorliegen« [45]; man kann sich nicht auf ein kongeniales Begreifen verlassen, sondern man muß immer wieder zu dem zu Verstehenden zurückkehren können [45], um es jeweils neu und verändert zu verstehen, wie es in der Bewegung des hermeneutischen Zirkels gegeben ist. Die »Technik« des Verstehens ist ein »kunstmäßi-
ges Verstehen«; dieses belegt *Dilthey* mit dem Begriff »Auslegung«.
Sie »vollende« sich in *schriftlich* fixierten Lebensäußerungen, weil
sie die besten Voraussetzungen für ein Zurückkehren bieten. Zwar
ist uns der Inhalt der letzten Sätze unseres Textes bereits geläufig;
wir sehen aber auch, daß *Dilthey* zumindest hier die Hermeneutik
auf Text-Interpretation einengt, wenn er sagt, daß die Kunst der
Auslegung »die Grundlage der Philologie« [48] und »die Wissenschaft dieser Kunst die Hermeneutik« sei [49].

Das »Wiederfinden des Ich im Du« ist ein kreativer, kongenialer
Vorgang, der als statisches Hineinversetzen in den anderen Geist
oder als ein dynamisches Nacherleben geschieht. Die eigentliche Bedeutung des Nacherlebens liegt in der Aneignung einer fremden geistigen Welt und darin in der Befreiung aus der Begrenztheit des eigenen Geistes. Zwar rückt *Dilthey* von der Forderung nach einer Kongenialität des Interpreten ab [45]; aber dennoch kann das höhere
Verstehen bei ihm nur nach dem Modell des Hineinversetzens und
des Nacherlebens aufgefaßt werden. Denn in demselben Abschnitt,
der mit »Auslegung oder Interpretation« überschrieben ist, heißt es:
Es zeigte sich, daß das Verstehen »nicht einfach als eine Denkleistung aufzufassen ist: Transposition, Nachbilden, Nacherleben —
diese Tatsachen wiesen auf die *Totalität des Seelenlebens* hin, die in
diesem Vorgang wirksam ist. Hierin steht es mit dem Erleben selbst
in Zusammenhang, das eben nur ein *Innewerden der ganzen seelischen Wirklichkeit in einer gegebenen Lage* ist. So ist in allem Verstehen ein Irrationales, wie das Leben selber ein solches ist.«[100] Das in
dieser Weise umschriebene Verstehen scheint tatsächlich nur durch
die Kongenialität des Interpreten geleistet werden zu können.

Zwei Textauszüge und zwei hermeneutische Modelle 77

b) Gadamer — Die hermeneutische Situation

»Es ist ganz abwegig, die Möglichkeit des Verstehens von Texten auf die Voraussetzung der ›Kongenialität‹ zu gründen, die Schöpfer und Interpret eines Werkes vereinigen soll. Wäre das wirklich so, dann stünde es schlecht um die Geisteswissenschaften. Das Wunder des Verstehens besteht vielmehr darin, daß es keiner Kongenialität bedarf, um das wahrhaft Bedeutsame und das ursprünglich Sinnhafte in der Überlieferung zu erkennen. Wir vermögen uns vielmehr dem überlegenen Anspruch des Textes zu öffnen und der Bedeutung verstehend zu entsprechen, in der er zu uns spricht.«[101] Diese Kritik am Kongenialitäts-Gedanken in der Hermeneutik stammt von *Hans-Georg Gadamer* (geb. 1900). Bei ihm ist nicht eine Kongenialität gewissermaßen der Angelpunkt für das Verstehen, sondern jenes, was mit »*hermeneutischer Situation*« zusammengefaßt werden kann. Sie macht die Situation aus, in der sich der Interpret befindet und aus der heraus er versteht. Diese hermeneutische Situation geht in sein Verstehen ein, ja ermöglicht es erst. Zwei wesentliche Gesichtspunkte kennzeichnen sie: das »*wirkungsgeschichtliche Bewußtsein*« und das Strukturmoment der »*Anwendung*«, das neben der »Auslegung« unabdingbar zum Verstehen gehört. Mit »Wirkungsgeschichte« ist, an einem Beispiel vereinfacht aufgezeigt, folgende Tatsache gemeint: Wenn wir heute *Rousseau* interpretieren, dann können wir das nicht mehr unbefangen tun, so als hätte *Rousseau* nicht gelebt und gewirkt; denn wir sind schon mit dem Gedankengut *Rousseaus* »vorbelastet«, ob wir das wissen oder nicht. *Rousseau* hat in die Geschichte hineingewirkt; aus dieser Geschichte heraus leben und denken wir — natürlich auch dann, wenn wir uns den Schriften *Rousseaus* zuwenden. Wir interpretieren also *Rousseau* mit einem »Vorurteil«[102], in das *Rousseausche* Gedanken sowie kritische Argumente gegen ihn eingegangen sind. Dieses Vorurteil können wir zwar zum Teil bewußt machen, aber nicht eliminieren; nach *Gadamer* brauchen wir es zum Verstehen. »Wirkungsgeschichte« bedeutet lebendiges Fortwirken von geschichtlichen Fakten in unsere Gegenwart hinein *und* das Bewußtsein hiervon[103]. »Wirkungsgeschichtliches Bewußtsein ist zunächst Bewußtsein der hermeneutischen *Situation*.«[104]

Am Problem der »Anwendung« (oder »Applikation«) kann das wirkungsgeschichtliche Prinzip aufgezeigt werden. Der folgende Text[105] handelt von der »Anwendung« als einem Strukturmoment des Verstehens; hieran und durch den anschließenden Versuch einer Erläuterung soll deutlich werden, was wirkungsgeschichtliches

Bewußtsein und damit auch hermeneutische Situation ausmacht. Der Text stammt aus »Wahrheit und Methode«, das den Untertitel trägt: »Grundzüge einer philosophischen Hermeneutik.«

»[1] Die These ist. . ., daß auch die historische Hermeneutik eine Leistung der Applikation zu vollbringen hat, weil auch sie der Geltung von Sinn dient, indem sie ausdrücklich und bewußt den Zeitenabstand überbrückt, der den Interpreten vom Texte trennt und die Sinnentfremdung überwindet, die dem Texte widerfahren ist. . .

[2] Die juristische Hermeneutik vermag das wirkliche Verfahren der Geisteswissenschaften an sich selbst zu erinnern. [3] Hier haben wir das Modell für das Verhältnis von Vergangenheit und Gegenwart, das wir suchen. [4] Der Richter, welcher das überlieferte Gesetz den Bedürfnissen der Gegenwart anpaßt, will gewiß eine praktische Aufgabe lösen. [5] Aber seine Auslegung des Gesetzes ist deshalb noch lange nicht eine willkürliche Umdeutung. [6] Auch in seinem Fall heißt Verstehen und Auslegen: einen geltenden Sinn erkennen und anerkennen. [7] Er sucht dem ›Rechtsgedanken‹ des Gesetzes zu entsprechen, indem er es mit der Gegenwart vermittelt. [8] Gewiß ist das eine juristische Vermittlung. [9] Die rechtliche Bedeutung des Gesetzes — und nicht etwa die historische Bedeutung des Erlasses des Gesetzes oder irgendwelcher Fälle seiner Anwendung — ist es, was er zu erkennen sucht. [10] Er verhält sich also nicht als Historiker — wohl aber verhält er sich zu seiner eigenen Geschichte, die seine Gegenwart ist. [11] Er kann sich daher stets auch als Historiker den Fragen zuwenden, die er als Richter implizite mit umfaßt hat.

[12] Umgekehrt kann der Historiker, der seinerseits keine juristische Aufgabe vor sich hat, sondern die geschichtliche Bedeutung dieses Gesetzes — wie jeden anderen Inhalt geschichtlicher Überlieferung — ermitteln will, nicht davon absehen, daß es sich hier um eine Rechtsschöpfung handelt, die juristisch verstanden werden will. [13] Er muß nicht nur historisch, sondern auch juristisch denken können. [14] Gewiß ist es ein Sonderfall, wenn ein Historiker einen Gesetzestext betrachtet, der noch heute Geltung hat. [15] Aber dieser Sonderfall macht uns deutlich, was unser Verhältnis zu jeglicher Überlieferung bestimmt. [16] Der Historiker, der das Gesetz aus seiner historischen Ursprungssituation heraus verstehen

Zwei Textauszüge und zwei hermeneutische Modelle   79

will, kann von seiner rechtlichen Fortwirkung gar nicht
absehen: sie gibt ihm die Fragen, die er an die historische
Überlieferung stellt, an die Hand. [17] Gilt das nicht in Wahrheit von jedem Text, daß er in dem, was er sagt, verstanden
werden muß? [18] Heißt das nicht, daß es stets einer Umsetzung bedarf? [19] Und erfolgt diese Umsetzung nicht immer
als eine Vermittlung mit der Gegenwart? [20] Sofern der
eigentliche Gegenstand des historischen Verstehens nicht Ereignisse sind, sondern ihre ›Bedeutung‹, ist solches Verstehen
offenbar nicht richtig beschrieben, wenn man von einem an
sich seienden Gegenstand und dem Zugehen des Subjekts auf
diesen spricht. [21] In Wahrheit liegt im historischen Verstehen
immer schon darin, daß die auf uns kommende Überlieferung
in die Gegenwart hineinspricht und in dieser Vermittlung —
mehr noch: als diese Vermittlung — verstanden werden muß.
[22] *Der Fall der juristischen Hermeneutik ist also in Wahrheit*
kein Sonderfall, sondern er ist geeignet, der historischen Herme-
neutik ihre volle Problemweite wiederzugeben und damit die alte
Einheit des hermeneutischen Problems wiederherzustellen, in der
sich der Jurist und der Theologe mit dem Philologen begegnet. . .

[23] Nehmen wir das Beispiel des Verstehens eines Befehls.
[24] Einen Befehl gibt es nur dort, wo einer da ist, der ihn
befolgen soll. [25] Das Verstehen gehört hier also in ein
Verhältnis von Personen, von denen die eine zu befehlen hat.
[26] Den Befehl verstehen heißt, ihn der konkreten Situation
zu applizieren, in die er trifft. [27] Zwar läßt man einen Befehl
wiederholen, zur Kontrolle dessen, daß er richtig verstanden
ist, aber das ändert nichts daran, daß sein wahrer Sinn sich
erst aus der Konkretion seiner ›sinngemäßen‹ Ausführung
bestimmt. [28] Aus diesem Grunde gibt es auch eine ausdrück-
liche Gehorsamverweigerung, die nicht einfach Ungehorsam
ist, sondern sich aus dem Sinn des Befehls und seiner Konkretisierung, die einem aufgetragen ist, legitimiert. [29] Wer einem
Befehl den Gehorsam verweigert, hat ihn verstanden, und weil
er ihn der konkreten Situation appliziert und weiß, was in ihr
Gehorchen bedeuten würde, weigert er sich. [30] Offenkundig
bemißt sich das Verstehen an einem Maß, das weder im Wortlaut des Befehls noch in der wirklichen Meinung des Befeh-
lenden vorliegt, sondern allein in dem Situationsverständnis
und der Verantwortlichkeit dessen, der gehorcht. [31] Auch
wenn man einen Befehl schriftlich gibt, oder ihn sich schrift-

80 Hermeneutik

lich geben läßt, um die Richtigkeit des Verständnisses und der Ausführung desselben kontrollierbar zu machen, meint man nicht, es stünde in ihm alles darin. [32] Es ist ein Schelmenmotiv, Befehle so auszuführen, daß man ihren Wortlaut, aber nicht ihren Sinn befolgt. [33] Es ist also kein Zweifel, daß der Empfänger eines Befehls eine bestimmte produktive Leistung des Sinnverständnisses vollbringen muß.

[34] Denkt man sich nun einen *Historiker*, der in der Überlieferung einen solchen Befehl findet und verstehen will, so ist er zwar in einer ganz anderen Lage als der ursprüngliche Adressat. [35] Er ist nicht der Gemeinte und kann daher den Befehl gar nicht auf sich beziehen wollen. [36] Gleichwohl muß er, wenn er den Befehl wirklich verstehen will, idealiter *die gleiche Leistung* vollbringen, die der gemeinte Empfänger des Befehls vollbringt. [37] Auch dieser letztere, der den Befehl auf sich bezieht, vermag ja sehr wohl zwischen dem Verständnis des Befehls und seiner Befolgung zu unterscheiden. [38] Er hat die Möglichkeit, ihn nicht zu befolgen, auch wenn und gerade wenn er ihn verstanden hat. [39] Es mag für den Historiker eine Schwierigkeit darstellen, seinerseits die Situation zu rekonstruieren, in die hinein der Befehl, um den es sich handelt, erging. [40] Aber auch er wird erst dann ganz verstehen, wenn er diese Konkretisierungsaufgabe geleistet hat. [41] Das ist die klare hermeneutische Forderung, aus der konkreten Situation heraus zu verstehen, in der sie gemacht wird. . .

[42] . . . es gibt . . . niemals den Leser, der, wenn er seinen Text vor Augen hat, einfach liest, was dasteht. [43] In allem Lesen geschieht vielmehr eine Applikation, so daß, wer einen Text liest, selber noch in dem vernommenen Sinn darin ist. [44] Er gehört mit zu dem Text, den er versteht. [45] Immer wird es so sein, daß die Sinnlinie, die sich ihm beim Lesen eines Textes zeigt, notwendig in einer offenen Unbestimmtheit abbricht. [46] Er kann sich, ja er muß sich eingestehen, daß kommende Geschlechter das, was er in dem Texte gelesen hat, anders verstehen werden. [47] Was so für jeden Leser gilt, das gilt auch für den Historiker. [48] Nur daß es sich für ihn um das Ganze der geschichtlichen Überlieferung handelt, das er mit der Gegenwart seines eigenen Lebens vermitteln muß, wenn er es verstehen will, und das er damit in die Zukunft hinein offen hält. . .

Zwei Textauszüge und zwei hermeneutische Modelle 81

[49] Damit hat sich das Modell der juristischen Hermeneutik in der Tat als fruchtbar erwiesen. [50] Wenn der Jurist in richterlicher Funktion sich gegenüber dem ursprünglichen Sinn eines Gesetzestextes zur Rechtsergänzung legitimiert weiß, so tut er genau das, was in allem Verstehen auch sonst geschieht. [51] *Die alte Einheit der hermeneutischen Disziplinen tritt neu in ihr Recht, wenn man das wirkungsgeschichtliche Bewußtsein in allem hermeneutischen Tun des Philologen wie des Historikers erkennt.*

[52] Der Sinn von Applikation, der in allen Formen des Verstehens vorliegt, hat sich jetzt geklärt. [53] Applikation ist keine nachträgliche Anwendung von etwas gegebenem Allgemeinen, das zunächst in sich verstanden würde, auf einen konkreten Fall, sondern ist erst das wirkliche Verständnis des Allgemeinen selbst, das der gegebene Text für uns ist. [54] Das Verstehen erweist sich als eine Weise von Wirkung und weiß sich als eine solche Wirkung.«

Der zusammenhängende Originaltext enthält eine Auseinandersetzung mit anderen hermeneutischen Theorien sowie mit einer positivistischen Wissenschaftstheorie; insbesondere hebt *Gadamer* seinen Entwurf einer Hermeneutik ab von der historizistischen Auffassung von Hermeneutik, die meint, im Verstehensvorgang müsse die ursprüngliche Situation wiederhergestellt werden, »so wie sie war«. Diese Konfrontation haben wir ausgelassen, um den Grundgedanken des Abschnitts deutlicher werden zu lassen: die »Anwendung« im Verstehensvorgang[106]. *Gadamer* spricht meist von »Applikation« und meint damit die Anwendung in hermeneutischem Sinn; sie ist *keine nachträgliche* Anwendung auf einen konkreten Fall [52], so wie etwa ein Rezept für einen bestimmten Fall Anwendung finden kann. Bereits der erste Satz unserer Textauswahl gibt an, worin die Leistung der Anwendung besteht: 1. im *Überbrücken des Zeitenabstandes*, »der den Interpreten vom Texte trennt«, und 2. in der *Überwindung der Sinnentfaltung*, »die dem Texte widerfahren ist«. Damit können wir allerdings zunächst noch keinen Zusammenhang mit einer »Anwendung« herstellen; das wird aber deutlicher, wenn wir den Text weiterverfolgen. Es heißt, daß die *juristische* Hermeneutik« ein »*Modell* für das Verhältnis von Vergangenheit und Gegenwart« abgebe [3]; gerade um die Überbrückung des Zeitenabstandes geht es angeblich bei der Applikation [1]. Beachten wir, daß *Gadamer* von »historischer«, »juristischer«, später auch von »philologischer« und »theologischer Hermeneutik« spricht [22; 51]. Hier kommen die ver-

82 Hermeneutik

schiedenen Strömungen der Hermeneutik zum Tragen, von denen oben S. 33 die Rede war. Wir können, grob gesprochen, die »historische Hermeneutik« hier als *allgemeine* Hermeneutik verstehen, sofern sie nach dem Verständnis von geschichtlichen Gegebenheiten fragt; darum kann *Gadamer* auch sagen, daß die juristische Hermeneutik die *Geisteswissenschaften* an ihr wirkliches Verfahren erinnern könne [2].

Wie sieht nun das »Modell« aus, das die juristische Hermeneutik für eine allgemeine Hermeneutik abgibt? In den Sätzen 4-11 ist von dem Richter die Rede, der auf der einen Seite sein Gesetzbuch, auf der anderen Seite den Delinquenten hat, den er gemäß dem Gesetz verurteilen soll. Es gilt, das Gesetz zu verstehen, auszulegen und anzuwenden. Hier liegt offensichtlich eine Anwendung vor, so wie wir sie normalerweise verstehen: Das Gesetz wird auf den konkreten Straffall angewandt. Doch *Gadamer* macht darauf aufmerksam, daß es auch hierbei darum geht, daß ein *Sinn*, daß die rechtliche *Bedeutung* erkannt wird [6;9]. Die Aufgabe des Richters besteht darin herauszufinden, was *dieses* (vielleicht schon alte) Gesetz hier und *heute* bedeutet; insofern vermittelt er die Vergangenheit mit der Gegenwart [3;7], und insofern »verhält er sich (als Jurist) zu seiner eigenen Geschichte« [10]; diese ist deshalb seine Gegenwart [10], weil sie durch ihn hier und heute als Gesetzesauslegung und -anwendung lebendig werden muß. Es ist die zentrale hermeneutische Leistung des Richters, daß er den fixierten und somit historischen Rechtsgedanken mit der Gegenwart, also dem konkreten Rechtsfall vermittelt [7]. Entscheidend bei dieser Anwendung durch den juristischen Praktiker ist, daß er *versteht im Hinblick auf* das, was im konkreten Fall Recht ist, und daß er nur anwenden kann, indem er versteht und auslegt.

Gadamer setzt dem praktischen Juristen den Historiker entgegen [12-16], bei dem zunächst keine »Anwendung« vermutet wird. Denn ihm geht es wie bei jeder geschichtlichen Gegebenheit auch bei einem Gesetz um die *historische* Bedeutung [12], nicht um eine juristische Auslegung. Aber auch der Historiker kann »nicht davon absehen, daß es sich hier um eine Rechtsschöpfung handelt, die *juristisch* verstanden werden will« [12]. Auch als Historiker muß er mit einem gewissen Rechtsempfinden und -bewußtsein verstehen; dieses steht in einem gewordenen Zusammenhang, zu dem jenes Gesetz gehört, dessen historische Bedeutung er verstehen will. In Satz 16 kommt das *wirkungsgeschichtliche* Prinzip noch deutlicher zum Tragen: Die Fragen, die der Historiker stellt, hat nicht *er* »erfunden«, sondern sie werden ihm von der Fortwirkung jenes Gesetzes gewissermaßen

Zwei Textauszüge und zwei hermeneutische Modelle   83

aufgedrängt. Auch der Historiker appliziert also unausweichlich der Gegenwart, wenn er verstehen will; außerdem muß er seinen Gesetzestext als das verstehen, was er ist und was er sagt [18], nämlich als juristischen Text und eben nicht etwa als philosophischen.

Das anhand des juristischen Praktikers und des Historikers Aufgewiesene verallgemeinert *Gadamer* nun [17-22]. Der Kerngedanke lautet hier: Im (historischen) Verstehen wird das *Überlieferte als ein durch die Gegenwart Vermitteltes* verstanden [21]. So sehen wir etwa ein romanisches Bauwerk mit den Augen des 20. Jahrhunderts; oder, wie es bei *Gadamer* an anderer Stelle heißt: »Die Zugehörigkeit des Auslegers zu seinem Text ist wie die Zugehörigkeit des Augenpunktes zu der in einem Bilde gegebenen Perspektive. Es handelt sich nicht darum, daß man diesen Augenpunkt wie einen Standort suchen und einnehmen sollte, sondern daß der, der versteht, nicht beliebig seinen Blickpunkt wählt, sondern seinen Platz *vorgegeben* findet.«[107] Eine Interpretation ist also *nicht beliebig*; sondern die geschichtlich bedingte Auslegungsperspektive ist ihr vorgegeben, was sich als »Vor-Urteil« zeigen kann. Darum auch kann das zu Verstehende nicht als ein »an sich seiender Gegenstand«, nicht als etwas von seiner Wirkung Isoliertes begriffen werden und der Interpret nicht als einer, der sich ihm unbefangen nähern könnte [20]. Diese »Befangenheit« ist jedoch hier keine subjektive, sondern sie wird dem Interpreten vorgegeben durch die geschichtliche Situation, in der er sich befindet; sie ist also eine »objektive Befangenheit«[108].

Mit dem Beispiel des Verstehens eines *Befehls* führt *Gadamer* ganz deutlich vor Augen, was es mit der Anwendung auf sich hat [23-33]. Nur wenn der Befehl *im Hinblick auf* seine Ausführung vernommen wird, erhält er seinen vollen Sinn. Für die Applikation als Strukturmoment des Verstehens ist es aber gerade *nicht* notwendig, daß eine *tatsächliche* Anwendung, also Ausführung des Befehls, erfolgt. Die Applikation als Verstehensmoment kann gerade eine Ausführung verhindern [37f.]. Dieses Beispiel mit dem Befehl als einer konkret möglichen Situation, in der Verstehen gefordert ist, spricht für sich und braucht nicht weiter erläutert zu werden.

Wichtig für das Verständnis der Applikation ist die Fortführung des Beispiels im Hinblick auf die hermeneutische Situation, die es mit *historisch* Gegebenem zu tun hat [34-41]. Wie steht es mit einem, der einen Befehl als nicht Betroffener zu verstehen hat, etwa mit einem Historiker [34]? Die Antwort *Gadamers* fällt eindeutig aus: Auch der Historiker als Verstehender muß die *gleiche Leistung* vollbringen wie der ursprünglich Betroffene; auch er muß die *Konkretisierungsaufgabe* leisten [36;40]. Wir können auch sagen, daß im Ver-

84 Hermeneutik

stehen der gesamte Bedeutungszusammenhang hergestellt werden
muß. Dazu trägt Konkretisieren bei; zu ihm aber gehört Applikation: das Verstehen im Hinblick auf. . . Wenn darum *Gadamer* sagt,
daß die Aussage eines Textes aus der *konkreten Situation* heraus zu
verstehen sei, in der sie gemacht wird [41], so ist damit keine daten-
mäßige Rekonstruktion der Aussagesituation im historizistischen
Sinn gemeint, sondern Applikation oder Herstellen des Bedeutungs-
zusammenhangs. Und dieses Herstellen ist eben nicht distanziert
und historizierend möglich; es bedarf einer *Umsetzung* als einer Vermittlung der Gegenwart [18;19]. Die Umsetzung geschieht dadurch,
daß der Historiker den vorgefundenen Befehl *aus* seiner persönlichen hermeneutischen Situation und *durch* sie versteht.

Das Herstellen der konkreten Situation, aus der heraus eine Aussage verstanden werden muß, ist eine *Leistung des Interpreten* in der
Gegenwart. Deshalb liest ein Leser nicht einfach, was dasteht [42],
und deshalb steht er »selber noch in dem vernommenen Sinn darin«
und gehört er »mit zu dem Text, den er versteht« [43;44]. Wenn das
so ist, so mag man einwenden, dann bleibt Verstehen doch nur sub-
jektiv. Daran ist zwar richtig, daß die Vermittlung durch den Interpreten hinzutreten muß; aber dieser steht selbst »im *Dienst* dessen,
was gelten soll«; er »ordnet sich selbst dem beherrschenden *Anspruch* des Textes unter«[109]. Aus diesem Grund vermag der Interpret
auch keine »absolute« Auslegung zu leisten, sondern muß anerkennen, daß die »Sinnlinie« des Textes »notwendig in einer offenen Unbestimmtheit abbricht« [45]; d.h. kommende Generationen können
den Text *anders verstehen* [46][110].

Mit den abschließenden Sätzen [49-54] stellt *Gadamer* die Bestäti-
gung seiner These [1;3] fest und faßt das Ergebnis zusammen. Vor allem aber hebt er hervor, daß »in allem hermeneutischen Tun« das
wirkungsgeschichtliche Bewußtsein eine Rolle spiele [51]. Mit dem
Problem der »Anwendung« ging es unausgesprochen um die Darstellung dessen, was wirkungsgeschichtliches Bewußtsein meint.
Wenn wir gesagt haben, daß Verstehen immer ein Verstehen *im Hinblick auf*. . . sei, so ist dabei die *Vermittlung von Vergangenheit und Gegenwart* gemeint; es ist »Horizontverschmelzung«[111]. Wir haben gesehen, daß Applikation in dem Überbrücken des Zeitenabstandes
und der Überwindung der Sinnentfremdung besteht [1]. Wirkungsgeschichtliches Bewußtsein bedeutet, daß der Interpret die geschichtliche Überlieferung »mit der Gegenwart seines eigenen Lebens vermitteln muß«, wenn er sie verstehen will [48]. Wenn *Gadamer* dann sagt, daß der Interpret sie »damit in die Zukunft hinein
offen hält« [48], so kommt darin wiederum zum Ausdruck, daß die

Zwei Textauszüge und zwei hermeneutische Modelle   85

Überlieferung hier und heute nicht »absolut« verstanden werden kann, sondern daß sie in neuen Situationen *anders* verstanden werden wird.

Verstehen gehört in einen Überlieferungszusammenhang; es »erweist sich als eine Weise von *Wirkung*« [54]; es kann den historisch gegebenen Implikationen — Vor-Urteilen — nicht ausweichen. Zum vollen Sinn des wirkungsgeschichtlichen Bewußtseins gehört aber, daß sich Verstehen »als eine solche Wirkung« *weiß* [54]. Das bedeutet, daß Verstehen nicht in Willkür ausarten kann, sondern sich am Sinn- und Bedeutungszusammenhang, der mit der Überlieferung gegeben ist, zu orientieren hat. Denn:

> »Der Interpret will. . . gar nichts anderes, als dies Allgemeine — den Text — verstehen, d.h. verstehen, was die Überlieferung sagt, was Sinn und Bedeutung des Textes ausmacht. Um das zu verstehen, darf er aber nicht von sich selbst und der *konkreten hermeneutischen Situation*, in der er sich befindet, absehen wollen. Er muß den Text *auf diese Situation beziehen*, wenn er überhaupt verstehen will«[112].

c) Vergleich

Der voranstehende Text *Gadamers* und unser anschließender Versuch einer Erläuterung gehören in einen größeren philosophischen Zusammenhang und sind ohne diesen nur schwer verständlich. Dasselbe gilt für den *Dilthey*-Text. In unserem Rahmen ist es aber nicht möglich, jenen Zusammenhang herzustellen[113]. Soviel dürfte jedoch deutlich geworden sein, daß bei *Gadamer* ein völlig anderer Ansatz für eine Hermeneutik vorliegt als bei *Dilthey*. Kongeniales Nacherleben scheidet für *Gadamer* als innerste Möglichkeit des Verstehens aus; vielmehr muß Verstehen aus der *hermeneutischen Situation* heraus gesehen werden. Zu ihr gehören all die Momente, die durch den *Gadamer*schen Text angesprochen worden sind. Da aus einer Gegenüberstellung die Sachverhalte klarer werden als für sich allein, wollen wir in Form einer Zusammenfassung und mit Hilfe von Schemata die unterschiedlichen Ansätze von *Dilthey* und *Gadamer* verdeutlichen[114]. Hierbei ziehen wir das hermeneutische Grundschema von *Schleiermacher* mit hinzu, da sich dadurch wiederum der Ansatz *Diltheys* besser abhebt.

(1) Wir beginnen dabei mit *F. Schleiermacher*, da er der zeitlich Frühere ist. Wie wir gesehen haben, ist nach *Schleiermacher* Verstehen

als grammatische und psychologische Reproduktion zu fassen, die im Sinn der divinatorischen Methode vom Interpreten eine Identifikation mit dem Autor verlangt. Dies stellen wir in Abbildung 12 schematisch dar, wobei die Gerade den Zeitverlauf und -abstand zwischen Autor und Interpret angeben soll[115]:

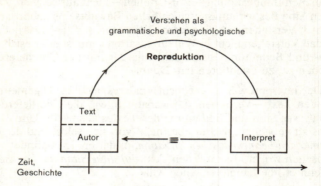

Abb. 12: Hermeneutik bei *Schleiermacher*

(2) Durch die divinatorische Methode ist in *Schleiermachers* Theorie der Hermeneutik ein Element gegeben, das der Kongenialität im Sinne *Diltheys* entspricht[116]. Dennoch scheint von *Schleiermacher* zu *Dilthey* eine *Akzentverschiebung* vorzuliegen. Bei *Schleiermacher* wird nach der Beziehung von Autor und seinem Werk gefragt[117]; die Situation des *Autors* gilt es (psychologisch) zu rekonstruieren; der Interpret tritt in den Hintergrund, indem er verstehend ganz im Autor aufgehen soll. Bei *Dilthey* dagegen tritt der *Interpret* mit seinem eigenen Lebenszusammenhang und seinem eigenen Erlebnishorizont mehr hervor. Der strukturierte geistige Zusammenhang des Interpreten wird als Voraussetzung des Verstehens beachtet. Sein eigener Erlebnishintergrund trägt dazu bei, daß sogar *mehr* verstanden werden kann, als dem Autor bewußt war; der Interpret kommt dem Text entgegen. Verstehen ist hier also nicht nur reproduktiv, sondern auch kreativ, *produktiv*. Die Kongenialität des Interpreten bei *Dilthey* stellt diesen *gleichberechtigt* neben den Autor. Denn ohne den produktiven Anteil des Interpreten am Verstehensvorgang ist dieser nicht möglich. Bei *Dilthey* muß sich der Interpret nicht gleichsam in den Autor verwandeln; er bleibt er selbst und versteht *so*. Außerdem will *Dilthey* (in späterer Zeit) nicht die psychologisch-historische Si-

tuation des Autors rekonstruieren; es gilt vielmehr, den Text-*Sinn* kongenial zu erfassen; insofern verlagert sich bei *Dilthey* das Interesse von der Individualität des Autors mehr auf das von ihm Geschaffene.

Schematisch halten wir dies in Abbildung 13 fest:

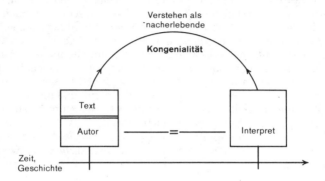

Abb. 13: Hermeneutik bei *Dilthey*

(3) Stellen wir gegen dieses Modell einer Hermeneutik den Ansatz von *Gadamer*, so sehen wir, daß hier mehr vorliegt als nur eine Akzentverschiebung. Zwar mag es zunächst so aussehen, als würde das ganze Gewicht der Auslegung hier auf den Interpreten verlegt. Doch nicht er in seiner Subjektivität ist für das Verstehen maßgebend, sondern die *hermeneutische Situation*, in der er selbst steht und die ihm vorgegeben ist. Sie ist getragen von *wirkungsgeschichtlichem Bewußtsein*; d.h. sie wird zunächst von dem Faktum bestimmt, daß der Interpret in einer *Überlieferung* steht, die mit geprägt ist von dem, was er erst verstehen will. Gleichzeitig ist ihm dieses (wirkungsgeschichtliche) Moment *bewußt*, auch wenn es ihm nicht gelingen kann, diese seine Situation voll zu durchschauen, weil er nicht aus ihr heraustreten kann. Die hermeneutische Situation ist darum ausgezeichnet durch *Vor-Urteil* und durch *Vorverständnis*, die das Verstehen des Interpreten leiten; das Vorverständnis macht den Verstehenshorizont im weitesten Sinn aus[118].

Wie wir gesehen haben, gelingt Verstehen nur dann, wenn es einhergeht mit *Applikation*, wenn es sich also vollzieht im *Hinblick* auf den Sinn des (im Text) Gemeinten. Als Applikation muß Verstehen die *Vermittlung von Vergangenheit und Gegenwart* leisten. Der Sinn des Gemeinten ist jedoch nicht absolut fixierbar, so daß Verstehen aufgrund der sich wandelnden hermeneutischen Situation je *anders* geschieht. Aus diesem Grund kann nach *Gadamer* der Interpret nicht im Autor aufgehen oder kongenial gleichberechtigt ihm zur Seite stehen; seine Situation ist eine andere als die des Autors.

Das Neue am hermeneutischen Ansatz *Gadamers* liegt darin, daß Autor und Interpret nicht unbeteiligt *über* der Geschichte stehen, so daß die Situation des Autors durch den Interpreten reproduzierbar wäre; vielmehr sind sie selbst und ist ihre jeweilige Situation Geschichte im Sinne der Wirkungsgeschichte; ihre Situationen sind also nicht wiederholbar, sondern im Verstehen voneinander abhängig. Durch *Gadamer* wird *Geschichte* erst voll in die Hermeneutik eingebracht. Das Neue liegt konsequenterweise darin, daß die Situation des Verstehenden nicht geleugnet, sondern ernst genommen und als *konstitutiv* für das Verstehen betrachtet wird.

Wir versuchen in Abbildung 14, auch *Gadamers* Ansatz in ein Schema zu bringen, das den für *Schleiermacher* und *Dilthey* entworfenen analog ist.

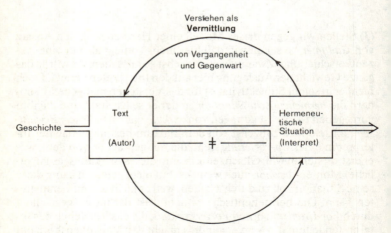

Abb. 14: Hermeneutik bei *Gadamer*

(4) Bringen wir die drei skizzierten Ansätze noch auf einen einfachsten Nenner und stellen wir sie in Frageform nebeneinander:

Hermeneutik in der Pädagogik   89

Schleiermacher: Was hat der *Autor* unter dem Gesagten verstanden?
Dilthey: Was verstehen Autor *und* Interpret unter dem Gesagten?
Gadamer: Was *muß* der *Interpret* aus seiner heutigen Situation heraus unter dem Gesagten verstehen?

Es ist deutlich geworden, daß Hermeneutik nicht gleich Hermeneutik ist und Verstehen nicht gleich Verstehen. Für unsere übergeordnete Frage nach den Methoden der geisteswissenschaftlichen Pädagogik, hier nach der Hermeneutik, ergibt sich daraus folgendes:

(a) Unsere obige systematische Darstellung einiger Grundbegriffe der Hermeneutik muß in ihrer *Vereinfachung* gesehen werden. Mit dem Hinweis auf die Modelle insbesondere von *Dilthey* und *Gadamer* wollten wir das Bewußtsein für die Problematik einer *allgemeinen* Hermeneutik wecken, auch wenn wir diesen wissenschaftstheoretischen Aspekt hier nicht weiter verfolgen können.

(b) Die *wissenschaftstheoretische* Grundlegung darf nicht — im Gegensatz zu einer einführenden Darstellung — den Weg der Vereinfachung gehen; sie muß sich zwischen verschiedenen Modellen der Hermeneutik entscheiden und muß diese Entscheidung begründen.

(c) Entsprechend muß die *Kritik* an der hermeneutischen »Methode« *differenzieren* und muß angeben, *was* sie überhaupt kritisieren will.

(d) Schließlich ergeben sich aus den skizzierten Modellen Konsequenzen für eine *Pädagogik*, die ihr hermeneutisches Vorgehen reflektiert. Soll sie sich beispielsweise auf die lebensphilosophische Basis stellen, oder muß sie nicht vielmehr das wirkungsgeschichtliche Prinzip in ihre Überlegungen einbeziehen? Hat etwa der »objektive Geist« in einem solchen Denken noch Platz? usw.

Wir müssen die prinzipiellen Überlegungen nun wieder ganz zurückstellen, um uns der Darstellung der Möglichkeiten einer Hermeneutik in der Pädagogik zuzuwenden.

3. Hermeneutik in der Pädagogik

Bisher haben wir allgemeinste Aspekte der Hermeneutik kennengelernt: Struktur und Funktion des »Verstehens«, das Gemeinsame als Voraussetzung alles Verstehens, den hermeneutischen Zirkel als Bewegungsform des Verstehens, regelhafte Anhaltspunkte, die ein Verstehen leiten, und schließlich unterschiedliche Ansätze, die zeigen, daß all diese Momente inhaltlich abhängen von einer Theorie der Hermeneutik, die hinter ihnen steht. Unsere Frage zielt jedoch nicht auf eine allgemeine Hermeneutik, sondern auf die Hermeneutik als »Methode« in der *Pädagogik*. Es geht also jetzt darum, die Bedeutung und Möglichkeit einer hermeneutischen »Methode« innerhalb der Pädagogik zu untersuchen. Unsere Überlegungen zur Methodenfrage und die bisherige Darstellung der Hermeneutik haben allerdings deutlich gemacht, daß wir in der Hermeneutik keine technologische Methode erwarten dürfen. Sie ist grundlegender zu sehen, und wir behaupten, daß kein pädagogischer Wissenschaftler und kein Praktiker ohne Hermeneutik auskommt, auch wenn er es aufgrund wissenschaftstheoretischer Vorentscheidungen vielleicht möchte. Wir versuchen, mit den nachfolgenden Ausführungen diese Behauptung zu stützen.

Nun sind zwei unterschiedliche Ansatzpunkte zur Beantwortung unserer Frage nach einer Hermeneutik innerhalb der Pädagogik möglich. Der eine geht von einer »hermeneutischen Pädagogik« aus; hier würde Pädagogik grundsätzlich *als* hermeneutische betrachtet und fundiert; ihre historische Erscheinungsform ist die »geisteswissenschaftliche Pädagogik«[119]. Dieser Ansatzpunkt trägt die Gefahr der Einseitigkeit in sich: Alles soll hermeneutisch fundiert werden. Das würde, um es vorweg zu sagen, Hermeneutik überfordern, oder es müßten Voraussetzungen in eine solche Pädagogik eingebracht werden, die nicht hermeneutisch begründet werden könnten[120].

Die andere Möglichkeit der Beantwortung unserer Frage besteht darin, Hermeneutik als *eine* »Methode« der Pädagogik unter anderen zu sehen und ihre spezifische Möglichkeit für die Pädagogik zu betrachten, etwa in Analogie zu einer juristischen Hermeneutik, also als »*pädagogische Hermeneutik*«[121]. Dieser zweite Weg dürfte wissenschaftlich eindeutiger sein, weil er »ideologisch« weitgehend nicht so festgelegt ist wie die »geisteswissenschaftliche Pädagogik«. Deren Implikationen haben wir in der Einführung skizziert[122]. Es handelt sich dabei um Voraussetzungen, die sich in ihren spezifischen Ausprägungen nicht zwingend aus dem Phänomen des Verstehens ergeben, so etwa die religiös-normative Fundierung, wie sie bei *Spranger* oder *W. Flitner* gegeben ist, oder auch der Bezug auf eine Geist- oder Lebensphilosophie. Weiterhin ist fraglich, ob der »pädagogische Bezug« notwendig konstitutiver Bestandteil einer Pädagogik sein muß aufgrund des *hermeneutischen* Ansatzes — was nicht bedeutet, daß der pädagogische Bezug nicht aus phänomenologisch-anthropologischen Gründen einbezogen werden müßte. Allerdings wird eine hermeneutische Betrachtungsweise an der geschichtlichen Dimen-

Hermeneutik in der Pädagogik 91

sion des zu Verstehenden nicht vorbeikönnen; denn Verstehen als Interpretation von komplexen Gegebenheiten möchte ja immer einen Zusammenhang herstellen und *aus diesem* verstehen; zu einem unverfälschten Zusammenhang gehört aber immer auch die Geschichte, ebenso wie der gesellschaftliche und kulturelle Kontext dazu gehört[123]. Das wiederum zeigt, daß sich bestimmte Inhalte erst dadurch ergeben, daß das »Verstehen« als Erkenntnisweise überhaupt einbezogen wird. Eine wichtige Aufgabe für eine »pädagogische Hermeneutik« wäre heute, die historisch bedingten Ausformungen der sogenannten geisteswissenschaftlichen Pädagogik aufzuzeigen. Denn häufig richtet sich die Kritik an dieser gegen ihre weltanschaulichen Implikationen, weniger gegen eine Hermeneutik als solche. Aber abgelehnt wird dann auch das »hermeneutische Verfahren«.

Wenn wir von »pädagogischer Hermeneutik« sprechen wollen, dann stellt sich die Frage, worin denn das Spezifische einer solchen Hermeneutik bestehen soll gegenüber einer anderen Hermeneutik, sei es einer juristischen oder theologischen oder philologischen. Es kommt hier zum Tragen, was *Gadamer* unter Applikation versteht. Denn jede dieser Fach-Hermeneutiken hat einen anderen *Hinblick, worauf* sie versteht. So etwa versteht der Jurist seinen Text im Hinblick auf die *Gerechtigkeit*, die er angesichts des Gesetzestextes auf der einen und der konkreten Straftat auf der anderen Seite üben soll; oder die Bibel erschließt sich in ihrem vollen Sinn nur dem, der sie im Hinblick auf den dort manifestierten und seinen eigenen *Glauben* liest.

Woraufhin aber versteht der Pädagoge — sei es als Praktiker oder als Wissenschaftler? Alles, was ihm an Schriftlichem, konkreten Situationen oder gesellschaftlich-politischen Gegebenheiten begegnet, legt er aus im Hinblick auf *Erziehung* und *Bildung*. Diese machen den Kern seines Verstehens aus. Es macht einen erheblichen Unterschied, ob ich die Aburteilung eines Straftäters unter dem juristischen Gesichtspunkt der Gerechtigkeit oder im Hinblick auf ihre erzieherische Wirkung verstehe. Wenn nun Erziehung und Bildung die leitenden Momente sind, woraufhin wir als Pädagogen verstehen, so muß klargestellt werden, was wir unter Erziehung und Bildung — verstehen. Logisch gesehen geraten wir hier in eine Sackgasse: Denn Erziehung und Bildung können letztlich auch nur wiederum pädagogisch — also im Hinblick auf Erziehung und Bildung — verstanden werden. Freilich kommen eine Reihe von anthropologischen und weltanschaulichen Voraussetzungen hinzu, *wie* Erziehung und Bildung im einzelnen bestimmt werden; überspitzt gesagt gibt es ja so viele Erziehungs- und Bildungsbegriffe wie es Pädagogen gibt; das aber liegt an dieser Tatsache, daß Welt- und Menschenbild in das Verständnis von Erziehung und Bildung mit eingehen. Erziehung und Bildung, woraufhin erst verstanden werden soll, sind von jedem von uns immer schon vor-verstanden; sie gehören zu unserem Vorverständnis im weitesten Sinn[124]; sie gehören in den Zusammenhang, wie wir uns selbst, unser Leben, unsere Aufgabe etc. verstehen. Gerade als Pädagogen müssen wir aber unser Vorverständnis von Erziehung und Bildung differenzieren und begründen, damit wir immer klarer den leitenden Bezug, woraufhin wir verstehen, vor Augen haben.

Hierbei wird *ein* Moment auf jeden Fall das Verstehen des Pädagogen leiten: nämlich seine spezifische Verantwortung[125]. Sie zeigt sich in dem Impetus und in der inneren Gerichtetheit, die jeden Erzieher bestimmen, insofern er nämlich die Sorge für die ihm Anvertrauten übernimmt und *ihr Wohl will*; dieses besteht letztlich darin, daß jene von ihm unabhängig und selbst fähig zur Verantwortung werden. Gleichzeitig schließt die Verantwortung des Erziehers eine objektive Seite ein, indem dasjenige, was als wertvoll erkannt wird, weitergegeben wird. Die pädagogische Verantwortung ist der Ausgang und der Maßstab für das erzieherische Handeln sowie für die pädagogische Reflexion. So können wir ganz allgemein sagen, daß dasjenige, *woraufhin* pädagogisches Verstehen gerichtet ist, die *pädagogische Verantwortung* ist. *Sie* und nicht ein individual-emanzipatorisches oder gesellschaftsveränderndes Interesse ist der Angelpunkt allen pädagogischen Verstehens. Es wird sichtbar, daß auch hier ein hermeneutischer Zirkel vorliegt, daß also bereits dort, wo wir mit einer pädagogischen Hermeneutik erst ansetzen wollen, ein hermeneutischer Vorgang sich abspielt: Letztlich können wir Erziehung und Bildung oder pädagogische Verantwortung nicht erklärend ableiten; wir müssen als Phänomen bereits *verstanden* haben; erst dann können wir uns daran machen, sie zu erklären.

Eine Aufgabe der pädagogischen Hermeneutik besteht also bereits darin, den Bereich des *Vorverständnisses* zu *erhellen*, um ihn so in die wissenschaftliche Überlegung mit einzubeziehen. Wir gehen hier davon aus, daß auch der Pädagoge als Wissenschaftler sein Vorverständnis nicht ausklammern kann, um »reine« Wissenschaft betreiben zu können; vielmehr ist das Vorverständnis, wie wir gesehen haben, konstitutiv für alles Verstehen.

Eine andere Ebene der Hermeneutik in der Pädagogik stellt das weite Feld der *Interpretation* dar, wo also Hermeneutik im engeren Sinn »Kunst der Auslegung« ist. Dies ist wohl auch der Bereich, wo

Hermeneutik in der Pädagogik   93

der Hermeneutik von ihren Kritikern noch am ehesten ein Platz zu-
gestanden wird; er betrifft im wesentlichen die *Textinterpretation*, das
Verstehen von *Geschichtlichem* und die *Hypothesenbildung*. Hierauf
wollen wir im folgenden noch näher eingehen.

Schließlich kann in die Aufgabe einer pädagogischen Hermeneutik das Alltags-Verstehen einbezogen werden, wie es sich in der *Erziehungswirklichkeit* unentwegt abspielt; mit diesem Bereich, dem
vor allem auch die Akte des »elementaren Verstehens« zugehören,
wird in einer pädagogischen Hermeneutik auch die Pädagogik als
Praxis berücksichtigt. Das mag für eine bestimmte Wissenschaftsauffassung wiederum »unwissenschaftlich« sein; doch bezieht man
auch in der Wissenschaft die pädagogische Verantwortung mit ein,
dann gilt es, nicht bei den »elementaren« Akten des Verstehens ste-
henzubleiben, sondern zu »höherem Verstehen« fortzuschreiten,
das heißt also, die einzelnen Vorgänge einer Erziehungssituation zu
reflektieren und so größere Zusammenhänge herzustellen und zu
durchschauen. Solches Durchschauen aber geschieht nicht zuletzt
auch *verstehend* und nicht einfach nur erklärend. Auch diesen Komplex wollen wir schließlich noch näherhin betrachten[126].

Wenn wir auf die angegebenen Bereiche einer hermeneutischen
Pädagogik eingehen werden, so geschieht das mehr exemplarisch als
umfassend. Hierbei setzen wir voraus, was in dem Kapitel »Grundbegriffe und Grundgedanken« erarbeitet worden ist: »Verstehen«
als hermeneutischer Begriff, ein gesellschaftlich-geschichtliches Gemeinsames als Bedingung der Möglichkeit alles Verstehens und die
Zirkelstruktur des Verstehens. Wir dürfen hier auch auf die sporadi-
schen Beispiele aus dem pädagogischen Bereich hinweisen, die wir
im Verlauf der theoretischen Darstellung bereits herangezogen haben[127].

a) Auslegung von (pädagogischen) Texten

Hermeneutik wird in der Regel als Textinterpretation verstanden;
das ist uns bei den voranstehenden Darstellungen wiederholt begegnet. Texte sind aber, wie wir gesehen haben, nicht der einzige Gegenstand, der verstanden werden muß; jedoch besitzen sie den ein-
deutigen Vorteil, daß das Verstehen immer wieder zu ihnen zurückkehren kann; sie sind »dauernd fixierte Lebensäußerungen«, die ein
einigermaßen objektiv Vorliegendes darstellen. Selbstverständlich
geht es auch in der Pädagogik ständig darum, Texte zu verstehen,
auszulegen, zu interpretieren. Pädagogik dürfen wir dabei als Wis-

94 Hermeneutik

senschaft, aber auch als Praxis begreifen, sofern sie Erfahrungen
schriftlich sammelt und Handlungsanweisungen gibt. Es geht um
das Verstehen von pädagogischen Texten jeglicher Art, also nicht
nur um historische, wenngleich diese zumeist in Zusammenhang
mit der Hermeneutik gebracht werden. Im folgenden werden wir die
wichtigsten *Regeln der Textinterpretation* zusammenstellen; dabei
können wir uns kurz fassen, da wir bereits oben in Frageform allgemeinste hermeneutische Regeln formuliert haben[128] und da außerdem bereits andere Autoren für den pädagogischen Raum Regeln
der Textinterpretation aufgestellt haben, so etwa *W. Klafki* (1971), *R.
Broecken* (1975) und *H. H. Groothoff* (1975)[129], wobei *Klafki* eine ausführliche und didaktisch aufbereitete Darstellung bietet, indem er einen *Humboldt*-Text zur Illustration heranzieht. Auf die genannten
Autoren sei hier verwiesen. Wir erinnern auch an die Problematik
von hermeneutischen Regeln, die wir bereits angesprochen haben.

(A) Vorbereitende Interpretation:

(1) Im Sinne der *Text- und Quellenkritik* ist zu prüfen, ob der zu inter-
pretierende Text *authentisch* ist. Im Normalfall bedeutet dies, daß
der Interpret darauf zu achten hat, ob seine Vorlage eine »kritische
Textausgabe« ist[130]; und dies ist wiederum nur bei historischen Texten nötig. Denn bei einem zeitgenössischen Text werden wir meist
nur darauf zu achten haben, daß wir die jüngste überarbeitete Auflage verwenden[131].

(2) Der Interpret muß sich über seine eigene *Vormeinung*, die er über
den zu interpretierenden Textinhalt besitzt, klar werden; er muß
sich sein persönliches *Vorverständnis*, sein *Vorwissen* und seine *Fragestellung*, mit denen er an den Text herangeht, bewußt machen.

(3) Es gilt, den *allgemeinen Sinn des Textes*, seinen Scopus, seine
Kernaussage, festzustellen, damit sich das einzelne von ihm aus auf-
schließt. Dieser allgemeine Sinn wird etwa durch die Überschrift,
durch das Inhaltsverzeichnis, durch einen Hinweis eines Dritten, am
besten aber durch ein erstes Durchlesen erschlossen.

(B) Textimmanente Interpretation:

(4) Im Detail wird der Interpret *semantische* und *syntaktische* Untersuchungen anstellen, also auf Wortbedeutungen und grammatische
Zusammenhänge eingehen. Dabei wird er im Sinne des *hermeneutischen Zirkels* zwischen Ganzem und Teil hin- und hergehen; in die
Bewegung des hermeneutischen Zirkels müssen auch die eigene

Hermeneutik in der Pädagogik 95

Vormeinung und der vorweg angenommene Scopus des Textes aufgenommen, d.h. bewährt oder dem Textsinn entsprechend verändert werden.

(5) Neben den grammatischen sind auch die *Regeln der Logik* anzuwenden, um den Textsinn ganz herzustellen. Dabei kann es technisch hilfreich sein, den Text im groben wie im einzelnen zu gliedern.

(6) Selbst bei Widersprüchen gilt als wichtige hermeneutische Regel, daß der *Autor* für *vernünftig* gehalten wird, daß also eine Unstimmigkeit prinzipiell zunächst zu Lasten des Nicht-Verstehens des Interpreten und nicht zu Lasten des Autors geht. Kann ein Widerspruch trotz intensiver Bemühung nicht aufgelöst werden, so besteht die korrekteste Lösung darin, den Widerspruch als interpretierten festzuhalten: »*Ich* verstehe das so und so.«

(C) Koordinierende Interpretation:

(7) Zum Verständnis eines bestimmten Textes kann der *Kontext zum Gesamtwerk* des Autors beitragen, indem andere Werke des Autors herangezogen werden und auch die Stellung des interpretierten Textes im Entwicklungsgang des Autors berücksichtigt wird. Handelt es sich beispielsweise um ein Früh- oder um ein Spätwerk?

(8) Zum völligen Verständnis sind die bewußten und unbewußten *Voraussetzungen des Autors* aufzudecken, sofern das möglich ist. Dazu gehören etwa die politische oder religiöse Einstellung des Autors oder sein Argumentieren mit oder gegen zeitgenössische Schriftsteller.

(9) Besonders im pädagogischen Bereich kann zum besseren Verständnis beitragen, wenn der eruierte Textsinn *übersetzt* wird im Hinblick auf die Welt des Verstehenden, wenn also im Hinblick auf eine konkrete Erziehungssituation *aktualisiert* wird[132]. Die Differenz zwischen der Situation des Autors und der des Interpreten darf dabei jedoch nicht verwischt werden.

(10) Die verstandenen Sinn- und Wirkungszusammenhänge sind als *Hypothesen* zu formulieren und als solche zu deklarieren. Diese Hypothesen müssen sich weiterhin bewähren, oder sie müssen korrigiert werden[133]. Die Erfahrung zeigt, daß einmal Verstandenes sich wandeln kann, je länger und intensiver man mit einem Autor und einer bestimmten Sache umgeht.

Auch diese Interpretationsregeln stellen keinen Anspruch auf Vollständigkeit; ihre Anzahl ist fast unwillkürlich, was ähnliche Listen von Regeln zeigen. Diese Regeln geben keinen strengen Plan mit einer festen Reihenfolge an; sie gehen ineinander über. Ihr Tenor ist nicht streng technologisch; es geht auch um das Gewinnen einer bestimmten wissenschaftlichen *Haltung*. Dies zeigt insbesondere die sechste Regel, die eine arrogante Besserwisserei ausschließen will. Denn mit einer solchen negativen Haltung wird gerade nicht verstanden. Wer verstehen will, auch als Wissenschaftler, muß sich eine positive Bereitschaft zum Verstehen aneignen, die verschiedene Momente einschließt: etwa die Geduld mit sich selbst, Bescheidenheit und Toleranz gegenüber dem Autor, Selbstkritik, Offenheit für Neues und Ungewohntes, Lernbereitschaft usw. Dies hat nichts mit Moralisieren zu tun; doch die gemeinte Haltung ist Voraussetzung für Erkenntnis.

Für den, der sich in wissenschaftliches Arbeiten erst einüben muß, könnten neben den eigentlich hermeneutischen Regeln noch *praktische Arbeitsanweisungen* gegeben werden, die ihm beim Interpretieren eines Textes helfen mögen, etwa: (1) den ganzen Text durchlesen; (2) den Text Satz für Satz, Ausdruck für Ausdruck studieren; dabei Widersprüche aufklären, zumindest festhalten; (3) den Text nochmals im ganzen lesen; (4) Sekundärliteratur hinzuziehen, eventuell einen ähnlichen Text desselben Autors; (5) einzelne Gedanken aus dem Gesamttext herausholen; (6) eine Gliederung für den ganzen Text erstellen; (7) Inhaltsangabe für jeden Abschnitt machen, da eigenes Formulieren Klarheit verschafft; (8) wiederum den ganzen Text lesen. — Auch das sind nur einige Hinweise, kein strenges Schema. Sie zeigen aber, daß es mit einem schnellen Durchlesen nicht getan ist, wenn man davon sprechen will, ob man einen Text verstanden hat oder nicht. Als mindestes müßten die Arbeitsschritte 1 bis 3 geleistet werden.

b) Verstehen des Historischen

Hermeneutik wird zumeist eingeengt auf Textinterpretation verstanden und hier wiederum beschränkt auf historische Texte. Man meint, historische Texte seien wegen des Zeitenabstandes besonders schwer zu verstehen und bedürften daher im besonderen Maße einer geregelten Auslegung. Wenn wir aber drei moderne Texte, sagen wir von *Ballauff, Brezinka* und *Mollenhauer*, nebeneinanderlegen, so werden wir schnell zugeben, daß wir auch hier erhebliche Interpretationsschwierigkeiten haben, vor allem wenn wir jene Texte miteinander in Einklang bringen wollten. Historische Texte stellen einen hermeneutischen Sonderfall dar, wenn auch einen sehr wichtigen und umfangreichen.

Bei der Frage, wie wir historische Texte oder ganz allgemein *Historisches* verstehen sollen, erhebt sich die grundlegendere Frage, was denn Geschichte überhaupt ist und welche Bedeutung sie — in unserem Fall für die Pädagogik — habe. Darauf gibt es die unterschiedlichsten Antworten; sie reichen von der Auffassung, daß die Geschichte der Pädagogik lediglich eine Sammlung von Hypothesen über Erziehung darstellt, die sich entweder bewährt oder die sich als falsch erwiesen haben und darum uninteressant geworden sind, bis hin zur — geisteswissenschaftlichen — Überzeugung, daß Erziehung und Bildung ohne die geschichtliche Dimension nicht verstanden werden können. Die Beurteilung der Bedeutung von Geschichte hängt eigenartigerweise eng mit dem methodischen und wissenschaftstheoretischen Ansatz zusammen; auf diese philosophische Abhängigkeit können wir hier nicht eingehen[134]. Sie beruht letztlich auf einer existentiellen Entscheidung.

Wir erinnern an die Ausführungen über Geschichte und Geschichtlichkeit, die wir in der Einführung und im Zusammenhang mit dem Verstehen gemacht haben[135]. Als typisch für die geisteswissenschaftliche Position darf die Forderung von *A. Reble* in seiner »Geschichte der Pädagogik« betrachtet werden, nach der wir das Leben als Ganzes und darum auch in seiner geschichtlichen Perspektive sehen müssen[136]. Und *Hermann Nohl*, ein Hauptvertreter der geisteswissenschaftlichen Pädagogik, faßt die Bedeutung der Geschichte wie folgt zusammen: »sie ist nicht eine Sammlung von pädagogischen Kuriositäten oder ein interessantes Bekanntmachen mit allerhand großen Pädagogen: sondern sie stellt die *Kontinuität* der *pädagogischen Idee* dar in ihrer *Entfaltung*. Was Erziehung eigentlich ist, verstehen wir, wenn wir nicht bei dem immerhin *beschränkten persönlichen Erlebnis* stehenbleiben wollen, nur aus solcher *systematischen Analyse* ihrer Geschichte. In diesem geschichtlichen Zusammenhang arbeitet sich der *Sinn der erzieherischen Leistung* immer deutlicher heraus«[137].

Wenn demnach die Geschichte der Pädagogik sowohl die Kontinuität als auch die Entfaltung der pädagogischen Idee darstellt, dann haben das Verstehen und die Auslegung dieser Geschichte eine ganz zentrale Aufgabe. Wir sagten oben (S. 91f.), daß es eine Aufgabe der Hermeneutik in der Pädagogik sei, das leitende Vorverständnis von Erziehung und Bildung zu erhellen. Die Auseinandersetzung mit der Geschichte der Pädagogik kann nun hierbei entscheidende Hilfe leisten. Sie kann es deshalb und ist nach *H. Nohl* sogar notwendig, weil das persönliche Erlebnis, aber auch die gegenwärtige pädagogische Situation überhaupt, beschränkt ist. Geschichte der Pädagogik eröffnet die jeweiligen Bemühungen verschiedener Menschen um eine richtige Erziehung und Bildung, dies aber nicht nur punktuell, sondern auch in ihrem inneren Zusammenhang und Werden. Verstehen und Auslegen der Geschichte der Pädagogik leisten somit einen Beitrag zur Klärung der Frage, was denn Erziehung und Bildung überhaupt sind.

Die so verstandene zentrale Aufgabe einer (historischen) Hermeneutik in der Pädagogik ergibt sich auch auf andere Weise, wenn wir nämlich das Verhältnis von *Praxis* und *Theorie* in der Pädagogik betrachten. Denn pädagogische Theorie ist auf Praxis bezogen; diese aber ist kein Absolutes, sondern stellt ein historisch Vorgefundenes dar[138]; auch gegenwärtige Praxis muß also in ihrer *historischen Dimension* verstanden werden. Darüber hinaus würde sich Theorie in ihrer Ausgangssituation einengen, wenn sie nur moderne Praxis betrachten und nicht auch die historische einbeziehen würde[139]; dieser Gedanke aber trifft sich mit dem ersten und zentralen, und er zeigt die enge Verflechtung von systematischer Betrachtung des Pädagogischen mit der geschichtlichen Pädagogik. So fordert *W. Flitner* ein Ineinander von systematischer und historischer Betrachtung[140] und führt diesen Gedanken beispielsweise in seiner »Allgemeinen Pädagogik« selbst durch.

Nun zeigt sich jedoch die Notwendigkeit eines hermeneutischen Zugangs des Geschichtlichen in der Pädagogik nicht nur auf jenem hohen Abstraktionsniveau. Denn eine »Geschichte der Pädagogik« befaßt sich ja — zunächst — mit wesentlich schlichteren Sachverhalten: mit geschildertem erzieherischem Handeln, mit Erziehungsinstitutionen, -lehren, -praktiken und -theorien, freilich auch mit Bildungsideen und Erziehungszielen. All diese Momente machen aber ein vom Menschen Geschaffenes aus; das schließt ein, wie wir wissen, daß sie etwas *bedeuten*, d.h. daß sie *als* etwas verstanden werden müssen. Außerdem sind diese pädagogischen Gegebenheiten, die die Geschichte der Pädagogik untersucht, von Individuen geschaffen, also nicht gesetzmäßig zugänglich; sie müssen auch aus diesem Grund interpretiert werden. Ein verstehender Zugang ist darüber hinaus notwendig, weil pädagogische Fakten ja nicht isoliert in der Geschichte auftreten, sondern Erziehung und Bildung sind immer eingebettet in ein gesamtes Selbstverständnis und Weltverständnis des Menschen; ohne diesen gesamt-existentiellen Bezug sind Erzie-

Hermeneutik in der Pädagogik 99

hung und Bildung nicht vorstellbar[141]. Dieser Zusammenhang aber ist kein funktionaler, wie vielleicht manche Sozialisationstheorie glauben machen möchte, sondern er wird von »irrationalen« Entscheidungen getragen. Es fragt sich auch hier, wie dieser Komplex anders als verstehend zugänglich sein soll. Und schließlich müssen wir nochmals sehen, daß äußerlich gegebene historische Daten ja erst dadurch pädagogisch bedeutsam werden, daß sie mit Erziehung und Bildung in Verbindung gebracht, eben *als* pädagogische verstanden werden. Doch wie kommen wir dazu, etwas als pädagogisches Phänomen anzusprechen und historisch zu untersuchen?

Damit sind wir wiederum auf die Frage nach einer pädagogischen Hermeneutik gestoßen, und das schließt aufs neue die Frage nach ihrem Spezifikum gegenüber anderen Hermeneutiken mit ein. Wie wir bereits herausgestellt haben, liegt dies in dem Vor-verständnis von Erziehung und Bildung. Was wir jedoch noch nicht ausdrücklich beachtet haben, ist der Umstand, daß Erziehung und Bildung erst im Hinblick auf ihre *Konkretisierung* ganz verstanden werden können[142]. Während die Konkretisierung eines Gesetzes wenigstens einige oder gar viele gleichartige Fälle kennen mag, was sich in der juristischen Quantifizierbarkeit des Strafmaßes ausdrückt, sind Erziehung und Bildung ganz an die Individualität des Zöglings und an die persönliche Eigenheit des Erziehers gebunden einschließlich der besonderen Situation, in der ein Erziehungs- und Bildungsakt geschieht. Mit anderen Worten: *Verstehen von pädagogischen Sachverhalten* — seien sie schriftlich fixiert, gegenwärtig situativ oder historisch — *verlangt vermutlich noch mehr nach Applikation als Verstehen von nicht-pädagogischen Sachverhalten*. Jeder pädagogische Text, also auch ein historischer, kann im Grunde nur im Hinblick auf eine konkrete Erziehungssituation verstanden werden[143].

Wenn wir zum Beispiel *Rousseaus* Forderung verstehen wollen, wonach der Zögling das zu Erlernende selbst entdecken soll, so bedeutet Applikation hier nicht, daß wir jene Forderung konkret in einer Erziehungssituation durchführen sollen, sondern daß wir sie verstehend befragen im Hinblick darauf, ob Erziehung und Bildung möglich sind, wenn wir das Prinzip der Selbsttätigkeit bei bestimmten Kindern in bestimmten Situationen mit bestimmten Lehrgegenständen anwenden würden; in diesem Prozeß des Verstehens spielen eine Reihe von Vor-Urteilen herein, so *unsere* Auffassung von Erziehung und Bildung, unser Bild von Kindern und Menschen überhaupt, unsere Erziehungserfahrung, unsere Wertschätzung von Bildungsinhalten usw., und wir kämen durch diesen Verstehensprozeß eines historisch Gegebenen zu Differenzierungen im Hinblick

100   Hermeneutik

auf Alter, auf die Lehrgegenstände, psychologische Voraussetzungen der Kinder usw.[144]

Wichtig scheint uns hier zu sein, daß wir pädagogisch immer so verstehen, daß wir Bezug nehmen auf konkret mögliche Situationen. Denn es gibt nicht »die« Erziehung und nicht »die« Bildung, sondern nur die Erziehung und Bildung dieses *einen* bestimmten Menschen. Auf der Erzieherseite gibt es nur eine *konkrete* pädagogische Verantwortung für *diese* Kinder; eine Allerweltsverantwortung ist gar keine. Hier zeigt sich wiederum der enge Zusammenhang von Theorie und Praxis in der Pädagogik; denn selbst sehr allgemein gehaltene pädagogische Sätze (auch aus der Geschichte) werden mit dem Maß pädagogischer Verantwortung verstanden, und Verantwortung drängt in die Konkretisierung. Das bedeutet nicht, daß Pädagogik als Wissenschaft nicht abstrahieren könne und müsse – sonst könnte sie ja nur noch Geschichten von Einzelfällen erzählen. Es geht hier vielmehr um das sich aufdrängende applikative Moment des pädagogischen Verstehens, was eine pädagogische Hermeneutik besonders auszuzeichnen scheint.

Wenn wir hier versuchen, dem *Gadamer*schen Modell einer Hermeneutik den Vorzug zu geben, so deshalb, weil es uns dem tatsächlichen Verstehensvorgang in den aufgezeigten Bereichen der Text- und der historischen Interpretation angemessen zu sein scheint. Ein kongeniales Nacherleben, auch wenn es methodisch als »Kunst der Auslegung« durchgeführt wird, würde nicht ausreichen, sofern es überhaupt möglich ist; es ist verhältnismäßig belanglos, ob wir vielleicht nachkonstruieren können, was beispielsweise *Rousseau* gesagt und gemeint hat. Die Frage ist doch immer, wie *wir* ihn verstehen und was das Verstandene für *uns* bedeutet. Mit anderen Worten: Das applikative Moment läßt sich nicht ausklammern, im Gegenteil können wir nur durch Applikation verstehen, wie *Gadamer* gezeigt hat. Sicherlich ist das *Gadamer*sche Modell das realistischere gegenüber dem *Dilthey*schen.

c) Hermeneutik als Hypothesenbildung: eine Reduktion

Bevor wir auf einen weiteren wesentlichen Bereich einer pädagogischen Hermeneutik eingehen, nämlich auf das Verstehen im Rahmen der Erziehungswirklichkeit, betrachten wir kurz, was es mit einer Hermeneutik als Hypothesenbildung auf sich hat. Beachtet man die vielfältigen und grundlegenden Verstehensvorgänge im vorwissenschaftlichen wie im wissenschaftlichen Bereich, die hermeneu-

Hermeneutik in der Pädagogik 101

tisch reflektiert werden müssen, dann erweist sich die *Verkürzung* einer Hermeneutik, die nur im Stadium der Hypothesenbildung eine Berechtigung haben soll. Hypothesenbildung gehört in den Bereich der Pädagogik als Wissenschaft, und sie spielt besonders für eine empirisch arbeitende Pädagogik eine wichtige Rolle, wenn auch nicht dort allein. Im Zusammenhang der Hypothesenbildung wird der Hermeneutik eine Berechtigung von jener Wissenschaftstheorie zugesprochen, sofern sie überhaupt noch in den Blick kommt[145].

Was ist mit Hypothesenbildung gemeint, in welchem Zusammenhang steht sie? Wir wollen hier nur *schematisch* auf diese Fragen eingehen, um daran die tatsächliche Bedeutung der Hermeneutik zu beurteilen. Hypothesen stehen nach einem empirisch-positivistischen Wissenschaftsverständnis in folgendem Zusammenhang:

1. Hypothesen-bildung	→	2. (empirische) Überprüfung	→	3. Auswertung der Untersuchungs-ergebnisse[146]

(1) Es wird davon ausgegangen, daß Wissenschaft initiiert ist durch Probleme. Diese sollen klar formuliert und einer Lösung zugeführt, oder es soll eine Gesetzlichkeit aufgedeckt werden. In einer Hypothese finden somit Problemformulierung und Lösungsversuch bzw. eine Gesetzmäßigkeit einen vorläufigen Ausdruck[147]. »Die Hypothese zieht die Konsequenzen aus der Formulierung des Problems und weist die Richtung, wie der Lösungsentwurf an der Realität überprüft werden kann, d.h. mit welchem Forschungsansatz und mit welchen Methoden die behaupteten Zusammenhänge zwischen den Phänomenen getestet, welche Daten erhoben und wie sie analysiert werden sollen.«[148]

Welche Rolle kommt der *Hermeneutik* bei dieser Hypothesenbildung zu? Ein Problem muß überhaupt erst gesehen und verstanden werden; es müssen also Sinn und Bedeutung einer Situation erfaßt *und* problematisiert werden. Letzteres bedeutet, daß erst *im Hinblick auf* eine bestimmte Norm-, Wert- oder Zielvorstellung etwas als problematisch oder als wissenswert erscheinen kann; ein bestimmtes Erkenntnis- oder Veränderungs*interesse* muß vorhanden sein, um eine wissenschaftliche Untersuchung in Gang zu setzen[149], wobei wir »wissenschaftlich« nicht bloß als »empirisch« auffassen dürfen. Norm-, Wert- oder Zielvorstellungen sind aber in ihrem Sinn- und Bedeutungsgehalt nur *hermeneutisch* zugänglich, nicht empirisch-quantitativ. Hypothesenbildung ist also ein hermeneutischer Vorgang, wenn auch nicht der einzige.

(2) Nach der Aufstellung einer sorgfältig formulierten Hypothese soll diese überprüft werden; dies hat — nach jener Wissenschaftsauffassung — empirisch zu geschehen. Es müssen also Tests, Experimente, Befragungen angestellt werden; daraus ergeben sich bestimmte Daten, die möglicherweise statistisch ausgedrückt sind.

Hermeneutik hat bei diesem Schritt — nach jener Auffassung — nichts zu suchen; sie würde nur die »Wissenschaftlichkeit« der Untersuchungen gefährden. — Hingegen ist nicht zu übersehen, daß der Übergang vom 1. zum 2. Schritt ein erheblicher ist. Denn die hypothetischen Aussagen haben *qualitativen* Charakter; sie sind sprachlich formuliert und haben Sinn und Bedeutung; außerdem enthalten sie ein Interesse — auch dies ist ein qualitativer Faktor. Um empirisch untersuchen zu können, muß die Hypothese »operationalisiert«, d.h. in Arbeitsschritte aufgegliedert werden, die empirisch weiterführbar sind. Das aber bedeutet, daß an irgendeinem Punkt die qualitativen Aussagen der Hypothesen *quantifiziert* werden. Ein einfaches Beispiel: Wenn man in einem hypothetischen Zusammenhang von »unaufmerksamen Schülern« sprechen will, dann muß man definieren, was man darunter *versteht* und legt vielleicht fest: Unaufmerksam sei ein Schüler dann, wenn er das tut und jenes nicht, möglicherweise auch, wie oft er es tut oder nicht. Operationalisieren als Umformulieren von qualitativen Aussagen in quantitative hängt letztlich auch mit einem *Interpretationsvorgang* zusammen, auch wenn der Anschein mathematischer »Objektivität« vorliegt[150].

(3) Durch die empirische Untersuchung ergeben sich bestimmte Daten, die entweder die Hypothese rechtfertigen (verifizieren) oder widerlegen (falsifizieren) oder zum Teil bestätigen und zum Teil korrigieren. Dieser Feststellungsprozeß geschieht in dem dritten Schritt, der Auswertung der Untersuchungsergebnisse.

Es liegt hier wiederum ein Interpretations-, also ein hermeneutischer Vorgang vor; denn die Ergebnisse wollen nicht nur quantitativ mit den hypothetischen Annahmen verglichen werden. Es geht auch darum, welche Bedeutung, welchen Sinn ein Untersuchungsergebnis hat. Hermeneutisch gesehen geschieht durch eine empirische Untersuchung nichts weiter als das Erarbeiten eines *neuen Sachverhalts*, der wiederum *verstanden* werden muß — sofern jener Übergang von qualitativen Aussagen zu quantitativen Momenten überhaupt vollzogen werden kann, ohne den Sachverhalt zu verfälschen.

Aufgrund des neuen und ausgewerteten Sachverhalts werden im wissenschaftlichen Fortgang wiederum Hypothesen formuliert, die erneut zu überprüfen sind.

Hermeneutik in der Pädagogik   103

Dieser schematische Überblick des Zusammenhangs von Hermeneutik und Hypothesenbildung einschließlich der Überprüfung und der Ergebnis-Auswertung zeigt folgendes:

Eine streng empirisch orientierte Pädagogik akzeptiert Hermeneutik bestenfalls im Rahmen der Hypothesenbildung und der Auswertung empirischer Ergebnisse. Die eigentlich wissenschaftliche Arbeit wird jedoch in der empirischen Untersuchung gesehen. Hermeneutik muß folglich auch für Schritt 1 und 3 möglichst eingeengt werden im Hinblick auf ihre Funktion im Rahmen jener »Wissenschaftlichkeit«. Hermeneutik rangiert dann *als* Hypothesenbildung und Auswertungstechnik; der gegebene *Gesamtzusammenhang* ist so aber nicht einholbar[151], und er interessiert wegen einer wissenschaftstheoretischen Vorentscheidung auch gar nicht. Das aber bedeutet eine *Reduktion* der Hermeneutik und somit eine Verkennung ihrer tatsächlichen Bedeutung[152].

Diese wird sichtbar, wenn beachtet wird, daß Sinn- und Bedeutungszusammenhänge, aber auch Norm-, Wert- und Zielvorstellungen und Interessen in die Hypothesenbildung hineinspielen, daß also auch das *Vor*verständnis im hermeneutischen Sinn bedeutsam ist. Es stellt sich erneut die Frage: Können diese Implikationen wegen einer bestimmten Wissenschaftsauffassung — also wegen eines Vorurteils — außer acht gelassen werden? Zweitens ist zu beachten, daß der Operationalisierungsvorgang einen qualitativen Umschlag im Sachverhalt bedeutet, der nur hermeneutisch aufgearbeitet werden kann, jedoch nicht empirisch. Und schließlich muß auch der Auswertungsvorgang, wenn er nicht Stückwerk sein will, den vollständigen Sinn- und Bedeutungszusammenhang berücksichtigen.

Es ergibt sich also eine divergierende Beurteilung der Hermeneutik, die vereinfacht so zusammengefaßt werden kann: Für den streng empirisch Orientierten beginnt die eigentlich wissenschaftliche Arbeit erst *nach* der Hypothesenbildung[153]; ihn interessiert die Auffindung von Fakten und Gesetzmäßigkeiten; Hermeneutik spielt eine untergeordnete und funktionale Rolle im vorwissenschaftlichen Raum. Nimmt man jedoch die Implikationen, die in einen empirischen Forschungsvorgang eingehen, und den bestimmenden Gesamtzusammenhang ernst und stellt man außerdem in Zweifel, ob sich bestimmte pädagogische Sachverhalte *überhaupt* quantifizieren lassen, dann beginnt die entscheidende wissenschaftliche Arbeit des Pädagogen erst *mit* den vorliegenden Fakten; *sie* wollen verstanden sein; dann aber kehrt sich das Bedeutungsverhältnis von Empirie und Hermeneutik um; Hermeneutik wird zu einer zentralen »Methode« — wenn auch nicht zur einzigen.

104   Hermeneutik

Von »Hypothesenbildung« kann auch in einem weiteren Sinn dann gesprochen werden, wenn Hypothesen in einem größeren hermeneutischen Zusammenhang stehen. Dies wurde mit der Interpretationsregel 10 auf S. 95 angedeutet. Ein *Verstandenes* wird dann als *Hypothese* formuliert, die es *hermeneutisch* zu überprüfen gilt. Dahinter steht die Forderung nach Offenheit des Interpreten, der sich in einem zirkulären Verstehensprozeß weiß. Denn die einzelnen Stationen des Verstehens im hermeneutischen Zirkel können als Hypothesen aufgefaßt werden: etwa das Verständnis eines Ausdrucks, das sich am Satzsinn bewähren muß, oder umgekehrt der Satzsinn, der sich an den einzelnen Worten »verifizieren« oder »falsifizieren« muß. Dann aber ist »Hypothesenbildung« eingebunden in einen größeren hermeneutischen Zusammenhang, und Hermeneutik ist nicht auf Hypothesenbildung im empirisch-positivistischen Sinn reduziert[154].

d) Verstehen von Erziehungswirklichkeit

Wir wenden uns jetzt einem Gebiet zu, das in einer Hermeneutik im strengen Sinn zunächst keinen Platz hat. Denn Hermeneutik als wissenschaftliche Methode ist »Kunst der Auslegung«. Damit sie aber methodisch vorgehen kann, ist es notwendig, daß sich die Auslegung auf feste Gegebenheiten berufen kann, also auf »dauernd fixierte Lebensäußerungen«. Diese liegen in der Wirklichkeit der Erziehung häufig nicht vor. Dennoch gibt es dort unentwegt Gegebenheiten, die *verstanden* werden müssen: Handlungen, Motive, Gefühle, Wünsche, Individuelles, Sinnzusammenhänge, Wertvorstellungen, Zielvorgaben, Fragen, Anweisungen, Institutionen usw.[155]. Es scheint daher angebracht, in einer pädagogischen Hermeneutik die Verstehensvorgänge, die im Verlauf der praktischen Erziehung notwendig sind, nicht außer acht zu lassen. Wir sollten uns aber von vornherein darüber im klaren sein, daß hier anderes vorliegt als bei einer Textinterpretation oder der Auslegung von Geschichtlichem, also bei einer Hermeneutik im strengen Sinn[156].

Eine große Schwierigkeit, die sich einer Reflexion über das »Verstehen von Erziehungswirklichkeit« entgegenstellt, liegt in der Uneinigkeit über den Begriff »Wirklichkeit«. Ist »wirklich« dasjenige, was sichtbar vorliegt und gemessen und gezählt werden kann? Oder schließt Wirklichkeit auch »Geistiges« ein, also Sinn-, Bedeutungs- und Wertbezüge[157]. Es versteht sich nach dem Vorangegangenen fast von selbst, daß wir von einem Wirklichkeitsverständnis ausge-

Hermeneutik in der Pädagogik   105

hen müssen, das *alles* Menschliche meint. Wenn wir nun, dies vorausgesetzt, versuchen wollten zu präzisieren, was denn unter Erziehungswirklichkeit verstanden werden soll, dann werden wir auf zweierlei verwiesen: Erstens müßte phänomenologisch aufgezeigt werden, was überhaupt dem Verstehen *gegeben* ist; es liegen ja hier keine Texte, Tonscherben oder fixierte Musik vor, die interpretiert werden sollen; ein Verstehen der Erziehungswirklichkeit setzt also eine Phänomenologie voraus. Gleichzeitig sehen wir an diesem Punkt, daß Pädagogik sicherlich nicht mit einer Methode allein auskommt und daß die Methoden eng miteinander verquickt sind. Zweitens setzt der Aufweis von »Erziehungswirklichkeit« voraus, daß ein Verständnis von Erziehung (und Bildung) schon vorliegt; auch hier kommt der hermeneutische Zirkel ins Spiel: Das Vorverständnis von Erziehung bestimmt, was zur Erziehungswirklichkeit gehören soll, und der Erziehungswirklichkeit kann erst entnommen werden, was Erziehung ist.

Wir müssen also hier methodisch so tun, als wäre geklärt, was Erziehungswirklichkeit ist, und müssen bei einem bereits vorhandenen Vorverständnis einsetzen[158]. Im folgenden wollen wir lediglich einige *Hinweise* darauf geben, *wo* im alltäglichen pädagogischen Umgang[159] Verstehen notwendig ist und auch faktisch geschieht. Darüber hinaus sollten wir festhalten, daß es sowohl um ein Verstehen *in der* Erziehungswirklichkeit als auch um ein Verstehen *der* Erziehungswirklichkeit geht. Insbesondere der erste Verstehensvorgang unterscheidet sich von einer Hermeneutik im strengen Sinn, wo Auslegung und Interpretation »höheres Verstehen« im Sinne *Diltheys* bedeuten. Erziehungswirklichkeit dagegen hat es zunächst immer mit »elementarem Verstehen« zu tun, also primär mit unmittelbarem Verstehen von Gesten, Handlungen, Sprache usw. Der Sinn, auch diese Verstehensakte in die Reflexion einer pädagogischen Hermeneutik einzubeziehen, besteht nun darin, dieses elementare Verstehen aus der Enge der *Zufälligkeit* herauszuführen und in einen größeren Zusammenhang zu stellen, also in *höheres Verstehen* *überzuleiten*[160]. Man könnte diesen Vorgang auch als ein Bewußtmachen der Erziehungsvorgänge und -gegebenheiten betrachten, das ohnehin Aufgabe jedes verantwortungsvollen Erziehers und erst recht jedes Erziehungswissenschaftlers ist[161].

(1) Als ersten Gesichtspunkt wollen wir herausgreifen, daß im Erziehungsgeschehen der *Erzieher* die Heranwachsenden verstehen muß: was sie tun, was sie bewegt, was sie sagen etc. Hierbei spielen unzählige *allgemeinmenschliche* Momente herein, die verstanden werden

106 Hermeneutik

wollen, wie Sprache, Gesten, Wertvorstellungen, Handlungen, Motive usw. *W. Linke* weist eingehend darauf hin, daß hierzu Einfühlung erforderlich sei[162]. »Elementares Verstehen« im Sinne *Diltheys* ist bei der unmittelbaren Begegnung zwischen Erzieher und Kind am Werk.

Pädagogisch besonders bedeutsam ist nun neben dem Erfassen der persönlichen Eigenheit jedes Kindes das Verstehen seiner altersspezifischen *Eigenwelt*[163]. Nur wer sich als Erzieher in die jeweilige Eigenwelt der Kinder und Jugendlichen hineinversetzen und so von innen heraus verstehen kann — wenigstens annäherungsweise —, der kann ihnen weiterhelfen; denn richtiges oder falsches Handeln des Erziehers hängt auch von dem Verstehen oder Nichtverstehen seines Gegenübers ab, und dazu gehört dessen Eigenwelt. So hat auch die Forderung nach »kindgemäßem Unterricht« nur Sinn, wenn zuvor die jeweilige, altersspezifische Eigenwelt verstanden ist. Diese stellt *keine* Erfindung dar, um eine Legitimation zur Unterdrückung der Kinder zu besitzen, und mit ihrer Feststellung wird auch keine pädagogische Provinz gefordert. Vielmehr ist damit jene Wirklichkeit gemeint, wie sie vom Kind erlebt und umgestaltet wird; dazu gehört unter anderem das typisch kindliche Denken, das sich beispielsweise durch ein geringes Abstraktionsvermögen bei gleichzeitig gutem eidetischem Gedächtnis auszeichnet; es gehören das kindliche Fühlen, Raum- und Zeiterleben dazu. Eigenwelt macht den Verstehenshorizont des Kindes aus. Sie bedeutet darum keine Abwertung des Heranwachsenden, sondern beansprucht vielmehr Eigenrecht. Der Erzieher, der sie erkennt, hat über die Individualität des Kindes hinaus durch sie die Möglichkeit, sein Gegenüber zu verstehen. Sehr häufig ist die kindliche Eigenwelt erst der Schlüssel zum Versehen des Kindes.

(2) Wie steht es mit den Verstehensakten, die das *Kind* zu leisten hat? Zunächst ist man geneigt zu antworten, daß sie dieselben allgemeinmenschlichen Gegebenheiten betreffen wie beim Erzieher. Doch bei näherem Hinsehen fällt ein wesentlicher Unterschied auf: Das Kind muß die zu verstehenden Inhalte und das Verstehen selbst erst *lernen*. Wie geht dieses Lernen vor sich? Wir könnten es unter dem Aspekt des Verstehens folgendermaßen interpretieren: Durch die allerersten Eindrücke, die das kleine Kind erfährt, bekommt es einfachste Sinngegebenheiten und -strukturen vermittelt. Lernen vollzieht sich *nicht* als Addition von immer neuen Gegebenheiten; sondern es *setzt* den — zunächst noch engen — Verstehenshorizont *voraus*. Freilich stellt Lernen den Erwerb von Neuem dar, doch hat

Hermeneutik in der Pädagogik 107

es immer Bezug zu Bekanntem, Vertrautem, sonst könnte das Neue wohl nicht verstanden werden. Dieser Vorgang betrifft nicht nur den kognitiven, sondern alle Lernbereiche. Lernen, im weiteren Sinn: *Welteroberung*, spielt sich in einem Zirkel ab, *indem Sinn in Neuem erkannt wird aufgrund des bereits vorhandenen Sinnhorizonts*[164]. Wichtig ist auch, danach zu fragen, wie denn der »objektive Geist« überhaupt vom Einzelnen erworben wird; denn er ist ja Bedingung der Möglichkeit, daß jeder von uns die anderen und überhaupt alles Menschliche verstehen kann.

(3) Ein weiterer Bereich der Erziehungswirklichkeit, in dem Verstehen notwendig ist, liegt mit dem *erzieherischen Verhältnis* vor. Dieses wird vom Kind, großenteils auch noch vom Jugendlichen, nicht *als* solches verstanden; denn wer verstanden und für sich übernommen hat, was Erziehung bedeutet, braucht nicht mehr erzogen zu werden; dem ist die Verantwortung zur Selbsterziehung übertragen. Der Erzieher jedoch versteht das Verhältnis, in dem er zu den Heranwachsenden steht, *als* erzieherisches und übernimmt es in Verantwortung; er versteht es als Betroffener wiederum anders, als es der Theoretiker von außen sieht. So ergeben sich für eine hermeneutische Analyse des erzieherischen Verhältnisses drei Verstehensebenen: die des Kindes, das nur erlebt und im personalen Umgang versteht, diesen nicht aber als erzieherischen begreift, zweitens die Ebene des in der Situation stehenden Erziehers, der handelnd »elementare« und »höhere« Verstehensakte leistet, und drittens die Ebene des Theoretikers, der allgemeinmenschliche Sinnzusammenhänge des erzieherischen Verhältnisses erkennen soll. Diese unterschiedlichen Verstehensebenen, die bei *einem* Erziehungsphänomen vorliegen, sind von einer pädagogischen Hermeneutik zu berücksichtigen.

Wir greifen das erzieherische Verhältnis aus dem Grund als Beispiel für ein Verstehen von Erziehungswirklichkeit heraus, weil mit ihm eine ganz bestimmte *Qualität* menschlicher Verhältnisse angesprochen ist. Diese zeichnet sich unter anderem durch Vertrauen, Autorität und Verantwortung aus. Erziehung geschieht nicht nur in einem funktionalen Rollenverhältnis, wo die Rollenträger beliebig austauschbar sind: es läßt sich nicht quantitativ auflösen. Zu einer qualitativen Struktur gehört auch, daß es ein *personaler Bezug* ist, der vom Kind in seiner Qualität erfahren werden kann[165] und an dem es so lernt, unterschiedliche menschliche Bezüge zu verstehen. Denn es macht einen qualitativen Unterschied in der Beziehung zu einem anderen Menschen aus, ob ich etwa im Bus zufällig neben ihm sitze, ob er mein Arbeitskollege ist, ob wir befreundet sind oder ob eben

108 Hermeneutik

ein erzieherisches Verhältnis gegeben ist. Weil das erzieherische
Verhältnis von einer spezifischen *Qualität* ist, ist es letztlich in dieser
Qualität nur *hermeneutisch* zugänglich; insofern wird verständlich,
warum der »pädagogische Bezug« ein entscheidender Grundbegriff
der geisteswissenschaftlichen Pädagogik geworden ist[166].

(4) Erzieher, Heranwachsender und erzieherisches Verhältnis sind
zwar Realitäten; sie lassen sich aber für eine Hermeneutik nur
schwer fassen, da sie keine fixierten Objektivationen darstellen; sie
haben Zufälligkeitscharakter an sich, sofern sie konkret sind. Einen
hermeneutisch strengeren Zugang erlaubt ein weiterer Bereich der
Erziehungswirklichkeit: die *Institutionen*. Hier liegen Objektivationen des Erziehungs- und Bildungsbereichs[167] vor, zu denen eine hermeneutische Interpretation verhältnismäßig leicht immer wieder zurückkehren kann; sie stellen feste Gegebenheiten dar – doch auch
dies kann nur mit Einschränkung gesagt werden. Zunächst aber:
Was wollen wir zu jenen Objektivationen zählen? Da gibt es einmal
die Institutionen im engeren Sinn, also Schulen mit ihren differenzierten Typen, Kindergärten, Universitäten, Erziehungsheime, Be-
ratungsstellen usw. Zum anderen können wir institutionalisierte Gegebenheiten dazurechnen, so die Gesetzgebung wie das Schul- und
Jugendrecht, aber auch vorwissenschaftliche Erziehungslehren,
praktische Anleitungen zur Erziehung und geschichtlich-kulturell
festgelegte erzieherische Verhaltensweisen, Lehrpläne, formulierte
Zielsetzungen und ministeriell erlassene Richtlinien[168].
   Solche pädagogischen Gegebenheiten gilt es also zu verstehen
und zu interpretieren. Auch hierbei kommt es auf die vor-herme-
neutische Methode an, wie diese Gegebenheiten festgestellt werden. So haben Schulen der Gegenwart von Ort zu Ort eine unterschiedliche Gestalt; soll diese durch statistische Erhebungen, durch
phänomenologische Beschreibung oder auch über die Interpretation
von Schulerlassen erfaßt werden? Diese Fragen weisen wiederum
über die Hermeneutik hinaus. Wir sollten für unseren Zusammenhang erkennen, daß diese wie auch immer vor Augen geführte institutionalisierte Erziehungswirklichkeit Verstehen erfordert, weil in
sie Erziehungsvorstellungen, -ziele, -normen, geschichtliche Ent-
wicklungen, persönliche Gestaltungen etc. mit eingegangen sind. So
muß eine Theorie der Schule, des Kindergartens oder der Erzie-
hungsberatung das Selbstverständnis und die realen pädagogischen
Möglichkeiten dieser Einrichtungen verstanden haben, um überhaupt ansetzen zu können. Das aber ist ein hermeneutischer Vorgang.

Hermeneutik in der Pädagogik 109

(5) Das Verstehen von Erziehungswirklichkeit, aber auch das Verstehen *in* ihr, weist über sie selbst hinaus, wie insbesondere die Erziehungsinstitutionen zeigen. Sie sind *eingeflochten* in eine große Anzahl von nicht-pädagogischen Gegebenheiten. Auf diesen Tatbestand sind wir bereits mehrfach gestoßen, und es soll hier nur noch daran erinnert werden. So steht das Erziehungsverhältnis in einem allgemeinmenschlichen Umgang, der meist gar nicht an Erziehung denkt; der Umgang wiederum spielt sich ab in einem bestimmten Milieu[169]. Dieses verweist auf *soziale, politische, ökonomische, kulturelle Gegebenheiten*, in die Erziehung eingebunden ist. Auch sie gilt es mit zu verstehen, wenn Erziehungswirklichkeit erfaßt werden soll — aber *nicht nur* sie, weil sonst das eigentlich pädagogische Anliegen herausfällt. Es geht auch nicht um funktionale, sondern jeweils um Sinn- und Bedeutungszusammenhänge, die letztlich auf ein Selbst- und Weltverständnis hin interpretiert werden müssen[170].

(6) Verstehen *der* Erziehungswirklichkeit steht in unmittelbarem Verhältnis zur Bemühung um Erziehungs-*Theorie*. Denn es handelt sich dabei ja immer auch um Deutung der pädagogischen Situationen und um Reflexion des Vorgefundenen. Außerdem ist zu sehen, daß Erziehungswirklichkeit schon Theorie zumindest in Form eines unreflektierten Vorverständnisses enthält; und schließlich drängt auch die Not der Praxis zur Theorie hin. Diese Not kann sich gerade auch in einem Nicht-Verstehen ausdrücken, nicht zuletzt in dem mangelnden Verstehen von verbindlichen Normen und Werten. Pädagogische Theorie und Praxis stehen in einem *zirkulären Verhältnis*, weil die Praxis ein (theoretisches) Vorverständnis einschließt, und weil Theorie Erziehungswirklichkeit voraussetzt; Theorie erhellt die Praxis und leitet sie an, und Praxis verleiht der Theorie erst Sinn.

(7) Im Gegensatz hierzu scheint das Verstehen *in* der Erziehungswirklichkeit, sofern es sich also nicht *über* sie zu stellen versucht, eher auf eine *Haltung* abzuzielen. Sie besteht in einem Verstehen*wollen* und in einer *Offenheit* dem anderen gegenüber, der mit in der Erziehungssituation steht. Dies drückt sich auch darin aus, daß insbesondere der Erzieher sich einer Verurteilung der Heranwachsenden enthält, vor allem einer absoluten. Denn ein völlig übereinstimmendes Verstehen ist gerade im unmittelbaren Umgang nur selten möglich. Eigenes Mißverstehen muß darum immer eingeräumt werden. Das so aufgefaßte Verstehen könnte auch als Erziehungsziel gelten. — Unter diesem Aspekt schlägt allerdings *Verstehen* als Erkenntnis-

110 Hermeneutik

problem um in ein *ethisches*; diese Betrachtung führt über unsere Darstellung hinaus, ähnlich wie der Umschlag von Praxis-Verstehen in Theorie, doch sollte sowohl eine Ethik des Erziehers wie eine Wissenschaftstheorie der Pädagogik diese Zusammenhänge beachten.

Wenn wir jetzt nochmals fragen, welchen Sinn eine »Hermeneutik der Erziehungswirklichkeit« hat, obwohl ihre Gegenstände nicht »dauernd fixiert« sind, so haben sich im wesentlichen drei Gesichtspunkte ergeben: 1. Praktisches Erziehungsgeschehen besteht aus vielerlei »Verstehensakten«, die vom Praktiker wie vom Theoretiker als *solche* wahrgenommen werden müssen. 2. Der an praktischer Erziehung Beteiligte soll »elementare« Verstehensakte *überführen* in »höhere«, d.h. sie reflektieren im Hinblick auf größere Sinnzusammenhänge. »Elementares Verstehen« kann hier auch psychologisches Einfühlen sein. 3. Erziehung ist menschliches Handeln; es steht in Bedeutungszusammenhängen und ist sinn-voll[171]. Einzelne *Erziehungsgegebenheiten* müssen vom Theoretiker in dieser Sinndimension gesehen und auf jeweils größere Sinnzusammenhänge zurückgeführt werden, wobei der Sinn von Erziehung und Bildung den pädagogischen Auslegungshorizont darstellt. Gerade dieser Aspekt zeigt, daß Pädagogik ohne Hermeneutik nicht auskommt, was nicht heißt, daß sie ausschließlich hermeneutisch sein muß.

In einer *zusammenfassenden Überschau* wollen wir nun noch die Bedeutung und Möglichkeit einer *Hermeneutik* in der *Pädagogik* herausstellen:

Bedeutung und Möglichkeit einer Hermeneutik in der Pädagogik zeigen sich klarer, wenn von einer »*hermeneutischen Pädagogik*« im Sinne der »geisteswissenschaftlichen« Pädagogik abgesehen und statt dessen eine »pädagogische Hermeneutik« ins Auge gefaßt wird. Denn erstere stellt insofern den umfangreicheren Anspruch, als in sie Voraussetzungen eingehen, die sich nicht allein durch den Erkenntnisakt des »Verstehens« ergeben.

Eine »*pädagogische Hermeneutik*« dagegen versteht sich nur als eine »Methode«, als eine Zugangsweise neben anderen. Ihr Gegenstand sind alle pädagogischen Gegebenheiten, sofern sie erst durch Verstehen voll erschlossen werden können, wobei »Verstehen« alle jene Momente einschließt, die im theoretischen Teil erarbeitet worden sind.

Das Spezifische einer pädagogischen Hermeneutik liegt in dem *Sinn von Erziehung und Bildung,* woraufhin jeweils verstanden wird. Dies unterscheidet sie von einer allgemeinen und von anderen speziellen Hermeneutiken.

Ein wesentlicher Aufgabenbereich der pädagogischen Hermeneutik besteht in dem *Erhellen des Vorverständnisses* von praktischer und theoretischer Pädagogik, nämlich des Sinns von Erziehung und Bildung.

Eine klassische Bedeutung der Hermeneutik liegt in der *Interpretation von Texten* — von wissenschaftlichen wie vorwissenschaftlichen; wir haben sie in zehn Regeln festgehalten, die sich nicht in einer technologischen Anleitung erschöpfen, sondern auch eine bestimmte Haltung intendieren.

Eine hermeneutische Auseinandersetzung mit der *Geschichte der Pädagogik* ist nicht nur für die Vergangenheit wichtig, sondern auch für gegenwärtige Praxis und Wissenschaft, weil sie historisch geworden sind. Eine hermeneutisch betriebene Geschichte von Erziehung und Bildung hilft, deren Sinn zu klären.

Die Auslegung von pädagogischen Texten und von historischen Erziehungsgegebenheiten zeigt, daß Verstehen von pädagogischen Sachverhalten vermutlich noch mehr nach *Applikation* verlangt als Verstehen von nicht-pädagogischen Sachverhalten. Dies liegt daran, daß pädagogische Objektivationen immer nur *im Hinblick auf eine konkrete* erzieherische Situation verstanden werden können.

Es bedeutet eine *Reduktion* der Hermeneutik, wenn sie *als Hypothesenbildung* und als Auswertung empirischer Ergebnisse verstanden wird, während die eigentlich wissenschaftliche Tätigkeit in der Erarbeitung empirischer Daten bestehen soll. Vielmehr muß auch für die empirische Arbeitsweise beachtet werden, daß sie mit bestimmten Sinn- und Bedeutungszusammenhängen agiert und daß in sie Norm- und Zielvorstellungen sowie Interessen eingehen, die eruiert werden müssen, was nur hermeneutisch geschehen kann.

112 Hermeneutik

Eine »*Hermeneutik der Erziehungswirklichkeit*« unterscheidet sich von der Hermeneutik im strengen Sinn vor allem dadurch, daß sie nicht immer von fixierten Gegebenheiten ausgehen kann. Außerdem muß sie einen Wirklichkeitsbegriff voraussetzen, der alles Menschliche einbezieht.

Wir haben einige Gegebenheiten herausgestellt, die die Notwendigkeit von Verstehen und Interpretation in der Erziehungswirklichkeit zeigen: Der Erzieher muß neben der Individualität der Heranwachsenden ihre altersspezifische *Eigenwelt* verstehen.

Das *Lernen* des Kindes kann als zirkulärer Verstehensprozeß interpretiert werden, da Sinn in Neuem erkannt wird aufgrund des bereits vorhandenen Sinnhorizonts.

Das *erzieherische Verhältnis* stellt eine spezifische Qualität menschlicher Beziehungen dar, die sich nur verstehend erschließt.

Institutionalisierte Erziehungswirklichkeit ist im Hinblick auf ihre Erziehungsidee und ihre geschichtliche Dimension zu interpretieren.

Erziehungswirklichkeit ist in soziale, politische, ökonomische, kulturelle Gegebenheiten *eingebunden*, die hermeneutisch erhellt werden müssen.

Verstehen von Erziehungswirklichkeit schlägt für den Theoretiker um in *Theorie*, für den Praktiker in eine *Haltung* der Offenheit.

Der Sinn einer Hermeneutik der Erziehungswirklichkeit liegt im *Wahrnehmen von Verstehensakten als solchen*, im *Überführen von* »*elementaren*« Verstehensakten in »*höhere*« und in der Auslegung einzelner Erziehungsgegebenheiten im Hinblick auf ihren *Sinnzusammenhang*.

Folgende Momente bestimmen die Pädagogik und *erfordern Verstehen*:
die *Individualität* der an der Erziehung Beteiligten;

die *geschichtliche Dimension* als Vergangenheit und als in der Gegenwart wirkende;

Sinn und *Bedeutung* aller pädagogischen Gegebenheiten, Reflexionen und Handlungen einschließlich der Sprache bis hin zum Bildungs- und Erziehungssinn, der zusammenhängt mit einem Selbst- und Weltverständnis;

Verantwortung als der entscheidende pädagogische Impetus;

Erziehungs- und Bildungs*ziele*, ohne die jedes pädagogische Handeln und Denken unvorstellbar wäre;

Normen und *Werte*, die den Maßstab für die pädagogischen Ziele setzen.

Ergänzende Literatur für den Themenbereich »Hermeneutik in der Pädagogik«:

R. *Broecken*: Hermeneutische Pädagogik.
G. *Buck*: Hermeneutik und Bildung. Elemente einer verstehenden Bildungslehre.

4. Beurteilung der pädagogischen Hermeneutik

Nach diesem Überblick über *Bedeutung* und Möglichkeit einer Hermeneutik in der Pädagogik stellt sich die Frage nach den *Grenzen* ihrer Leistungsfähigkeit. Denn bislang haben wir die positiven Momente der Hermeneutik herauszustellen versucht. Dabei sind wir gelegentlich bereits auf Kritik an der Hermeneutik sowie auf ihre Grenzen gestoßen, etwa bei der Frage nach der Allgemeingültigkeit oder nach der Herkunft der Gegebenheiten in der Erziehungswirklichkeit. Eine wissenschaftstheoretische Begründung einer pädagogischen Hermeneutik müßte nun auf die *Kritik*, die gegen die Hermeneutik vorgebracht wird, im einzelnen eingehen[172]. Wir müssen uns mit dem Hinweis auf einige Fragen, denen sich die Kritiker der Hermeneutik stellen sollten, begnügen.

Zuvor jedoch ein illustratives Beispiel dafür, wie Hermeneutik zuweilen abgeurteilt wird; es findet sich bei *Th. Wilhelm*[173]: »Man kann den hermeneutischen Anspruch mit pragmatisch geschärfter Skepsis so zuspitzen: das auf Lösungen verzichtende, in Antinomien sich wohlfühlende, der Mathematisierung abholde, gegen Systeme skep-

114 Hermeneutik

tische, aber durch Erlebnistiefe und Intuitionsfülle angereicherte,
das ganze visionär erahnende Denken, das die Analyse des Details
nicht abzuwarten braucht, ist das einzig wahrhafte und kreative Denken. Wer nicht zufrieden ist, ohne eine kausale Erklärung gefunden
zu haben, ist in solcher Beurteilung für den wissenschaftlichen Umgang mit dem komplexen Phänomen des geistigen Lebens ungeeig-
net.« — »Kritik« dieser Art provoziert zu Gegenfragen: Stellt der Kritiker seinen *eigenen* Standort ebenso kritisch in Frage? *Kennt* er das,
was er kritisiert? Richtet er sich gegen *Hermeneutik* im strengen Sinn,
oder gegen eine (möglicherweise auch noch falsch interpretierte) *geisteswissenschaftliche* Richtung? Wird von der Hermeneutik etwas erwartet, was sie *nicht* erfüllen *kann*? Wird sie als *absolute*, alles vermö-
gende Methode verstanden?

Mit den beiden letzten Fragen sind auch wir aufgefordert, nun die
Grenzen der Hermeneutik zu benennen. Die folgenden Gesichtspunkte dürften die entscheidenden sein:

(1) Hermeneutik ist *auf ein Vorgegebenes angewiesen*, das ausgelegt
werden soll. Nehmen wir den einfachen Fall der Textinterpretation:
Hier ist der Text das Gegebene. Doch woher stammt er? Ein Autor
hat etwas beschrieben und hat darüber nachgedacht. Das wird hermeneutisch ausgelegt. Die Produktion des Textes geschah *nicht allein* verstehend, sondern — in unserem einfachen Beispiel — beschreibend und reflektierend. Nehmen wir noch den Fall des Verstehens von Erziehungswirklichkeit hinzu; wir haben oben bereits darauf hingewiesen, daß hier das Auszulegende erst gewonnen werden
muß; das kann phänomenologisch und auch empirisch geschehen.
Wir sehen also: Hermeneutik setzt Phänomenologie, produktive
Reflexion, auch Empirie voraus, um überhaupt einen Gegenstand
vorliegen zu haben. Einschränkend muß sogleich hinzugesagt werden, daß diese Momente der Erkenntnis ineinandergehen, daß außerdem Phänomenologie[174], Reflexion oder Empirie im Hinblick
auf ihr Vorverständnis, also hermeneutisch, befragt werden müssen
und schließlich daß erst hermeneutisch der Zugang zu Gegebenheiten eröffnet wird, der etwa empirisch verschlossen bleiben würde.
Doch so viel kann festgehalten werden: »Alle Hermeneutik kann immer *nur klären*, aber aus ihrer Arbeit kann nie etwas grundsätzlich
Neues hervorgehen. Sie kann *nicht* von sich aus *produktiv* werden.«[175]. Hermeneutik will das, was *ist*, verstehen — nicht mehr, aber
auch nicht weniger. Dieser Umstand hat ihr den Vorwurf eingebracht, sie sei »konservativ«[176]. Er entsteht aus dem Mißverständnis,
Hermeneutik müsse *alle* Erkenntnis leisten.

Beurteilung der pädagogischen Hermeneutik 115

(2) Weil nun Hermeneutik nicht von sich aus produktiv werden kann, muß das Verstandene auch auf andere Weise *weitergeführt* werden, also durch Reflexion; das produktive Moment der Dialektik etwa kann hier zur Geltung kommen. Wir können somit sagen: Hermeneutik ist im Hinblick auf die Gegebenheiten und im Hinblick auf Fortschritt auf andere »Methoden« angewiesen. Andererseits muß erkannt werden, daß hermeneutisch Verstandenes nicht von sich aus dazu drängt, konserviert zu werden. Denn wenn ich etwas verstanden habe, bedeutet das noch nicht, daß ich es erhalten will. Die Entscheidung darüber sollte gerade mit hermeneutischer Hilfe erst ermöglicht werden. Darum sollte es selbstverständlich sein, daß man das, was man verändern will, erst verstanden hat. Hermeneutik legt also die Zukunft nicht fest; sie »erweist sich zur *Zukunft* hin genauso *offen* wie zur Vergangenheit«[177]. Hermeneutik ist *kein Programm!*

(3) Mit diesen Gesichtspunkten hängt eng zusammen, daß Hermeneutik *keine Maßstäbe setzt*[178]; sie ist nicht normativ, obgleich Maßstäbe und Normen nur verstehend zugänglich sind. »Verstehen kann von Wertungen initiiert werden, mit Wertungen einhergehen, Wertungen explizieren, aber es kann nicht Wertungen legitimieren.«[179] Dies geschieht auf andere Weise, letztlich durch existentielle Entscheidung und Setzung, auch wenn für den Weg der Klärung bis zur Entscheidung Erkenntnismöglichkeiten verschiedener Art zu Hilfe genommen werden. Ähnlich ist es mit *Sinnfragen*, die hermeneutisch *nicht* zu *entscheiden* sind[180], wenngleich das Erfassen von Sinn und von Bedeutungszusammenhängen die eigentliche Möglichkeit von Hermeneutik ist. Hier allerdings müssen wir beachten, daß »Sinn« einmal existentiell, zum anderen in der engeren hermeneutischen Bedeutung verstanden ist.

Der Hermeneutik sind außer diesen grundlegenden Grenzen noch weitere gesetzt, nämlich:

(4) Die *Individualität* einer Person entzieht sich wohl immer einem letzten Verstehen; der andere bleibt ein anderer[181].

(5) Nach *E. Spranger* ist auch im *Weltganzen* etwas zu sehen, das letztlich nicht verstanden wird[182]; wir können das »Umgreifende« (*Jaspers*) wohl spekulativ denken, aber nicht verstehen.

(6) Auch gibt es dort, wo einfachste *Elemente* oder kausale Zusammenhänge vorliegen, nichts zu »verstehen«, nur zur Kenntnis zu nehmen, so etwa bei den physiologischen Bedingtheiten des Seelischen[183].

116   Hermeneutik

Neben diesen Grenzen, die die Erkenntnismöglichkeiten einer Hermeneutik abstecken, gibt es eine absolute Grenze für die Hermeneutik: nämlich die *Voraussetzung*, die mit dem »Verstehen« gemacht wird. Nur wenn man als *evident* voraussetzen kann, daß Verstehen ein Erkennen von etwas *als* etwas Menschliches und von dessen Bedeutung ist (Abb. 4), dann hat es überhaupt erst Sinn, von Hermeneutik und ihren Möglichkeiten und Grenzen zu sprechen. Dessen sollten wir uns bewußt sein. Damit hängen noch andere Voraussetzungen zusammen, wie die Rede von »Sinn«, von dem »Gemeinsamen« als Bedingung der Möglichkeit alles Verstehens, vom »hermeneutischen Zirkel« oder dem Verzicht auf eine positivistisch definierte Allgemeingültigkeit; hinzu kommen bestimmte anthropologische Voraussetzungen wie Entscheidungsfreiheit und damit Individualität und Geschichtlichkeit des Menschen. Insofern ist also Hermeneutik in ihrem Ansatz nicht voraussetzungslos — wie jede andere wissenschaftliche Konzeption auch.

Kann man aber jene Voraussetzungen als evident und berechtigt akzeptieren, dann bleibt immer noch die Aufgabe, Hermeneutik *nicht* zu *überfordern*. Hermeneutik ist weder Phänomenologie, noch Anthropologie, noch Philosophie überhaupt; sie ist auch nicht Ideologiekritik oder Theologie[184]; sie ist kein weltanschauliches und kein politisches Programm. Hermeneutik muß auch von »Geisteswissenschaft« oder »geisteswissenschaftlicher Pädagogik« abgegrenzt werden; denn dort gehen variierende Setzungen ein, die nicht zwingend mit der Hermeneutik gegeben sind, wie etwa die »Teleologie des Seelenlebens« (*Dilthey*) oder ein religiöses Menschenbild (*Spranger, W. Flitner*) oder existenzphilosophische Erkenntnisse (*Bollnow*). Erwartet man also von der hermeneutischen »Methode« nicht mehr, als sie leisten kann, dann erweist sie sich als äußerst fruchtbar. Sie ist ein *aspektreiches* und *befreiendes* Denken, das andere *toleriert* und *Dogmatisierungen aufbricht*[185]. Hermeneutik *erhellt* sinnhaltige Sachverhalte, kann aber Neues nicht begründen. Somit ist sie ein »*komplementäres Denken* und ein *komplementierendes* Verfahren«[186], d.h. sie ist auf ergänzende Methoden angewiesen, so wie sie diese ergänzt. Mit anderen Worten: Eine »reine« Hermeneutik ist eine Konstruktion; sie reicht für vollständiges wissenschaftliches Erkennen nicht aus. Aus diesem Grund befassen wir uns im folgenden mit der Phänomenologie und der Dialektik.

III. Phänomenologie

Was bedeutet »Phänomenologie«, »phänomenologische Methode«? Was hat sie mit der Pädagogik zu tun? Inwiefern gehört sie zu den geisteswissenschaftlichen Methoden? Woher kommt es; wer hat sie entwickelt? Solche Fragen drängen sich als erstes auf, wenn wir nun darangehen wollen, die »phänomenologische Methode« im Rahmen der Pädagogik zu betrachten. Auf die erste Frage erhalten wir zunächst von der *Wortbedeutung* her folgende Antwort: Phänomeno-logie heißt soviel wie Lehre von den Erscheinungen; denn »Phänomen« kommt von dem griechischen φαινόμενον (phainómenon) und bedeutet das, was erscheint, was klar vor uns liegt. In phainómenon ist übrigens das Wort φῶς (phos) = Licht enthalten[1]. Es geht also in der Phänomenologie um das, was erscheint. Doch unter dieser Auskunft, die sich aus der Wortbedeutung ergibt, können wir uns noch wenig vorstellen. Dagegen hilft uns die oberste Maxime der Phänomenologen etwas weiter; sie lautet: »*Zu den Sachen selbst*!«. Damit ist folgendes gemeint: Wir sollen absehen von all dem, was wir beispielsweise bereits über Erziehung wissen, welche Forderungen wir an sie haben oder was Theorien über sie aussagen; wir sollen vielmehr genau hinschauen, wie sich uns diese Gegebenheit »Erziehung« *zeigt*, wie sie sich beschreiben und wie sich ein Wesentliches an ihr herausstellen läßt. Also nicht ein Wissen *über* eine Sache soll zur Sprache kommen, sondern diese *selbst*. Die Hauptfrage dabei ist allerdings, *wie* wir zu den »Sachen selbst« gelangen sollen, damit wir wirklich sie selbst und nicht doch etwas anderes erfassen. Es ist Aufgabe der Phänomenologie als »approach«, als Zugangsweise, dieses Wie herauszuarbeiten.

Der Phänomenologie geht es also um die »Sachen selbst«, um die Gegebenheiten eines Forschungsfeldes, im letzten um *alle* Gegebenheiten, also um »*Welt*«. »Phänomen« meint darum das Vorfindbare, das Gegebene. Es wird bereits jetzt deutlich, daß unter »Phänomen« in diesem Zusammenhang *nicht* etwa ein »*Schein*«, der von der Wirklichkeit zu unterscheiden wäre, gemeint ist; das Phänomen ist auch *nicht* die »*Erscheinung*« von etwas, während das Ding selbst verborgen bliebe, so wie etwa das Fieber die Erscheinung für eine Krankheit ist. Nun ist es ganz wichtig festzuhalten, daß mit Phänomen auch nicht einfach Vorgänge gemeint sind, die sich im naturwissenschaftlichen Sinn *beobachten* lassen; so wäre »Phänomen« zu eng

118 Phänomenologie

gefaßt. Im Sinne der Phänomenologie ist es *nicht* notwendig, daß das (phänomenologisch) Gegebene sinnlich beobachtet werden kann; zwar kann es in der Wahrnehmung gegeben sein, aber auch in einer Vorstellung. Erinnerung, in einem Wunsch, einem logischen Urteil usw.[2]. Streng genommen hat es Phänomenologie also nicht mit konkreten, anfaßbaren Dingen und Vorgängen zu tun, sondern mit Bewußtseins-Gegebenheiten, noch genauer: mit intentionalen Gegenständen des transzendentalen Bewußtseins. Doch diese Präzisierung können wir vorerst noch zurückstellen; unsere Hinweise sollen lediglich dazu dienen, Mißverständnisse im Hinblick auf den Begriff »Phänomen« zu vermeiden.

Wir sagten, »zu den Sachen selbst« sei die Maxime der Phänomenologie. Hierin liegt ihre große Bedeutung für eine Reihe von Wissenschaften, die sich — unter anderem — des phänomenologischen Zugangs bedienen. Denn wissenschaftlich bei dem anzusetzen, *was tatsächlich gegeben ist* und nicht bei dem, was Tradition, Ideologie, Lehrmeinung usw. vorgeben — darin liegt ein Moment der *Befreiung* durch die phänomenologische Methode: Man kann bei einem neuen Anfang beginnen, kann Ursprüngliches in den Blick bekommen; Verengungen und Sackgassen können sich zu neuen Wegen öffnen[3].

In diesem sehr allgemein gefaßten Grundzug der Phänomenologie liegt auch ihre Bedeutung für die *Pädagogik*. Einige *Beispiele* sollen dies verdeutlichen. Nehmen wir an, in einem Seminar verwendet der Dozent Begriffe wie Autorität, Disziplin, Gehorsam usw. Die Reaktion vieler Studenten wird sein, daß sie dieses Vokabular entschieden ablehnen, weil es in die finstere Vergangenheit einer überholten Erziehungspraxis gehöre. Nun könnten sich der Dozent und die Studenten bemühen, genau zu erläutern, was sie denn eigentlich meinten; jeder versucht zu *beschreiben* — möglichst an Beispielen —, worauf er den Begriff »Autorität« usw. bezieht und worauf seine Ablehnung. Bei diesem Verfahren, bei dem auf die *Sache selbst* geschaut wird und die *vorurteils*beladenen Begriffe beiseitegestellt werden, ist es sehr wohl möglich, daß man sich in der *Sache* einig wird; aber genau auf diese kommt es letztlich an. — Ein weiteres, einfaches Beispiel: Wie wir erfahren können, besuchen in den USA die Fünfjährigen nicht mehr den »kindergarten«, sonder die »school«. Würde man bei dem Begriff »school/Schule« und all dem, was sich nach deutschen Verhältnissen damit verbindet, stehenbleiben, dann machte man sich ein falsches Bild. Denn eine Schilderung dessen, was die Kinder dieses Alters in der »school« machen, zeigt, daß es sich auch dort um einen Kindergarten nach deutschem Verständnis handelt. Auch hier hilft also ein Rückgang auf die *sachliche Gegebenheit* weiter. – Ähnlich kann es sich mit historischen Texten verhalten; Verstehen setzt erst ein, wenn der *Sachverhalt* geklärt ist. So können wir genau genommen wenig damit anfangen, wenn etwa *Pestalozzi* von »Wohnstubenerziehung« spricht; erst wenn wir uns den Sachverhalt durch die *Beschreibungen Pestalozzis* vor Augen führen lassen, können wir anfangen zu verstehen.

Dies ist auch der Punkt, an dem wir im Zusammenhang mit Hermeneutik bereits auf die Notwendigkeit einer Phänomenologie innerhalb der Pädagogik gestoßen sind[4]: Denn es muß ja *etwas* hermeneutisch verstanden werden; der Hermeneutik muß etwas *gegeben* sein, das ausgelegt werden muß. Dieses ursprünglich für die Hermeneutik bereitzustellen, ist unter anderem Aufgabe einer Phänomenologie in der Pädagogik. Unsere einfachen Beispiele aus dem *Vorfeld* einer Phänomenologie zeigen auch, daß die Methoden ineinanderübergehen; in der Praxis wird es schwierig sein, sie genau abzugrenzen.

Weshalb spielt nun die phänomenologische Zugangsweise eine Rolle für die *geisteswissenschaftliche* Pädagogik, oder inwiefern ist sie selbst »geisteswissenschaftlich« zu nennen? Wir haben gesehen, daß es in der Phänomenologie darum geht, Tatsachen zu erheben und zwar so, wie sie *sind* und nicht, wie sie aufgrund einer vorgegebenen Theorie erscheinen. Das bedeutet aber auch, daß eine Vor-Interpretation vermieden werden soll, die durch naturwissenschaftliches Quantifizieren geschieht. Phänomenologie (im strengen Sinn) versteht sich darum auch *vor* jeder anderen Wissenschaft liegend[5]; sie will – je nach Gesichtspunkt – nur eine »*Methode*«, ein »approach« sein oder die anderen Wissenschaften erst ermöglichen. Konsequenterweise kann Phänomenologie (im strengen Sinn) auch nicht als »Geisteswissenschaft« tituliert werden, insbesondere wenn diese mit lebensphilosophischen Axiomen beladen ist. Allerdings kann man den Standpunkt vertreten, daß alles, was nicht als Naturwissenschaft bezeichnet werden kann, eben »Geisteswissenschaft« ist[6].

Nun gibt es aber noch einen plausibleren Grund, weshalb die phänomenologische »Methode« in die Nähe der Geisteswissenschaften gerückt ist und auch von diesen angewendet wird. Mit dieser »Methode« werden nämlich Bereiche erfaßt, die bei einseitig naturwissenschaftlicher Betrachtungsweise verlorengehen. So zum Beispiel stellt sich das Psychische als etwas anderes dar als das körperlich Dinghafte[7]; oder nochmals anders ausgedrückt: Was durch eine empirische Methode an Realität ausgegrenzt würde, kann – phänomenologisch erfaßt – gerade für die geisteswissenschaftliche Betrach-

120 Phänomenologie

tungsweise bedeutsam sein. Hierbei sei an Phänomene erinnert wie
Einmaligkeit, Individualität, Ganzheit, Struktur, Geistiges überhaupt, menschliche Beziehungen und Verhaltensweisen, qualitative
Momente usw. All dies kann als Gegebenheit phänomenologisch
beschrieben werden. Aus diesem Grund hat angewandte Phänomenologie Eingang gefunden in Geisteswissenschaften wie Psychologie oder Pädagogik[8].

Wenn wir nun hier von »Phänomenologie« sprechen wollen, so
müssen wir jeweils auseinanderhalten, *welche* Phänomenologie gemeint ist. Wir haben bereits in dem bisher Gesagten versucht, abzugrenzen zwischen einer »Phänomenologie im strengen Sinn« und einer »angewandten Phänomenologie«. Weshalb? Es gibt einerseits
eine Phänomenologie, die sich als strenge philosophische Methode
versteht bzw. verstanden hat, aber auch als *die* Philosophie schlechthin und als solche als die Begründung jeder anderen Philosophie und
Wissenschaft[9]. Diese »eigentliche« Phänomenologie wurde begründet und in einem lebenslangen Denkprozeß entwickelt von *Edmund
Husserl* (1859-1938). Andererseits werden bestimmte *Elemente* eben
dieser Phänomenologie als *Methode* in bestimmten Geisteswissenschaften oder philosophischen Richtungen übernommen, wie in der
philosophischen Anthropologie oder der sogenannten Existenzphilosophie. Dort wird dann von phänomenologscher Methode, phänomenologischer Betrachtungsweise, Wesensphänomenologie oder
auch einfach von Phänomenologie gesprochen. Der wesentliche Unterschied besteht darin — wir haben es bereits angedeutet —, daß die
*Husserl*sche Phänomenologie *Bewußtseins*-Gegebenheiten[10] betrachtet, während die anderen Formen den Akzent auf »*Gegebenheiten*« verlegen, ohne immer in letzter Konsequenz danach zu fragen,
wie sie gegeben sind, und so das eigentliche Anliegen *Husserls* vernachlässigen. Dieses besteht darin, über die sogenannte transzendentale Reduktion die Konstitution von Welt aufzuzeigen, wobei
auf ein Ich zurückgegangen wird, das »vor« aller normalerweise reflektierten, auch psychologischen Erfahrung liegt.

Für die neuere Entwicklung der phänomenologischen Orientierung in der Pädagogik gilt, daß sie Phänomenologie gerade nicht in
der Anlehnung an *Husserl* oder als »angewandte Phänomenologie«
im Sinne einer Methode versteht. Vielmehr läßt man sich durch die
Phänomenologie *M. Merleau-Pontys* anregen. Diese ist, wie wir noch
näher zeigen werden, weder eine transzendentale Philosophie noch
eine »Methode«. Wir könnten sie als »Philosophie der Lebenswelt«
charakterisieren. Denn »Lebenswelt« ist für sie der alles tragende
Grund — auch die nicht mehr reduzierbare Basis des Bewußtseins.

Phänomenologie 121

In unserem Zusammenhang der geisteswissenschaftlichen Pädagogik soll nun im wesentlichen die *Husserl*sche Phänomenologie unterschieden werden von einer »angewandten Phänomenologie«, so wie sie etwa in der Pädagogik zum Tragen gekommen ist. Auch bei einer solchen Unterscheidung müssen wir sehen, daß es sich um eine grobe Vereinfachung handelt. Einer genaueren Betrachtung nämlich bietet das, was als »Phänomenologie« bezeichnet wird, ein »buntes und oft wirres Bild«[11].

Denn erstens hat die Gestalt der Phänomenologie bei *Husserl* selbst einen jahrzehntelangen Entwicklungsprozeß erfahren[12]; so stellt sie sich in den »Logischen Untersuchungen« (1900/01) anders dar als etwa in dem Werk »Ideen zu einer reinen Phänomenologie und phänomenologischen Philosophie« (I. Buch: 1913) oder in den »Cartesianischen Meditationen« (1931)[13]. Hiermit hängt zusammen, daß die Sekundärliteratur die Phänomenologie *Husserls* sehr unterschiedlich darstellt.

Zweitens haben Schüler *Husserls* und andere Philosophen Wege der Phänomenologie eingeschlagen, die von *Husserl* zum Teil stark abweichen. Es seien nur *M. Scheler* und *M. Heidegger* erwähnt sowie die Franzosen *M. Merleau-Ponty* und *J.P. Sartre*[14]. Andere Richtungen der Phänomenologie sind entstanden, so insbesondere die Deskriptive Phänomenologie und die Wesens-Phänomenologie[15].

Und drittens schließlich haben sich unterschiedliche Anwendungsformen der Phänomenologie entwickelt, die sich entweder direkt an *Husserl* oder an einer anderen Richtung orientieren. Auch in der Pädagogik finden sich variierende Ansätze, so bei *A. Fischer, O. F. Bollnow* oder *M. J. Langeveld*[16].

Wir werden diese Vielfalt von Richtungen nicht beachten, sondern folgendermaßen vorgehen: Mit einer schematischen Darstellung der Phänomenologie *Husserls* eignen wir uns die wichtigsten Begriffe und Gedankenschritte dieser »Methode« an. In Anlehnung daran und in Abhebung davon werden wir dann die Grundstruktur der in der geisteswissenschaftlichen Pädagogik angewandten Phänomenologie erarbeiten. Allerdings werden wir vorher auf einige Charakteristika der Phänomenologie *Merleau-Pontys* eingehen. Durch ein Textbeispiel soll das Vorgehen einer pädagogischen Phänomenologie konkretisiert und illustriert werden, so daß wir zum Abschluß die Bedeutung der Phänomenologie für die Pädagogik beurteilen können.

1. Grundbegriffe und Grundgedanken nach Husserl

Wer bislang von Phänomenologie und phänomenologischer Methode sprach, meine damit in der Regel die von *Husserl* entwickelte Phänomenologie. Auf sie wurde Bezug genommen, auch wenn die *Husserl*sche Lehre gar nicht radikal übernommen wurde. Dies trifft auf phänomenologische Bemühungen innerhalb der Pädagogik ebenfalls zu. Aus diesem Grund und weil es die verwirrende Vielfalt der phänomenologischen Bestrebungen gibt, ist es auch für unser Anliegen notwendig und sinnvoll, die phänomenologischen Grundbegriffe und Grundgedanken so kennenzulernen, wie sie von *Husserl* ausgebildet wurden. Damit setzen wir einige feste Orientierungspunkte, auf die wir später wieder zurückkommen können. Dabei soll uns bewußt sein, daß wir hier die Phänomenologie *Husserls* weder als ganze noch gar im Detail entwickeln können. Dies ist Aufgabe einer gesonderten Einführung in *Husserl*[17]. Wir können also nur ganz grob und verkürzt die Grundzüge skizzieren. Das versuchen wir anhand eines Schemas, das wir sogleich voranstellen, um es dann zu entfalten (Abb. 15).

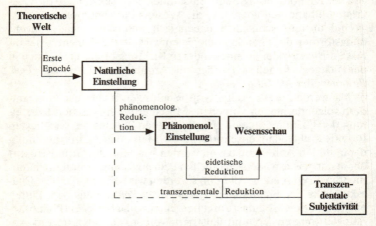

Abb. 15: Methodische Schritte der Phänomenologie *Husserls*

a) Aufgabe der Phänomenologie

Das Schema gibt verschiedene Schritte an, die in der phänomenologischen Methode vollzogen werden müssen. Doch die reine Methode ist von einer *Aufgabe* bestimmt, die die Phänomenologie nach *Husserl* zu erfüllen hat: Sie soll einen sicheren *Grund legen für alle anderen Wissenschaften*; dazu muß sie selbst eine Wissenschaft sein, die von Prämissen *unabhängig* und darin absolut *sicher* ist[18]. Diese Fundierung durch die Phänomenologie soll auch für die Philosophie gelten, so daß sich die Phänomenologie als »erste Philosophie« versteht. Wenn aber die Phänomenologie *vor* allen anderen Wissenschaften liegen soll, dann kann ihr Gegenstand nicht eingegrenzt sein; sie kann sich dann nicht nur mit einem bestimmten Gebiet von Dingen oder Vorgängen befassen. Das Gegenstandgebiet der Phänomenologie ist darum universal; sie untersucht alles Seiende, d.h. *alles, was ist*; sie untersucht »Welt«. »Sie ist *keine regionale* Wissenschaft, sie ist nicht bezogen auf ein ... Weltgebiet, sondern sie hat als *Philosophie* die Welt im ganzen zum Gegenstand ...«[19]

Wie kann die Phänomenologie jedoch das bewerkstelligen? Wie soll sie *alles*, was ist, untersuchen? Dies erscheint doch als unendliche, nie lösbare Aufgabe. Phänomenologie kann das nur, indem sie einen *anderen Zugang* zu ihrem universellen Gegenstand findet, anders als alle positiven Wissenschaften[20]. Zudem muß sich Phänomenologie von deren Methode, Welt zu erforschen, auch deshalb freimachen, weil sie ja ein absolut sicheres Fundament für jene Wissenschaften sein will. Ihre Aufgabe ist der Rückgang auf eine *letzte Gewißheit*. Diese Aufgabe besteht für sie darin, daß sie sich weder an theoretische Setzungen hält, die von allen anderen Wissenschaften gemacht werden müssen, noch an das naive Umgehen mit allem, was ist, bei dem es selbstverständlich als das hingenommen wird, als was es gilt.

Positiv ausgedrückt besteht der Rückgang auf eine letzte Gewißheit darin, daß Phänomenologie den Ort und die Art und Weise aufsucht, wo und wie »Welt« begründet, konstituiert wird, wo und wie »Welt« für uns entsteht und besteht[21]. Dies ist nun zunächst nicht als »Weltschöpfung« in einem metaphysischen Sinn gemeint, sondern erkenntnistheoretisch; das heißt vereinfacht: die Frage ist, wie »Welt« in unserem *Bewußtsein* »entsteht« und wie sie somit für uns auch *ist* — denn eine andere Welt, als sie für uns ist, gibt es (für uns) nicht. Aber Phänomenologie bewältigt ihre Aufgabe nicht nur durch eine andere Zugangsart zu ihrem Gegenstand; sie bleibt darüber hinaus nicht bei einzelnen Gegebenheiten stehen, sondern zielt auf

124 Phänomenologie

deren *Wesen*. Phänomenologie versteht sich darum auch als »Wesenswissenschaft« oder »Wesenslehre«[22].

Die Phänomenologie nimmt also ihre Aufgabe, ein sicheres Fundament für alle Wissenschaften zu sein, dadurch wahr, daß sie darauf zurückgeht, *wie* uns »Welt« in unserem Bewußtsein und Erleben *gegeben* ist und zwar im Hinblick auf *Wesensstrukturen*. Wenn von »Bewußtsein« und »Erleben« gesprochen wird, so ist dies irreführend, weil es psychologisch mißverstanden werden kann. Es geht nicht um »Seelen«-Erlebnisse, sondern um »Denk-Erlebnisse« im logischen Sinn[23], also um eine Dimension, die unserer subjektiven Willkür und Zufälligkeit entzogen ist — so wie 2 x 2 nicht deshalb 4 ist, weil *ich* es denke. Was also bei der Phänomenologie zunächst so aussieht wie eine willkürliche »Erfindung« und Produktion von Welt durch jeden von uns, hat formale Allgemeingültigkeit, also den Charakter einer letzten Gewißheit[24].

Einen Hinweis für diesen grundlegenden Gedanken fand *Husserl* in dem »cogito ergo sum — ich denke, also bin ich« von *Descartes*; diesen cartesianischen Gedanken führt *Husserl* radikaler durch als jener selbst. Er kommt dabei auf ein Ich, das *vor* allem psychologischen Erleben, auch Denken, gedacht werden muß und das er als »transzendentales Ich«, »transzendentales Ego« oder als »transzendentale Subjektivität« bezeichnet[25]. Wenn das berücksichtigt wird, dann kann mit *P. Janssen* gesagt werden: »Die Phänomenologie macht die *Erlebnisse* des erkennenden *Denkens* zum Thema. Durch ihre deskriptive Erforschung will sie das *Wesen* der Erkenntnis klären. Es kommt darauf an, daß sich die Phänomenologie rein an die Erlebnisse hält und sie so, *wie sie gegeben sind*, untersucht. Sie hat keine darüber hinausgehenden Setzungen mitzumachen; Setzungen bezüglich der Existenz von Objekten, wie sie z.B. in der Naturwissenschaft, der Psychologie, der Metaphysik vorgenommen werden, die sich aber im Bestand der Erlebnisse nicht vorfinden lassen. Nur soweit das Meinen solcher Objekte ein ›deskriptiver Charakterzug im betreffenden Erlebnis‹ selbst ist, gehört es zum Thema der Phänomenologie«[26].

Phänomenologie gewinnt ihr sicheres Fundament für jede andere Wissenschaft durch den Rückgang auf das transzendentale Ich. Dies geschieht jedoch nicht, wie es den Anschein haben könnte, rein formal, so daß »Welt« inhaltlich überhaupt nicht mehr interessieren würde. Wir sagten bereits, Gegenstand der Phänomenologie sei alles Seiende, sofern und wie es dem Bewußtsein gegeben ist. Derselbe Sachverhalt kann vom Bewußtsein aus formuliert werden; dann muß gesagt werden: Der Gegenstand der Phänomenologie ist das

Bewußtsein, sofern und wie es sich *auf* »Welt« *richtet*. Nochmals anders gesagt: Daß »Welt« ist und wie sie ist, das ist nur durch Bewußtsein gegeben; und umgekehrt: Bewußtsein ist nur, insofern es Inhalt hat, insofern es auf Gegenstände gerichtet ist. Dieses Gerichtet-sein-auf-etwas wird als *Intentionalität* bezeichnet. (siehe Abbildung 16)

Abb. 16: Intentionalität

Somit kann nun auch klarer ausgedrückt werden, was *Phänomen* in der Phänomenologie *Husserls* bedeutet. Phänomene sind die *intentionalen Gegenstände* (sofern *Bewußtsein* auf sie gerichtet ist), und sie sind die *intentionalen Bewußtseinsakte* (sofern dem Bewußtsein *Gegenstände* gegeben sind, auf die es sich richtet). Jene Intentionalität kann in verschiedener Weise vorgestellt werden. Sie kann ein sinnliches Wahrnehmen eines Gegenstandes, ein Vorstellen, ein Wünschen von etwas, ein Erinnern an etwas, ein Urteilen über etwas usw. sein. Immer ist »etwas« gegeben und immer in anderer Weise. Daß es mit Gewißheit (im Bewußtsein) gegeben ist, dies wird als »*Evidenz*«[27] bezeichnet. Der Gegenstand der Phänomenologie ist somit nicht einfach alles, »was es gibt«, sondern jenes Gerichtet-sein-auf-etwas[28]: »Gegenstand« *und* »Bewußtsein« in einem.

Das wahre Thema der Phänomenologie ist somit »weder die Welt einerseits, noch eine ihr gegenüberzustellende transzendentale Subjektivität andererseits, sondern das Werden der Welt in der Konstitution der transzendentalen Subjektivität«[29]. Damit haben die Inhalte der Phänomenologie aber einen Doppelcharakter, indem einmal die Gegenstandsseite akzentuiert werden kann, und ein andermal die Bewußtseinsseite. Sofern Phänomenologie sich abgelöst hat von dem ursprünglich *Husserl*schen Verständnis, vergißt sie die Bewußtseinsseite bzw. den *intentionalen* Charakter der Gegenstände.

126   Phänomenologie

Zusammenfassend können wir mit *Janssen* festhalten:

»Die Phänomenologie Husserls ist zunächst und vor allem *transzendentale* Phänomenologie. Deren Thema ist die *ganze Welt* nach ihren *wesentlichen Strukturen* und Beständen. Diese will sie in ihrem *Zustandekommen* und Bestehen verständlich machen. Die Welt ist für sie jedoch nur in ihrem Bezug zum Welt-erlebenden Subjekt Thema — als *bewußte, erlebte Welt*. Das besagt über das *Subjektive*, von dem in der Phänomenologie gehandelt wird: Es ist Subjektives im Sinne des *intentionalen* Erlebens von etwas«[30]. Indem Phänomenologie auf diese Weise ihren Gegenstand bestimmt und zu erfassen sucht, will sie sicheres Fundament für alle Wissenschaften sein.

Die Frage ist jedoch immer noch, *wie* dies geschehen soll. Hier nun kann uns das vorangestellte Schema (Abb. 15) weiterhelfen. Es deutet nämlich die verschiedenen methodischen Schritte an, die auf die Ebene der »transzendentalen Subjektivität« führen. In dem Schema sind insgesamt vier Ebenen angegeben:

1. theoretische Welt oder theoretische Einstellung,
2. natürliche Einstellung,
3. phänomenologische Einstellung und Wesensschau und
4. transzendentale Subjektivität.

Man kann jede dieser Ebenen als eine andere Reflexionsstufe begreifen; hierbei ist — im Schema von oben nach unten — ein jeweils größerer Abstraktionsgrad anzunehmen; es handelt sich auch um eine Abstraktion von *der* Art und Weise, wie wir *gewöhnlich* »Welt« verstehen und reflektieren. Insofern stellt auch die »natürliche Einstellung« etwas Ungewöhnlicheres dar als die »theoretische Welt«.

Die Aufgabe der Phänomenologie besteht nun darin, den Weg zu weisen von einer Reflexionsstufe zur anderen. *Husserl* nennt dieses Zurückgehen in Richtung auf die »transzendentale Subjektivität« allgemein »*Epoché*«, was vom Wort her »Anhalten« meint und in phänomenologischem Sinn ein »Außer-Vollzug-Setzen« des naiven »Seinsglaubens« bedeutet, des schlichten Hinnehmens nämlich, daß und wie etwas ist. Diese Epoché erfolgt in den verschiedenen zurückgehenden, abstrahierenden Schritten, die auch «*Reduktionen*« genannt werden[31]. Man kann diese Reduktionen so versehen, daß man sie als ein Hindurchgehen durch die (psychologische) Bewußtseinsebene auf die Ebene der transzendentalen Subjektivität sieht, die nochmals *vor* der Bewußtseinsebene liegt.

Zwischen den vier von uns aufgeführten Ebenen sind drei verschiedene Schritte der Epoché notwendig (Abb. 15):

1. eine *erste Epoché* von der theoretischen Welt zur natürlichen Einstellung,
2. die *phänomenologische Reduktion* von der natürlichen Einstellung zur phänomenologischen Einstellung und
3. von dieser eine *transzendentale Reduktion* zur transzendentalen Subjektivität.

Auf der Ebene der phänomenologischen Einstellung erfolgt noch eine weitere Reduktion, die *eidetische*[32].

Damit haben wir die Stichworte unseres Schemas (Abb. 15) erst durch ein paar karge Sätze miteinander verbunden. Was die einzelnen Schritte bedeuten, wollen wir im folgenden näher erläutern.

b) Von der theoretischen Welt zur natürlichen Einstellung

Die Ausdrücke »theoretische Welt« und »natürliche Einstellung« sind Kurzformeln für unterschiedliche Weisen, wie wir leben und welche Einstellung zur »Welt« wir haben. Die »natürliche Einstellung« macht die »Welt« und die Lebensweise aus, in der wir ganz *naiv* (im positiven Sinn) und spontan existieren. Die »theoretische Welt« dagegen ist diejenige, die wir uns in vielfältiger Weise *zurechtmachen*, die also »un-natürlich« ist. Mit der Maxime »Zu den Sachen selbst!« ist unter anderem gemeint, daß Phänomenologie bei der »natürlichen Einstellung« ansetzen muß[33]. Diese natürliche Einstellung aufzudecken, ist darum eine *erste methodische Aufgabe* für die Phänomenologie zentral geworden, die auch in der Pädagogik angewendet wird.

Inwiefern machen wir uns die theoretische Welt zurecht? Wir übernehmen beispielsweise bestimmte Anschauungen aus unserer *Tradition* – etwa wie sich ein Kind einem Erwachsenen gegenüber zu verhalten hat. Wir wissen, daß dieses Verhältnis gerade heute stark diskutiert wird; wie wir es bestimmen, hängt letztlich von unseren moralischen Urteilen ab, nach denen wir leben. Daß hier ein Wandel möglich ist, zeigt, daß wir uns in einer jeweils *vorgegebenen* Welt bewegen, die eine Konstruktion darstellt. Ähnlich verhält es sich mit der *religiösen* Interpretation von Welt, die von einem unreflektiert magischen Weltverständnis über unterschiedliche differen-

128 Phänomenologie

zierte Religionsformen bis zu einer atheistischen Einstellung reichen kann. Auch hier wird Welt vom Menschen entworfen, konstruiert. Es entsteht — gegenüber einer ursprünglich natürlichen Einstellung — eine *sekundäre Welt*[34]. Dies wird besonders deutlich, wenn
wir sehen, wie sehr die *Wissenschaften* mit einem je eigenen Konzept
an die Welt herangehen, diese entsprechend auslegen und definieren. Dies gilt sowohl für die Geisteswissenschaften wie für die Naturwissenschaften. So etwa beruhen die exakten Naturwissenschaften
auf Formulierungen, Mathematisieren und Idealisieren; es wird eine
Quantifizierung auch des Qualitativen vorgenommen; subjektives
Leben wird in diesen objektiven Wissenschaften ausgeschaltet und
vergessen[35]. »*Husserl* drückt diese Sachlage ... so aus, daß er sagt, die
objektive Wissenschaft ist eine faktische *historische* Kulturgestalt,
die die Welt mit einem *Ideen*kleid von mathematisch ausdrückbaren
Gedanken überzogen hat«[36]. So muß auch für diesen Wissenschaftstyp, der eine Begründung von Welt darstellt, gesagt werden, daß er
*Zufälligkeits*charakter hat.

Jene Welt, die wir uns so zurechtmachen, ist also eine theoretische, ideale und zufällige Welt. Sie kann nicht der Ausgang für eine
sichere Wissenschaft sein. In einer ersten Epoché geht es somit darum, alles Theoretische, Ideale und Vorgegebene *einzuklammern*.
Man muß sich alles dessen *enthalten*, was durch Formalisieren,
durch logische, ethische, ästhetische Axiome, durch die Wissenschaften, durch Staatsform, Sitte, geltendes Recht, durch Tradition
und Religion geprägt ist[37]. Phänomenologie muß *vorurteilsfrei* ansetzen; dies ist der Sinn dieser Enthaltung. Phänomenologie »darf sich
nicht berufen auf die ›Mitgeltungen‹, wie sie vor allem vom ›Man‹
bestimmt sind: ›man‹ macht das so, ›man‹ tut das nicht usw. Was gilt,
ist nur das sich in der originären Evidenz Konstituierende«[38].

Dieses letztere, nämlich das sich in ursprünglicher sicherer Anschauung Begründende, dies findet der Phänomenologe in der natürlichen Einstellung oder — um einen später bedeutsamen Begriff
der Phänomenologie zu benutzen — in der *Lebenswelt*[39] vor. In Abhebung zur theoretischen Welt gibt sie einen primären, vor-wissenschaftlichen, a-theoretischen Boden ab[40]. In unbefangener, vorurteilsfreier, natürlicher Einstellung nehmen wir im Rahmen der Lebenswelt alles, was wir erleben und dem wir begegnen, naiv hin; wir
nehmen hin, daß es und wie es ist[41]. Das Leben in der natürlichen
Einstellung kann folgendermaßen charakterisiert werden: »Die
Menschen leben in einer Umwelt, in der durch die verschiedenen
Weisen sinnlichen Erfahrens die Dinge für sie einfach da sind, ihre
räumliche und zeitliche Ordnung haben, in einem offenen Horizont

Grundbegriffe und Grundgedanken nach Husserl   129

stehen u.ä.m. Das ist zunächst vor und unangesehen aller Wissenschaft der Fall. Wissenschaft wird von den Menschen in der Umwelt, in der sie leben, ausgebildet. Die wissenschaftlichen Erkenntnisse sind Produkt aktiven Hervorbringens. Die gewöhnliche Welt aber, in der man (noch) nichts Wissenschaftliches produziert, liegt allem Wissenschaftlichen und allem anderswie Produzierten voraus. Ich finde sie vor, wenn ich und solange ich lebe. So wird sie von mir erfahren; so ist sie mir bewußt«[42].

c) Von der natürlichen zur phänomenologischen Einstellung

Ein entscheidender Schritt der Phänomenologie besteht in der Reduktion der natürlichen Einstellung auf die phänomenologische[43]. Mit der ersten Epoché wurde gewissermaßen erst das Vorfeld bereinigt. Die *phänomenologische Reduktion* kann nun bei der primären, ursprünglichen Welt einsetzen. Es ist jedoch bereits eine Leistung der phänomenologischen Reduktion, daß die Naivität und Ursprünglichkeit der natürlichen Einstellung *aufgedeckt* wird. Denn die natürliche Einstellung kann sich gewissermaßen nicht selbst durchschauen; hierzu ist Distanz notwendig. Diese wird erst durch eine bestimmte Reflexionsweise erreicht: durch die phänomenologische Reduktion. Jene Reflexion besteht darin, daß die natürliche Einstellung transzendiert, also überschritten wird[44]. Dabei wird der naive Seins- oder Weltglaube eingeklammert[45]; d.h. man *enthält* sich des ursprünglichen Hinnehmens, daß etwas ist und wie es ist. *Man geht reflektierend auf Distanz*; man schaut sich selbst zu, wie man sich zur Welt verhält.

In der phänomenologischen Reduktion wird also das reflektierende Subjekt zum unbeteiligten *Zuschauer* seiner Denk-Erlebnisse[46]. Dabei ist nun wichtig zu sehen, daß damit die Welt und die natürliche Einstellung nicht ausgelöscht werden; das Leben wird nicht eingefroren. Was sich ändert, ist die Einstellung. Diese ist völlig neu, ungewohnt. Welt, Leben, natürliche Einstellung erscheinen durch das Prisma des Bewußtseins, jedoch *nicht* einfach als Bewußtseins*inhalte*, sondern als Denk-*Erlebnisse*[47]; Phänomen der phänomenologischen Einstellung ist der *intentionale* Gegenstand, sofern also unser Bewußtsein sich *auf* etwas *richtet*. Das natürliche Ich der natürlichen Einstellung bleibt durchaus in Aktion; »Welt« bleibt in ihrer Fülle bestehen. Doch in der phänomenologischen Einstellung schaue ich — unbeteiligt — zu. Gegenstand des Zuschauens ist die *Intentionalität*; der Gegenstand erscheint *als* wahrgenommener, als er-

130 Phänomenologie

innerter, als vorgestellter, als gewünschter, als beurteilter usw.[48] Alle
diese Akte, also Wahrnehmen, Erinnern, Vorstellen usw., sind ein
Sich-richten-auf-etwas. Ob der Gegenstand »real existiert« oder
nicht, wird nicht gefragt. Die Welt wird in ihrer Faktizität eingeklammert, d.h. ob etwas absolut und für sich ist oder nicht, interessiert
nicht[49]. Insofern können die »grünen Männchen vom Mars« auch
Gegenstand sein, aber eben *als* phantasierte. Nicht die Gegenstände
allein interessieren, sondern mit ihnen auch die intentionalen *Akte*.

Die phänomenologische Reduktion verändert wesentlich die natürliche Einstellung. Die angestrebte phänomenologische Einstellung kann mit den Worten *Husserls* nochmals umschrieben werden:
». . . dadurch, daß ich universale Epoché hinsichtlich meiner gesamten Weltgeltungen vollziehe, die ich in meinem ganzen Leben mit
erworben habe, werde ich zum *unbeteiligten Zuschauer* meines natürlichen Ichs, für das die Welt schlicht seiende ist, und aller der Akte, durch die ich Welt in Geltung habe und aus deren früheren Leistungen ich sie erworben habe. Oder was dasselbe: ich bin phäno-
menologisierendes Ich geworden. — Durch die Epoché wird es mir möglich, ganz konsequent und rein mein Aktleben systematisch zu ent-
hüllen und zu beschreiben. . .«[50].

d) Wesensschau

Bei der einleitenden Frage, welche Aufgabe die Phänomenologie
nach *Husserl* habe, stellten wir heraus, daß ihr Gegenstand die
»Welt« als Ganzes ist. Wir sagten, daß keine Wissenschaft »alles,
was es gibt« untersuchen kann. Mit der phänomenologischen Reduktion lernten wir die Zugangsweise zum Gegenstand der Phänomenologie kennen, die ihr eigen ist. Aber auch in phänomenologischer Einstellung können nicht sämtliche intentionalen Bewußtseinsakte, die es schlechthin gibt, zum Gegenstand werden. In unserer Darstellung der phänomenologischen Methode fehlt darum
noch ein ganz entscheidendes Element. Nicht die intentionalen Gegenstände in ihrer unendlichen Zahl interessieren nämlich, sondern
ihr *Wesen*. Es gilt, in phänomenologischer Einstellung über die *eidetische Reduktion* jeweils das Wesen herauszustellen. Insofern erfährt
die Phänomenologie eine Eingrenzung ihres Gegenstandsgebietes.

»Wesen« bezeichnet *Husserl* auch mit »Eidos«, was unter anderem Idee oder eben Wesen bedeutet. Sprachlich hängt damit die »eidetische« Reduktion zusammen; sie ist also die Reduktion, die zurück auf das Eidos, das Wesen führt; sie leitet über zur »*Wesens-*

Grundbegriffe und Grundgedanken nach Husserl   131

schau«. Dieser Ausdruck mag zunächst befremden, insbesondere wenn in diesem Zusammenhang noch von »Intuition« gesprochen wird. Doch weder Wesensschau noch Intuition meinen hier einen geheimnisvollen Vorgang[51]. Es handelt sich dabei nicht um eine mysteriöse Eingebung. Vielmehr bedeutet die eidetische Reduktion nüchterne und harte Reflexionsarbeit; sie ist aktives, schöpferisches Denken[52]. Was geschieht dabei? Die eidetische Reduktion »geht aus von den unmittelbar, intuitiv gegebenen Phänomenen und versucht nun das Wesentliche dadurch herauszuanalysieren, daß sie das jeweilig *vorgegebene Phänomen* in seinen möglichen Formen frei *variiert*; was sich dann in der Vielfalt der Variationen ›*invariant*‹ durchhält, wird als das *Wesen* angesprochen, seien es objektive Formen oder seien es subjektive Strukturen, etwa Erlebnisweisen, Einstellungen«[53]. – Diesen Satz müssen wir näher erläutern.

Wichtig für die Phänomenologie *Husserls* ist, daß die eidetische Reduktion auf der Ebene der phänomenologischen Einstellung zu sehen ist[54]; entsprechend müssen wir darum das vorgegebene Phänomen als intentionalen Gegenstand verstehen. Wir haben gesehen, daß sich das »phänomenologisierende Ich« in vielfältiger Weise auf einen Gegenstand richten kann (S. 129f.). Nehmen wir als sehr einfaches Beispiel einen Tisch. Er kann in sinnlicher Wahrnehmung gegeben sein: als unmittelbar gesehener, als betasteter, als benützter; er kann darin gegeben sein, daß ich über seine materielle und über seine ästhetische Beschaffenheit ein Urteil fälle; daß ich mich an ihn erinnere oder daß ich ihn in meiner Vorstellung einem Vergleich mit anderen Tischen unterziehe usw. In immer anderer Weise haben meine intentionalen Akte mit einem Tisch zu tun; er zeigt sich in unendlich vielen Variationsmöglichkeiten; und dennoch bleibt er in gewisser Weise derselbe; es gibt ein *Invariantes*, also ein unveränderliches Moment an ihm: Dies wird als Wesen bezeichnet. Die schöpferische, *aktive* Reflexionsleistung liegt in der Wesensschau darin, daß zum einen die mannigfaltigen Variationen erzeugt und diese zum anderen einheitlich verknüpft werden und daß schließlich das Kongruierende gegenüber den Differenzen als Wesen identifiziert wird[55].

Das *Wesen* ist also das Durchgängige, Konstante eines variierten intentionalen Gegenstandes. Für unser Beispiel mit dem Tisch müssen wir uns allerdings bewußt sein, daß es sowohl vom Gegenstand her wie in der Darstellung sehr vereinfacht ist[6]. Mit *Wesensschau* ist nun gemeint, daß durch die freie Variation das Wesen »Tisch« als eigenes Phänomen herausgearbeitet wird und dem »unbeteiligten Zuschauer« sichtbar wird. Dieses Wesen kann auch als ein *Allgemei-*

132 Phänomenologie

nes[57] verstanden werden, das — in unserem Beispiel — für viele Tische bzw. für viele intentionale Akte identisch bleibt. Dennoch ist zu sehen, daß phänomenologisch gerade auch das Wesen eines *Individuellen* herausgearbeitet werden kann, etwa das Wesen einer Person; das Allgemeine des Wesens würde hier in einer invarianten Handlungs- und Denkweise zu suchen sein. So könnte sich etwa eine konstante *Struktur* des Handelns herausstellen. — Es dürfte deutlich geworden sein, daß mit Wesen, das in der eidetischen Reduktion sichtbar werden soll, etwas anderes gemeint ist, als das »Wesen« im platonischen Sinn, das ja ein metaphysisch Jenseitiges vorstellt und das hier im Irdischen seine Verwirklichung findet. Es ist auch etwas anderes als ein logisch Allgemeines im Sinne eines Oberbegriffs; das phänomenologisch verstandene Wesen liegt diesem als seine Ermöglichung zugrunde[58].

Eine Wesensphänomenologie sieht ihr Ziel in der Herausarbeitung von Wesensstrukturen und erschöpft sich darin. Für die Phänomenologie *Husserls* dagegen führt die eidetische Reduktion, die in der phänomenologischen fundiert ist, weiter, indem sie »transzendentale Leitfäden« schafft, »von denen aus auf die konstituierenden Strukturen der transzendentalen Subjektivität zurückgefragt werden kann«[59].

e) Transzendentale Reduktion

Hiermit sind wir nun an dem Punkt angelangt, wo die letzte Reflexionsstufe vollzogen werden muß. Sie ist die abstrakteste und damit die am schwersten nachvollziehbare in der Phänomenologie *Husserls*, aber für diese die entscheidende (sofern sie nicht schon mit der phänomenologischen Reduktion mit gedacht ist). Die Schwierigkeit ergibt sich nicht zuletzt daraus, daß die Begriffe, mit der die Phänomenologie arbeitet, *zweideutig* sind[60]. So ist von »Bewußtsein« und »Bewußtseinsakten« die Rede; aber dabei geht es eigentlich nicht um das Bewußtsein im üblich psychologischen Sinn, sondern um das reine, absolute, transzendentale Bewußtsein[61]. Selbst bei *Husserl* wird der transzendentale Sinn der Aussagen nicht immer deutlich, vor allem auch deshalb, weil er ursprünglich eine deskriptive Psychologie mit der Phänomenologie gleichgesetzt hat[62]. Eine *transzendentale Reduktion* im engeren Sinn erweist sich also als notwendig.

Diese führt zurück auf ein Ich, das noch *vor* dem Bewußtsein (im psychologischen Sinn) liegt, auch *vor* dem Ich, das als der »unbeteiligte Zuschauer« der phänomenologischen Einstellung bezeichnet

Grundbegriffe und Grundgedanken nach Husserl   133

wurde. Denn jener Zuschauer sieht zu, wie ein Subjekt sich auf einen Gegenstand richtet. Um dieses Subjekt geht es hier. Ihm ist Welt »*vorgegeben*«. Diese »Vorgegebenheit« aber ist etwas anderes als der naive Seinsglaube in der natürlichen Einstellung. Denn Welt »entsteht« — im erkenntnistheoretischen Sinn — im Vorgegebensein, wobei Welt ihre Seinsweise aus dieser Vorgegebenheit erhält. Die subjektive und die objektive Seite dieser Vorgegebenheit fallen hier zusammen. »Vorgegeben zu sein besagt, einem *Subjekt vorgegeben* zu sein; und zwar in irgendwelchen subjektiven Gegebenheitsweisen. Das Vorgegebene und die Weisen seines Gegebenseins für das Subjekt gehören zusammen.« »Hat die Welt ihr Sein darin, dem Subjekt gegeben zu sein, dann muß das *Subjekt* selber von *anderer Art* sein als alles Welthafte. Es ist transzendentales Leben, das fungierend-leistend für das transzendente Sein der Welt aufkommt«[63].

Mit *E. Fink* können demnach drei »Iche« unterschieden werden: 1. »das weltbefangene Ich« der natürlichen Einstellung, 2. das transzendentale Ich, dem »Welt in strömender Universalapperzeption vorgegeben« ist und das Welt »in Geltung« hat, 3. »der Epoché-vollziehende ›Zuschauer‹«[64]. Auf der Ebene des *transzendentalen Ichs* geht es um die Frage, wie »Welt« konstituiert, begründet ist. »Leitfäden« zu ihrer Beantwortung ergeben sich aus der eidetischen Reduktion. In der transzendentalen Reduktion wird »die Welt im ganzen . . . erkennbar als Resultat einer transzendentalen Konstitution, sie wird ausdrücklich zurückgenommen in das Leben der absoluten Subjektivität«; *transzendentales Leben läßt Welt entspringen*[65]. Durch die Leistung der Phänomenologie erweist sich diese Ebene als die erste und ursprüngliche, so daß unser Stufen-Schema (Abb. 15) sich nun rückwärts von der transzendentalen Subjektivität her aufschlüsselt, da — in phänomenologischer Sicht — Wesensschau, phänomenologische und natürliche Einstellung sowie die Konstruktion einer theoretischen Welt auf der Konstitution von Welt in der transzendentalen Subjektivität gründen.

Damit haben wir nun unserer Schema (Abb. 15), das die methodischen Schritte der Phänomenologie andeutet, in groben Zügen erläutert. Im Zusammenhang mit der transzendentalen Reduktion wurde sichtbar, daß Phänomenologie für den späten *Husserl* mehr war als eine reine Methode, nämlich Metaphysik, »wahre und echte universale Ontologie«[66]. Der Gedanke der »Konstitution von Welt in der transzendentalen Subjektivität« mutet an wie eine Antwort auf die Frage nach dem, »was die Welt im Innersten zusammenhält«. Jene Antwort zielt nicht auf ein Jenseits, sondern auf den

134 Phänomenologie

Menschen, so wie er in dieser Welt ist. — Es wird zu fragen sein, wieviel eine Phänomenologie innerhalb der Pädagogik mit der *Husserl*schen Philosophie zu tun hat.

Wir fassen zunächst die Grundgedanken zusammen und verweisen nochmals auf Abbildung 15:

Die Phänomenologie *Edmund Husserls* versteht sich (ursprünglich) als wissenschaftliche *Methode*, die einen unabhängigen und sicheren *Grund* legt *für alle anderen Wissenschaften*. Dabei nimmt sie den Zugang zu ihrem Gegenstand, die *Welt im ganzen*, über die *intentionalen Bewußtseins-Erlebnisse* und zielt auf *Wesensstrukturen* ab. Unter *Phänomenen* sind die intentionalen Gegenstände und die intentionalen Bewußtseinsakte zu verstehen. (Abb. 16)

Der methodische Rückgang bis zur transzendentalen Subjektivität geschieht in Stufen der *Epoché* (einer Enthaltung), die *Reduktionen* genannt werden.

In einer *ersten Epoché* wird zurückgegangen von einer sekundären, *theoretischen Welt*, die von wissenschaftlichen, idealen, vorgegebenen *Vorurteilen* geprägt ist, auf eine primäre Welt, die *»Lebenswelt«*. Diese ist gekennzeichnet durch die natürliche Einstellung, in der alles Begegnende naiv hingenommen wird, daß es ist und wie es ist.

Die *phänomenologische Reduktion* setzt hier an und enthält sich jenes naiven Hinnehmens, wobei die phänomenologische Einstellung charakterisiert wird durch den *unbeteiligten Zuschauer*, der sich auf die Denk-Erlebnisse und die intentional gegebenen Gegenstände richtet.

In der *eidetischen Reduktion* wird das *Wesen*, das Eidos der Gegebenheiten herausgearbeitet. Eine *Wesensschau* wird in schöpferischer, aktiver Denkleistung dadurch erreicht, daß der Gegenstand in seinem intentionalen Gegebensein variiert wird. Das sich dabei herausstellende *Invariante*, Allgemeine, ist das Wesen.

In einem letzten Schritt, der allerdings prinzipiell schon mit der phänomenologischen Reduktion intendiert ist, in der

Phänomenologie als Philosophie der Lebenswelt bei Merleau-Ponty 135

transzendentalen Reduktion, wird auf ein Ich zurückgegangen, dem in *der* Weise *Welt vorgegeben* ist, daß das Vorgegebene und die Weisen, wie es dem Subjekt gegeben ist, zusammengehören. Auf dieser Ebene der *transzendentalen Subjektivität* wird *Welt konstituiert.*

Literaturempfehlung für die *Husserl*sche Phänomenologie:

P. Janssen: Edmund Husserl. Eine Einführung in seine Phänomenologie.
H. Spiegelberg: The Phenomenological Movement.

2. Exkurs: Phänomenologie als Philosophie der Lebenswelt bei Merleau-Ponty

Die phänomenologische Orientierung in der jüngeren Pädagogik — der deutschen, niederländischen und nordamerikanischen — ist gegenüber der geisteswissenschaftlichen Pädagogik einen wesentlichen Schritt über *Husserl* hinausgegangen. Um die neuere Entwicklung wenigstens ansatzweise zu verstehen, ist es notwendig, jenen Schritt über *Husserl* hinaus nachzuvollziehen, der von dem Franzosen *Maurice Merleau-Ponty* (1908-1961) vollzogen worden ist. Dieser Schritt besteht in der Orientierung an der *Lebenswelt. Merleau-Ponty* verfolgt damit einen anderen Weg als *Husserl*, der dafür aber bereits die Richtung gewiesen hat. Bildhaft gesprochen hat *Husserl* die Tür zur Erkenntnis der »Lebenswelt« aufgestoßen, aber er konnte deren neue Räume nicht mehr ausforschen.

Wir erinnern uns, daß *Husserl* lebenslanges philosophisches Bemühen darin bestand, die Konstitution von Welt und von Sinn im intentionalen Bewußtsein herauszufinden und zu benennen. In der bisherigen Darstellung haben wir einen weiteren Gedankenschritt *Husserls* noch nicht erwähnt, der allerdings den längst eingeschlagenen Weg verfolgt: Auf der Ebene der »transzendentalen Subjektivität« stellte sich die Frage, wie die Erklärung der Konstitution von Welt über die Willkür eines puren Subjektivismus hinausgelangen könne. Mit anderen Worten: Was hat »*meine*« Konstitution von Welt mit der der anderen zu tun? Wie kann es sein, daß meine Welt auch die der anderen ist? In seinem Spätwerk, beispielsweise in den

»Cartesianischen Meditationen« (§§ 44, 50, 61), geht *Husserl* dieser Frage nach. Wir brauchen dies hier nicht näher darzustellen; es reicht zu erwähnen, daß *Husserl* mit einer weiteren Reduktion, die er die »primordiale« nennt, und mit einer Stufe der »transzendentalen Intersubjektivität« innerhalb der Konzeption seiner transzendentalen Phänomenologie verbleibt.

Bedeutsamer für unseren Zusammenhang ist der entscheidende Schritt, mit dem *Husserl* quasi die Türe zur »Lebenswelt« aufstößt. Dies geschieht in seiner letzten bedeutsamen Schrift »Die Krisis der europäischen Wissenschaften und die transzendentale Phänomenologie« (1936). Hier stellt *Husserl* fest, daß die neuzeitlichen Wissenschaften ihr *Sinnesfundament* überspringen und vernachlässigen, nämlich: »die einzig wirkliche, die wirklich wahrnehmungsmäßig gegebene, die je erfahrene und erfahrbare Welt — unsere alltägliche *Lebenswelt*« (S. 52). Positiv gewendet heißt dies, daß die Lebenswelt das Sinnesfundament der Wissenschaften ist. Die Krisis der modernen Wissenschaften besteht darin, ihr Lebenswelt-Fundament vergessen zu haben. Eine Besinnung auf die Lebenswelt ist darum notwendig, um der Krisis zu begegnen.

Die Lebenswelt ist »*Sinnesfundament*« der Wissenschaften; das heißt, dieses Fundament der Wissenschaften hat mit der Sinnlichkeit, *Leiblichkeit*, der Erfahrung des Menschen zu tun. Zudem meint Lebenswelt den Gesamthorizont menschlicher Erfahrung, also die von Menschen gestaltete, praktische Umwelt, die auch im Horizont ihrer Geschichte und ihrer Tradition verstanden werden muß. Lebenswelt hat also einen generativ-geschichtlichen Charakter; sie ist *geschichtlich* (Janssen 1980, 153f.). Für den Anspruch der »Objektivität« der Wissenschaften bedeutet dies, daß er nicht absolut sein kann, haben sie doch ein Fundament, das nicht durch sie selbst gelegt werden kann.

Im Rahmen der *Husserl*schen Phänomenologie bedeutet die Entdeckung der Lebenswelt, daß zunächst durch eine *Reduktion* der lebensweltliche Grund der Wissenschaften freigelegt werden muß. Erst dann kann die eigentliche phänomenologische Arbeit beginnen, nämlich die Sinnkonstitution von Welt in der transzendentalen Subjektivität bzw. Intersubjektivität freizulegen. Das heißt aber bei *Husserl*, daß die Lebenswelt »zum ›Leitfaden‹ des transzendental-phänomenologischen Rückgangs* auf das letztlich leistende Leben wird, aus dessen sinnkonstitutiven Leistungen nicht nur alle Wissenschaft, sondern auch die Lebenswelt ihren ›Seinssinn‹ hat, gewonnen hat und ständig nur gewinnt«« (Ströker 1979, 109).

Lebenswelt hat somit bei *Husserl* einmal die Bedeutung, Sinnes-

Phänomenologie als Philosophie der Lebenswelt bei Merleau-Ponty   137

fundament der Wissenschaft zu sein, zum anderen »bloßes transzendentales Phänomen« (Janssen 1980, 154). *Merleau-Ponty* nun wendet sich von dem transzendentalen Interesse an der Lebenswelt ab; sie ist ihm nicht mehr primär Anlaß, intentionales Bewußtsein angemessen reflektieren zu können. Weniger das Bewußtsein als solches und seine sinnkonstituierenden Leistungen interessieren *Merleau-Ponty*, sondern das Fundament dieses Bewußtseins: die Lebenswelt. Zwar knüpft *Merleau-Ponty* bei *Husserl* an, aber er gibt dessen Philosophieren eine neue Wendung, die in die Nähe der Existenzphilosophie rückt. In »Phänomenologie der Wahrnehmung« sagt er: »Entweder wird durch die Konstitution die Welt derart durchsichtig, daß nicht mehr einsehbar ist, wieso die Reflexion den Umweg über die Lebenswelt nehmen mußte, oder aber jene Konstitution behält etwas vom Wesen der Lebenswelt und entledigt also nie diese Welt ihrer Undurchdringlichkeit« (S. 417).

Für *Merleau-Ponty* ist also »diese Welt« undurchdringlich; sie kann nicht vollkommen aufgeklärt werden; sie liegt noch *vor* dem Bewußtsein. Somit ist nicht das Bewußtsein, sondern die Lebenswelt das erste für *Merleau-Ponty*. Bewußtsein findet sich je schon *in der Welt* am Werk«. Das cogito ist identisch »mit dem Engagement in der Welt«. Es gibt »keine Welt ohne ein *Sein-zur-Welt*« (Merleau-Ponty 1966, 491f.).

Mit anderen Worten, Welt kann nicht abstrakt erkannt werden, weil der Mensch und somit sein Erkennen immer schon zur Welt *ist*, und dieses ›ist‹, dieses Sein-zur-Welt, ist etwas anderes und vor allem mehr als ein intellektuell-erkennendes Verhältnis des Menschen zur Welt. Dieses ist lediglich ein Spezialfall des Seins-zur-Welt. Vor dem Bewußtseinsakt, vor dem »cogito« (ich denke) liegt das »sum« (ich bin, ich existiere). Die bekannte philosophische Formel *Descartes*, die letztlich auch für *Husserl* leitend war, nämlich »cogito ergo sum«, wird durch *Merleau-Ponty* quasi auf den Kopf gestellt: »sum ergo cogito«. Nicht mein Sein wird durch das Denken begründet, sondern umgekehrt: Die Weise meiner Existenz bestimmt mein Denken. Leiblich-sinnlich-geschichtlich *bin* ich *zur Welt*; und nur als solcher kann ich erkennen; nur in diesem Sinne kann von »Bewußtsein« gesprochen werden.

Merleau-Ponty hat ein ambivalentes Verhältnis zu *Husserl*. Zwar ist er von ihm inspiriert, und er will ihn fortsetzen. Und doch wandelt er die *Husserl*sche Phänomenologie um und gibt ihr einen völlig neuen Sinn. Im Vorwort zur »Phänomenologie der Wahrnehmung« finden wir eine programmatische Aussage *Merleau-Pontys*, die dieses ambivalente Verhältnis deutlich vor Augen führt (S. 3):

138 Phänomenologie

»Phänomenologie ist *Wesensforschung* — alle Probleme, so
lehrt sie, wollen gelöst sein durch Wesensbestimmungen:
Bestimmung des Wesens der Wahrnehmung etwa, des Wesens
des Bewußtseins.

Doch ebensosehr ist Phänomenologie eine Philosophie,
die alles Wesen zurückversetzt in die *Existenz* und ein
Verstehen von Mensch und Welt in der ›Faktizität‹
fordert.

Phänomenologie ist *Transzendentalphilosophie*, die die Thesen
der natürlichen Einstellung, um sie zu verstehen, außer
Geltung setzt —

und doch eine Philosophie, die lehrt, daß *Welt* vor aller
Reflexion in unveräußerlicher Gegenwart, ›*je schon da*‹ ist,
eine Philosophie, die auf nichts anderes abzielt, als diesem
naiven Weltbezug nachzugeben, um ihm endlich eine
philosophische Satzung zu geben.

Sie hat es abgesehen auf Philosophie als ›*strenge Wissenschaft*‹
— doch gleichwohl ist sie Besinnung auf Raum, Zeit und
Welt des ›Lebens‹.

Sie ist der Versuch einer direkten Beschreibung aller *Erfah-
rung, so wie sie ist*, ohne Rücksicht auf Probleme genetischer
Psychologie oder Kausalerklärung, wie sie Naturwissenschaft,
Geschichte und Soziologie zu bieten vermögen —

und doch spricht *Husserl* in seinen letzten Werken von
›genetischer Phänomenologie‹, ja ›*konstruktiver Phänomenologie*‹.«

Diese Stelle ist nicht nur inhaltlich erhellend; sie beeindruckt auch
durch ihre sprachliche Form. Sie baut auf der Formel auf: »Phänomenologie ist... — doch...«. *Merleau-Ponty* scheint jeweils das Konzept der Phänomenologie *Husserls* zu akzeptieren, wendet es dann
aber in seinem Sinne. Nur am Schluß widerspricht er *Husserl* direkt,
indem er bestimmt, was für ihn selbst Phänomenologie ist, nämlich
»Beschreibung aller Erfahrung, so wie sie ist«. Darum muß neben
die »Wesensforschung« die Existenz treten, neben die Transzendentalphilosophie eine Existenzphilosophie; darum reicht es nicht
aus, die natürliche Einstellung außer Geltung zu setzen, sondern es
muß deutlich gemacht werden, daß vor der Reflexion Welt und ein
naiver Bezug zu ihr immer schon da sind; der Philosoph muß sich in
die natürliche Einstellung hineinbegeben. Reflexion ist prä-reflexiv
fundiert. Raum, Zeit und Welt des ›Lebens‹ müssen darum Gegenstand einer Philosophie sein, obgleich oder gerade weil sie »strenge

Phänomenologie als Philosophie der Lebenswelt bei Merleau-Ponty   139

Wissenschaft« sein will. Die »Strenge« der Wissenschaft, nämlich der Phänomenologie, besteht nun nicht mehr in ihrer Reinheit — gereinigt von allen »Vorurteilen« —, sondern in der entschiedenen Reflexion dieser »Vorurteil«; und diese sind nichts anderes als das leibliche und lebensweltliche Sein-zur-Welt des Menschen.

Merleau-Ponty führt das transzendentale Subjekt zurück auf ein existierendes, inkarniertes, nämlich leibliches Subjekt (Meyer-Drawe 1984, 135). Aus diesem Grund hat *Leiblichkeit* eine zentrale Bedeutung in der Phänomenologie *Merleau-Pontys*. Im gewöhnlichen Verständnis ist der Leib ein Gegenstand wie jeder andere Gegenstand auch: Wir haben eine Vorstellung vom Leib; er ist Bewußtseinsinhalt. Ein solcher Gegenstand wird beobachtet, er kann sich auch aus meinem Gesichtsfeld entfernen. Nach *Merleau-Ponty* ist mein Leib hingegen kein solcher Gegenstand. Er ist ständig da; er ist be-ständig. Er läßt sich nicht endlos erkunden; vielmehr entzieht er sich »jeder Durchforschung und stellt sich mir stets unter demselben ›Blickwinkel‹ dar. Seine Ständigkeit ist keine solche der Welt, sondern Ständigkeit ›meinerseits‹. Daß er stets bei mir und ständig für mich da ist, besagt in eins, daß ich niemals ihn eigentlich vor mir habe, daß er sich nicht vor meinem Blick entfalten kann, vielmehr immer am Rand meiner Wahrnehmung bleibt und dergestalt *mit* mir ist.« (Merleau-Ponty 1966, 115)

Durch meinen Leib beobachte, sehe und berühre ich Gegenstände; durch meinen Leib kann ich mich von ihnen abwenden. Das heißt, durch meinen Leib werden sie erst zu Gegenständen. In derselben Weise kann ich mich hingegen nie meinem Leib zuwenden oder mich von ihm abwenden. Er ist immer da; er läßt sich nie vollständig beobachten; er zeigt sich nur unter einer Perspektive — ich kann nicht aus ihm heraustreten. Folglich *habe* ich nicht einen Leib — der mich hindert oder mir Genuß ermöglicht, den ich wahrnehme und so ihm gegenüberstehe und mit dem ich — als Werkzeug — anderes wahrnehme. Mein »Leib steht nicht vor mir, sondern ich bin in meinem Leib, oder vielmehr ich *bin* mein Leib. . .« (Merleau-Ponty 1966, 180)

Ich existiere leiblich, das bedeutet: Mein Verhältnis zur Welt ist durch meine Leiblichkeit bestimmt. Welt eigne ich mir nicht intellektuell an, sondern zuerst und zugrunde liegend: Ich existiere leibhaft und durch leibhafte Erfahrung. Die Welt *habe* ich »durch meinen Leib hindurch, der das Vermögen dieser Welt ist; ich verfüge über die Stellung der Gegenstände durch die meines Leibes und umgekehrt über dessen Stellung durch die der Gegenstände, . . . insofern nämlich mein Leib Bewegung auf die Welt zu ist und die Welt

140   Phänomenologie

der Stützpunkt meines Leibes« (Merleau-Ponty 1966, 401). Das bedeutet, bezogen auf unser Bewußtsein, daß wir ein »Wissen« haben,
das anders als das distanzierte, objektive Wissen ist, »da der Leib immer schon mit uns ist und wir dieser Leib sind« (Merleau-Ponty
1966, 243). Jeder kennt die Erfahrung, daß er sich im dunklen Zim-
mer zurechtfinden und mit verblüffender Sicherheit etwa die Tür-
klinke finden kann; die Hand »weiß«, in welcher Höhe diese gegriffen werden kann, ohne daß wir uns das »mit dem Verstand erklären«
könnten.

   Da wir leiblich zur Welt sind, ist unsere Welt eine *durch unsere
Leiblichkeit interpretierte Welt.* Mein Leib »ist ein für alle anderen Gegenstände *empfindlicher* Gegenstand, der allen Tönen ihre *Resonanz*
gibt, mit allen Farben *mitschwingt* und allen Worten die Art und
Weise, in der er sie aufnimmt, ihre ursprüngliche *Bedeutung* verleiht« (Merleau-Ponty 1966, 276). Das hier Gemeinte ist jedem von
uns bekannt; denken wir an eine Beschreibung von Düften, vielleicht nur an die Erwähnung von Rosenduft – und wir »wissen« dank
unseres Leibes, durch den wir sinnlich wahrnehmen und der nach
Merleau-Ponty »mitschwingt« und den Worten Bedeutung verleiht,
wie das ist, wenn wir Rosenduft wahrnehmen. Abstrakter ausgedrückt können wir festhalten: Der Leib hat seine eigene *Sinnstiftung,*
sein eigenes *Verstehen.* Aber wir würden *Merleau-Ponty* mißverstehen, wollten wir dieses leibliche Verstehen als eine besondere Art
neben anderen möglichen Arten von Verstehen denken. Unser Leib
ist nichts Zufälliges, wir können unsere Leiblichkeit nicht verlassen;
wir verstehen *immer* auch leiblich; denn: Wir existieren leiblich.
Doch so wie unsere Leiblichkeit nicht von unserer Existenz wegge-
dacht werden kann, so ist unsere Existenz auch nicht ohne *Welt*
denkbar. Unsere leibliche Existenz ist Zur-Welt-Sein.

   Leiblichkeit ist nur ein wesentlicher Aspekt, der sich aus der lebensweltlichen Wendung der Phänomenologie *Merleau-Pontys* ergibt. Doch diese wenigen Hinweise müssen im Zusammenhang unseres Buches genügen. Sie machen jedoch bereits deutlich, daß mit
der Wendung, die *Merleau-Ponty* der *Husserl*schen Phänomenologie
gibt, ein völlig neues Fundament für eine Betrachtung des Erzie-
hungs-und Bildungsgeschehens gelegt wird. Dieses erscheint in einem bislang unbekannten Licht, wenn es unter der Perspektive der
Lebenswelt, der Leiblichkeit, der Zeitlichkeit, der Räumlichkeit, der
Sinnhaftigkeit reflektiert wird. Die geisteswissenschaftliche Pädagogik hat solche Momente nur zaghaft und über den Umweg der Existenzphilosophie und kaum in strenger Durchführung aufgenommen. Das Potential, das die Phänomenologie *Merleau-Pontys,* die

Die phänomenologische Methode in der Pädagogik   141

Philosophie der Lebenswelt, einer pädagogischen Reflexion bietet, wurde in der neueren Pädagogik bislang nur von wenigen erkannt und von vielen noch gar nicht wahrgenommen. Unsere Hinweise mögen zumindest dazu anregen, sich mit diesem »approach« auseinanderzusetzen.

3. Die phänomenologische Methode in der geisteswissenschaftlichen Pädagogik

Wir kehren zurück zur Phänomenologie in der *Husserl*schen Konzeption und erinnern uns an die *allgemeinen Gesichtspunkte*, die wir für die phänomenologische Methode eingangs herausgestellt haben (III. 1.): Ihre Maxime lautet: »*Zu den Sachen selbst!*« Die Gegenstände der einzelnen Wissenschaften sollen so gesehen werden, wie sie *tatsächlich* gegeben sind, also *vor* wissenschaftlichen, ideologischen, traditionsgebundenen Meinungen. Für eine *geisteswissenschaftlich* orientierte *Pädagogik* hat die phänomenologische Methode Bedeutung, weil sie die quantifizierende Verengung einer rein empirischen Wissenschaft vermeidet. In grober Unterscheidung haben wir eine *philosophische Phänomenologie* im strengen Sinn und eine Phänomenologie, wie sie in Einzelwissenschaften *angewendet* wird, auseinandergehalten.

a) Situation und Aufgabe einer pädagogischen Phänomenologie

Nachdem wir uns die verschiedenen methodischen Schritte der *Husserl*schen Phänomenologie vor Augen geführt haben, stellt sich für uns nun die Frage, was die *Phänomenologie in der Pädagogik* mit der *Husserl*schen zu tun hat und wie sie sich selbst darstellt. Die Antwort hierauf könnte streng genommen nur dadurch gegeben werden, daß man jeden einzelnen Erziehungswissenschaftler, der sich phänomenologisch orientiert hat, auf die gestellte Frage hin untersucht. Damit wird aber gleichzeitig die Situation der Phänomenologie in der geisteswissenschaftlichen Pädagogik charakterisiert. Denn es gilt nach wie vor, was *G. Kiel* 1966 festgestellt hat: »Das Verhältnis von Pädagogik und Phänomenologie ist bis heute weitgehend *ungeklärt*«[67]. Trotz einiger klärender Ansätze[68] kann man wohl behaupten, daß sich die Phänomenologie im Rahmen jener Pädagogik noch verwirrender darstellt als etwa innerhalb der Philosophie. Das ist insbesondere dann der Fall, wenn man nach einer einheitlichen *wissenschaftstheoretischen Grundlegung* und nach dem Rückbezug auf *Husserl* fragt. Das Verständnis von »Phänomenologie« reicht von bloßer Beschreibung bis zur ernsthaften Orientierung an *Husserl*[69]. In jedem Fall wird Phänomenologie im Rahmen der geisteswissenschaftlichen Pädagogik zu einer *angewandten* »Methode«, die allerdings eine bestimmte Struktur aufweist, die von ihrer Herkunft aus der *Husserl*schen Phänomenologie herrührt[70].

Diese Feststellung hat weitreichende wissenschaftstheoretische Folgen. Denn wie können dann Grundbegriffe und Grundgedanken einer derartigen Phänomenologie erkenntnistheoretisch streng begründet werden, wenn sie ihres ursprünglichen Sinns und Zusammenhangs beraubt sind[71]? Die entscheidende *Abweichung von Husserl* besteht nämlich im wesentlichen in zwei Punkten: 1. Die *transzendentale Reduktion*, also der Rückgang auf ein vor-psychologisches welt-konstituierendes Ich, interessiert überhaupt nicht. 2. Auch die phänomenologische Reduktion wird nicht beachtet, also der Rückgang auf *intentionale Bewußtseins*gegebenheiten, selbst wenn diese im Sinne einer reinen Psychologie (im Sinne *Husserls*) verstanden werden. In Abhebung von Abbildung 15 können wir veranschaulichen, was somit von der *Husserl*schen Idee einer phänomenologischen Methode in der Pädagogik übrigbleibt[72] (Abb. 17).

Diese Auslassung wesentlicher Gedankenschritte *Husserls*, nämlich der phänomenologischen und der transzendentalen Reduktion, wird allerdings in der Pädagogik zum Teil ganz bewußt vollzogen,

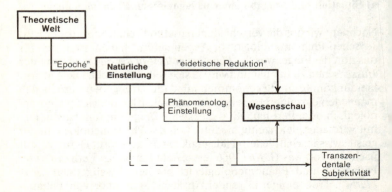

Abb. 17: Abweichung einer »angewandten Phänomenologie« von der *Husserl*schen Phänomenologie

Die phänomenologische Methode in der Pädagogik   143

weil man das Interesse einer pädagogischen Anthropologie verfolgt und nicht das einer bestimmten Erkenntnistheorie oder Metaphysik[73]. Ein solches Vorgehen ist legitim, muß sich aber dem Urteil *E. Finks* stellen, der sagt: »Es gibt keine Phänomenologie, die nicht durch die ›Reduktion‹ hindurchgeht. Was unter Verzicht auf die Reduktion immer sonst sich als ›Phänomenologie‹ bezeichnen mag, ist prinzipiell eine mundane Philosophie und d.i. eine ›dogmatische‹ (im phänomenologischen Verstande).«[74] Es wird niemand bestreiten, daß eine Kritik an *Husserl* und ein Abweichen von seiner Philosophie erlaubt sind. Doch eine Absetzung davon darf nicht ohne klare Auseinandersetzung damit geschehen. Dies allerdings ist eine wissenschaftstheoretische Aufgabe, die wir hier nur fordern, aber nicht leisten können.

Da wir hier nur die Grundzüge und Grundbegriffe einer Phänomenologie in der geisteswissenschaftlichen Pädagogik kennenlernen möchten, können wir auch nicht auf die *Geschichte* der Phänomenologie in der Pädagogik oder gar auf *einzelne Vertreter* eingehen[75]. Wir begnügen uns mit einer *schematischen Übersicht*[76]:

I.	**A. Fischer** (1880–1937) »Deskriptive Pädagogik«	*P. Petersen* (1884–1952) pädagogische Tat- sachenforschung	*R. Lochner* (geb. 1895–1978) deskriptive Pädagogik
II.	*W. Flitner* (geb. 1889) »Allgemeine Pädagogik«	*F. Kanning* (1892–1963) »Strukturwissen- schaftliche Pädagogik«	**O.F. Bollnow** (geb. 1903) Anthropologie
III.	*N. Perquin* (1897–1976) »Pädagogik«	**M.J. Langeveld** (geb. 1905) pädagogische Anthropologie	*S. Strasser* (geb. 1905) Fundamental- pädagogik
IV.	*J. Derbolav:* Grundlagenprobleme der Erziehungstheorie. Beitrag zu einer Phänomenologie der *erzieherischen Grundhaltung* (1951), *J. Muth:* Pädagogischer *Takt* (1952), *H. Scheuerl:* Das *Spiel* (1954), *E. Lichtenstein:* Bemerkungen zu einer Phänomenologie der *Erziehungsweisen* (1961), *W. Loch:* Beiträge zu einer Phänomenologie von *Gespräch* und *Lehre* (1962), *J. Drechsler:* Der pädagogische Ort der *Freude* (1966).		

144 Phänomenologie

Diese Zusammenstellung bedeutet folgendes:

I. Gruppe: Diese Pädagogen haben überwiegend *vor dem Zweiten Weltkrieg* gewirkt. Wichtigster Vertreter ist *A. Fischer*, der mit seinem Aufsatz »Deskriptive Pädagogik« vom Jahre 1914 sich einerseits auf *Husserl* bezogen, andererseits eine pädagogische Phänomenologie initiiert hat, die in *empirische* Tatsachenforschung übergegangen ist. Dieser widmen sich auch *Petersen* und *Lochner*; sie sind darum keine Phänomenologen in einem strengeren Sinn[77].

II. Gruppe: Nachdem vor dem Zweiten Weltkrieg längere Zeit die Phänomenologie in der Pädagogik zurückgetreten war, wurde sie unter anderem von *Bollnow* und *Kanning* nach dem Krieg im Rahmen einer *geisteswissenschaftlichen* Pädagogik angewendet, von *Kanning* in dem praktischen Versuch, Schüler phänomenologisch erkennen und erfahren zu lassen, und von *Bollnow* in anthropologischen Studien. Obwohl *W. Flitners* Schwerpunkt nicht in der Phänomenologie liegt, bedient er sich oft der phänomenologischen Darstellungsweise, insbesondere in seiner »Allgemeinen Pädagogik«[78]. Hauptvertreter ist hier *Bollnow*, der die Phänomenologie auch wissenschaftstheoretisch angegangen ist.

III. Gruppe: *Perquin* und *Langeveld* sind *Niederländer*, die nach 1945 auch stark in die deutsche Pädagogik hineingewirkt haben. Ihnen ist auch der Österreicher *Strasser* zuzurechnen, der lange Jahre in Nimwegen gelehrt hat. Wichtigster Vertreter ist *Langeveld* durch seine phänomenologische Vorgehensweise[79]. *Strasser* ist mehr Theoretiker der pädagogischen Phänomenologie.

IV. Gruppe: Hier sind exemplarisch einige Erziehungswissenschaftler mit phänomenologischen *Einzelstudien* aufgeführt[80]. – Weder diese Gruppe noch die anderen drei sind vollständig; wir wollen lediglich einen ersten Anhaltspunkt bieten, verbunden mit einem historischen Überblick.

Diesen vier Gruppen, die für einen historischen Überblick stehen, sind für die jüngere Entwicklung phänomenologisch orientierter Pädagogik folgende Gruppierungen anzuschließen:

1. **Niederlande**: *Ton Beekman* als Nachfolger von *M.J. Langeveld* in Utrecht mit praktischem Ansatz und mit einem produktiven Schülerkreis; auch *Herman Coenen*;

2. **Nordamerika**: *Max van Manen* in Edmonton, Kanada, sowie *Valerie Polakow* und *Loren S. Barritt* in Ann Arbor, USA; sie sind von den

Die phänomenologische Methode in der Pädagogik   145

Niederländern, aber auch von der französischen Phänomenologie angeregt; *Max van Manen* ist Gründer der Zeitschrift »Phenomenology + Pedagogy«;

3. **Deutschland**: *Wilfried Lippitz* und *Käte Meyer-Drawe*; beide orientieren sich über *Langeveld* hinaus an der französischen Phänomenologie, insbesondere an *Maurice Merleau-Ponty*; *Lippitz* hat 1983 einen »Arbeitskreis für phänomenologisch-pädagogische Forschungen« ins Leben gerufen.

Kehren wir zurück zu unserer Frage nach einer Phänomenologie, wie sie sich im Rahmen der geisteswissenschaftlichen Pädagogik darstellt. Auf die Schwierigkeiten haben wir ausführlich hingewiesen. Nun kann mit Recht eingewendet werden, daß doch ein *Gemeinsames* vorhanden sein muß, damit man überhaupt von *Phänomenologie* in der Pädagogik« sprechen kann. Dieses gibt es in der Tat, und ihm wollen wir uns nun zuwenden, indem wir uns bewußt sind, daß wir wiederum nur vereinfachte Grundzüge herausstellen können. Dabei werden wir insbesondere *A. Fischer* in Form von längeren Zitaten mit heranziehen, um so gleichzeitig den Initiator einer Phänomenologie innerhalb der Pädagogik vorzustellen und nicht zuletzt zur weiteren Lektüre anzuregen[81]. Außerdem werden wir im Anschluß an die mehr theoretischen Überlegungen anhand eines Textes von *M. J. Langeveld* ein Beispiel des phänomenologischen Vorgehens kennenlernen.

Wir sollten nun analog zu einer »pädagogischen Hermeneutik« auch nach einer *»pädagogischen Phänomenologie«* fragen. Denn eine »phänomenologische Pädagogik«, die die phänomenologische Methode verabsolutieren würde, wäre nicht ausreichend[82]. Denken wir etwa nur an die erzieherische Zielsetzung: Könnte sich diese darauf beschränken, daß vorhandene Ziele phänomenologisch beschreibend erhoben werden? Wohl nicht; es müßte zumindest ein normatives Moment hinzutreten. Eine »pädagogische Phänomenologie« wollen wir dagegen als einen »approach« verstehen, der einer übergeordneten Erziehungswissenschaft dazu dient, zu ganz bestimmten Erkenntnissen zu kommen, die durch andere Zugangsweisen ergänzt werden müssen. Das *Besondere* dieser pädagogischen Phänomenologie gegenüber anderen Phänomenologien ist auf jeden Fall ihr *Gegenstand*: die ganze menschliche Region, die es mit *Erziehung und Bildung* zu tun hat[83]. Bereiche, die wir mit »Welt des Kindes« oder »Welt der Schule« umschreiben, müssen — unter anderen — von dieser pädagogischen Phänomenologie durchleuchtet werden.

146 Phänomenologie

Ihre Leitfrage lautet: Wie zeigt sich denn eigentlich Erziehung und wie Bildung?[84] Das »*Phänomen Erziehung*« ist darum ein Gegenstand, der in der Literatur immer wiederkehrt[85]. Es stellt nach *N. Perquin* das »Fundament der Pädagogik« dar und gibt »sich dem Betrachter als ein eigenes und klar abgrenzbares Ganzes zu erkennen«[86].

In ähnlicher Weise wie die *Husserl*sche Phänomenologie hat darum die pädagogische Phänomenologie ihre *Aufgabe* darin zu sehen, für die Erziehungswissenschaft insgesamt ein *Fundament* zu erstellen, von dem diese ausgehen kann. *Husserl* ging es um eine Grundlegung *aller* Wissenschaften; hier soll diese *eine* Wissenschaft fundiert werden. Das geschieht dadurch, daß bestimmte *Grundgegebenheiten*, die unabdingbar zu Erziehung und Bildung gehören, in ihren *wesentlichen Strukturen* aufgezeigt werden. Auf die Grundphänomene »Erziehung« und »Bildung« haben wir schon hingewiesen. Diese entfalten sich weiterhin nach den Weisen, wie erzogen und gebildet wird, nach den personalen Konstellationen, nach Erziehungszielen und -aufgaben, nach Kind- und Erwachsensein, nach dem Verhältnis von Erziehung und Gesellschaft, nach Phänomenen wie Lernen, Spielen, Arbeiten, Selbstentfaltung, Verantwortung, Autorität usw. Eine pädagogische Phänomenologie, die diese Grundgegebenheiten beschreibt, versteht sich sinnvollerweise nicht als *die* Pädagogik, vielmehr als grundlegenden Bestandteil einer umfassenden Erziehungswissenschaft. In diesem Sinn versteht *S. Strasser* die pädagogische Phänomenologie als »Fundamentalpädagogik«[87]. Dieselbe Auffassung äußert bereits *A. Fischer*:

». . . ich meine, daß die [pädagogische] Theorie *erst die Aufgabe hat, die Tatsache Erziehung im Ganzen und die Einzeltatsachen der Erziehung nach ihrem historischen und aktuellen Bestande genau zu studieren.* Und in dieser Grundaufgabe ist die Deskription eingeschlossen, die reine, allerdings so tief als möglich geführte Beschreibung und Zergliederung der Einzelheiten der pädagogischen Praxis«[88].

»Ich möchte deshalb die Möglichkeit, Aufgabe und Bedeutung einer deskriptiven Pädagogik . . . umreißen, in der Absicht, dadurch den Boden bereiten zu helfen oder wenigstens zu bezeichnen, auf den *alle Richtungen* des pädagogischen Denkens: die historischen, dogmatischen, exakten, experimentellen, die religiösen, die Herbertianer, Rousseauschüler, Platoniker, die Instinktpädagogen und Organisatoren — sich stellen *müssen*,

Die phänomenologische Methode in der Pädagogik 147

sowohl wenn sie ihren eigenen Standpunkt endgültig begründen oder gar miteinander sich verständigen bzw. in stichhaltiger Endgültigkeit auseinandersetzen wollen, als auch sich stellen *können*, weil er noch keine theoretische Stellungnahme enthält oder präjudiziert«[89].

Die *Verfahrensweise*, wie das Phänomen »Erziehung« sich zeigen soll, muß nun auch für die pädagogische Phänomenologie angegeben werden. Hierüber besteht bei aller Verschiedenheit der Richtungen eine *Übereinstimmung*, die in der Formulierung von *H. Röhrs* zum Ausdruck kommt: »Phänomenologisch verfahren heißt..., in *unvoreingenommener* und *vorbehaltloser* Weise die *Phänomene beschreibend zur Selbstdarstellung* zu bringen«[90]. Diese Definition klingt sehr einfach und einleuchtend. Wenn wir allerdings danach fragen, was ihre einzelnen Bestandteile bedeuten, dann kommen wir in Verlegenheit. Denn was heißt für eine pädagogische Phänomenologie »unvoreingenommen und vorbehaltlos«, »Phänomen« und »Selbstdarstellung« und was »beschreiben«? Wenn wir diese Gesichtspunkte betrachten und das Ziel der Beschreibung, nämlich die Wesenserfassung, mit dazunehmen, dann haben wir die wichtigsten *methodischen Schritte* einer pädagogischen Phänomenologie vor uns. Auch diese wollen wir vorweg in einem Schema skizzieren – diesmal losgelöst von der *Husserl*schen Phänomenologie (Abb. 18):

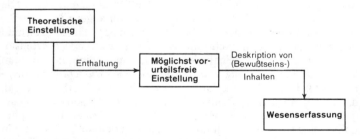

Abb. 18: Methodische Schritte der pädagogischen Phänomenologie

148 Phänomenologie

b) Möglichst vorurteilsfreie Einstellung

Der erste Schritt kann in Analogie zur »ersten Epoché« gesehen werden[91]. Auch einer phänomenologischen Beschreibung in der Pädagogik geht es um eine *vorurteilsfreie Einstellung*, auf deren Grundlage sie arbeitet. Es muß also eine *Enthaltung* von einer theoretischen Einstellung, d.h. von wissenschaftlichen, interessebedingten, subjektiven Vorgegebenheiten geübt werden, die den Blick auf »die Sache selbst« verstellen. Zum Beispiel werden wir normalerweise einen auffälligen und störrischen Dreijährigen schnell mit der Schablone des »Trotzalters« beurteilen. Aber vielleicht ist sein Verhalten gar nicht entwicklungsbedingt, sondern verursacht durch eine gestörte Beziehung zur Mutter? Eine Enthaltung von einer theoretischen Einstellung bedeutet hier also, das Schema des »Trotzalters« beiseitezustellen und sich in dieser Weise unvoreingenommen mit dem Kind zu befassen.

Insbesondere solche Schemata und Systeme wissenschaftlicher und lebenspraktischer Art verleiten uns, Dinge und Verhältnisse mit Vorurteilen zu sehen. Die »natürliche Gutheit des Menschen« kann ein solches Schema sein, auch die viel strapazierte »Gesellschaftsbedingtheit«. Es geht also darum, sich für Neues, für nicht Vorhergesehenes offen zu halten. Wenn wir Bereiche methodisch benennen wollen, aus denen wir unsere Vorurteile beziehen, so hätten wir auf *Subjektives* zu achten, also auf individuelle Gefühle, Wünsche, Einstellungen, auf wissenschaftliche oder sonst allgemeingültige *Theorien*, Hypothesen, Meinungen und schließlich auf *Tradiertes*[92]. Die Liste solcher Vorurteile ließe sich beliebig verlängern[93].

Der Sinn der geforderten Enthaltung scheint klar zu sein, und dennoch gelingt es uns nicht, sie bis zu einer *absoluten* Vorurteilslosigkeit zu Ende zu denken. Es ist zwar ein Traum eines bestimmten Wissenschaftstyps, völlig vorurteilslos zu sein; *Husserl*, der Vorurteilslosigkeit der Wissenschaft gefordert hatte, gab schließlich zu, daß »der Traum einer ›Philosophie als strenger Wissenschaft‹ ›ausgeträumt‹ sei«, weil er die »*geschichtliche Bedingtheit* auch jeder phänomenologischen Intuition und Reflexion« erkannte[94]. Was für ein erkenntnistheoretisches Unternehmen wie die *Husserl*sche Phänomenologie gilt, hat noch mehr Gültigkeit für eine pädagogische Phänomenologie, der es um *Inhalte* geht.

Wir müssen davon ausgehen, daß in jede phänomenologische Untersuchung Bedingungen einfließen, die nicht auszuschließen sind — trotz aller »Vorurteilslosigkeit«[95]. Schon die *Auswahl* des Gegenstands einer phänomenologischen Untersuchung ist nicht selbstver-

Die phänomenologische Methode in der Pädagogik   149

ständlich. Warum interessiert unser Jahrhundert das »erzieherische Verhältnis«, während es *Rousseau* nicht in den Blick nahm? Oder wie kommt der Phänomenologe dazu, das Phänomen »Erziehung« beschreiben zu wollen? Warum schaut er in Schulstuben und in Kinderzimmer und nicht in den Schalterraum eines Postamtes, wenn er das Erziehungsphänomen untersuchen will? Woher weiß er also, was »Erziehung« ist? Damit stoßen wir auf dieselbe Frage wie im Zusammenhang mit der Hermeneutik[96]. Besonders deutlich wird jene Befangenheit daran, daß dem Phänomenologen immer schon *Sprache* vorausgeht, daß ihm also mit seiner Muttersprache Welt vor-interpretiert ist und er so ein »Vorurteil« in seine Untersuchung einbringt. Außerdem ist er bei der Beschreibung auf Sprache angewiesen, wodurch also nicht »die Sache selbst«, sondern etwas sprachlich Vorgegebenes zum Ausdruck kommen kann, selbst wenn er sich bemüht, eine einfache und vorwissenschaftliche Sprache zu gebrauchen[97].

Der Sinn einer methodischen Enthaltung kann also nur darin liegen, zu einer *möglichst* vorurteilsfreien Einstellung zu gelangen und nicht zu einer absolut objektiven. Soweit Vorurteile durchschaut werden können, sollen sie von der »Sache selbst« losgelöst werden. Es geht prinzipiell darum, von einer Welt »aus zweiter Hand« auf eine Welt »aus erster Hand« zurückzugehen, die *Husserl* im Spätwerk als »Lebenswelt« charakterisiert hat. Der Sinn der Forderung nach Vorurteilsfreiheit liegt in einer kritischen und skeptischen Haltung, wenn man will in einer fruchtbaren »*Gegen*-Haltung«, nämlich einmal gegen wissenschaftliche Meinung, gegen Tradition, gegen eigene Vorstellungen, auch gegen die Sprache zu fragen: »Wie ist es denn nun eigentlich wirklich?«. Dennoch müssen derart gewonnene phänomenologische Ergebnisse in ihrer möglichen Bedingtheit gesehen werden. Hier stellt sich die Frage, ob letzte Sicherheiten phänomenologisch gewonnen werden können, etwa anthropologische Grundgegebenheiten, die nicht mehr relativierbar sind[98].

Eine vorurteilslose Einstellung fordert auch *A. Fischer*, ebenso einen Vorrang der Tatsachen vor der Sprache:

> »In sehr vielen Fällen ist es . . . weder leicht noch ohne
> weiteres möglich, das Gegebene zu beschreiben. Es ist eine
> *eigene Einstellung* dazu erforderlich, ein ›sich zur Gegebenheit
> bringen‹, in der Ausdrucksweise der Phänomenologie . . . Das
> ›sich zur Gegebenheit bringen‹ ist . . . weniger ein positiver
> Akt als vielmehr eine ›Abstraktion von‹, ein ›nicht zur Geltung
> kommen lassen‹, eine *Reduktion* all der Einschläge, Zusätze,

150 Phänomenologie

Namen, welche die Unmittelbarkeit des Gegebenen beein-
trächtigen und das Gegebene selbst . . . verdecken. Zu diesen
die *Erkenntnis erschwerenden Verdeckungen* gehören z.B. alle
Wirklichkeitssetzungen, Deutungen, Zuteilungen zu irgendeinem Reich der Realität, dem physischen, dem psychischen
usw. Derartige Angaben in die Beschreibung aufnehmen, heißt
nicht voraussetzungslos verfahren, heißt aber auch nicht mehr
beschreiben, insofern Beschreibung eben auf die *Qualifizierung
des Gegebenen vor aller Theorie* abzielt, des Gegebenen als
Gegebenen, der ›reinen Tatsachen‹, die erst irgendwie sichtbar
gemacht sein müssen, wenn die weiteren Begriffe der Theorie,
auch der vorwissenschaftlichen Vulgärtheorie sollen angewandt
werden dürfen. Die *Tatsachen* müssen doch darüber entscheiden, *welche Begriffe* auf sie angewandt werden dürfen;
dazu aber müssen diese Tatsachen selbst in einer nicht schon
mit Hilfe von ›Theorien‹ (wenn auch vulgären und infolge
ihrer universellen Verbreitung gern übersehenen Theorien)
vollzogenen Beschreibung festgestellt worden sein«[99].

Der nächste methodische Schritt in der Phänomenologie *Husserl*
war die phänomenologische Reduktion[100]. Diese wird jedoch in der
pädagogischen Phänomenologie *nicht* vollzogen, zumindest nicht
im strengen Sinn. Bei *Husserl* interessiert die *Intentionalität*, also insofern und wie das Bewußtsein auf einen Gegenstand gerichtet ist;
der Gegenstand interessiert als ein intentionaler. Das Interesse einer
pädagogischen Phänomenologie dagegen zielt auf *Inhalte*. Dabei beschränkt sie sich allerdings nicht auf die unmittelbar vorliegende
Wirklichkeit, also auf Wahrnehmungs-Inhalte. Vielmehr kann allgemein festgehalten werden, daß von verschiedenartigen Bewußt-
seins-Inhalten ausgegangen wird. Aber die Betonung liegt hier entgegen der *Husserl*schen Phänomenologie auf »Inhalt«. Denn nicht
der Bewußtseinsakt interessiert — auch nicht im Sinne einer phänomenologischen reinen Psychologie —, sondern der Gegenstand, der
in einer Erinnerung, einer Vorstellung, einem Urteil, einer Wahrnehmung usw. gegeben ist. Dabei wird der Gegenstand ganz naiv
und unkritisch als Wirklichkeit hingenommen[101]. Dies scheint nur
ein unbedeutender Unterschied zu *Husserl* zu sein; er ist aber der
entscheidende.

Andererseits muß auch in der pädagogischen Phänomenologie
von *Bewußtseins*-Inhalten gesprochen werden, weil eine Beschränkung auf die unmittelbar gegebene Wahrnehmungswelt die Phänomenologie auf die Stufe einer empirischen Wissenschaft stellen und

Die phänomenologische Methode in der Pädagogik   151

sie in ihrem Gegenstandsbereich stark einengen würde. Denn pädagogische Phänomenologie kann durch die Einbeziehung aller Bewußtseins-Inhalte so etwas wie die *Struktur* eines Erziehungsverhältnisses, die »*Welt*« des Kindes, die *Eigenart* des Spiels usw. ins Auge fassen. Diese Bereiche sind der empirischen Forschung benommen. Wir werden im Zusammenhang der Wesenserfahrung noch einmal hierauf zurückkommen[102].

Damit ist nun aber auch unsere Frage nach dem *Phänomen* und seiner Selbstdarstellung im Rahmen einer pädagogischen Phänomenologie beantwortet. Phänomen ist hier eben ein Gegenstand, ein Vorgang, ein Verhältnis, eine Struktur, ein Zusammenhang usw., welche wir (möglichst) vorurteilsfrei, naiv und unkritisch als wirklich hinnehmen[103].

c) Beschreiben

Das methodische Vorgehen einer pädagogischen Phänomenologie stellt sich uns bis hierher so dar: Es geht um eine möglichst vorurteilsfreie Einstellung, in der man sich den Phänomenen zuwendet. Diese Zuwendung soll uns nun beschäftigen. Sie geschieht in Form der *Beschreibung* oder »Deskription«. Sie ist (in unserem Zusammenhang) die eigentliche Tätigkeit des Phänomenologen; seine vorurteilsfreie Haltung sowie das Ziel der Beschreibung, die Wesenserfassung, müssen durch sie verwirklicht werden. Man kann die phänomenologische Methode so wie *N. Perquin* ganz vom Beschreiben her verstehen: »Sie fängt beim Beschreiben an, sucht die Dinge so wiederzugeben, wie sie für den Untersuchenden auftreten, wie sie gegeben sind. Diese Beschreibung bereitet das Erfassen der Wahrheit vor und ist eines seiner Hilfsmittel . . . (Die) zweite Frage ist dann die nach den wesentlichen Zügen der vorliegenden Erscheinungen.«[104] Auf die sprachlichen Schwierigkeiten, die sich dabei ergeben, haben wir bereits hingewiesen (S. 149).

Die Beschreibung kann zunächst als *Sammeln* verstanden werden, das gegebenenfalls auch empirische Befunde einbezieht[105]. *A. Diemer* stellt einen Katalog von Forderungen auf, die mit dem Beschreiben erfüllt werden sollen: »1. *Schlicht* sehen lassen und beschreiben . . . — 2. Nur das *Phänomen* sehen und beschreiben . . . 3. So *unvoreingenommen* wie möglich sehen und beschreiben — 4. So *genau* wie möglich sehen und beschreiben — 5. So *einfach* wie möglich sehen und beschreiben — 6. So *vollständig* wie möglich sehen und beschreiben — 7. Nur in den Grenzen der *Phänomengegebenheit* sich be-

152 Phänomenologie

wegen . . .«[106]. Wichtig dabei ist zu sehen, daß eine Beschreibung jedoch *nicht vollkommen* sein kann und muß; denn es sind unendlich
viele Gesichtspunkte desselben Gegenstandes möglich[107]. Wenn ich
etwa phänomenologisch erfassen will, was »Schule« ist, so leuchtet
sofort ein, daß allein vom empirischen Bestand her kein Ende einer
Beschreibung abzusehen wäre. Aber auch die verschiedenen Schul-
formen, die vorzufinden und die denkbar sind, eigene Schulerlebnis-
se und fremde Berichte, die vielfältigen Gesichtspunkte vom Lehrer,
vom Schüler, von den Eltern, vom Finanzminister, vom Architekten
aus usw. sind endlos. Hiermit deutet sich schon an, worauf die Beschreibung zustrebt: auf die Wesenserfassung. Diese stellen wir aber
noch zurück und fragen nochmals grundsätzlich nach, was denn phänomenologisches *Beschreiben* bedeutet.

Dazu nehmen wir zuhilfe, was *M. Heidegger* als den Sinn einer
Phänomenologie bezeichnet: »Das was sich zeigt, so wie es sich von
ihm selbst her zeigt, von ihm selbst her sehen lassen«[108]. Das klingt
aufs erste umständlich und schwer nachvollziehbar; dennoch ist damit genau angegeben, was es mit der phänomenologischen Beschreibung auf sich hat. Lesen wir den Satz in Sinnschritten nochmals: »Das — was sich zeigt —, so wie es sich — von ihm selbst her —
zeigt, — von ihm selbst her — sehen lassen.« Das Sich-Zeigende soll
der Phänomenologe sehen lassen, also in seine Beschreibung ein-
bringen, und zwar so, wie es sich »von ihm selbst her« zeigt; mit anderen Worten: Er soll es unverstellt, vorurteilsfrei darstellen. Es ist
hier also nichts ausgedrückt, was uns noch nicht bekannt wäre; aber
der Sinn des Beschreibens wird noch deutlicher. Der beschreibende
Phänomenologe läßt gewissermaßen die Sache auf sich zukommen,
er will — wenigstens idealiter — nichts in sie hineinlegen; er ist quasi
das Sprachrohr der »Sache selbst«. Das Erscheinende, das Phänomen, soll im *Beschreiben* dominieren. Wir versuchen diesen Sachverhalt graphisch in Abbildung 19 auszudrücken und stellen Abbildung
4 zum Vergleich daneben.

Das Verstehen im hermeneutischen Vorgang kann gegenüber dem
Beschreiben geradezu als gegenströmige Bewegung aufgefaßt werden. Wir bezeichneten es als ein Erkennen eines sinnlich Gegebenen *als* ein Menschliches in seiner bestimmten Bedeutung. Wichtig
ist hier dieses »als«, daß nämlich etwas *als* etwas Menschliches verstanden, gedeutet, interpretiert wird[109].

Auch das *Erklären* läßt die Sache nicht auf sich zukommen, so wie
sie von ihr selbst her erscheint, sondern besteht in einem aktiven
Hindurchgehen durch sie, indem es zurückführt auf Ursachen oder
Gründe[110].

Die phänomenologische Methode in der Pädagogik 153

I. Beschreiben

II. Verstehen

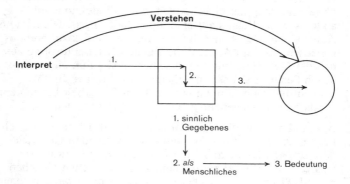

III. Erklären

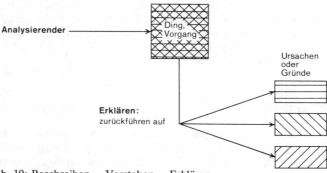

Abb. 19: Beschreiben − Verstehen − Erklären

154   Phänomenologie

Mit dieser schematischen Gegenüberstellung soll darauf hingewiesen werden, daß es sich beim Beschreiben um einen bestimmten Denkvorgang und eine *spezifische Einstellung dem Gegenstand gegenüber* handelt. In der Praxis lassen sich die einzelnen Denkvorgänge nicht so steril auseinanderhalten[111].

Wir führen wiederum *A. Fischer* an, der ebenfalls das Beschreiben vom Verstehen und vom Erklären abhebt:

> »*Als Leitfaden der Deskription zielt diese Frage* [Was ist?] *lediglich auf eine erschöpfende Charakteristik des Gegebenen als solchen*, nach den Seiten, die unmittelbar an ihm erfaßbar sind, ohne Änderung der Gegebenheit, ohne ›Reduktion‹ auf anderes, ohne Rekurs auf eine mögliche Genesis. Die letztere Aufgabe, ein Gegebenes auf ein Anderes zurückzuführen, es genetisch aus dem Anderen herzuleiten, setzt ja doch voraus, daß das Gegebene mit den in seiner Sphäre ihm eigentümlichen Seiten und Beschaffenheiten uns unverwechselbar bekannt ist; sonst können wir nicht mit Sicherheit behaupten, wirklich *dieses* Gegebene genetisch *erklärt* zu haben . . .
>
> Am Anfang aller Wissenschaft muß man also *beschreiben*, d.h. fragen, was die mit den Worten des betreffenden Gebietes bezeichneten Dinge und Sachverhalte sind; und zwar die Sachverhalte in ihrer natürlichen, vortheoretischen Gegebenheit, als ›Tatsachen‹, welche die Probleme der jeweils in Frage kommenden Wissenschaft noch enthalten, erst möglich machen. Man muß die Frage: was ein Gegenstand sei, so weit treiben, bis weiter zu fragen evident unsinnig wird; und man muß diese Frage dabei immer richten auf das Gegebene als solches, in seiner Daseinssphäre, sie nicht umbiegen oder hineingeraten lassen in eine andere: ›Was ist?‹-Frage, alle genetische Fragestellung wird in streng wissenschaftlicher Geisteshaltung erst möglich, wenn die *deskriptive* ›Was ist?‹-Frage endgültig beantwortet ist«[112]

d) Wesenserfassung

Nun müssen wir uns darüber im klaren sein, daß eine (möglichst) vorurteilsfreie Beschreibung *allein* zu nichts führt, solange sie nur Daten sammelt. Ein bloßes Abschildern wäre wie ein Fotografieren; doch schon beim Foto kommt mehr zum Vorschein als nur irgend

Die phänomenologische Methode in der Pädagogik   155

etwas Beliebiges, was »naturgetreu« wiedergegeben ist. Ein Foto hat ein »Motiv«; es will etwas »Wesentliches« festhalten, und je besser eine Fotografie ist, um so näher rückt sie an die Kunst heran. Kunst (im traditionellen Verständnis) will das Wesenhafte von Dingen, Personen, Vorgängen, Ereignissen darstellen[113]. In Analogie hierzu müssen wir die Aufgabe der phänomenologischen Beschreibung verstehen: Sie zielt auf die *Erfassung des Wesens* eines Phänomens[114]. So versucht etwa *E. Lichtenstein* das Wesen von Pflege, Zucht, Lehre und Führung darzustellen[115]. Oder man kann das Wesenhafte an der Hilfs- und Erziehungsbedürftigkeit des Kindes aufzeigen wollen oder an der Relation Mutter/Kind oder an der Situation des Kindes zwischen Familie und Kindergarten, zwischen Familie und Schule usw. In all diesen Fällen gibt es allgemeine Strukturen, die immer wiederkehren, die für jedes Kind prinzipiell zutreffen. Diese strukturellen Gegebenheiten müssen in einer Pädagogik beachtet werden, und von ihnen hat sie auszugehen, auch wenn sie historisch und sozial bedingt sein mögen.

Hierzu *A. Fischer*:

»Jedes Gegebene . . . muß durch Benennung, Abscheidung, Bild so genau als möglich und als es ohne Änderung seiner Daseinsweise, ohne Zuhilfenahme theoretischer Grundbegriffe möglich ist, beschrieben werden nach seinem Was? (Was es selbst ist), seiner Gegebenheit (Wie es jetzt da ist? geschaut, gemeint, gedacht, mit Worten bezeichnet), nach seiner Stellung zum erlebenden Ich und zu den gleichzeitigen Gegenständen des Bewußtseins. Auf diese Weise wird es möglich, die der Sache *wesentlichen Merkmale vollständig und geordnet* zunächst zu finden und dann anzugeben. In diesem Sinne und in solcher Vertiefung muß die Deskription auch in der Pädagogik zu ihrem Recht kommen«[116].

Wenn wir nun akzeptieren wollen, daß es solch wesenhafte Grundgegebenheiten gibt, so fragt sich, *wie* wir phänomenologisch zu ihnen gelangen. Es liegt hier nahe, die eidetische Reduktion im Sinne *Husserls* zu bemühen[117]. Doch diese erhält ihren vollen Sinn nur durch die phänomenologische Reduktion, die aber, wie wir gesehen haben, in einer pädagogischen Phänomenologie nicht vollzogen wird. In der eidetischen Reduktion geht es um intentionale Gegebenheiten, in der Wesenserfassung der pädagogischen Phänomenologie um (Bewußtseins-)Inhalte; es geht ihr nicht um einen Rückgang zur transzendentalen Subjektivität. Es ist daher wohl korrekter,

156 Phänomenologie

auf den Begriff »eidetische Reduktion« in unserem Zusammenhang ganz zu verzichten und allgemeiner von »Wesenserfassung« zu sprechen[118]. Diese kann allerdings in *formaler* Hinsicht, wenn auch nicht inhaltlich, in Analogie zur eidetischen Reduktion verstanden werden. Denn auch hier liegt ein *Variations*-Vorgang vor. Das bedeutet, daß der untersuchte Gegenstand von möglichst vielen Seiten her betrachtet und unter verschiedenen Aspekten beschrieben werden soll. Wir haben oben (S. 151f.) im Zusammenhang mit der Beschreibung das Phänomen »Schule« erwähnt und dort eine Reihe von solchen Aspekten aufgezählt. Sie alle tragen dazu bei, daß sich das Wesenhafte von Schule herausschälen kann. Auch hier können wir sagen, daß das Wesen in dem *Invarianten* und *Allgemeinen* besteht, das sich beim Variieren desselben Gegenstandes herauskristallisiert. Es gilt, alles Zufällige auszuscheiden[119].

So könnte etwa nach dem Erziehungsverhältnis, wie es in einer Schule verwirklicht werden kann, gefragt werden. Man könnte hier von konkreten Beobachtungen ausgehen, die man festhält und vergleicht; man kann auf Erinnerungen zurückgreifen, eigenes Erleben beurteilen; man könnte gedankliche Konstruktionen durchspielen und sie beurteilen, indem man vielleicht die Klassenstärken unterschiedlich groß annimmt — das erzieherische Verhältnis wird bei fünf, bei fünfzehn, dreißig oder fünfundvierzig Schülern je anders aussehen; der Zeitfaktor wäre zu berücksichtigen; es müßten verschiedene Erziehungsstile in Betracht gezogen werden; es wäre zu vergleichen mit der familiären Situation, mit Internatsgegebenheiten, mit internationalen Verhältnissen usw. usw. Beim Beschreiben und Gegeneinanderhalten all dieser und vieler anderer Möglichkeiten ergibt sich so eine allgemeine, wesenhafte Aussage zum Phänomen »Erziehungsverhältnis in der Schule«.

Eine Reihe von Phänomenologen, insbesondere auch innerhalb der Pädagogik, läßt sich bei der Bemühung um die Wesenserfassung von der *Sprache* leiten. Wir führen ein Beispiel von *E. Lichtenstein* an: »*Pflege* ist wohl die primäre pädagogische Grundkategorie. Das Griechische hat zunächst für alles erzieherische Tun den Ausdruck τροφή (τρέφειν, ἐκανατρέειν), etwa ›Aufzucht‹ des Nachwuchses, also noch ganz nahe dem natürlichen Zeugen und Erzeugen; Wahrnehmung des Erzeugten, Lebenshilfe zum Erwachsensein (gewiß in natürlicher und sozialer Hinsicht). Das althochdeutsche ›pflegen‹ heißt: für etwas sorgen; sich seiner annehmen, es hüten. Die Urbedeutung ist wahrscheinlich: ›einstehen, sich verbürgen für‹ jemanden oder etwas. Da haben wir bereits das Charakteristikum der verantwortlichen Personsorge«[120].

Die phänomenologische Methode in der Pädagogik   157

Das Verfahren ist hieraus bereits ersichtlich: Wortbedeutungen, auch aus anderen und alten Sprachen, sollen das Wesentliche der Sache verdeutlichen. Wenn man dieses Vorgehen bevorzugt und in den Vordergrund der phänomenologischen Beschreibung stellt, dann läßt sich dies nur mit einer bestimmten Auffassung von Sprache rechtfertigen, die aber nicht unumstritten ist. Hingegen dürfte es legitim sein, sich von solchen sprachlichen Untersuchungen *Hinweise* auf die Sache geben zu lassen, die aber an der *Sache* selbst zu *überprüfen* sind. So wäre etwa bei dem Begriff Autorität aufzuzeigen, ob mit der lateinischen »auctoritas« nicht ein Sachverhalt verbunden ist, der zeitgebunden war, so daß die Bedeutung von »auctoritas« nicht mehr ohne weiteres auf unsere »Autorität« übertragbar wäre. Die Hinweise durch die Sprache sind also untergeordnet in das allgemeine variierende Verfahren der Wesenserfassung einzureihen[121].

Wie allgemeingültig ist nun aber eine phänomenologische Wesensaussage? Dies ist eine wichtige Frage an die phänomenologische Methode überhaupt. Nun gilt hier dasselbe, was wir bereits im Hinblick auf hermeneutische Aussagen angeführt haben[122]. Es kann auch hier nicht um eine Allgemeingültigkeit in einem positivistischen Sinn gehen. Einen solchen Anspruch können phänomenologische Aussagen sinnvollerweise nicht erfüllen, weil in sie, wie wir gesehen haben, standortbedingte Implikationen eingehen.

Ein möglichst hoher Grad an Verbindlichkeit phänomenologischer Aussagen wird nach *S. Strasser* im *Dialog* erreicht. Es geht um das Gespräch mit wirklichen oder gedachten Anderen. Der Phänomenologe »wird dann erleben, daß seine Behauptungen teilweisen oder vollkommenen Widerspruch erfahren und daß gerade infolge dieser Divergenz in der Unterredung mit anderen gemeinsame Einsichten gewonnen werden können, deren Wahrheitscharakter offenkundig ist«[123]. Der Dialog ist somit ein Mittel, die Variationsmöglichkeiten der Wesenserfassung zu erweitern. Am Beispiel wird deutlicher, wie *Strasser* sich diesen dialogischen Vorgang vorstellt: »Die These, daß das Kind *hilfsbedürftig* ist, kann vom formal-logischen Standpunkt aus ohne weiteres bestritten werden. Wenn wir aber das Charakteristikum der Hilfsbedürftigkeit ausklammern, dann schwindet der anschauliche Gehalt dieses Urteils vor unserem geistigen Auge. Das Kind, das beschrieben werden soll, hört auf, Kind zu sein, bzw. das beschreibende Urteil beschreibt nichts mehr. Daraus geht hervor, daß die Hilfsbedürftigkeit durchaus ein spezifisches Wesensmerkmal der kindlichen Existenz ist«[124]. *Strasser* demonstriert hier ein zusätzliches methodisches Verfahren, das er mit dem phänomenologischen Vorgehen verbindet: die *dialektische Me-*

158 Phänomenologie

thode. Wir werden uns noch gesondert mit ihr befassen. Im Hinblick
auf die phänomenologische Methode können wir sagen, daß eine
phänomenologische Aussage um so mehr Gültigkeit hat, je besser es
gelingt, das Wesentliche eines Phänomens darzustellen. Hierzu
kann der Dialog im Sinne *Strassers* beitragen.

Im Darstellen des Wesentlichen erzieherischer Phänomene besteht die Aufgabe einer pädagogischen Phänomenologie. Wir haben
damit deren wichtigste methodische Schritte kennengelernt und
sollten nun darangehen, an einem Beispiel das phänomenologische
Verfahren nachzuvollziehen. Zuvor *fassen* wir die erarbeiteten Gesichtspunkte *zusammen*; dies soll uns nachher die Untersuchung des
Beispiels erleichtern.

Die Phänomenologie zeigt, sofern sie in der geisteswissenschaftlichen Pädagogik theoretisch wie praktisch einbezogen wird, ein *uneinheitliches* Bild. Von der Phänomenologie
Husserls weicht sie insbesondere darin ab, daß weder die
phänomenologische noch die *transzendentale Reduktion* vollzogen wird. Die verbleibenden Grundbegriffe und methodischen Schritte erhalten dadurch einen anderen Sinn
(Abb. 17).

A. Fischer hat 1914 als erster versucht, die Phänomenologie
für die Pädagogik fruchtbar zu machen. Wichtigste Vertreter für die geisteswissenschaftliche Pädagogik sind *O. F.
Bollnow* und *M. J. Langeveld.*

Die Aufgabe einer *pädagogischen Phänomenologie* besteht
darin, die anthropologischen Grundphänomene, die mit *Erziehung* und *Bildung* gegeben sind, zu beschreiben und so
das *Fundament* zu erstellen, von dem jede Erziehungswissenschaft ausgehen kann.

»Phänomenologisch verfahren heißt, in *unvoreingenommener* und vorbehaltloser Weise die Phänomene *beschreibend*
zur *Selbstdarstellung* zu bringen« (*Röhrs*) und zu einer Erfassung ihres *Wesens* zu kommen (Abb. 18).

Der Sinn einer *vorurteilsfreien Einstellung* besteht darin, sich
von theoretischen, subjektiven, tradierten Momenten zu
enthalten, durch die die »Sache selbst« verstellt wird. Die

Zusammenfassung 159

Vorurteilslosigkeit kann aber *nicht absolut* sein, da sich *Bedingtheiten des Standortes* nicht ausschießen lassen. Das wird besonders an der Vorgegebenheit der *Sprache* deutlich.

»Phänomen« wird in der pädagogischen Phänomenologie *nicht* von der *Intentionalität* her bestimmt, sondern es ist jeglicher Bewußtseins-*Inhalt,* der naiv und unkritisch als wirklich hingenommen wird.

Beim phänomenologischen *Beschreiben* handelt es sich um einen bestimmten Denkvorgang, der sich vom *Verstehen* und vom *Erklären* unterscheidet, indem er sich des interpretierenden und zurückführenden Zugriffs *enthält.* Sein Sinn liegt darin: »das was sich zeigt, so wie es sich von ihm selbst her zeigt, von ihm selbst her sehen lassen« (*Heidegger*). (Abb. 19)

Das phänomenologische Beschreiben erschöpft sich nicht im *Sammeln* von Daten, sondern zielt auf *Wesenserfassung.* In formaler Analogie zur eidetischen Reduktion besteht diese im Herausholen eines *Invarianten* und *Allgemeinen* der untersuchten Sache. Die *Sprache* kann *Hinweise* für die Wesenserfassung geben, die aber an der Sache selbst kritisch überprüft werden müssen.

Mit *S. Strasser* kann im *Dialog* bzw. *in der dialektischen Methode* eine Möglichkeit gesehen werden, um die Wesenserfassung zu einer *möglichst verbindlichen* und gültigen Aussage voranzutreiben.

Literaturempfehlung für die pädagogische Phänomenologie:

W. Lippitz: »Lebenswelt« oder die Rehabilitierung vorwissenschaftlicher Erfahrung.
W. Plöger: Phänomenologie und ihre Bedeutung für die Pädagogik.

160 Phänomenologie

4. Langeveld — Beispiel einer phänomenologischen Studie

Wir bringen nun ein Beispiel, an dem die »graue Theorie« ein wenig
Farbe annehmen soll. In diesem Fall hat der Originaltext einen anderen Sinn als bei den Texten von *Dilthey* und *Gadamer;* dort sollten
zwei Theoretiker vorgestellt werden. Hier geht es um *Veranschauli-
chung* der phänomenologischen Vorgehensweise. Als Text wählen
wir *M. J. Langevelds* Beitrag: »Das Erziehungsverhältnis der Eltern
zum Kinde«; er ist zuerst in der »Internationalen Zeitschrift für Erziehungswissenschaft« im Jahre 1955 erschienen. Als Untertitel finden wir: »Versuch einer phänomenologischen Studie«. Den Text
sollten wir darum auch als Versuch und als Studie auffassen. Mancher mag angesichts der schwierigen Begriffe in der phänomenologischen Theorie erstaunt sein, etwas sehr Einfaches vorzufinden. Dies
liegt nicht zuletzt an dem Ausgang bei einer möglichst vorurteilsfreien Einstellung, mit *Langevelds* Worten: »Wir nehmen . . . nicht
›einen allgemeinen Begriff oder ein Axiom‹, zum Ausgangspunkt,
sondern das Phänomen selbst, so wie man es vorfindet in jener Erfahrung, an der wir alle teilhaben können, wenn wir nur bereit und
imstande sind, diese Erfahrung gelten zu lassen, und also nicht . . .
den verfügbaren Einsichten vorgreifen.«[125] Wir mußten den Text
aus Platzgründen stark kürzen; dennoch werden die Schritte der
phänomenologischen Methode daran sichtbar werden. Zur Ergänzung verweisen wir auf den Originaltext[126].

»Das Erziehungsverhältnis der Eltern zum Kinde«

»[1] . . . Es handelt sich . . . [bei der psychoanalytischen Darstellung des Eltern-Kind-Verhältnisses] um eine unmittelbare
Deutung quasi induktiver Art, es fehlt die Analyse des Erziehers als solche. Es fehlt vollkommen die phänomenologische
Vorbereitung, wohingegen aprioristische methaphysische
Thesen über die Sexualität die Deutung bestimmen. [2] Es
erscheint mir deshalb am praktischsten, daß wir das Erzieher-
sein als solches, die Erziehersituation im Leben, phänomenologisch betrachten. [3] Ich wähle als Prototypus aller Erzieher
die Eltern, weil sie die einzigen sind, die primär zu ihrem
Kinde gehören, rein optisch, nicht moralisch. Sie haben das
Kind gezeugt und geboren. Das Kind steht im Seinszusam-
menhang mit ihnen. Es gibt kein anderes gleichartiges
Verhältnis. [4] Das Kind ist ein Neues, man sieht es bei seiner
Geburt zum ersten Mal, man begegnet ihm, wie man einem

Langeveld — Beispiel einer phänomenologischen Studie   161

Fremdling begegnet, der bisher unbekannt war und jetzt neu
auftritt. Dieses neue Wesen tritt als Dritter ins Leben zweier
Menschen hinein. Das Kind ist nicht nur *unbekannt* und *neu*,
es ist auch der ›*Dritte*‹ . . . [5] Es kommt aber phänomenologisch noch etwas . . . hinzu: dieser unbekannte Eindringling in
unser Leben ist das von *uns* gezeugte und geborene Kind.
[6] Was bedeutet *diese* Beziehung des leiblichen Von-mir-Seins
in dem Leben dieses Mannes und dieser Frau? So wie man
seinen eigenen Körper hat, so hat man sein Kind. Der narzis-
tische Mensch hat sein Kind wie ein Schmuckstück; es ist im
Modus des Schmuckhaften. Wer die eigene Vitalität als
beschädigt erlebt, hat auch ein Kind auf dieselbe Weise: es
wird von ihm nie als vital unbeschädigt erlebt, weil die vitale
Ganzheit in seiner Welt nie unbeschädigt besteht . . .
[7] Entscheidend ist, wie man das Eigene fühlt: das ›Ich lebe‹
und das ›Ich bin jener‹. Denn wie man das Eigene und die
eigene Identität erlebt, so hat man korrelativ seine Welt und
ganz spezifisch das eigene Kind.

[8] Es sieht wohl tatsächlich so aus, als ob wir *auf diese Weise*
vom Erzieher im wesentlichen Sinne reden. Und — zweitens —
es scheint wohl wirklich so zu sein, daß dieser Gesichtspunkt
und diese Auffassung der Analyse und der Problematik bis
jetzt fast völlig fehlten. [9] Fahren wir nun mit unseren . . . so
ganz auf der Hand liegenden Überlegungen fort, so kehren wir
zu unserem Dritten im Bunde zurück. Es kam also dieser
Dritte hinzu. [10] Psychologisch wirft das die Frage auf, wie
die Menschen in ihrer tiefsten Intimität sich dazu stellen,
einen dritten hinzuzubekommen. Ist er ›le facheux troisième‹[127], ›l'enfant terrible‹, ›der Dritte im Bunde‹, bedeutet er
Verlust oder Bereicherung, Last oder Aufgabe, Furcht oder
freudige Neugier?

[11] Es kommt nun — phänomenologisch — noch etwas hinzu:
dieser Neuling *ist* da und *bleibt* da, und wenn es nicht gut
geht, *schreit* er laut. ›Man hat ihn auf dem Halse!‹ Und wie
man nun mit ihm belastet ist . . ., so ist dieses Wesen doch zu
gleicher Zeit das uns Eigene, das von uns Gezeugte und
Geborene! *Es geht nicht fort.* Wie setzen sich die Erzieher mit
dieser Tatsache auseinander? . . .

[12] Dieser unbekannte Neuling, der als Dritter in den Bund
eintritt und erst einmal dableibt, ist dazu buchstäblich in

162 Phänomenologie

jedem Sinne von uns abhängig. Es kommt hinzu, daß er diese
Abhängigkeit nicht passiv und in aller Stille erleidet, sondern
er *schreit*, er meldet sich als daseiend an . . .

[13] Die Sorge für das Kind ist ein rein phänomenal Ables-
bares. Man ernährt das Kind, man trägt das Kind, man birgt es
in den Armen usw. . . . [14] Die Fürsorge hat nun aber noch
ein höchst wesentliches Merkmal: sie schafft den Lebensraum
des anderen, hier des Kindes. Nur wo Fürsorge ist, ist Raum,
in dem das Versorgte gedeihen, d.h. es selbst werden kann.
Die persönliche Fürsorge des Erziehers schafft einen *gestal-
teten* Raum für das neue Leben. [15] Nur in diesem ›Warte-
raum‹ wird dem Kinde die Zeit gelassen, sich zu entwickeln,
d.h. klein zu *sein* und groß zu *werden*. Nur wo es einen
solchen Raum gibt, kann das Kind *persönliche* Gestalt
annehmen, kann es sich uns zur Begegnung gegenüberstellen,
kann es zu *uns* kommen, indem es zu sich *selbst* kommt und
kann es sich auch *von* uns wenden, weil es *selbst* jemand
geworden ist . . .

[16] Wir beobachten noch eine andere Seite der Sache, wenn
wir uns folgendes überlegen. Innerhalb der Erziehungssituation treffen wir das Neugeborene, im allgemeinen das Kind,
als ein in sich abgerundetes Ganzes an. Dieses Ganze zeigt
nun aber zwei treffende Merkmale: es ruht *in* sich, aber es
überschreitet sich selbst, indem es z.B. schreit, ruft, greift, etwas
umwirft usw. . . . [17] Wir sagten, das Kind sei in der Erziehungssituation als ein in sich abgerundetes Ganzes — ich sage
nicht: abgeschlossenes — anzutreffen. [18] Welche Bedeutung
nimmt nun diese Tatsache innerhalb der Erziehungssituation
ein? Das Kind ruht in sich selbst, es spielt in seiner eigenen
Sphäre. [19] Was geschieht nun in *dieser* Beziehung mit dem
Erzieher?

1. Es kann sein, daß dieser Modus des kindlichen Seins dem
   Erzieher die Freiheit gibt, in seiner eigenen Welt, der Welt
   der Erwachsenen zu verweilen. Der Erwachsene aktualisiert
   sich in diesem Falle nicht als Erzieher.
2. Es kann sein, daß der Erzieher das Kind, als wäre es durch
   eine Glaswand von ihm getrennt — durch die Glaswand
   des Unterschiedes zwischen dem Erwachsenen und dem
   Kind —, beobachtet. Das Kind wird im Modus des Anderen,
   des Fremden, wenn auch Bekannten, be-ob-achtet.

3. Es kann sein, daß der Erzieher dem Kinde liebevoll zusieht, und in diesem Zuschauen ist er mit dem Kinde vereinigt.
4. Es kann auch sein, daß der Erzieher in die Sphäre des Kindes eintritt, indem er es liebkost, indem er irgendeine liebe Überflüssigkeit tut — er verschiebt eine Decke ein wenig, er legt etwas von links nach rechts, um es später wieder von rechts nach links zu legen —, oder, indem er seine Ruhe zerstört . . .

[20] In der Fürsorge verarbeiten wir unser Verhältnis zu der vorüberfließenden Zeit. Die Fürsorge wird flüchtig und hastig, wenn wir ›keine‹ Zeit haben . . . [21] Schon in der ersten Pflege des Säuglings trägt die Mutter eine Zeitgestalt in das Leben des Kindes hinein, die zwar den vitalen Rhythmus schont, sich aber nicht daran ausliefert. [22] Bald muß das Kind sich der gegebenen Zeitordnung fügen. Mit zunehmendem Alter des Kindes trägt die Fürsorge ein bestimmtes Zeitmaß in sein Leben hinein, und schließlich hat das Kind ›Stunden‹ in der Schule und auch eine ›Erholungsviertelstunde‹ zum Spielen. [23] An der Art und Weise, wie ein Zeitmaß das Leben der Eltern durchzieht, kann man ablesen, wie sie es in das Leben ihrer Kinder hineintragen werden. In diesem Licht muß man auch die soziale Funktion des Zeitmaßes sehen. Es ist nicht möglich, mit anderen Menschen zusammenzuleben, ohne ein Zeitmaß einzuhalten. [24] Schon phänomenologisch wird deutlich, daß der Erzieher und die Erziehungssituation ohne einen Bezug auf das Nicht-Heutige nicht zu verstehen sind. Anscheinend verhält man sich in dieser Situation nicht richtig, wenn man sich allein an innerhalb der Situation Gegebenes hält. Das kindliche Dasein ist zeitlich bipolar. Es soll einerseits in seiner Hier-und-nun gegebenen Kindlichkeit anerkannt werden, und es soll andererseits auch schon im Lichte seiner zukünftigen Lebensstadien gesehen werden . . .«

Was soll nun dieser Text von *Langeveld* mit der phänomenologischen Methode zu tun haben? Um diese Frage zu beantworten, halten wir uns an unser Schema der methodischen Schritte (Abb. 18), wie sie in einer pädagogischen Phänomenologie angeblich vollzogen werden. Können wir sie hier festhalten?

(a) Worin besteht eine *Enthaltung* von einer theoretischen Einstellung im Hinblick auf eine möglichst vorurteilsfreie?

164   Phänomenologie

(b) Wie *beschreibt Langeveld*?

(c) Worin zeigt sich die *Wesenserfassung*?

(a) Eine *Enthaltung* von zumindest einer wissenschaftlichen Vorentscheidung bringt *Langeveld* gleich zu Beginn unseres Textes zum Ausdruck [1]: Er will die »metaphysischen Thesen über die Sexualität« der psychoanalytischen Betrachtung des Eltern-Kind-Verhältnisses nicht mitmachen, vielmehr »die Erziehersituation im Leben phänomenologisch betrachten« [2]. Im Verlauf seiner Studie bezieht dann *Langeveld* keine anderen Theorien ein. Zumindest ist dies nicht offenkundig. Inwieweit aber eventuell doch Bedingungen in seine Beschreibung eingehen, müßte durch eine kritische Auseinandersetzung mit dem folgenden Inhalt aufgezeigt werden. Diese Kritik müßte sich jedoch die Gegenfrage gefallen lassen, ob sie selbst »vorurteilsfrei« ist.

(b) Es geht um das »Erziehungsverhältnis der Eltern zum Kinde«. Hierfür trägt nun *Langeveld* eine ganze Reihe von Aspekten zusammen, die er jeweils mehr oder weniger ausführlich darstellt; am breitesten geht er (in unserer Textauswahl) auf das Vermitteln eines Zeitmaßes ein [20-25]. In dem Aufreihen mehrerer Aspekte haben wir das *beschreibende Vorgehen Langevelds* zu sehen. Wir zählen die einzelnen Momente, die sich erkennen lassen, im einzelnen auf, um sie deutlich sichtbar zu machen: 1. Das Kind ist der neue, unbekannte Dritte für seine Eltern [4]. – 2. Das Verhältnis zum Kind wird auch vom Leib-Erleben her bestimmt [5-7]. In diesem Zusammenhang sagt *Langeveld* einmal: »So wie man seinen eigenen Körper hat, so hat man sein Kind«. Dieser Satz ist für sich allein mißverständlich; er muß durch das Folgende ergänzt werden. Es geht um das gelebte Verhältnis zur Welt und zu sich selbst, so wie es die Mutter und der Vater leben; dieses Welt- und Selbst-Verhältnis bestimmt das Verhältnis zum Kind[128]. – 3. Das Kind bleibt da und schreit; es befindet sich in seiner fordernden Abhängigkeit von den Eltern [11,12]. – 4. Das Verhältnis wird von einer »phänomenal ablesbaren« Fürsorge bestimmt [13]. – 5. Fürsorge zeigt sich als Raum-Gestalten für das Kind [14,15]. – 6. Das Kind ruht in sich, und es geht aus sich heraus [16-18]. – 7. Vom In-sich-Ruhen des Kindes aus wird die Haltung der Eltern bestimmt [19]. Hier macht *Langeveld* keine positive, eindeutige Aussage, sondern er zählt nur Möglichkeiten auf. – 8. Das Verhältnis der Eltern zum Kind besteht auch in einem Vermitteln eines Zeitmaßes [20-25, siehe auch 15][129].

(c) Wer nun im Hinblick auf die *Wesenserfassung* nach einem großartigen Ergebnis der Studie fragt, wird wohl enttäuscht sein. Wir finden kein Resümee von der Art: »Wesen des Erziehungsverhältnisses = ...«. Nur an zwei Stellen scheint so etwas wie ein Wesenhaftes direkt angesprochen zu sein [7,8], und im Hinblick auf den Aspekt des Zeitmaß-Vermittelns heißt es als Schlußfolgerung: »Das kindliche Dasein ist zeitlich bi-polar« [25]. Ansonsten werden lauter unauffällige Dinge benannt, »die auf der Hand liegen« [9]: Das Kind als der neue, unbekannte Dritte, die leibliche Verbundenheit mit den Eltern, die fordernde Abhängigkeit usw. Sind das aber nicht Selbstverständlichkeiten, die in einer Wissenschaft nichts zu suchen haben? Dieser Einwurf müßte der Gegenfrage standhalten: Darf man diese selbstverständlich scheinenden Fakten *vernachlässigen*?

Langeveld fragt an vielen Stellen intensiv nach den praktischen *Folgen* seiner »banalen« phänomenologischen Feststellungen[130]; so fragt er beispielsweise, was denn jenes leibliche Von-mir-Sein für die Eltern bedeute: Sehen sie das Kind etwa als ein zu ihnen gehöriges Schmuckhaftes oder aus einer gebrochenen Vitalität heraus [6]? Oder wie beantworten die Eltern das Eindringen des Kindes in ihre »tiefste Intimität« [10]? Wie stellen sie sich zu seinem fordernden Dableiben [11] oder zu seinem In-sich-Ruhen und seinem Aus-sich-Herausgehen [18]? Die schlichten Dinge, die *Langeveld* aufzeigt, haben weitreichende Konsequenzen. Indem er nach ihnen fragt, variiert er das angesprochene Moment; dieses wird dadurch »verifiziert«. Variierende Wesenserfassung im Hinblick auf den untersuchten Gesamtgegenstand erfolgt dadurch, daß *Langeveld* eine Reihe verschiedener Aspekte beschreibt, auch wenn er »nur einige Streiflichter« geben kann[131].

Langevelds Studie müßte also weitergeführt werden. Dennoch hat er *wichtige Grundgegebenheiten* aufgezeigt. Diese haben jedoch nicht nur praktische Folgen für konkrete Eltern, sondern auch für die *wissenschaftliche* Reflexion. So müßte sich die eingangs erwähnte psychoanalytische Deutung des Eltern-Kind-Verhältnisses in Frage stellen lassen[132], aber auch etwa eine »kritische« Erziehungswissenschaft, die von einer klassenkämpferischen These bestimmt ist und das Erziehungsverhältnis als Macht- und Herrschaftsverhältnis präjudiziert.

Wir wollen hier keine inhaltliche und keine Detail-Analyse dieses kleinen und obendrein stark gekürzten »Versuchs einer phänomenologischen Studie« geben. Doch die methodischen Schritte wurden bereits erkennbar: die »Enthaltung« in der bewußten Absetzung von einer bestimmten Theorie und einem zumindest nicht offenkundi-

166 Phänomenologie

gen Bezug auf eine andere Theorie; die »Beschreibung« in dem Aufweisen einer Reihe von Momenten des untersuchten Phänomens; und die »Wesenserfassung« in dem Variieren mittels der verschiedenen Momente und in dem Aufweisen ihrer praktischen Konsequenzen.

Ergänzende Literatur zu *Langeveld*:

M. J. Langeveld: Grundzüge der erziehungswissenschaftlichen Methodologie.

5. Beurteilung der pädagogischen Phänomenologie

Zum Abschluß sollten wir nochmals die Bedeutung der phänomenologischen Methode im Rahmen der geisteswissenschaftlichen Pädagogik ins Auge fassen und auch nach ihren Grenzen fragen. An dieser Stelle ist nur noch eine Zusammenstellung der wesentlichsten Gesichtspunkte, die in der voranstehenden Darstellung schon enthalten sind, notwendig.

Wir haben einleitend von dem »*befreienden* Moment« des phänomenologischen Vorgehens gesprochen (S. 118). Worin dieses besteht, wurde durch den Rückgang auf eine »möglichst vorurteilsfreie Einstellung« deutlich. Denn der untersuchte Gegenstand zeigt sich erst dann ganz so, wie er ist, wenn es gelingt, sich von Befangenheiten freizumachen. Ein wichtiger Schritt hierzu liegt schon darin, die Befangenheiten und Vorurteile als solche zu erkennen. Die phänomenologische Methode enthält also eine *kritische* Komponente[133]; wir sprachen auch von einer Gegen-Haltung, die methodische Offenheit meint.

Nun ist das nur ein erster Schritt; Phänomenologie erschöpft sich nicht in bloßer Verneinung. Sie leistet vielmehr positiv etwas, indem sie *darstellt*. Dies geschieht in dem ihr eigentümlichen Vorgehen: in der theoriefreien Beschreibung. Dabei orientiert sie sich an den »Sachen selbst«; allerdings versteht sie die »Sachen« anders als etwa eine empirische Einstellung. Ihr Gegenstand geht vielmehr über das quantitativ Gegebene hinaus. Sie erfaßt gerade Phänomene wie gegliederte Zusammenhänge (Strukturen), Qualitatives, Wert- und Sinnhaftes und, wie wir gesehen haben, Wesentliches und Allgemeines, aber auch, wie durch *Langevelds* Studie deutlich wird, Leib-, Zeit- und Raum-Erleben. All dies soll durch die Beschreibung sicht-

Beurteilung der pädagogischen Phänomenologie   167

bar gemacht werden. Durch die Orientierung an den »Sachen selbst«
setzt eine pädagogische Phänomenologie in der *Erziehungswirklichkeit* an; einen solchen Ansatz haben wir in der Einführung als ein
Charakteristikum der geisteswissenschaftlichen Pädagogik kennengelernt[134]. Diese Wirklichkeit erschließt sich dabei nicht nur in ihrer
quantitativen und funktionalen Dinghaftigkeit, sondern in ihrer *ganzen Fülle*, die mehrere Dimensionen hat, so etwa die anthropologische, ethische, biologische, soziologische, psychologische und nicht
zuletzt die genuin pädagogische. Was in einer solchen phänomenologischen Darstellung zum Vorschein kommt, kann etwas sehr Einfaches und Unvermutetes sein, was wir ebenfalls durch *Langeveld* erfahren haben. Wegen seiner scheinbaren Selbstverständlichkeit wird
das phänomenologisch Herausgearbeitete gerne übersehen, und
deshalb bedarf es auch einer Einübung in diese Methode.

Wegen ihrer kritischen und darstellenden Funktion erfüllt nun die
pädagogische Phänomenologie eine wesentliche Aufgabe für eine
Erziehungswissenschaft: Sie erarbeitet die *pädagogisch bedeutsamen
Grundgegebenheiten*. Von diesen kann und sollte jede Erziehungswissenschaft ausgehen. Pädagogische Phänomenologie ist somit nach *S.
Strasser*»Fundamentalpädagogik«. In diesem Sinne gehen beispielsweise *W. Flitner* in der »Allgemeinen Pädagogik« und *M. J. Langeveld*
in der »Einführung in die theoretische Pädagogik« von phänomenologisch erhobenen Gegebenheiten aus; Phänomenologie fundiert
dort ein erziehungswissenschaftliches System. Ähnlich macht *O. F.
Bollnow* die phänomenologische Methode für eine allgemeine und
eine pädagogische Anthropologie fruchtbar[135]. In diesem Sinn hat also eine pädagogische Phänomenologie eine *produktive* Funktion[137]
innerhalb der gesamten Erziehungswissenschaft.

Indem die phänomenologische Methode Grundgegebenheiten
für eine Erziehungswissenschaft zur Verfügung stellt, zeigt sich
gleichzeitig ihre wesentliche *Grenze*. Sie macht keinesfalls die *ganze*
Pädagogik aus; insofern wäre eine »phänomenologische Pädagogik«, die extrem gesehen *nur* phänomenologisch arbeiten würde,
nicht denkbar, ebenso wie es die »reine« empirische Pädagogik nicht
geben kann. Phänomenologisches Beschreiben muß ergänzt werden
durch Verstehen, also durch hermeneutisches Vorgehen, und durch
vorwärtstreibendes Reflektieren, etwa durch dialektisches Vorgehen, aber auch durch normative Reflexion. Schon bei der phänomenologischen Bestandsaufnahme kann empirisches Vorgehen notwendige Ergänzung sein. Auch was wir hier labormäßig trennen,
nämlich phänomenologisches Beschreiben einerseits und hermeneutisches Verstehen andererseits, wird in der praktischen Reflexion

sehr nahe beisammen sein. Denn wenn wir beispielsweise von Sinn- und Werthaftem sprechen, so muß dies *als* solches *verstanden* sein, um es in die phänomenologische Beschreibung aufnehmen zu können. Ebenso werden in der »Wesenserfassung« hermeneutische Erkenntnisvorgänge eine entscheidende Rolle spielen[138].

Auch die phänomenologische Methode darf also in ihrer Leistungsfähigkeit nicht überbewertet werden. Ebenso haben wir gesehen, daß der ursprüngliche Anspruch *Husserls* auf eine »reine«, voraussetzungslose phänomenologische Wissenschaft nicht erfüllt werden kann. Phänomenologie kann — und will — der positivistischen Forderung nach »allgemeingültigen wissenschaftlichen« Aussagen nicht gerecht werden[139] Unabhängig von allen anderen wissenschaftstheoretischen Schwierigkeiten dieser Forderung kann von einer interesse-gebundenen, nämlich *verantwortlich* getragenen und wert-orientierten Pädagogik nicht abgegangen werden. Dies muß sich auf jedes methodische Vorgehen niederschlagen[140]. Hierin liegt allerdings für eine pädagogische Phänomenologie, wie für jedes geisteswissenschaftliche Vorgehen überhaupt, die Gefahr eines »Impressionismus«[141], der meint, ohne kritische Begründung der Grundbegriffe und der methodischen Schritte, aber dafür mit schöngeistigem Gerede auszukommen. So müssen für eine pädagogische Phänomenologie insbesondere Begriffe wie Beschreiben, Phänomen, Evidenz oder Wesen auf ihren Sinn hin befragt werden. Diese kritische Forderung darf nun aber andererseits nicht in das andere Extrem, nämlich in eine positivistische Exaktheit verfallen wollen, die in einer Reihe von — willkürlichen — Setzungen die »Wirklichkeit« »wissenschaftsgerecht« zurechtstutzt.

Die geisteswissenschaftliche Pädagogik hatte die Phänomenologie als »Methode« vereinnahmt. Gemessen an der Phänomenologie *Husserls* macht es Sinn, dabei von einer »angewandten Phänomenologie« zu sprechen. Hingegen versucht die phänomenologische Orientierung *nach* der geisteswissenschaftlichen Pädagogik Phänomenologie weder nur als »Methode« noch als »angewandte« und in ihrem philosophischen Sinne verkürzte Phänomenologie zu verstehen; vielmehr basiert sie auf der »Philosophie der Lebenswelt« *Merleau-Pontys* und ist deren konsequente Durchführung in einem Bereich der Lebenswelt, nämlich in dem von Erziehung und Bildung.

Dabei steht zunächst die Welt des Kindes im Vordergrund. Beeinflußt jedoch von der phänomenologischen Variante *Alfred Schütz's* kam die Rede von einer »Alltagswende« in der Pädagogik auf, wobei allerdings zugunsten eines soziologisch orientierten Denkens die Bedeutung der »Lebenswelt« im Sinne *Merleau-Pontys* vernachläs-

Beurteilung der pädagogischen Phänomenologie   169

sigt wurde. Diese kommt dort mehr zum Tragen, wo das Kind selbst in seiner Eigenwelt beschrieben wird, wo Leiblichkeit und Zeitlichkeit der kindlichen Welt thematisiert werden. Dieser Zugang erlaubt es, die Eigenheiten der Erlebniswelt etwa eines behinderten Kindes, den Umgang von Vorschulkindern mit Tieren, den kindlichen Ausdruck in Zeichnungen, Atmosphäre als Qualität der Lebenswelt oder aber auch schulisches Lernen in den Blick zu bekommen. Eine Reihe solcher Studien — grundlegende und Detailarbeiten — wurde in den vergangenen zehn Jahren vorgelegt. Dazu kamen theoretische Beiträge.

Hier kann auf diese Entwicklung nur hingewiesen werden; sie im Detail darzustellen, würde den Rahmen dieses Buches überschreiten. Eine Auswahl von Publikationen, deren Titel Auskunft über Inhalte geben, mag den interessierten Leser zu einem intensiven eigenen Studium anregen:

W. Lippitz/J. Plaum: Tasten — Gestalten — Genießen. Einführung in konkretes pädagogisch-anthropologisches Denken an Unterrichtsbeispielen aus der Grundschule (1981);

W. Lippitz/K. Meyer-Drawe (Hrsg.): Lernen und seine Horizonte. Phänomenologische Konzeptionen menschlichen Lernens — didaktische Konsequenzen (1982);

W. Lippitz/K. Meyer-Drawe (Hrsg.): Kind und Welt. Phänomenologische Studien zur Pädagogik (1984);

K. Meyer-Drawe: Leiblichkeit und Sozialität. Phänomenologische Beiträge zu einer pädagogischen Theorie der Inter-Subjektivität (1984);

H. Danner/W. Lippitz (Hrsg.): Beschreiben — Verstehen — Handeln. Phänomenologische Forschungen in der Pädagogik (1984).

W. Lippitz/T. Beekman (Hrsg.): Phänomenologisch-pädagogische Verhandlungen. Tagungsbericht Utrecht 1984 (1985);

M. Hellemans/P. Smeyers (Hrsg.): Phänomenologische Pädagogik: Methodologische und theoretische Ansätze (1987).

W. Lippitz/Ch. Rittelmeyer (Hrsg.): Phänomene des Kinderlebens (1989).

IV. Dialektik

Unsere Fragestellung lautet: Welches sind die Forschungsmethoden der sogenannten geisteswissenschaftlichen Pädagogik, und wie stellen sie sich in ihren Grundgedanken dar? Hierbei muß sich die Hermeneutik nicht erst legitimieren, um als eine solche Methode zu gelten, werden doch »Geisteswissenschaft« und »Hermeneutik« fast synonym gebraucht — auch wenn dies nicht berechtigt ist, wie wir gesehen haben (I.2,II.3). Für die Phänomenologie mußten wir schon darauf hinweisen, daß sie einerseits unter »Phänomen« mehr versteht als eine positivistische Tatsache und daß mit ihrer Hilfe letztlich erst die Gegebenheiten erhoben werden, die es hermeneutisch zu verstehen gilt, so daß also auch die Phänomenologie ein Recht darauf hat, in unsere Überlegungen aufgenommen worden zu sein. Wie aber steht es mit der Dialektik?

»Dialektik« ist ein Modewort; jeder gebraucht es unbefangen, und spontan bringen wir mit diesem Begriff unter anderem *Marx*, den »Dialektischen Materialismus«, vielleicht auch *Hegel* in Zusammenhang; oder wenn irgendwo irgend jemand etwas Unterschiedliches miteinander verbindet, dann tut er es »dialektisch«. Was soll nun damit die geisteswissenschaftliche Pädagogik zu tun haben? Stellt nicht der Marxismus eine Ideologie mit weltpolitischen Ausmaßen dar, und hat nicht *Hegel* eine spekulative Geist-Philosophie entworfen? Dialektik — eine geisteswissenschaftliche Methode?

Zu dieser Schwierigkeit gesellt sich eine weitere. Denn nehmen wir »Dialektik« einmal losgelöst von einer bestimmten Ausprägung, so stellen wir fest, daß sie schon seit der Antike eine bedeutende Rolle im Rahmen der Philosophie spielt[1]. Noch weit mehr als die Hermeneutik oder gar die Phänomenologie hat die Dialektik viele Denker beschäftigt. Zudem können wir die unterschiedlichsten Ansätze und Formen ausmachen, so etwa die Gesprächs-Dialektik eines *Sokrates* oder die *Kant*sche Antinomienlehre; für *Kant* ist die Dialektik ein kritisches und negatives Instrument, für *Hegel* dagegen ein positiv-konstruktives; andererseits wiederum entwickeln *Kierkegaard* und *Marx* entgegen *Hegel* eine jeweils andere Dialektik[2]. Es gibt also gar nicht *die* Dialektik; vor allen Dingen sehen wir, daß *Hegel* und *Marx* nicht die einzigen Dialektiker sind. Eine Frage entsteht: Weshalb werden die unterschiedlichsten Formen aber dennoch als »Dialektik« angesprochen? Es wird unsere erste Aufgabe sein, jene allgemeinsten Grundzüge von Dialektik, die dies ermöglichen, herauszustellen. Dabei muß sich dann auch zeigen, welche Bedeutung eine Dialektik als Methode für die geisteswissenschaftliche Pädagogik *überhaupt* haben kann und vor allem *welche Form* einer Dialektik dies dann sein muß. In diesem Buch soll *nur* diese Fragestellung interessieren, wobei nicht vergessen sein soll, daß »Dialektik«, besonders in der Philosophie, wesentlich anderes und mehr bedeuten kann. Vorweg sei angedeutet, daß bei einigen Geisteswissenschaftlern in der Pädagogik ein dialektisches Vorgehen vorliegt, so bei *Schleiermacher* oder *Litt*, und daß sich in systematischer Hinsicht im Zusammenhang mit der Hermeneutik und der Phänomenologie die dialektische Methode zumindest als sinnvolle, wenn nicht gar als notwendige Ergänzung anbietet. Wir können auch daran erinnern, daß sich bereits im Verlauf unserer bisherigen Überlegungen Hinweise auf eine Dialektik ergeben haben (S. 115, 157f., 167). Für den Bereich der geisteswissenschaftlichen Pädagogik zeigen wir dann einige dialektische Aspekte auf, die wir durch eine ausführliche Textprobe von *F. Schleiermacher* ergänzen werden.

1. Grundzüge der Dialektik

a) Begriff und Ansätze

Über die Dialektik sagt *T. Adorno*: »Das Verfahren wird nicht begründet, sondern gerechtfertigt, d.h. *Dialektik kann man nicht definieren* und in definitorische Züge einengen, man muß sie betreiben. *Im Spiel zeigt sie sich und rechtfertigt sie sich selbst.* Um aber ins Spiel zu kommen, bedarf es des Wissens darüber, was es mit dem Spiel für ein Bewenden habe.«[3] Damit scheint uns von vornherein jede sinnvolle Möglichkeit genommen, einen Begriff von Dialektik darzustellen. Doch heißt es auch, »*um aber* ins Spiel zu kommen, *bedarf* es des Wissens darüber«. Also einerseits sei eine Definition nicht möglich, andererseits brauche man sie jedoch. Was liegt hier in dem Zitat *Adornos* vor? Nichts anderes als der Anfang eines dialektischen Denkens. Die Unmöglichkeit und die Notwendigkeit einer Definition von Dialektik werden als gleichermaßen gültig nebeneinander hingestellt. Wir stehen vor einem *Widerspruch.* Ist er unsinnig, oder wollen wir *Adorno* vorweg zugestehen, daß er aus einer Kenntnis der Sache spricht und eine Erfahrung ausdrückt? Mit der ersten Annahme beenden wir die Überlegung sofort; der unsinnige Wider-

172 Dialektik

spruch muß verworfen werden; wir sind gezwungen, nach völlig anderen Wegen zu suchen oder ganz aufzugeben. Mit der zweiten Annahme verlassen wir uns zwar auch auf *Adorno* als Kenner der Dialektik, aber gleichzeitig lassen wir uns in jenes dialektische »Spiel« hineinziehen: Trotz des Widerspruchs setzen wir darauf, daß ein Weg aus dem Dilemma »Unmöglichkeit/Notwendigkeit einer Definition« auffindbar ist. Genau dieses *Setzen auf einen Ausweg* macht die dialektische Haltung aus.

Wir wollen dieses Beispiel nun nicht weiter verfolgen; aber es mag dazu dienen, eine erste Vorstellung von »Dialektik« zu vermitteln. Das, was sich im Beispiel ergeben hat, bestätigt sich, wenn wir nach der *Wortbedeutung* fragen. Wie »Hermeneutik« und »Phänomenologie« leitet sich das Wort »Dialektik« aus dem Griechischen her: τέχνη διαλεκτική (téchne dialektikè) bedeutet die Kunst der Gesprächsführung; gemeint ist das Gespräch, das Miteinanderreden, bei dem es darum geht, einen Sachverhalt in Rede und Gegenrede auseinanderzulegen. Das διά (diá) heißt nämlich unter anderem »auseinander«, »entzwei«[4]. Im engeren Sinn ist darum die téchne dialektikè *die Kunst,* ein *Streitgespräch zu führen.* Unterschiedliche Standpunkte sollen in diesem Gespräch einander nähergebracht werden. Dabei ist nicht notwendig, daß sie aufgegeben werden; es ist viel erreicht, wenn ihre Widersprüchlichkeit verständlich wird. Dies kann dadurch geschehen, daß durch Rede und Gegenrede eine »tiefere Wahrheit« sichtbar wird, in der die Gegensätze aufgehoben sind. Wie dies letztlich zu verstehen ist, wird später deutlich werden, wenn wir die einzelnen dialektischen Schritte näher betrachten. Dialektik als Streitgespräch könnte in dem obigen Beispiel einsetzen, wenn zwei Kontrahenten die sich widersprechenden Aussagen »Notwendigkeit/Unmöglichkeit einer Definition« aufgriffen und mit dem Versuch einer Einigung fortführten. Die Versöhnbarkeit der Widersprüche müßte dabei leitend sein; sonst wäre ein solches Streitgespräch unsinnig. – Als allgemeinsten Begriff einer Dialektik halten wir vorläufig fest: Sie ist *das Streitgespräch, bei dem Widersprüche festgestellt werden und bei dem auf Versöhnbarkeit gesetzt wird.*

Nun ist aber der Gesprächscharakter der Dialektik nur ein Modellfall, der sich nicht zuletzt aus der Wortbedeutung ableitet. Es gibt sehr *unterschiedliche Ansätze* und Selbstverständnisse von dialektischen Theorien. Deren wesentliches Merkmal besteht darin, ob die in Rede stehenden Widersprüche auf der Seite des Subjekts oder des Objekts gesehen werden. Mit anderen Worten: Liegt es am *Erkennen* und Denken des Menschen, daß er auf Widersprüche stößt, oder an der *Wirklichkeit* selbst? Wir gehen auf einige grundsätzliche Möglichkeiten kurz ein, wo Dialektik ansetzen kann, um dadurch einen Anhaltspunkt für die Beurteilung im Hinblick auf eine Dialektik im Rahmen der geisteswissenschaftlichen Pädagogik zu gewinnen.

(1) Ein erster prinzipieller Ansatz für Dialektik zeigt sich im *Gespräch*. Dies ergab sich bereits aus der griechischen Wortbedeutung. *Sokrates* und *Platon* haben das Streitgespräch tatsächlich praktiziert, und in den platonischen »Dialogen« spiegelt sich dies wider; dabei ist es *Sokrates*, der meist mit einem Sophisten diskutiert. »Dialektik« im ursprünglichen Sinn verweist also auf eine reale Situation, bei der um die Wahrheit gerungen wird. Hierbei kommt es auf die Haltung der Beteiligten an: Der Gegner muß in seiner Ansicht ernst genommen werden. Nur so ist eine Annäherung möglich, die im Idealfall zur Übereinstimmung führt; schrittweise gelangen Rede und Widerrede, Argument und Gegenargument, »These« und »Antithese« dorthin, nämlich hin zur »Synthese«. In Anlehnung an *A. Diemer*[5] kann dies schematisch veranschaulicht werden, wobei A und B die gegensätzlichen Aussagen und C eine ideale Einigung symbolisieren (Abb. 20):

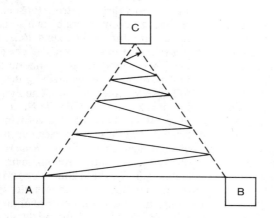

Abb. 20: Gesprächsdialektik

Beim dialektisch geführten Gespräch bleibt offen, ob die Gegensätze in der Sache liegen oder im Denken der Beteiligten; jeder wird behaupten, »es *ist* so, wie ich es sage«; möglicherweise aber sind unterschiedliche *Denk*ansätze die Ursache für den Widerspruch.

(2) Nun muß das dialektische Gespräch nicht immer real, es kann auch fingiert sein. Dann dient es als Mittel der *Darstellung*, als ein Kunstgriff, einen Sachverhalt mit Spannung und mit allem Für und Wider vorzuführen. Dadurch bleibt die innere Problematik erhalten; die Sache zeigt sich in ihrer Vielschichtigkeit. Als ein frühes Beispiel solcher dialektischer Darstellung dient uns wiederum *Platon*, der ja in seinen Dialogen die Gestaltungsmöglichkeit, die sich aus Streitgesprächen ergibt, aufgreift[6]. Denn sicherlich sind jene Dialoge nicht einfach ein Stenogramm von Gesprächen, die stattgefunden haben. In neuerer Zeit haben wir in *Schleiermacher* einen Meister der dialektischen Darstellung, nicht zuletzt mit seiner Pädagogik-Vorlesung von 1826. So fragt *Schleiermacher* etwa, ob denn Erziehung von der Familie oder von der Öffentlichkeit übernommen werden soll, beides erweise sich als richtig und notwendig. Dieser anfängliche Widerspruch verlangt nach einer Lösung und bietet Anlaß, die Frage nach dem richtigen Ort der Erziehung von unterschiedlichen Positionen aus zu entwickeln, bis sich der Gegensatz schließlich als ein nur scheinbarer entlarvt. Hier ist Dialektik tatsächlich Methode, die bewußt und souverän eingesetzt wird.

Der Widerspruch kann ein absichtlich konstruierter sein, muß also nicht unbedingt in der Sache liegen; er ergibt sich so aber auch noch nicht zwingend aus der Struktur des Denkens. Beispielsweise kann *E. Hoffmann* von *Rousseaus* »Emile« sagen, daß er »der Form des Gedankenaufbaus nach« »eine aufklärerische Theorie ohne jede Dialektik sei«[7]; aber dennoch könnte eine Darstellung des »Emile« dialektisch vorgehen: Als These wird die vorgefundene Erziehung in der Gesellschaft genommen; erkennt man aber die Natur als Maßstab an, dann ist die gesellschaftliche Erziehung zu verneinen, da sie den Menschen nur verdirbt; als Antithese ergibt sich darum eine Erziehung, die sich an der Natürlichkeit orientiert; *Rousseau* selbst weiß aber, daß es den vollkommenen Naturzustand nie mehr geben wird und wohl nie gegeben hat; als Synthese könnte darum das Realisierbare verstanden werden, nämlich jener Mensch, der Emile gegen Ende des Romans aufgrund des gesamten Erziehungsganges wird: einer, der sich vom Natürlichen leiten läßt und der gleichzeitig Verantwortung für die Gemeinschaft freiwillig übernimmt. Damit wird *Rousseau* selbst nicht nachträglich zum Dialektiker gemacht; aber die dialektische Darstellung ist hier der Kunstgriff, seine Gedanken zu interpretieren[8].

(3) Gehen wir nun einen Schritt von der dialektischen Darstellung weiter, so ergibt sich prinzipiell ein Standpunkt, der die Dialektik *im*

Denken, in der menschlichen Erkenntnis lokalisiert. Das bedeutet, daß die Widersprüche, die sich ergeben, nicht in der »Wirklichkeit« zu suchen seien, sondern in der menschlichen Denkstruktur. Man kann dann von »Ideal-Dialektik« oder auch »Denk-Dialektik« sprechen. Der wichtigste Vertreter dieser Position ist *I. Kant,* zumindest dem Ansatz nach. Denn »Wirklichkeit« kann nach *Kant* als solche vom Menschen nicht erkannt werden; das »Ding an sich« kann nur postuliert werden. »Wirklichkeit« ist nur Erscheinung, d.h. sie erscheint uns nur so, wie wir sie aufgrund unseres Erkenntnisvermögens eben erkennen können, aber nicht als sie selbst. Das bedeutet darum auch, daß Widersprüche, die sich uns ergeben, »*Antinomien*« der »reinen Vernunft« sind[9].

Eine Dialektik aber, die in die menschliche Erkenntnisstruktur verlagert wird, kommt in Konflikt mit dem streng *logischen* Denken. Denn wo für dieses ein Widerspruch auftritt, muß notwendigerweise die eine Aussage falsch sein, und nur die andere kann wahr sein. Wenn es beispielsweise heißt:»Dieses Haus ist groß« und gleichzeitig:»Dieses Haus ist klein«, so ist dies für den strengen Logiker unmöglich; denn ein Haus kann nicht zugleich klein und groß sein. Nimmt man aber die zunächst widersprüchlichen Aussagen nicht als streng logisch gemeinte, dann könnte sich zeigen, daß sie in einem größeren Zusammenhang sinnvoll werden, daß nämlich das Haus für ein Stadthaus klein, für ein Landhaus groß ist. In jedem Fall hat menschliches Urteil und Denken zu der Aussage »klein« bzw. »groß« geführt. Der Logiker bleibt eindimensional an den Aussagen hängen und nimmt sie für bare Münze. Der Dialektiker setzt auf die Zweideutigkeit der Aussagen und auf ihre innewohnende Dynamik, um zu weiteren Erkenntnissen zu gelangen[10]. Damit soll nicht gesagt sein, daß wir nicht auf eindeutige, logische Aussagen angewiesen wären; wir brauchen Fixpunkte. Jedoch weist *R. Heiss* darauf hin, daß wir in der Regel gar nicht logisch denken und Aussagen machen; vielmehr bewegen wir uns im »vor-logischen« Raum in vielfältigen Formen, sei es etwa assoziativ aneinanderreihend, sprunghaft oder auch in Paradoxien. »Das Formengefüge der *Sprache* ist reicher als jenes der Logik. Die Bewegungsformen der Sprache sind in der Vielförmigkeit ihrer Bewegung nicht jenem Gesetz des logischen Aufbaus, des logischen Folgerns untertan, das die Logik entwickelt hat. Die Vielfalt der Sprach- und Denkformen schließt vielmehr ebenso eine Bewegungsvielfalt ein, der gegenüber die Bewegungseinfalt der Logik eine eigentümliche Beschränkung und Verkürzung darstellt.«[11] Aus den uns eigentümlichen Denk- und Sprachstrukturen ergibt sich ein Ansatz, ja eine Notwendigkeit für eine Dialektik[12].

176   Dialektik

Schließlich kann dieser Ansatz einer Dialektik auch aus dem *Wesen des Denkens* abgeleitet werden. Denn Denken besagt Reflektieren, Schaffen einer Distanz zu unserer Umwelt und zu uns selbst; denkend lösen wir uns von einer blinden, naturhaften Eingebundenheit. Ein gedachtes Ding ist nicht das Ding selbst, auch wenn es dem Denken gelänge, es so, wie es wirklich ist, abzubilden. Denken ist ein Loslösen vom Wirklichen; es kann sich darum verselbständigen, dem Wirklichen etwas entgegensetzen. Hierin liegt die Chance und gleichzeitig die Gefahr einer Dialektik wie aller Reflexion überhaupt.

(4) Eine Dialektik, die im Denken ansetzt, provoziert die Frage, ob denn ein Widerspruch, der dialektisch gesetzt wird und überwunden werden soll, nicht auch oder sogar primär in der *Wirklichkeit* vorfindbar sei und darum nicht vom Denken, sondern vom Wirklichen ausginge. Die Antwort *Kants* kennen wir bereits. Bei *Hegel* finden wir hingegen eine Dialektik, die das Wirkliche betrifft. Vor allem am Gang der Geschichte sei der dialektische Ablauf sichtbar. Allerdings müssen wir zugleich sehen, daß bei *Hegel* Denken und Sein nicht zu trennen sind; denn nach ihm ist das Vernünftige wirklich und das Wirkliche vernünftig, Begriff und Wirklichkeit, Logik und Metaphysik sind identisch[13]. Dies wird durch *Hegels* Entwurf eines Systems verständlich; nach diesem ist der absolute Geist zunächst bei sich, erscheint dann im Verlauf der Geschichte und als diese und kommt über diese Vermittlung wieder zu sich selbst. Jenes Erscheinen des absoluten Geistes und sein Zu-sich-selbst-Kommen geschieht in dialektischen Schritten, wobei die Dialektik dann sowohl im »Wirklichen« wie im Denken sich zeigt. (Abb. 21)

Die *Hegel*sche Dialektik wird dann — mit unterschiedlichen Abwandlungen — im Prinzip von *Marx* und von den Marxisten übernommen. Der Dialektische Materialismus geht im Gegensatz zu *Hegel* nicht vom Geist, sondern von der Materie aus; in einer solchen Natur-Dialektik sind dialektische Sprünge vorgesehen, die das Entstehen des Qualitativen aus dem Quantitativen und des Denkens aus der Materie erklären[14]. Der dialektische Widerspruch wird auch im Unterschied der sozialen Klassen gesehen; die Geschichte bewegt sich dialektisch auf die klassenlose Gesellschaft zu. Uns interessieren hier nicht die Details, sondern nur die Tatsache, daß es auch das Modell einer Dialektik gibt, das das »Wirkliche«, das »Sein« in dialektischer Bewegung versteht[15]. Allerdings kommt diese Dialektik nicht ohne das Denken aus, weil das Denken ja diese Wirklichkeit zumindest darstellen muß, während es für eine reine Denk-Dialektik

Grundzüge der Dialektik 177

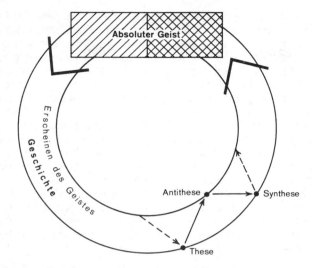

Abb. 21: Dialektik im System *Hegels*

offen bleibt, ob die dialektische Bewegung auch eine reale Entsprechung hat.

(5) Nun müssen wir noch einen Ansatz für eine Dialektik beachten, der im Hinblick auf *Kant* vor-kritisch und naiv ist und mit Blick auf *Hegel* unphilosophisch. Er ist vor-kritisch, weil er nicht darauf achtet, ob der dialektische Widerspruch in der Erkenntnisstruktur oder im Sein liegt, und er ist »unphilosophisch«, weil er nicht nach einem dialektischen System fragt, sondern die Konfrontation mit einem Widerspruch von Fall zu Fall sporadisch wahrnimmt, also unsystematisch. Es geht um eine *Dialektik* der *existentiellen Erfahrung*. So stößt jeder von uns immer wieder an die Tatsache, daß seine Pläne, Wünsche, Vorstellungen durchkreuzt werden von Begrenzungen, die von außen kommen, von anderen Menschen, von lebensnotwendigen Verpflichtungen, aber auch von der eigenen physischen wie geistigen Unfähigkeit, sie zu verwirklichen. »Neigung« und »Pflicht« prallen aufeinander; wir erfahren ihren Widerspruch mitunter schmerzlich und sehen uns gezwungen, ihn zu lösen.

Hier setzt eine Dialektik an, die sich von den bisher vorgestellten Typen unterscheidet. Historisch gesehen war es eine Reaktion auf

178   Dialektik

das spekulative System *Hegels*, als *Kierkegaard* eine derartige Dialektik bei der existentiellen Erfahrung ansetzte. Ein wichtiges Werk von ihm heißt »Entweder — Oder«; mit diesem Titel wird schon angedeutet, daß die Erfahrung des *Paradoxen* für *Kierkegaard* zentral ist. So heißt es in diesem Werk einmal: »Heirate, Du wirst es bereuen, heirate nicht, Du wirst es auch bereuen, heirate oder heirate nicht, Du wirst beides bereuen . . . Hänge dich, Du wirst es bereuen, hänge Dich nicht, Du wirst auch bereuen, häng dich doch häng Dich nicht, Du wirst beides bereuen . . .«[16] Dialektik wird hier nicht mehr wie bei *Hegel* »als Methode des Begreifens anerkannt, sie wird selbst das Kriterium der menschlichen Existenz. Dialektik ist für *Kierkegaard* kein System, weil es wohl ein logisches System, aber kein System der Existenz geben kann. Denn die Existenz ist Widerspruch, und existieren heißt dialektisch im Widerspruch leben.«[17] Diese dialektische Erfahrung spielt dann insbesondere im französischen Existentialismus eine Rolle und verdichtet sich bei *A. Camus* in der Erfahrung des Absurden: einerseits die Sinnlosigkeit des Alltagsgeschehens, andererseits die vitale Auflehnung dagegen.

Damit haben wir einige prinzipielle Ansätze von Dialektik kennengelernt: das dialektische Streitgespräch, das zu einem Ergebnis kommen will; die dialektische Darstellung von Sachverhalten als Kunstgriff; eine »Denk-Dialektik« im Sinne *Kants*, die den Widerspruch ganz auf der Ebene des Erkennens sieht; ein System-Denken im Sinne *Hegels*, das darüber hinaus das dialektische Geschehen auch im Wirklichen ansetzt; und schließlich eine Dialektik, die in der existentiellen Erfahrung ihren Grund findet.

b) Das dialektische Grundschema

Das ist nur eine Skizze von unterschiedlichen Dialektik-Verständnissen. Sie soll uns aber für eine Orientierung genügen, um die dialektische Methoode im Rahmen der geisteswissenschaftlichen Pädagogik einordnen zu können. Zuerst wollen wir aber noch die *dialektischen Schritte* formal betrachten, sofern dies losgelöst von jeglichem philosophischen Zusammenhang überhaupt möglich ist. Bereits in der vorangehenden Darstellung mußten wir immer wieder auf das dialektische Grundschema zurückgreifen. Es lautet:

These — Antithese — Synthese

Grundzüge der Dialektik   179

So können in der Gesprächsdialektik (siehe Abb. 20) Argument (A) und Gegenargument (B) als These und Antithese und die ideale Einigung (C) als Synthese begriffen werden; bei unserem *Rousseau*-Beispiel für die dialektische Darstellung zeigte sich jenes Schema ebenfalls, nämlich als Gesellschafts-Mensch (These), Natur-Mensch (Antithese) und Emile am Ende der Erziehung (Synthese); auch im Zusammenhang mit *Hegel* gingen wir darauf ein (Abb. 21). Das dialektische Schema geht auf *J. G. Fichte* zurück; *Hegel* hat es im Prinzip von ihm übernommen und als Bestandteil in einen systematischen Zusammenhang eingefügt[18]. Darum läßt sich weder *Hegels* Philosophie allein von dem dialektischen Schema her verstehen noch ist umgekehrt dieses an die Philosophie *Hegels* gebunden. Aber wie haben wir nun ganz allgemein die dialektischen Schritte und Momente zu verstehen? Ein erster Schritt liegt zwischen These und Antithese, ein zweiter zwischen Antithese und Synthese; darüber hinaus muß ein Gesamtzusammenhang der dialektischen Bewegung bedacht werden, der sich in dem Umschlag einer Synthese zu einer neuen These zeigt; dieser kann als dritter Schritt verstanden werden.

c) Der Widerspruch von These und Antithese

Damit der erste dialektische Schritt überhaupt vollzogen werden kann, muß etwas als Anfang gesetzt werden: die »*These*«. Vom Wort her — thésis — bedeutet sie ein Setzen, Aufstellen, auch eine Behauptung. Zum ersten methodischen Schritt gehört also ein Setzen oder Behaupten eines Sachverhalts. Schon hier ergibt sich die kritische Frage: *Wie* komme ich auf die These; *wie* ist sie gegeben; *wer* setzt sie; mit welcher *Begründung* wird gerade sie gesetzt?

Die Richtung des ersten dialektischen Schrittes geht dann von dieser These auf eine »*Antithese*«, also auf ein Dagegen-Gesetztes, ein Dagegen-Behauptetes. Das Verhältnis von These und Antithese besteht somit in einem »*Widerspruch*«; er ist der Inhalt des ersten dialektischen Schrittes. »Widerspruch« haben wir bisher undifferenziert verwendet. Je nach dialektischem Ansatz sind aber vielerlei Schattierungen möglich. Es lassen sich zwei prinzipielle Bedeutungen des Widerspruchs herausstellen: (a) Zum einen kann der Widerspruch *kontradiktorisch* sein; d.h. er ist echt widersprüchlich im logischen Sinn; These und Antithese stehen sich so gegenüber, daß sie sich logisch ausschließen müssen; sie stellen ein Entweder/Oder dar, ein Falsch und ein Richtig; beispielsweise sind Freiheit und Unfreiheit, Farbe und Nicht-Farbe kontradiktorisch. (b) Andererseits kann der dialektische Widerspruch in etwas *Konträrem* bestehen; dann ist es besser, von »*Gegensatz*« zu sprechen; These und Antithese stehen sich ebenfalls gegenüber, haben aber etwas Gemeinsames an sich, wie etwa Schwarz und Weiß, die ja beide eine Farbe sind; die Pole des Gegensatzes sind ein Sowohl/Als-auch; sie sind in ihrem Verhältnis zueinander relativ falsch und relativ richtig; Freiheit und Bindung können zum Beispiel als konträr angesehen werden[19].

Formal betrachtet besteht der erste dialektische Schritt in einer *Negation*; die These wird durch die Antithese negiert, also verneint. In formaler Sprache wird dies dann als A und Non-A ausgedrückt. Graphisch skizzieren wir das in Abbildung 22:

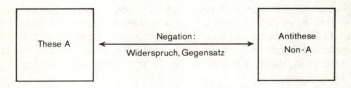

Abb. 22: Erster dialektischer Schritt: Negation

Bleibt man rein formal, so kann *jedes beliebige Andere* (Non-A) zur Antithese zu einem als These gegebenen Etwas (A) werden. Demnach könnte ich also der These »Freiheit« nicht nur etwa »Bindung« entgegensetzen, sondern etwa auch »Schuh«. Daß dies unsinnig ist, liegt auf der Hand. Soll also der These etwas Sinnvolles entgegengesetzt werden, so fragt sich auch hier: *Wie* komme ich auf diese eine Antithese; mit welcher *Begründung* setze ich gerade diese und keine andere der These entgegen? Die Dialektiker sehen in der Negation das *treibende Moment*; sie wird daher an sich als positiv und sinnvoll beurteilt; aber sie muß in inhaltlichem Bezug zur These stehen; Negation ist *inhaltlich an die These gebunden*. Darum kann nur etwa »Bindung« eine Negation von »Freiheit« sein und nicht etwa »Schuh«. Negation wird auch als *Sprung* verstanden, indem nämlich das Denken »über ein bisher begrenztes und umgrenztes Feld« hinwegspringt[20]. Weiterhin müssen wir festhalten, daß die These, sofern sie negiert worden ist, unterschiedlich beurteilt werden kann. Für *Hegel* bleibt sie eine sinnvolle Station in der Geschichte und wird als solche »aufgehoben«[21]; nach *Marx* dagegen wird sie vernichtet[22]: Das Proletariat hat die bürgerliche Gesellschaft auszulöschen. Aus der Perspektive der existentiellen Erfahrung wiederum bleibt die These gleich wichtig neben der Antithese bestehen, da ja die Erfahrung des Paradoxen beide voraussetzt; hier ist es auch so, daß nicht der Denker die Antithese setzt, sondern er sieht sich selbst in die Erfahrung des Gegensatzes, des Paradoxen oder Absurden gestellt.

d) Die »Aufhebung« des Widerspruchs in der Synthese

Widerspruch und Gegensatz drängen nach einer Auflösung. Ein zweiter Schritt der dialektischen Methode ist notwendig. Wenn freilich die Antithese die These schon vernichtet hat, ergibt sich nur die Notwendigkeit eines Umschlags zu einer neuen These. Wird die These aber nicht vernichtet, so ist ein Schritt notwendig, der zur Synthese führt. Seine wesentliche methodische Aufgabe besteht in der *Aufhebung des Gegensatzes*. Die deutsche Sprache bietet eine dreifache Wortbedeutung von »aufheben« an, die in den Sinn der Synthese eingehen soll. »Aufheben« besagt nämlich: a. ein Negieren, b. ein Aufbewahren und c. ein Hinaufheben. Diese Auslegung und Inhaltsfüllung einer Synthese geht auf *Hegel* zurück[23]. Auch hier stoßen wir bei kritischer Betrachtung auf die Schwierigkeit, daß formal gesehen eine so verstandene Synthese leicht vollzogen werden kann, daß aber damit noch keine inhaltlichen Anhaltspunkte gegeben sind, wie und in welche Richtung und mit welcher Begründung eine derartige Aufhebung zu geschehen hat.

Am verständlichsten wird die Synthese dann, wenn sie gesehen wird als eine *höhere Einheit*, die These und Antithese aufnehmen kann, als ein Ganzes oder als ein größerer Zusammenhang: »Der Gegensatz und Widerspruch entläßt aus sich (lt. *Hegel*) den neuen und *höheren Begriff*, die Zwischensituation bestimmt die neue und höhere Einheit.«[24] Es gibt wiederum unterschiedliche Auffassungen hinsichtlich des Gegensatzes von These und Antithese; der Gegensatz kann nämlich als völlig beseitigt gelten, was eben durch die Synthese geleistet wird, oder aber auch als weiterbestehend und nur in eine andere Ebene gehoben, wie dies nach *J. Cohn* der Fall ist[25]. In Abbildung 23 versuchen wir, den dialektischen Schritt zur Synthese anzudeuten, indem wir von dem Gedanken einer höheren Einheit, die den Gegensatz »aufhebt«, ausgehen.

182 Dialektik

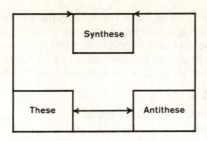

Abb. 23: Zweiter dialektischer Schritt: Synthese

e) Der Umschlag zur neuen These

Mit dem Erreichen einer Synthese ist nun aber für einen Dialektiker der dialektische Gedankengang nicht zu Ende. Wir haben nämlich in dem ersten Schritt der Negation sowie in dem Schritt zur Synthese hin einen Prozeß zu sehen, etwas Dynamisches; These, Antithese und Synthese stellen *Bewegungs*stufen dar[26]. Mit der Synthese kommt dieser Prozeß nicht zur Ruhe, sondern er drängt weiter, und die Synthese schlägt um zu einer *neuen These. Hegel* sagt: »Das Wahre ist das *Ganze*. Das Ganze aber ist nur das durch seine *Entwicklung* sich vollendende Wesen.«[27] Wenn »das Wahre das Ganze ist«, dann kann nicht bei der Synthese stehengeblieben werden, dann ist auch sie nur eine Zwischenstation auf dem Weg zum »Wahren«; freilich muß dieser Gedanke wiederum als Ausdruck des *Hegel*schen *System*denkens gesehen und somit relativiert werden. Läßt man ihn aber als dialektisches Modell einmal gelten, so folgt schematisch dem Umschlag der Synthese in eine neue These eine neuerliche Negation; und der neue Widerspruch wird »aufgehoben« in einer neuen Synthese usw. usw. Wir führen unsere Abbildung 23 entsprechend in der Abbildung 24 fort.

In dieser graphischen Darstellung wird insbesondere veranschaulicht, daß die Synthese den Gegensatz von These und Antithese bewahrt und auf eine höhere Einheit, in einen größeren Zusammenhang hebt. Das *Fortschreitende* an der dialektischen Stufenfolge läßt sich mit einem anderen Schema besser verdeutlichen (Abb. 25)[28].

Wir haben nun die formalen dialektischen Schritte kennengelernt. Diesen sehr trockenen Sachverhalt wollen wir mit einem *Beispiel* veranschaulichen. Wir wählen dazu etwas gut Bekanntes und

Grundzüge der Dialektik 183

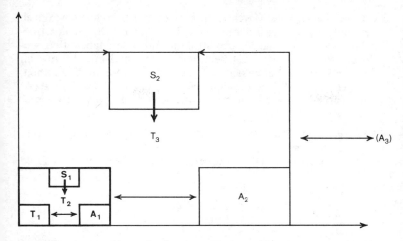

T = These, A = Antithese, S = Synthese; T_1, A_1 und S_1 entsprechen Abb. 23.

Abb. 24: Dritter dialektischer Schritt, I: Das Aufhebende des Prozesses

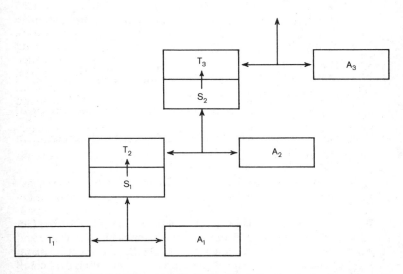

Abb. 25: Dritter dialektischer Schritt, II: Das Fortschreitende des Prozesses

184   Dialektik

ganz Einfaches: das Märchen vom »*Hans im Glück*«. Es wird sich herausstellen, daß sich daran vielerlei aufzeigen läßt. Zunächst betrachten wir seine dialektische Struktur und lassen dabei offen, worin das treibende Moment liegt, das zu immer Neuem führt: im Glück von Hans oder in seinem Unglück oder in seiner Dummheit. Wir geben das Märchen in den Schritten These (T), Antithese (A) und Synthese (S) wieder und sind uns bewußt, daß »Synthese« hier sehr weit gefaßt ist:

1. T: Hans erhält als Arbeitslohn einen kopfgroßen Klumpen Gold:
       Gold = gut.
   A: Dem Hans wird das Tragen des Goldes zu beschwerlich: Gold
       = schlecht.
   S: Er tauscht das Gold gegen ein Pferd.

2. T: Hans reitet bequem: Pferd = gut
   A: Das Pferd wirft ihn ab: Pferd = schlecht.
   S: Hans erhält dafür eine Kuh.

3. T: Der Besitz der Kuh verspricht sorgenloses Leben im Hinblick
       auf Nahrung: Kuh = gut.
   A: Hans wird von der Kuh geschlagen: Kuh = schlecht.
   S: Er tauscht dafür ein Schwein ein.

4. T: Das Schwein bedeutet viel gutes Fleisch: Schwein = gut.
   A: Hans droht angeblich durch das Schwein Gefahr: Schwein =
       schlecht.
   S: Er läßt sich dafür die Gans geben.

5. T: Hans stellt sich Gänsefett und -braten vor: Gans = gut.
   A: Mit der Gans hat Hans keine Zukunft: Gans = schlecht.
   S: Er nimmt dafür den Wetzstein.

6. T: Dieser verspricht als Berufsausstattung für alle Zeit Geld:
       Stein = gut.
   A: Dem Hans wird das Tragen des Steines zu beschwerlich: Stein
       = schlecht.
   S: Hans stößt ihn in den Brunnen.

7. T: Hans ist ganz zufrieden und glücklich.
   A: Hans hat alles verloren.

Wir wollen und können hier keine inhaltliche Interpretation der Geschichte liefern. Fraglich ist darum, ob wir den Schluß als These und Antithese richtig wiedergegeben haben. Die Bedeutung wäre dann: Hans ist glücklich, *obwohl* er alles verloren hat. Oder muß der Schluß heißen: Er ist zufrieden, *weil* er nichts mehr hat? Oder aber: Er hat alles verloren und ist obendrein noch froh darüber — wie dumm ist der doch? Diese Fragen müssen wir jetzt offen lassen; wir werden aber nochmals darauf zurückkommen (S. 189). Um den dialektischen Prozeß im Verlauf des Märchens noch deutlicher werden zu lassen, reduzieren wir es in Abbildung 26 nun noch auf das Schema der Abbildung 25.

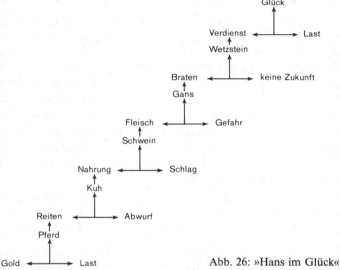

Abb. 26: »Hans im Glück«

Zusammenfassung

Von der *Wortbedeutung* her ist die Dialektik die *Kunst, ein Streitgespräch zu führen.*

Prinzipiell sind unterschiedliche *Ansatzpunkte* und somit *Typen* einer Dialektik zu unterscheiden.

Die *Gesprächs-Dialektik* geht auf die Lehrpraxis von *Sokrates* und *Platon* zurück. Im dialektischen Streitgespräch werden einerseits Widersprüche festgestellt, und andererseits wird auf deren Versöhnbarkeit gesetzt (Abb. 20). Die Gesprächsdialektik ist offen dafür, ob der Widerspruch in der menschlichen Erkenntnis oder in der Sache selbst liegt.

Dialektik kann ein Kunstgriff der *Darstellung* sein; die Vielschichtigkeit und Problematik der Sachverhalte wird damit sichtbar gemacht. Gerade in der Pädagogik hat *F. Schleiermacher* die dialektische Darstellungskunst angewandt. Die dialektische Darstellung wendet die Dialektik bewußt als Mittel der Reflexion an.

Eine »*Denk-Dialektik*« hingegen verlagert das Auftreten von Widersprüchen in die menschliche Erkenntnisstruktur selbst. Dies ist die Position *Kants*. Ein Ansatz für eine solche Dialektik kann auch in den Bewegungsformen der *Sprache* gesehen werden, nicht zuletzt auch im *Wesen des Denkens*, das ja als Reflektieren eine Distanz zur Wirklichkeit schafft.

Bei *Hegel* wird die *Wirklichkeit* selbst, die Geschichte, dialektisch (Abb. 21). Ähnlich werden im Marxismus der Gesellschaftsprozeß und auch die Natur als dialektisch verstanden. Gleichzeitig muß für einen derartigen Ansatz aber auch das Denken dialektisch sein.

Während die Dialektik etwa für *Hegel* und für Marxisten Bestandteil eines Systems ist, hat sie für einen Ansatz in der *existentiellen Erfahrung* unsystematischen Charakter.

Der *erste methodische Schritt* der Dialektik besteht zunächst im Setzen einer *These*, die dann durch eine *Antithese* negiert wird. Die *Negation* kann ein (kontradiktorischer) Widerspruch oder ein (konträrer) Gegensatz sein (Abb. 22). Sie ist inhaltlich an die These *gebunden*, die sie entweder »aufhebt« oder vernichtet.

Der zweite dialektische Schritt besteht im *Aufheben des Gegensatzes* in der *Synthese*, wobei das Aufheben nach *Hegel* ein Negieren, Aufbewahren und Hinaufheben einschließt. Die Synthese hebt den Gegensatz in einer *höheren Einheit* auf (Abb. 23).

These, Antithese und Synthese sind *Bewegungsstufen*; der dialektische *Prozeß* setzt sich fort, indem die Synthese zu einer *neuen These* umschlägt (Abb. 24 und 25). Durch dieses Fortschreiten wird Dialektik zu einem systembildenden Prinzip. Hierin ist ein dritter methodischer Schritt zu sehen.

Mit *A. Diemer* kann folgende *allgemeine Definition* der Dialektik gegeben werden: »Sie ist der Versuch, ein logisch-rationales Deutungsschema des Gesamtgegebenen zu entwickeln, das letztlich zu einem widerspruchslosen Zusammenführen dienen soll. Dies geschieht dadurch, daß der Widerspruch selbst zum Positivprinzip gemacht wird und dieses Prinzip letztlich durch seine eigene Negation zu einer großen Synthese aufgehoben wird.«[29]

Literaturhinweis zur Einführung und Ergänzung:

R. Heiss: Wesen und Formen der Dialektik.
A. Diemer: Elementarkurs Philosophie — Dialektik.

2. Kritik der Dialektik als reiner Methode

In unserem Zusammenhang interessiert uns die Dialektik als Methode, sofern sie eine Bedeutung für die geisteswissenschaftliche Pädagogik hat. Schon bei der Darstellung der allgemeinsten dialektischen Grundzüge drängten sich uns grundsätzliche Fragen auf; ihre Problematik wollen wir noch deutlicher herausstellen, bevor wir auf die mögliche Funktion der dialektischen Methode im Rahmen einer Pädagogik eingehen, die unter anderem hermeneutisch und phänomenologisch vorgeht.

Wir beginnen unsere Kritik an der Dialektik damit, daß wir als erstes ihren *positiven* Aspekt herausheben. Dieser zeigt sich in der *Dynamik* der dialektischen Schritte. Sie werden als Bewegungsstufen verstanden, die sowohl die bedachte Sache als auch das Denken selbst *weitertreiben*. Die Antithese setzt sich *ab* von der These, bewegt sich also weg von ihr; der in der Negation erzeugte Widerspruch drängt weiter auf eine Lösung, die in der Synthese gefunden wird; sie ist, wie wir gesehen haben, unter anderem ein *Höher*heben. Schließlich kommt als weiteres Bewegungsmoment der Umschlag der Synthese in die neue These hinzu. Schon bei der Gesprächs-Dialektik zeigt sich, daß die Gegner sich einigen *wollen*, weil man auf ein Verbindendes setzt.

Dieser dynamische und positive Aspekt hängt mit einigen anderen Momenten der Dialektik zusammen, die positiv sein können:

188   Dialektik

Dialektik begreift einen *Widerspruch* nicht als etwas, das vermieden werden soll, sondern als Möglichkeit, in der *Wahrheitsfindung* weiterzukommen; sie läßt das eigentlich Widersprechende nicht wie durch die Löcher eines Siebes hindurchfallen[30]. Widerspruch, Negation ist hier eine positive Möglichkeit. Das bedeutet implizit eine andere Auffassung von Wahrheit als die streng logisch geforderte; sie ist nichts Statisches, sondern auch sie wird als Bewegung, auf dem Weg befindlich verstanden — dies kann als Erkenntnisprozeß begriffen werden, also als Wahrheit *für uns*. Insofern bedeutet Dialektik ein Überschreiten eines statischen, streng logischen Denkens; sie eröffnet neue Erkenntnismöglichkeiten.

Im Widersprechen der These liegt ein *kritisches* Moment; nicht nur das eine Gegebene wird als wahr angenommen, sondern auch etwas Gegensätzliches; die Antithese ist die Kritik der These. Nur wo Kritik geübt wird, gibt es Fortschritt. Kennzeichen des unkritischen Hinnehmens ist die Befangenheit in ein Gegebenes, das Festkleben am Vorfindlichen: Das wäre die Gefahr einer isolierten Hermeneutik und Phänomenologie; sie treiben von sich aus das Entdeckte nicht weiter. Das kritische Sich-Losmachen der Antithese von der These dagegen distanziert den Denkenden von dem Vorgefundenen; das gilt auch dann, wenn er den Widerspruch nicht dialektisch setzt, sondern ihn vorfindet; auch dann muß der Widerspruch akzeptiert werden. Dieses Akzeptieren ist ein Befreien des Widerspruchs aus seinem bloßen Gegebensein. Dialektik hebt ihn auf die Ebene der *Reflexion*. Diese müssen wir als weiteres wichtiges Kennzeichen der Dialektik festhalten. Sie ist immer ein Denkprozeß, ein Streben nach einer vielschichtigen Wahrheit, das Bemühen um die Erkenntnis einer höheren Einheit des Gegensätzlichen. Dialektik ist also ein *Erkenntnisprozeß*, der über das bloß Vorliegende hinausstrebt[31].

Unsere Feststellung des positiven dynamischen Aspektes der Dialektik gilt jedoch nur so lange, als wir im *Formalen* verbleiben. Denn füllen wir all die genannten Momente der Dialektik mit Inhalt, dann sehen wir bald, daß sie keineswegs nur positiv zu sein brauchen. Zwar kann etwa Kritik »vorwärts« bringen, sie vermag aber auch zu zerstören; zwar kann ein Widerspruch zu einer umfassenden Wahrheit drängen, er kann aber auch ganz einfach Unsinn sein; zwar befreit Reflexion aus der Gebundenheit des Vorfindlichen, sie führt uns aber wenigstens ebensooft in Wolkenkuckucksheime. Mit anderen Worten: Dialektik als reine Methode ist in sich *ambivalent*, also zwei-wertig; sie kann zum »Guten« und zum »Bösen« führen, sie kann »Fortschritt« wie »Rückschritt« bedeuten. Die denkerische

Kritik der Dialektik als reiner Methode   189

Dynamik, die mit ihr angesprochen ist, muß gelenkt werden, damit Dialektik überhaupt einen Sinn bekommt. Unsere Fragen, die sich schon bei der Darstellung ergeben haben, können durch die Dialektik als bloße Methode nicht beantwortet werden, nämlich: Wie komme ich gerade auf diese und auf keine andere Gegebenheit, mit welcher Begründung mache ich sie zur »These«? Auch wenn die Antithese rein formal an die These gebunden ist — weshalb komme ich methodisch auf eine ganz bestimmte Antithese? Oder wodurch eröffnet mir die dialektische Methode gar die Erkenntnis einer Synthese, ist doch gerade sie ein sehr komplexes Gebilde? Wir sehen also, daß sich die Richtung, in der sich der dialektische Prozeß bewegt, ja schon sein Ansatz, nicht aus der reinen Methode, sondern nur vom *Inhalt* her bestimmen kann. *Dialektik braucht die inhaltliche Vorgabe*, um überhaupt erst Sinn zu haben. Als formale Methode wird sie zur *Spielerei*. Das sehen wir an unserem Beispiel »Hans im Glück«. Denn mancher mag sich wundern, mit welcher Selbstverständlichkeit dieses Märchen sich der dialektischen Schablone fügt (Abb. 26). Zwar kann der dialektische Aufbau des Märchens nicht geleugnet werden; doch bei der Frage nach seiner inhaltlichen Bedeutung und somit nach der treibenden Kraft des dialektischen Fortgangs kommen wir in Verlegenheit. Ist das Ergebnis der Geschichte positiv, indem nämlich Hans als zufrieden anzusehen ist und somit die treibende Kraft sein Glück gewesen ist? Oder ist der Ausgang negativ, indem gezeigt wird: So weit kommst du mit Faulheit und Dummheit: zum Verlust von allem? »Hans im Glück« führt uns also nicht nur die dialektische Bewegung vor Augen, sondern erstens auch, daß ihre Dynamik einen bestimmten Inhalt braucht, und zweitens, daß sich die Dialektik vor den Karren verschiedener Herren spannen läßt: im Beispiel entweder vor das Glücksstreben oder vor die Faulheit.

Woher nimmt Dialektik die ihr innewohnende Dynamik? Sie liegt wohl in einem *Optimismus*, der diese Methode im Grunde ausmacht: Die Gesprächspartner sind zuversichtlich, daß sie zu einer Einigung kommen werden: ein gesetzter oder vorgefundener Widerspruch wird als sinnvoll und nicht als ausweglos, verhängnisvoll aufgefaßt; die Synthese wird gar als ein *Höher*heben gedeutet und der gesamte dialektische Prozeß als ein *Fortschritt*. Der Dialektiker läßt sich vom »Prinzip Hoffnung« leiten: Das Neue wird das Bessere sein[32].

Dieser Optimismus auf der einen Seite und die Abhängigkeit der Dialektik von inhaltlichen Vorgaben auf der anderen Seite bringen es mit sich, daß die Dialektik eine Symbiose mit *Systemen* eingeht. Ihr reflektierender, formaler, spielerischer Charakter hat in sich eine

190 Dialektik

Tendenz zur Schematisierung und Systembildung; und das »Ganze«, die Gesamtidee eines Systems gibt umgekehrt der Dialektik die normativen Direktiven. Das wird am deutlichsten an *Hegel* (vgl. auch Abb. 21) und an den marxistischen Theorien. In der Verbindung von Dialektik und System liegt jedoch eine große Gefahr. Diese reicht von leerer Spekulation über die *Manipulation* und Vergewaltigung der Wirklichkeit bis hin zur *Rechtfertigung* politischer Greueltaten: Die massenweisen Deportationen, »Geständnishilfen« und Liquidierungen etwa unter *Stalin* waren dann kein Unrecht, keine Folter und keine Morde, sondern Notwendigkeit des dialektischen Gesellschafts- und Geschichtsprozesses[33]. Ein Zurechtbiegen der Wirklichkeit kann umgekehrt auch darin liegen, daß ein bestehender Widerspruch rein dialektisch gesehen aufgehoben werden *muß*, obleich etwas von der Erfahrung her der Widerspruch sich nicht auflösen läßt und vielmehr auszuhalten ist. Dialektik darf sich darum wohl nie verselbständigen, indem sie zum *Gesetz* gemacht wird[34].

Wir fassen unsere Zwischenbilanz der Dialektik als reiner Methode *zusammen*:

Der eindeutig positive Aspekt der Dialektik besteht in ihrer weitertreibenden *Dynamik*; sie ist ein reflektierender, kritischer Prozeß, der »Wahrheit« als nichts Statisches auffaßt. Dialektik als reine Methode ist aber *ambivalent*; sie wird erst sinnvoll durch eine inhaltliche Bestimmung. Diese wiederum treibt sie durch den ihr eigentümlichen *Optimismus* weiter. Inhaltliche Abhängigkeit und optimistische Dynamik der Dialektik führen zur Systembildung, die aber die Gefahr der leeren Spekulation und der Vergewaltigung der Wirklichkeit in sich trägt.

3. Verstehende Dialektik in der geisteswissenschaftlichen Pädagogik

Was soll nun die so charakterisierte Dialektik in einer geisteswissenschaftlichen Pädagogik zu tun haben? Warum interessiert sie überhaupt? Ihre wesentliche Bedeutung liegt sicherlich darin, daß mit ihrer Hilfe eine *dynamische Reflexion* in Gang gesetzt wird. Das hat zur Folge, daß Dialektik wohl überwiegend Raum in der *Theorie*

Dialektik in der geisteswissenschaftlichen Pädagogik   191

der Erziehung und Bildung haben wird. Für unseren Zusammenhang müssen wir noch eine weitere Einschränkung vornehmen: Es kann hier nicht darum gehen zu fragen, inwieweit die Dialektik eine Funktion für eine Erziehungstheorie schlechthin hat, sondern nur, insofern sie ausdrücklich die hermeneutische und die phänomenologische Methode mit einbezieht[35]. Wir sollten deshalb noch einige theoretische Überlegungen anstellen, wie die drei Methoden: Hermeneneutik, Phänomenologie und Dialektik überhaupt zusammenkommen können, wie sie sich gegenseitig bedingen, eventuell beschränken oder auch ergänzen. Zugleich müssen wir den allgemeinen Rahmen verlassen, in dem wir uns bis jetzt für die Darstellung der dialektischen Methode bewegt haben, um uns ausdrücklich den Erfordernissen der *Pädagogik* zu stellen.

Was dies bedeutet, müssen wir nochmals rekapitulieren. Pädagogik ist eine Wissenschaft, die eng mit der Praxis verbunden sein muß. Ihre Theorie orientiert sich an der Praxis, kommt aus ihr; und die Theorie wirkt zurück auf die Praxis, gibt ihr Denkanstöße und normative Anhaltspunkte. Die *Erziehungswirklichkeit* kann in der pädagogischen Reflexion nicht ausgeklammert werden[36]; dort aber geht es immer um konkrete Menschen, die erzogen und gebildet werden sollen. Das hat zur Folge, daß auch die pädagogische Theorie unter derselben *Verantwortung* steht wie die Praxis, auch wenn sie den konkreten Zögling nicht vor sich hat; aber sie muß ihn als Möglichkeit mit einbeziehen. Diese pädagogische Verantwortung ist also auch für den Theoretiker der Pädagogik leitend: Auch Methodenfragen haben sich ihr unterzuordnen. Unter diesem Gesichtspunkt ergibt sich bereits eine entscheidende Eingrenzung für die Dialektik — ihre schematische Spekulation, zu der sie neigt, muß sich in Zaum nehmen lassen von jener Orientierung an der Praxis und von der pädagogischen Verantwortung. Es darf also kein Widerspruch dialektisch konstruiert werden, der nicht an der Erziehungswirklichkeit überprüft würde; es darf nirgendwo ein dialektischer Gegensatz hineininterpretiert werden, wo keiner ist. Umgekehrt darf man existentiell erfahrene Widersprüche oder Antinomien nicht einfach spekulierend »aufheben« und dann so tun, als wären sie nicht mehr da.

Dies sind nun keine aus der Luft gegriffenen Postulate. Wir brauchen beispielsweise nur weiterzuverfolgen, was geschähe, wenn wir jeglicher pädagogischen Führung antithetisch die totale Selbstbestimmung aller Kinder und Jugendlichen entgegenstellten und diese als die neue, »fortschrittliche« Devise ausgäben: Erziehung würde damit aufhören; die Kinder wären sich selbst überlassen und im Stich gelassen, und ihnen würde letztlich geschadet, weil sie die

192 Dialektik

Orientierung, derer sie bedürfen, nicht erfahren würden. Etwas anderes ist es dagegen, etwa die pädagogische Antinomie »Führen oder Wachsenlassen« zu reflektieren und auf ihren Sinn zu befragen, wie dies *T. Litt* unternommen hat.

a) Verstehende Dialektik im Zusammenhang von Hermeneutik und Phänomenologie

Wir müssen nun auch noch die Dialektik in einen sinnvollen Zusammenhang mit Hermeneutik und Phänomenologie bringen. Da ist zunächst wiederum das positive Moment zu nennen, das mit der Dialektik eingebracht wird. Es besteht darin, daß sie ermöglicht, in eine bestimmte Art von Reflexion einzutreten, wenn Erziehungswirklichkeit phänomenologisch erfaßt und hermeneutisch ausgelegt ist. Vereinfacht ausgedrückt müßten die drei Zugangsarten in folgende schematische Reihenfolge gebracht werden:

(1) Phänomenologie als beschreibende Bestandsaufnahme,
(2) Hermeneutik als Verstehen und Auslegen des beschriebenen Bestandes,
(3) Dialektik als weiterführende Reflexion über den beschriebenen und verstandenen Bestand[37].

Diese Abfolge kann nur als Modell verstanden werden. Der tatsächliche Erkenntnisprozeß ist komplex; er vermengt die »Methoden« miteinander. Außerdem sollten wir nicht übersehen, daß es auch andere Reflexionsweisen als die dialektische gibt, etwa die logische, die geradlinig Schlüsse aus dem Vorliegenden zieht und so die Sache weiterbringt und die unter anderem im Erklären eine Rolle spielt. Dialektik hat darum nicht die zentrale Bedeutung für eine geisteswissenschaftliche Pädagogik wie Hermeneutik und Phänomenologie, insbesondere wenn wir nun auch ihre Zuordnung zu jenen betrachten.

Wir haben mehrfach gesagt, daß Dialektik *geleitet* werden muß. Welche These, welche Antithese und welche Synthese gesetzt werden sollen, stellt sich als *inhaltliches* Problem dar und nicht zuletzt auch als ein *normatives*. Jenes Setzen muß darum ein *antizipierendes Verstehen* sein, d.h. was ich als These usw. setzen werde, muß ich *vorweg schon verstanden* haben. Denn wie käme ich sonst dazu, etwa der »Freiheit« die »Bindung« entgegenzusetzen und dem pädagogischen »Führen« das »Wachsenlassen«? Das Vorwegnehmende an solchem Verstehen befreit aus der unmittelbaren Gegebenheit, führt über sie hinaus; dies ist die Leistung der Reflexion, hier also der

Dialektik in der geisteswissenschaftlichen Pädagogik

Dialektik. Doch das reflektierende Hinausgehen über das Vorliegende kann nicht blind geschehen; es muß sich an Inhaltlichem orientieren; dieses muß verstanden werden; das ist eine hermeneutische Leistung. Dialektik braucht also die Hermeneutik[38]; Dialektik muß sich der Hermeneutik unterordnen, wenn sie nicht Gefahr laufen will, eigendynamisch und blind ein System zu entwerfen, das an der Wirklichkeit vorbeikonstruiert ist; und genau dies darf schon allein aus pädagogischer Verantwortung nicht geschehen.

Wenn wir nun das dialektische Setzen als ein vorwegnehmendes Verstehen begreifen, dann fällt es uns auch leichter zu erkennen, wie wir zu einer *Synthese* eines Widerspruchs gelangen sollen. Gehen wir davon aus, daß sowohl These wie Antithese verstanden sind, vielleicht auch phänomenologisch erfaßt, so könnte als nächster Schritt im *Verstehen des Widerspruchs* sich ein Zugang zur *Synthese* eröffnen. Denn der Sinn der Synthese — dasjenige, worauf ich mit ihr hinaus will — muß mir schon vorweg irgendwie bekannt sein, um es dialektisch-methodisch ansteuern zu können. Es geht auch hier um Sinn-Zusammenhänge, also um Verstehensvorgänge. Damit wird gleichzeitig sichtbar, daß die Synthese inhaltlich zurückgebunden ist an den Widerspruch, ähnlich wie die Antithese sich inhaltlich an der These orientieren muß. Wir kombinieren die Abbildungen 4 und 23 und stellen so das Verstehen des Widerspruchs, das auf die Synthese verweist, dar (Abb. 27).

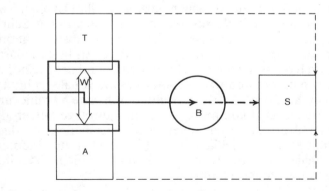

T = verstandene These; A = verstandene Antithese; W = zu verstehender Widerspruch; B = Bedeutung, Sinn des Widerspruchs; S = verstehend zu setzende Synthese.

Abb. 27: Antizipierendes Verstehen der Synthese

194   Dialektik

Genau genommen müßte hier auch noch das phänomenologische Erfassen mit einbezogen werden; wir lassen dies aber unberücksichtigt, um die Darstellung des Sachverhalts nicht noch komplizierter zu gestalten. Jedenfalls dürfen wir in dem Zusammenwirken der »Methoden«, wie es die Abbildung 27 augenscheinlich machen will, den Sinn für eine »pädagogische Dialektik« sehen, sofern »pädagogisch« eine »geisteswissenschaftliche« Pädagogik meint. Mit anderen Worten: Dialektik wird zu einer brauchbaren und gleichzeitig notwendigen Methode für die geisteswissenschaftliche Pädagogik, sofern sie sich an Phänomenologie und Hermeneutik orientiert. Eine solche Dialektik muß *verstehende Dialektik* sein[39].

Von der Phänomenologie her ergibt sich eine weitere Eingrenzung der Dialektik, die wir noch nicht bedacht haben: Wir erinnern uns, daß der erste phänomenologische Schritt in einer möglichst vorurteilsfreien Einstellung besteht; diese bedeutet gerade auch ein Sich-Freimachen von spekulativen, systematisch gewonnenen Faktoren. Das hat im Hinblick auf die Dialektik zur Folge, daß sie durch das Korrektiv der Phänomenologie nicht zum selbständigen spekultiven System werden kann; »dialektische Pädagogik«, die sich von der Spekulation und nicht von der Erziehungswirklichkeit und -verantwortung leiten ließe, wird dadurch unmöglich[40].

Wir versuchen, die dialektische Methode einzuordnen in eine pädagogische Theorie, die phänomenologisch und hermeneutisch zu Aussagen gelangen will. Dazu sind wir nun bisher von der Konfrontation von dialektischen Schritten und dem geisteswissenschaftlichen Selbstverständnis der Pädagogik ausgegangen. Unser Ergebnis besteht darin, daß sich die Dialektik der Hermeneutik und der Phänomenologie unterzuordnen hat, sofern es um Inhalte geht; daß ferner diese drei »Methoden« nur durch enge Verquickung zu Ergebnissen kommen, so daß das jeweilige Setzen der Dialektik erst durch antizipierendes Verstehen verständlich wird; und daß schließlich durch das reflektierende Moment der Dialektik Hermeneutik und Phänomenologie über ihre Ergebnisse hinausgeführt werden können.

Dialektik in der geisteswissenschaftlichen Pädagogik   195

b) Mögliche Ansätze einer verstehenden Dialektik

Wir sollten aufgrund dieser Beurteilung jetzt noch fragen, *welcher Ansatz* einer Dialektik im Rahmen der geisteswissenschaftlichen Pädagogik angebracht ist. Als mögliche Typen einer Dialektik haben wir herausgestellt (IV.I.a): Dialektik im Gespräch, als Darstellungskunst, in den Denkstrukturen, Dialektik der Wirklichkeit und als existentielle Erfahrung. Eine Dialektik, die generell in die Denkstrukturen oder in die Wirklichkeit verlegt wird, setzt bestimmte erkenntnistheoretische und metaphysische Vorentscheidungen voraus. Diese sind zwar möglich und auch für die Pädagogik durchgeführt worden, sie stellen aber für eine geisteswissenschaftliche Pädagogik eine einseitige und ihr zum Teil widersprechende Position dar, weil sie selbst von anderen Vorentscheidungen ausgeht. Jene Ansätze scheiden also für unseren Zusammenhang aus. Ein dialektisch geführtes Streitgespräch ist dagegen als Ansatz grundsätzlich denkbar; die Frage ist hier allerdings, wo und wann es tatsächlich geführt wird. Eher finden wir es als das fiktive Gespräch, das in die Darstellungskunst aufgenommen wird. Diese sowie eine Dialektik, die sich aus der existentiellen Erfahrung ergibt, werden darum als die wesentlichen Ansätze für eine Dialektik im Rahmen der geisteswissenschaftlichen Pädagogik verbleiben.

Dialektik als *existentielle Erfahrung* charakterisiert die Position *Erika Hoffmanns*. Ihre Schrift »Das dialektische Denken in der Pädagogik« ist 1929 erschienen und kann heute noch als bedeutsam für eine Dialektik in der geisteswissenschaftlichen Pädagogik gelten. *E. Hoffmann* steht einerseits in der Tradition jener Pädagogik, andererseits kommt eine »existenzphilosophische« Grundhaltung zum Ausdruck; wohl nicht von ungefähr zitiert sie zum Schluß *K. Jaspers*: ». . . Die Synthese ist bloße Spielerei, wenn sie intellektuell in Formeln geschieht«[41]. Und mit folgenden Worten umreißt sie ihre eigene Position: »Der kritische Versuch *unserer* Arbeit nimmt seinen Ausgang allein von der *Tatsache des Widerspruchs* im Leben und seinem merkwürdigen *ethischen und praktischen Anspruch*, der sich durch keine logischen Anstrengungen umgehen läßt.«[42] Der Widerspruch, der hier gemeint ist, ergibt sich also aus der Erfahrung, aus dem »Leben«; er ist nicht durch dialektische Reflexion gewonnen, die aber, wie wir gezeigt haben, durchaus eingebunden sein kann in ein (antizipierendes) Verstehen. Die reflektierende Seite scheint *Hoffmann* weniger zu interessieren; es geht ihr vielmehr um den existentiellen Anspruch, der Entscheidung fordert[43].

Aufgrund ihres existentiellen Ansatzes mißt *Erika Hoffmann* den

pädagogischen *Antinomien* eine größere Bedeutung bei als dem spe-
kulativ-dialektischen Denken. Antinomien sind Widersprüche, die
sich aus dem Denken selbst ergeben, aber in unserem Zusammenhang auch aus der Erfahrung. Ihr Kennzeichen gegenüber dem (op-
timistischen) dialektischen Denken liegt darin, daß sie nur festgestellt und hingenommen werden können; sie lassen sich nicht in einer Synthese auflösen; sie können nicht aufeinander reduziert und
nicht überwunden werden, während Dialektik ihre gegensätzlichen
Momente aufeinander bezieht und in einem größeren Zusammenhang aufhebt. Für die Dialektik stellen unaufhebbare Antinomien
lediglich eine Grenzsituation dar[44]. Als allgemeine Antinomien erwähnt *Hoffmann*: Körper/Geist, Mannigfaltigkeit/Einheit, Denken/
Fühlen/Wollen, Ich/Umwelt, vergehende Zeit/erfüllte Gegenwart[45]. Solche Gegensätze können als »Grundantinomien« (*Nohl*)
verstanden werden, denen abgeleitete Antinomien verbunden sind;
dadurch erschließen sich immer differenziertere Zusammenhänge
der Erziehungswirklichkeit[46].

Der Ansatz *E. Hoffmanns*, der vom existentiellen Anspruch ausgeht, welcher Entscheidung fordert, ist eine legitime und wichtige
Perspektive. Jeder Erzieher erfährt täglich jenen Anspruch. Nehmen
wir den Lehrer als Beispiel, der auf einen Schulaufsatz die Note »ungenügend« geben muß, wenn er allein die objektiv vorliegende Leistung ansieht, und der gleichzeitig erkennt, daß er diese Note in dem
bestimmten Fall nicht geben darf, weil er damit den Schüler, der sich
sehr bemüht hat, entmutigen und somit nicht mehr erzieherisch för-
dern würde. Anspruch des objektiven Maßstabs, der Gesellschaft,
der Qualität und Anspruch einer bestimmten Person, einer subjektiven Situation stehen sich gegenüber. Der Lehrer steht dazwischen
und muß entscheiden. Das kann im konkreten Fall sehr schwer sein.

Entscheiden bedeutet, dem einen Anspruch den höheren Wert
beimessen als dem anderen. *Hoffmann* behauptet, und wir pflichten
dem bei, daß sich die Entscheidung nicht logisch auflösen läßt; es
bleibt ein Rest einer subjektiven »Willkür«. Vielleicht kann eine bestimmte Entscheidung auf vorausgehende Grundentscheidungen
zurückgeführt und daraus erklärt werden; doch eine letzte Stellungnahme, die ein Ja oder ein Nein zu einer Norm bedeutet, kann nicht
weggeleugnet werden, und jene Stellungnahme ist ein existentieller
Akt und letztlich kein logischer Prozeß. Soweit stimmen wir *Hoffmann* also zu. Wir sehen jedoch eine Aufgabe für die dialektische
Reflexion darin, daß solche Situationen, wie die geschilderte, einer
pädagogischen *Grundsituation* entsprechen. Diese stellt sich als Gegensatz ein, der zwischen Individuum und Gesellschaft, zwischen

Zusammenfassung   197

einzelnem Schüler und Schulanforderung besteht. Eine solche durchgängie Antinomie kann nun prinzipiell *reflektiert* werden; hier spielt verstehend-dialektisches Denken eine wesentliche Rolle. Es kann zwar die je konkrete Entscheidung nicht abnehmen, aber jene dialektische Reflexion kann eine Entscheidung vorbereiten, eventuell zu einer Grundentscheidung heranführen. In dem *Reflektieren des Widerspruchs*, der *existentiell erfahren wird*, sehen wir eine wichtige Aufgabe für eine *verstehende Dialektik*, und dies gerade für die Pädagogik.

Der andere Ansatz für eine Dialektik, der sich für die geisteswissenschaftliche Pädagogik ergibt, besteht in der *Darstellung* schon formulierter Gedanken. Wir versuchten dies mit dem Beispiel einer dialektischen Interpretation von *Rousseaus* Emile anzudeuten (S. 174). Es liegt auf der Hand, daß ein solches Vorgehen primär hermeneutisch ist. Die dialektische Form zu verwenden, ist dann lediglich ein Kunstgriff der Interpretation. Auf jeden Fall muß von der Sache her eine solche Darstellungsweise gerechtfertigt sein und darf keine Vergewaltigung des Inhalts bedeuten. Aber dennoch bleibt damit der ursprüngliche Text nicht das, was er war; wir geben ihn nicht bloß wieder, wiederholen ihn nicht einfach, sondern wir *reflektieren* ihn weiter. Wir bringen damit schon zum Ausdruck, wie *wir* ihn verstehen, unter Umständen auch, was er uns heute bedeutet. *Kritik* kann mit einfließen; die Darstellung geht dann über in eine Auseinandersetzung.

Nicht nur vorgegebene Gedanken lassen sich dialektisch darstellen, sondern auch die Erziehungswirklichkeit selbst. Ich kann mich dabei von der Erfahrung von Gegensätzen leiten lassen, aber auch von dem denkerischen Versuch, die Wirklichkeit in den Griff zu bekommen. *Erziehungswirklichkeit* wird dann *interpretiert*[47], wobei »Interpretation« jedoch mehr bedeutet als rein hermeneutische Auslegung; sie ist dann auch ein aktives Zupacken, »antizipierendes Verstehen«, indem als Entwurf, als Modell etwas in die Wirklichkeit *hinein*gelegt und nicht nur herausgeholt wird. Dies hat als Versuch seine Berechtigung, nicht aber als absoluter Anspruch, indem etwa behauptet wird: so ist es[48].

Wir haben nun auf theoretische Weise versucht, die Dialektik einzuordnen in eine Pädagogik, die hermeneutisch und phänomenologisch vorgeht. Es zeigte sich, daß Dialektik in diesem Zusammenhang zum einen sich an der Erziehungswirklichkeit orientieren und von der pädagogischen Verant-

198 Dialektik

wortung leiten lassen muß und daß sie zum anderen mit Hermeneutik und Phänomenologie integriert werden muß, um zu sinnvollen Aussagen zu kommen, die sich nicht im Spekulativen verlieren. Dabei wird es sich im wesentlichen um eine Dialektik handeln, die bei der existentiellen Erfahrung von Widersprüchen ansetzt und die in die Darstellung von vorgegebenen Gedanken sowie in die Interpretation von Erziehungswirklichkeit eingeht.

c) Einige dialektische Aspekte in der Pädagogik

Um unsere theoretischen Überlegungen ein wenig zu veranschaulichen, sollten wir an dieser Stelle fragen, *wo* sich denn Ansatzpunkte für eine Dialektik im pädagogischen Geschehen zeigen. Wir müssen uns hierbei auf einige wenige Hinweise beschränken; sie sollen *beispielhaft* für eine Reihe anderer Aspekte stehen, die wir nicht erwähnen können. Vielmehr verweisen wir auf einige Autoren der Pädagogik, die entweder selbst dialektisch vorgehen oder das dialektische Denken thematisieren:

F. Schleiermacher (1768—1834):
Die Vorlesungen aus dem Jahre 1826 (Theorie der Erziehung).

T. Litt (1880—1962):
Führen oder Wachsenlassen (1927).

H. Nohl (1879—1960):
Die pädagogische Bewegung in Deutschland und ihre Theorie (1933).

E. Hoffmann: Das dialektische Denken in der Pädagogik (1929).

W. Klafki: Dialektisches Denken in der Pädagogik (1955).

R. Spaemann: Dialektik und Pädagogik (1961).

J. Derbolav: Systematische Perspektiven der Pädagogik (1970)[49].

W. Schmied-Kowarzik: Dialektische Pädagogik (1974).

Hierbei gehören *Schleiermacher, Litt* und *Nohl* zu den »Klassikern« der geisteswissenschaftlichen Pädagogik, die dialektisch denken. Die dialektische Darstellung einer »Theorie der Erziehung« von *Schleier-*

Dialektik in der geisteswissenschaftlichen Pädagogik 199

macher ist bis heute unübertroffen und auch inhaltlich im wesentlichen noch gültig; *E. Hoffmann* stellt zur Hauptsache andere Pädagogen dar; ihren eigenen Standpunkt haben wir bereits kennengelernt (IV.3.b). Die folgenden Autoren bieten insbesondere ein reiches Material an Informationen über Dialektik in der Pädagogik[50].

Aus der Fülle, die uns die Literatur bietet, wollen wir also einige Aspekte herausgreifen, um das Einsetzen von dialektischer Reflexion zu veranschaulichen. Wir können uns hier kurz fassen, da wir noch ein ausführliches Textbeispiel von *F. Schleiermacher* kennenlernen werden, das uns ebenfalls das dialektische Vorgehen demonstrieren soll. Gehen wir nun nochmals zurück auf unser Beispiel mit dem Lehrer, der auf einen Aufsatz die Note »ungenügend« geben müßte, es aber wegen der besonderen Situation des Schülers nicht darf (S. 196). Wenn wir die Situation des Lehrers verallgemeinern, dann stoßen wir auf eine Grundantinomie, die in dem Gegensatz von *Individuum und Gemeinschaft* besteht. Denn auf der einen Seite erfährt der Lehrer den Anspruch des Kindes, auf der anderen Seite den der Gesellschaft, sofern sie eine bestimmte Leistung von Einzelnen erwartet. Diesen Gegensatz hat der Lehrer, hat jeder Erzieher zu vermitteln. Ihm stellt sich die Frage: Soll ich das Kind »gesellschaftsfähig« machen, es *anpassen* an die Gesellschaft — oder soll ich ihm zu einer individuellen *Selbstverwirklichung* verhelfen? So etwas wie eine Synthese bietet sich darin an, daß die Selbstverwirklichung des Einzelnen gerade dadurch möglich wird, daß er in freier Entscheidung Verantwortung für gesellschaftliche Aufgaben übernimmt. Eine Erziehungsaufgabe, die sich daraus ergibt, liegt in dem Wecken von Verantwortungsbewußtsein; die Belange der Gemeinschaft werden so zum Anliegen des Einzelnen.

Weniger umfassend, aber in ähnlicher Weise zeigt sich ein Widerspruch, wenn in einer konkreten Situation ein Kind etwas Bestimmtes *will*, aber aufgrund der (verantworteten) Erkenntnis des Erziehers etwas anderes tun *muß*. »Neigung« und »Pflicht« des Kindes hat der Erzieher in Einklang zu bringen; dies ist eine unentwegt wiederkehrende Erziehungssituation. Auch hier gibt es — neben vielen anderen Möglichkeiten — eine »Versöhnung« des Gegensatzes dadurch, daß dem Kind seine »Pflicht« zur »Neigung« wird, daß es entweder einsieht, daß es etwa Vokabeln lernen soll, oder daß es dies im Vertrauen auf den Zuspruch des Erziehers tut. Die Grundantinomie Individuum/Gemeinschaft zeigt sich noch vor einer objektiveren Seite, die aber insbesondere den Lehrer vor die Aufgabe des Vermittlers stellt: Die von der Gesellschaft geforderte Leistung hat einem sachlichen Maßstab zu entsprechen — etwa den Gegebenheiten des

Faches »Physik«. Hier stehen sich nun das geistige *Vermögen* des Kindes und der Anspruch einer *Sache*, des Stoffes gegenüber. Diese beiden Komponenten zusammenzubringen, ist Aufgabe der Didaktik[51]; beispielsweise liegt die Vermittlung darin, daß der Stoff *kindgemäß* dargeboten wird. ». . . was immer an Ansprüchen aus der objektiven Kultur und den sozialen Bezügen an das Kind herantreten mag, es muß sich eine Umformung gefallen lassen, die aus der Frage hervorgeht: welchen Sinn bekommt diese Forderung im Zusammenhang des Lebens dieses Kindes für seinen Aufbau und die Steigerung seiner Kräfte, und welche Mittel hat dieses Kind, um sie zu bewältigen?«[52]

H. Nohl sieht jene Grundantinomie, die wir auf der Ebene der konkreten Erziehungssituation dargestellt haben, auch noch auf der geschichtlichen Ebene. Wir zitieren (verkürzt) seine Gedanken, die er mit »*Die pädagogische Bewegung und ihr Gesetz*« überschreibt; die dialektische Struktur seiner Reflexion wird hier besonders gut sichtbar:

> »Die *erste* Phase ist immer die des Gegensatzes gegen eine veraltete Bildungsform, die abgelebt ist und nur noch starr vererbt wird, und der nun das selbständige, aus eigenen Kräften lebende Individuum entgegengestellt wird . . . Es folgt dann eine *zweite* Phase, die das, was hier für das einzelne aristokratische Individuum gewonnen wurde, allen zugute kommen lassen will, also sozial und demokratisch gewendet ist . . . War das Schlagwort der ersten Phase ›*Persönlichkeit*‹, so heißt das der zweiten ›*Gemeinschaft*‹ als die lebendige Beziehung von Mensch zu Mensch. Die allgemeine Formel für beide Phasen heißt: *alle Kräfte wecken und lebendig machen.* — Dann entsteht aber die Frage: Kann man Kräfte wecken, ohne ihnen einen Gehalt zu geben? . . . So setzt eine *dritte* Phase ein. . . . Das Schlagwort dieser dritten Phase ist nicht mehr Persönlichkeit und Gemeinschaft, sondern ›*Dienst*‹, d.h. tätige Hingabe an ein Objektives. — Es ist klar, daß jede dieser drei Phasen ihre eigene Form von Pädagogik mit sich bringt, ihre eigene Zielsetzung und ihre eigene Methode. *Es ist aber ebenso klar, daß mit der späteren Phase die frühere nicht falsch geworden ist, sondern ihre Wahrheit in der neuen Stufe erhalten bleiben muß: Die Lebendigkeit der Kräfte ist die Voraussetzung wahrer Gemeinschaft und das Leben solcher Gemeinschaft die Voraussetzung jedes echten Dienstes.*«[53]

Dialektik in der geisteswissenschaftlichen Pädagogik 201

Die dritte Phase erhält hier also den Sinn einer Synthese, da ja die vorangegangenen Phasen in ihr »erhalten bleiben müssen«, also »aufgehoben« werden.

Das dialektische »Gesetz« der »pädagogischen Bewegung«, das *H. Nohl* formuliert hat, erfährt seine Dynamik nicht nur aus der Grundantinomie Individuum/Gemeinschaft, sondern auch noch aus einer anderen: aus dem Verhältnis von *älterer* zu *jüngerer Generation*. Hier kommen noch Gesichtspunkte hinzu, die sich nicht allein aus dem Verhältnis von Individuum und Gemeinschaft ergeben. Das *Kind* hat seine *Eigenwelt*, in der es auf seine Weise erlebt, denkt, wahrnimmt usw.[54]; als eine andere Welt steht ihm die des *Erwachsenen* gegenüber. Erziehung kann geradezu als die »Synthese« dieser beiden Welten verstanden werden; sie muß für den Augenblick vermitteln und im Hinblick auf die Zukunft, da ja das Kind ein Erwachsener werden soll — und will. Die Bestimmung des Erzieherischen ergibt sich unter diesem Gesichtspunkt als ein Zeitlassen, Geduld-haben für das Kind und gleichzeitig als ein bewußtes Überführen von dem einen Zustand in den anderen; einerseits muß der Erzieher die kindliche Eigenheit akzeptieren können, andererseits muß er das Kind zielstrebig davon wegführen. Wie schwer dies ist, erfährt der Erzieher, wenn er in der realen Situation nicht das nötige Verständnis für das Kind aufbringt und nicht geduldig genug ist[55].

Damit ist nun ein weiterer Bereich der dialektischen Reflexion in der Pädagogik angesprochen. Er bekundet sich in jener Grunderfahrung des Erziehers, der sowohl den theoretischen Anspruch an ihn als auch sein eigenes praktisches Handeln kennt, das hinter jenem Anspruch zurückbleibt; ständig muß er wahrnehmen, daß er die Erwartungen des Kindes, der Gesellschaft und seine eigenen nicht voll erfüllen kann. *Theorie* und *Praxis* treffen antinomisch aufeinander; derjenige, der distanziert über Erziehung reflektiert, ist immer »klüger« als jener, der konkret erzieherisch handeln muß. Diese Differenz hat die pädagogische Reflexion bewußt aufzunehmen. Einerseits muß die theoretische Besinnung tatsächlich über die Praxis hinausgehen, muß sie überschauen und zu Zusammenhängen, Sinnstrukturen führen, und sie muß auch versuchen zu sagen, welche Handlungsweisen als richtig anzusehen sind, d.h. sie wird notgedrungen zu normativen Bestimmungen kommen. Doch andererseits darf die Theorie nicht die Augen verschließen vor der Konkretheit der Praxis, den Schwächen von Erziehern und Kindern, den Schwierigkeiten des menschlichen Miteinander, der häufigen Undurchsichtigkeit der konkreten Zielsetzung, den Gegensätzen der Generationen und der widerstrebenden Ansprüche von Individuum

202 Dialektik

und Gesellschaft usw. Pädagogische Theorie wird darum nicht nur die auftretenden Antinomien dialektisch aufgreifen; sie hat auch ihr eigenes Verhältnis zur Praxis zu bedenken. Das erzieherische Phänomen als ganzes »gilt es ebensowohl in seiner Tatsächlichkeit und empirischen Zugänglichkeit zu erfassen wie in seinem Wertgefüge und den Normationen, in denen sich jeder Erziehende entschieden findet oder sich erneut entscheiden muß. Aber beides, *die Ermittlung des Tatsächlichen wie die Wertvergewisserung, sind aufeinander bezogen und nur durcheinander gegeben.* Beide Aufgaben sind ›dialektisch‹ zusammengehörig.«[56]

Unsere Hinweise machen deutlich, daß es durchaus sinnvoll sein kann, auch in der Pädagogik dialektisch zu denken. Zumindest zeigen sie, daß es pädagogische Antinomien gibt. Freilich stellt sich die Frage, ob nicht bestimmte Antinomien einfach stehen gelassen werden müssen und ob es nicht gewaltsam ist, sie dialektisch »aufzuheben«. Andererseits lassen synthetische Ansätze eine Orientierung für die pädagogische Praxis erkennen, so etwa wenn der Gegensatz von Einzelnem und Gemeinschaft vermittelt wird durch Übernahme von Verantwortung, woraus sich der Auftrag zur Erziehung zur Verantwortlichkeit ableitet. Wie weit dialektisches Denken im Rahmen der Pädagogik aber gehen darf, ohne zur verfremdenden Spekulation zu werden, dies muß in pädagogischer Verantwortung von Fall zu Fall entschieden werden. — Bevor wir uns exemplarisch vor Augen führen, wie *Schleiermacher* dieses Problem angeht, geben wir nochmals eine *Zusammenfassung* unserer Darstellung:

Dialektik als reine Methode ist *ambivalent.* Durch ihre inhaltliche Abhängigkeit und durch ihre optimistische Dynamik neigt sie zur *leeren Spekulation* und Verfremdung der Wirklichkeit. Wenn Dialektik innerhalb der geisteswissenschaftlichen Pädagogik einen Sinn haben soll, dann muß sie sich orientieren an der *Erziehungswirklichkeit* und an der pädagogischen *Verantwortung.*

Da es beim dialektischen Setzen immer um *Inhalte* geht, ist es auf *Phänomenologie* (Beschreiben) und auf *Hermeneutik* (Verstehen) angewiesen. Es geht hier also um *verstehende Dialektik*; dialektisches Setzen ist *antizipierendes Verstehen.* (Abb.27)

Ein möglicher *Ansatz* für Dialektik in der geisteswissenschaftlichen Pädagogik besteht in der *existentiellen Erfah-*

Zusammenfassung 203

rung von Antinomien, im Ausgang »von der *Tatsache des Widerspruchs im Leben* und seinem merkwürdigen ethischen und praktischen Anspruch« (*Hoffmann*). Der erfahrene Widerspruch kann und muß aber auch dialektisch *reflektiert* werden.

Ein weiterer Ansatz besteht in der *Darstellung von Gedanken*, die etwa als Texte schon vorliegen. Solche dialektische Darstellung kann aber auch *Interpretation von Erziehungswirklichkeit* sein, wobei hier »Interpretation« antizipierendes Verstehen einschließt.

Dialektisch vorgehende geisteswissenschaftliche Pädagogen sind *Schleiermacher, Litt* und *Nohl.*

Anhand der Grundantinomie *Individuum/Gemeinschaft* zeigten wir einige dialektische Aspekte auf: so den Gegensatz von *Selbstverwirklichung* und *Anpassung*, der sich in der Übernahme von Verantwortung aufhebt; den Gegensatz von *Wollen* und *Müssen* des Kindes, der im Vertrauen auf den Erzieher und in der Einsicht vermittelt wird; so den Widerspruch von *Vermögen* des Kindes und Anspruch der *Sache*, welcher didaktisch zu lösen ist; schließlich *Nohls* »Gesetz der pädagogischen Bewegung«, wo die Stufen »Persönlichkeit« und »Gemeinschaft« im »Dienst« zu einer höheren Einheit finden.

Andere dialektische Aspekte ergeben sich aus der *Eigenwelt des Kindes* und der *Erwachsenenwelt* oder aus dem besonderen Verhältnis der pädagogischen *Theorie* zur *Praxis.*

Ergänzende *Literaturempfehlung*:

K. Luttringer: Dialektik und Pädagogik. Das stillschweigende Vorausgesetzte des dialektischen Denkens in der pädagogischen Theorie Herman Nohls.

204 Dialektik

4. Schleiermacher — Beispiel dialektischen Vorgehens

Wenn wir nun einen Text *Friedrich Schleiermachers* im Hinblick auf das dialektische Vorgehen analysieren wollen, so wäre es gewaltsam, wenn wir diesem Text ein formales dialektisches Schema etwa im Sinne unserer Abbildung 23 oder 25 aufzwingen wollten. Denn *Schleiermacher* hat ein eigenes Konzept einer Dialektik entworfen, und streng genommen wäre es an dieser Stelle notwendig, dieses ausführlich darzustellen. Für unseren Zweck müssen einige Stichworte hierzu ausreichen: Ein wesentliches Kennzeichen der *Schleiermacher*schen Dialektik ist es, daß sie in einem polaren Verhältnis zur *Hermeneutik* steht[57]; *Schleiermacher* strebt ein System an, und zugleich beachtet er das Reale. Seine Dialektik entspricht am ehesten dem Modell der *Gesprächsdialektik* (Abb. 20). »Dialektik ist Darlegung der Grundsätze für die kunstmäßige Gesprächsführung im Gebiet des reinen Denkens«, heißt es in seiner »Dialektik«[58]. Dabei werden die dialektischen Gegensätze nicht immer in einer Synthese »aufgehoben«; vielmehr »oszillieren« sie[59], d.h. sie bleiben in ihrer Spannung bestehen. Sie sind Pole; es handelt sich um eine »polare Dialektik«[60].

In seiner *Pädagogik-Vorlesung von 1826*, woraus unser Text stammt, greift *Schleiermacher* gegensätzliche Meinungen auf, oder er konstruiert Gegensätze. Diese treibt er weiter und versucht sie aufzuklären. Dabei erweisen sich die Gegensätze oft als »relativ«, sie lassen sich aufeinander beziehen, oder sie lösen sich durch den Entwicklungsgedanken auf[61]. Von der Vorlesung von 1826 über die »Theorie der Erziehung« gibt es nur Nachschriften, keinen Originaltext. Wir verwenden die Ausgabe, die *E. Weniger* herausgegeben hat[62].

Unser Ausschnitt ist ein Teil der Einleitung, wo es zunächst um die Grundlegung einer Theorie der Erziehung geht und dann um eine nähere Bestimmung der Aufgabe der Erziehung. Bei der Differenzierung der Erziehungsaufgabe stellt *Schleiermacher* unter anderem fest, daß Erziehung sowohl die Entwicklung der persönlichen Eigentümlichkeit eines Kindes sowie seine »Tüchtigkeit für die großen sittlichen Gemeinschaften beabsichtigt«[63]. Das Kind aber, das ganz im Augenblick lebt, will von sich aus weder das eine noch das andere.

»[1] Wir haben demnach in beiden Richtungen einen **Widerspruch** zu lösen. Die erziehende Tätigkeit erscheint in beiden Fällen ihrem Gehalte nach für jeden einzelnen Moment als

Schleiermacher – Beispiel dialektischen Vorgehens   205

das, was der zu Erziehende nicht wollen kann. *Jede pädagogische Einwirkung stellt sich dar als Aufopferung eines
bestimmten Momentes für einen künftigen; und es fragt sich, ob
wir befugt sind, solche Aufopferungen zu machen?* . . .
[2] Betrachten wir . . . diesen Gegenstand mehr theoretisch, so
wird es eine ethische Frage: Darf man überhaupt zugestehen,
daß ein Lebensaugenblick als bloßes Mittel für einen anderen
diesem anderen könne geopfert werden? . . . Wie soll man aus
dieser **Disharmonie** herauskommen?

[3] Und noch schwieriger und bedeutender wird ja die Sache,
wenn nicht bloß ein einzelner Moment, sondern eine ganze
Reihe von Momenten, der ganze Zeitraum der Erziehung, zur
Sprache kommt . . . [4] Will man sich aber auf eine solche
Weise helfen, daß man sagt, wenn auch die Kinder ein
größeres oder geringeres Widerstreben äußerten gegen die
pädagogische Einwirkung, insofern sie als solche auf die
Zukunft gerichtet sei, so werde doch eine Zeit kommen, in der
sie die Zustimmung geben würden; diese Zeit sei aber die
vollkommenere, und darum sei das Widerstreben auf dem un-
vollkommenen Standpunkte der Kindheit zu ignorieren; ja
ließe man die pädagogische Einwirkung infolge des Widerstre-
bens aufhören, so würde das Subjekt selbst in Zukunft dieses
mißbilligen und der Erzieher dafür verantwortlich sein —: So
würde diese die Aufopferung des Momentes rechtfertigende
Deduktion nur richtig sein, wenn das Kind auch mit dem
Material der pädagogischen Einwirkung zufrieden wäre; das
aber kann man eben nicht wissen . . .

[5] Wir müssen also einen **anderen Weg** einschlagen. Anknüp-
fend an die versuchte Rechtfertigung gehen wir davon aus, daß
in Zukunft ein Zeitpunkt eintreten werde, wo die Billigung des
pädagogischen Verfahrens von dem Zögling ausgesprochen
wird. [6] Kommt aber diese Zeit erst dann, wenn das durch die
pädagogische Einwirkung Angeregte im Beruf ausgeführt wird?
[7] Darauf haben wir uns nicht zu beschränken. Das Leben in
der Gegenwart allein ist nur in der zartesten Kindheit. Die
Rückerinnerung an die Vergangenheit und die Voraussicht in
die Zukunft entwickeln sich nach und nach auf gleiche Weise.
Der Zeitpunkt der Billigung wird also eher eintreten. [8] So
wie die Zukunft dem Zögling auf gewisse Weise nähergetre-
ten, und er imstande ist, das, was er künftig zu leisten hat,
zu erkennen und darauf das Streben zu richten: so wird er

auch wollen, daß in der Erziehung Rücksicht auf die Zukunft genommen werde. [9] Wir werden also, voraussetzend, daß die Erziehung ihren richtigen Fortgang habe, sagen, daß sie überwiegend mit solchem Widerstreben im Anfange kämpfe, je mehr sie sich dem Endpunkt nähere, desto mehr sich dem Widerstreben entzogen, und am Ende kein Widerstreben mehr zu überwinden haben müsse. Das Widerstreben erscheint also, wenn die Erziehung richtig ist, als etwas **Verschwindendes**. – [10] **Aber** deshalb ist unsere obige Betrachtung nicht aufgehoben; denn es ist auch dieses anfängliche Widerstreben kein Zustand, der gebilligt werden könnte vom ethischen Gesichtspunkt aus. Wir haben aus dem Gesagten nur zu entnehmen, daß das, was wir brauchen und suchen als das Korrektiv für dieses Widerstreben, auch nur ein Verschwindendes sein werde.

[11] Nun aber können wir nicht sagen, daß in der Erziehung als solcher die Beziehung auf die Zukunft irgendwie zurückgesetzt werden dürfe. Das ist ja die Natur der pädagogischen Einwirkung, auf die Zukunft gerichtet zu sein; sowie wir diese Richtung verringern wollten, würden wir die pädagogische Einwirkung als solche aufheben.

[12] Wir können nicht anders den **Widerspruch aufheben**, als wenn wir nach ethischem Gesichtspunkte die Sache also entscheiden: *Die Lebenstätigkeit, die ihre Beziehung auf die Zukunft hat, muß zugleich auch ihre Befriedigung in der Gegenwart haben; so muß auch jeder pädagogische Moment, der als solcher seine Beziehung auf die Zukunft hat, zugleich auch Befriedigung sein für den Menschen, wie er gerade ist.* [13] Je mehr sich beides durchdringt, um so sittlich vollkommener ist die pädagogische Tätigkeit. Es wird sich aber beides desto mehr durchdringen, je weniger das eine dem anderen aufgeopfert wird . . . [14] Es ist also Aufgabe eine solche **Vereinigung**, bei welcher gar keine Aufopferung stattfindet.

[15] Diese scheint aber nur dann möglich zu sein, wenn wir **einerseits** bei dem Kinde, so lange die Zustimmung, auf den zukünftigen Moment auch Rücksicht zu nehmen, noch nicht wegen des mangelnden Bewußtseins der Zukunft gegeben sein kann, die Beziehung auf die Zukunft so setzen, daß der Moment für das Kind vollkommen ausgefüllt und befriedigt wird, indem wir alles vermeiden, was eben deshalb, weil es in

den Moment nicht eingreift, das Widerstreben des Kindes erregen könnte; **andererseits**, wenn wir dann, wenn die Zustimmung des Zöglings erfolgt und kein Widerstreben, auf die Zukunft Rücksicht zu nehmen, entgegensteht, die Befriedigung des Moments in dieser Zustimmung selbst erkennen.
[16] Dann bleibt das Leben des Zöglings, auch wenn es mitten in der Periode der Erziehung unterbrochen wird, ein solches, das auf sittliche Weise als Zweck behandelt worden ist; und die pädagogische Einwirkung ist die **Befriedigung** des Daseins.
[17] **Entweder** liegt die Befriedigung unmittelbar in dem Moment **oder** in der Zustimmung . . .

[18] **Aber dennoch** dürfen wir nicht verschweigen, daß die von uns aufgestellte Formel an einem **inneren Widerspruch** zu leiden scheint, den wir **aufzuheben** haben. [19] Denken wir uns nämlich die Zeit, in der für den Zögling schon die Zukunft existiert, aber so, daß er noch nicht vollkommen in sie eingehen kann, jedoch Vertrauen hat zu denen, die ihn leiten: so entsteht in ihm eine Ahnung von dem Ziele. Es brauchte eigentlich im pädagogischen Verfahren nichts mehr zu sein, was als bloße Befriedigung des Moments erschiene; die pädagogische Einwirkung selbst bietet durch die Art, wie die Zukunft in der Seele des Zöglings gesetzt ist, Befriedigung dar.

. . . [20] Gehen wir nun im **Gegensatz** zu diesem Lebensstadium auf einen früheren Moment zurück, wo die Zukunft noch nicht in dem Zögling gesetzt ist, da können wir nicht sagen, daß die Befriedigung in dem pädagogischen Gehalt des Moments liege. Die Befriedigung der ganzen Lebenstätigkeit, wie sie unmittelbar an den Augenblick anknüpft, wird da die Hauptsache sein ohne Rücksicht auf die Zukunft. [21] Sonach hätten wir doch *zwei ganz verschiedene Abschnitte* in dieser Beziehung; wobei noch überdies nicht zu übersehen ist, daß kein bestimmt und scharf hervortretender Punkt den Abschnitt bezeichnet, in welchem die Zukunft mit in das Bewußtsein eintritt. Es **scheint** also, als bedürften wir **zweier verschiedener Formeln.** [22] Die erste würde aus **zwei Gliedern** bestehen: Der Moment sei ausgefüllt mit dem, was als Vorbereitung auf die Zukunft Befriedigung gewährt, und dem, was Befriedigung der Gegenwart ist. Die zweite Formel würde nur ein Glied haben: Der Moment sei Befriedigung der Gegenwart. [23] **Und doch** soll die Erziehung **ein Ganzes** und Vollkommenes sein, und jeder Moment, sofern er sich isolieren läßt, soll **in derselben**

Formel aufgehen. [24] Bedenken wir außerdem, daß die beiden Abschnitte im Leben nicht bestimmt auseinandertreten, so ist in Beziehung auf die Lösung unserer Aufgabe um so mehr eine und **dieselbe Formel mit demselben Gehalt postuliert.** Wie sollen wir hier zu einer **Auflösung** gelangen?

[25] Das Verhältnis zwischen dem ersten Anfang und der weiteren Entwicklung der Erziehung, wo die Zustimmung des Zöglings für die Zukunft vorhanden ist, wird kein anderes sein können als dieses: das, was in dem Fortgange der Erziehung bestimmt auseinandertritt, nämlich die Beschäftigung, die auf die Zukunft sich bezieht, und die unmittelbare Befriedigung der Gegenwart, das ist im Anfang der Erziehung nicht getrennt, sondern ineinander. [26] Die Trennung dieser verschiedenen Momente geschieht allmählich; sie ist eine fortschreitende Entwicklung und tritt vollkommen hervor, wenn die Zustimmung des Zöglings für die Rücksichtnahme auf die Zukunft gegeben ist . . .

[27] Was in dem Leben des Kindes Befriedigung des Moments ohne Rücksicht auf die Zukunft ist, nennen wir *Spiel* im weitesten Sinne; die Beschäftigung dagegen, die sich auf die Zukunft bezieht, *Übung.* [28] Soll also die Erziehung mit dem sittlichen Zweck **vereinbar** sein, so muß **unsere Formel** diese sein: Im Anfang sei die Übung nur an dem Spiel, allmählich aber trete beides auseinander in dem Maß, als in dem Zögling der Sinn für die Übung sich entwickelt und die Übung ihn an und für sich erfreuet. Letzteres nannten wir früher die Zustimmung des Zöglings . . . [29] Auf diese Weise würden wir von dieser Seite die Erziehung **von jedem Widerspruch befreit** und mit der allgemeinen ethischen Aufgabe in **Übereinstimmung** gebracht haben; und der Zögling würde in jedem Augenblick als Mensch behandelt werden.«

Wir versuchen nun, das dialektische Vorgehen *Schleiermachers* nachzuvollziehen, und erinnern nochmals an das eingangs Gesagte. Obgleich der Text inhaltlich sehr interessant ist, können wir hier nur formal auf ihn eingehen. Das Ergebnis unserer Analyse werden wir in einem Schema festhalten (Abb. 28); hierauf sei jetzt schon verwiesen.

(I) Unser Textauszug setzt ein mit der Feststellung eines *Widerspruchs,* einer »Disharmonie« [1;2]. »*These*« ist der Augenblick, in dem das Kind jetzt lebt; »*Antithese*« ist die Zukunft des Kindes. Die

Schleiermacher — Beispiel dialektischen Vorgehens   209

»*Negation*« des Augenblicks besteht darin, daß Erziehung auf die Zukunft gerichtet ist [11] und die erzieherische Einwirkung den Augenblick als »Mittel« für die Zukunft mißbraucht und nicht als Selbstzweck gelten läßt. Dies ist unethisch, weil jeder Augenblick im Leben des Menschen gleich wertvoll ist[64]. Dann argumentiert *Schleiermacher* auch pädagogisch und *verschärft* dadurch noch den aufgewiesenen Widerspruch: Es handelt sich ja nicht nur um *einen* Moment, sondern um die ganze Erziehungszeit; außerdem wissen wir nicht, ob das Kind mit den Erziehungsmitteln einverstanden wäre, selbst wenn es das Ziel wollen könnte [3;4]. Der Widerspruch verlangt also nach einer *Lösung*, einer »Synthese« [2;12;18;29]. Diese bietet sich darin an, daß ja das Widerstreben des Kindes gegen die zukunftgerichtete Erziehung nachläßt und schließlich verschwindet, weil seine Einsicht wächst [5-9]. Das aber ist nur eine *Scheinlösung*; das Problem bleibt prinzipiell erhalten [11]; die echte Lösung wurde dadurch nur dahingehend charakterisiert, daß auch in ihr ein Verschwindendes enthalten sein wird [10].

(II) Der nächste Schritt führt nun weiter; er zeigt *formal* an, wie der *Widerspruch aufzuheben* ist: Die gegensätzlichen Pole müssen *vereinigt* werden; der Bezug auf die Zukunft muß für das Kind *zugleich* eine »Befriedigung in der Gegenwart haben« [12-14]. Alles Folgende ist die Bemühung *Schleiermachers*, dieser formalen »Synthese« einen Inhalt zu geben.

(III) Zunächst differenziert er die angedeutete Lösung mit einem »einerseits/andererseits« [15] und mit einem »entweder/oder« [17]: Einerseits darf Erziehung das Widerstreben des Kindes nicht erregen, *obgleich* sie zukunftgerichtet ist; andererseits liegt die Befriedigung der Gegenwart in der Zustimmung des Kindes, wenn es einsichtig geworden ist [15-17].

(IV) Doch *Schleiermacher* bohrt weiter; er macht es sich und uns nicht leicht, indem er *nochmals einen Widerspruch* aufdeckt [18-20]: Er kommt jetzt zu »zwei ganz verschiedenen Abschnitten« in der Erziehung [21]. Der erste besteht in einer Befriedigung der Gegenwart »ohne Rücksicht auf die Zukunft« [20;22]; der zweite zerfällt nochmals in zwei Pole, nämlich (a) in die Befriedigung der Gegenwart und (b) in die Zustimmung zur Zukunftgerichtetheit der Erziehung, wobei Zustimmung auch im Vertrauen möglich ist, sofern die völlige Einsicht noch fehlt [19;22].

(V) Da aber Erziehung nicht auseinanderfallen darf, sondern ein »Ganzes und Vollkommenes« sein soll [23], deshalb bedarf der neu-

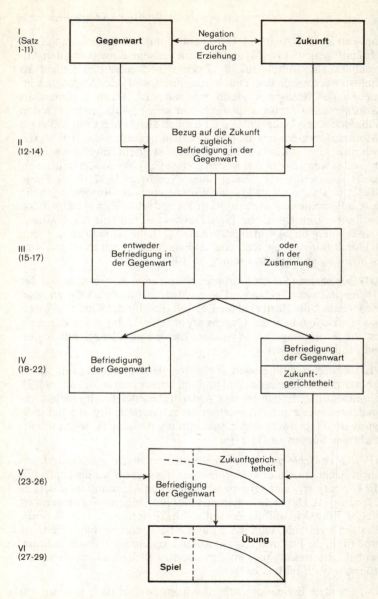

Abb 28: Die Dialektik im Textbeispiel von *Schleiermacher*

Beurteilung der verstehenden Dialektik   211

erliche Widerspruch wiederum einer »*Synthese*«; »die Lösung unserer Aufgabe« fordert »eine und dieselbe Formel mit demselben Gehalt« [24]. Der Widerspruch hebt sich darin auf, daß wir erkennen, daß (a) die Befriedigung der Gegenwart und (b) die zukunftbezogene Beschäftigung *immer* in der Erziehung vorhanden sind. Beide Momente sind anfänglich ineinander verschränkt, später treten sie allmählich und dann deutlicher auseinander [25;26]. Der Entwicklungsgedanke unterstützt hier also eine »Synthese«.

(VI) *Schleiermacher* gibt der noch formalen Lösung zum Schluß einen sinnvollen Inhalt: *Spiel* und *Übung* seien jene beiden Momente; aus dem Spiel soll allmählich und dann immer klarer die Übung heraustreten [27;28]; jedoch auch schon im Spiel ist Übung enthalten. Am Spiel und später an der Übung hat das Kind Spaß; es muß sein gegenwärtiges Leben nicht seinem zukünftigen Erwachsenendasein aufopfern, und dennoch kann Erziehung ihre Aufgabe erfüllen, weil in Spiel und Übung die Zukunft des Kindes vorbereitet wird [28;29]. Der *anfängliche Widerspruch* von »Gegenwart« und »Zukunft« wird in den erzieherischen Tätigkeiten »Spiel« und »Übung« *aufgehoben*. — In Abbildung 28 geben wir einen Überblick, der das »dialektische« Vorgehen *Schleiermachers* nochmals verdeutlichen soll.

5. Beurteilung der verstehenden Dialektik

Wenn wir zum Abschluß fragen, welche Bedeutung die dialektische Methode für die »geisteswissenschaftliche« Pädagogik denn habe, so wird sie uns durch das Beispiel von *Schleiermacher* deutlich vor Augen geführt. Es geht von der Feststellung aus, daß Erziehung die Gegenwart des Kindes vernichtet; das darf nicht sein, und dennoch müssen wir erziehen. Durch den Gang der dialektischen Reflexion kann *Schleiermacher* aufzeigen, daß es sowohl möglich als auch nötig ist, so zu erziehen, daß die Kindheit nicht aufgeopfert wird. Methodisch setzt *Schleiermacher* bei einem *phänomenologisch* erhobenen Bestand an; der festgestellte Widerspruch verstärkt sich durch das Aufnehmen eines *ethischen* Maßstabes; die Reflexion wird *dialektisch* fortgeführt, wobei sie sich jeweils phänomenologisch und hermeneutisch an *Inhalten* orientiert. Die so vollzogene Reflexion hat aus der gegebenen Situation herausgeführt; sie zeigt als Resultat einerseits eine vertretbare Möglichkeit für die Erziehung, andererseits gibt sie einen Maßstab, hinter den Erziehung nicht mehr zurückgehen darf. Fazit: Dialektik kann und muß sinnvoll in die Pädagogik eingebracht werden.

Eine eingehende Beurteilung der Bedeutung und der *Grenzen* der Dialektik ist an dieser Stelle nicht mehr notwendig, da wir bereits in dem Kapitel »Kritik an der Dialektik als reiner Methode« und in der anschließenden Einordnung der Dialektik in die geisteswissenschaftliche Pädagogik (S. 187-203) sowie in der letzten Zusammenfassung (S. 202f.) negative und positive Momente der Dialektik herausgestellt haben. Einige Stichworte sollen hier darum genügen.

Dialektik als reine Methode ist ambivalent; durch ihre optimistische Eigendynamik läuft sie Gefahr, sich zu verselbständigen und zum Schematismus zu werden, der die Erziehungswirklichkeit verfehlt. Wird sie aber inhaltlich an Hermeneutik und Phänomenologie gebunden und von pädagogischer Verantwortung geleitet, so kann sie wegen ihrer Offenheit gegenüber Widersprüchen und wegen ihres spekulativen Moments neue und kritische Impulse verleihen, wodurch sie Hermeneutik und Phänomenologie sinnvoll ergänzt.

V. Hermeneutik, Phänomenologie und Dialektik im pädagogischen Erkenntnisprozeß

Bei unserer Frage nach den Methoden der geisteswissenschaftlichen Pädagogik zeigte sich *Hermeneutik* als die verstehende Methode, bei der es darum geht, etwas als Menschliches in seiner Bedeutung zu erkennen; dies geschieht im Rahmen vorgegebener gemeinsamer Sinngebungen, des »objektiven Geistes«, sowie häufig in einer Zirkelstruktur, wo sich der Teil aus dem Ganzen und dieses aus dem Teil erschließt. *Phänomenologie* muß in einer möglichst vorurteilsfreien Einstellung vollzogen werden, wobei es im Rahmen der geisteswissenschaftlichen Pädagogik hauptsächlich darum geht, Wesentliches und Strukturen des Beschriebenen zu erfassen; dies ist, wie wir gesehen haben, für eine »angewandte« *Husserl*sche Phänomenologie richtig. *Dialektik* versteht sich als Reflexionsprozeß, der den Gegensatz von These und Antithese entweder aufgreift oder erst setzt und ihn zu einer höheren Einheit, der Synthese, weiterführt.

Bei unserer Darstellung mußten wir so tun, als gäbe es jeweils nur die *eine* »Methode« oder Zugangsweise (»approach«). Wir haben sie labormäßig herausgelöst aus den real ablaufenden Erkenntnisprozessen und sie wie durch eine Lupe betrachtet. Das war einerseits notwendig, um die wichtigsten Gedankenschritte und Grundbegriffe verdeutlichen zu können. Andererseits sollten wir uns zum Schluß jedoch dieser Vereinfachung wenigstens bewußt werden. Das, was sich uns so eindeutig und klar dargeboten hat, sollten wir in seinem *komplexen* und *differenzierten Zusammenhang* sehen. Denn sei es, daß etwa ein Lehrer didaktische Überlegungen anstellt, oder sei es, daß ein Wissenschaftler die anthropologischen Grundlagen der Erziehung untersucht: Nie kommt er mit einer »Methode« allein aus, immer verflechten sich vielerlei Erkenntnisvorgänge in- und miteinander. Dabei wirken nicht nur Hermeneutik, Phänomenologie und Dialektik zusammen, sondern es kommen noch weitere Faktoren der Erkenntnis hinzu: Wir erwähnen lediglich die empirischen Verfahren, die logische Reflexion sowie normative Setzungen. Alle diese Momente sind am Erkenntnisprozeß beteiligt, wenn auch mit unterschiedlicher Bedeutung und Gewichtung. Zwar kann man aufgrund wissenschaftstheoretischer Erwägungen den einen oder den anderen Faktor bevorzugen, doch niemals reicht einer allein aus; vielmehr muß der Erkenntnisvorgang immer als ein mehr-

214 Hermeneutik, Phänomenologie und Dialektik

dimensionales Ineinander und Miteinander von Erkenntnismomenten verstanden werden. Hinzu kommt noch, daß es sich hierbei um einen *Prozeß* handelt, der sich Schritt für Schritt in seiner Konstellation verändert.

Auf die gegenseitige Abhängigkeit von Hermeneutik, Phänomenologie und Dialektik sind wir bereits mehrmals gestoßen[1]. So sahen wir, daß phänomenologisches Beschreiben immer auch Verstehen mit einschließt; ebenso bleibt die möglichst vorurteilsfreie Einstellung immer im Rahmen eines Verstehenshorizontes, der nur hermeneutisch erschlossen werden kann. Ähnlich steht jeder dialektische Prozeß in einem solchen Horizont; zudem wird Dialektik erst durch Inhalte sinnvoll; zu den dialektischen Einzelschritten gelangt man darum nur hermeneutisch oder phänomenologisch. Umgekehrt können Hermeneutik und Phänomenologie nicht von sich aus produktiv werden; sie müssen beispielsweise von der dialektischen Reflexion weitergeführt werden. Eine solche Fortführung ist wiederum daraufhin zu überprüfen, ob sie inhaltlich sinnvoll ist. Der hermeneutische Zirkel könnte auch als dialektisches Vorgehen interpretiert werden; dies legt *Schleiermacher* nahe, der ihn als ein »Hin- und Hergehen« zwischen Teil und Ganzem bezeichnet und der die Dialektik vom Gespräch her versteht.

Darüber hinaus müßte etwa bedacht werden, daß auch im Erklären wenigstens ein Teil des Verstehensvorganges geschieht, indem nämlich auch ein Naturding *als* solches erkannt werden muß, um bei ihm nicht weiter nach einer Bedeutung im humanen Sinn zu fragen, sondern nach einer kausalen Ursache (Abb. 4). Es wären andere Faktoren zu berücksichtigen, so die *empirisch* erhebbaren Daten[2] oder bestimmte Weisen *logischen Denkens* wie Induktion und Deduktion und nicht zuletzt *normative Setzungen*. Letztere sind zwar am wenigsten »methodisch« zu verstehen; sie haben existentiellen Entscheidungscharakter an sich; doch sie gehen inhaltlich und motivierend in wissenschaftliches Forschen ein[3]. Zwar sind normative Momente hermeneutisch und phänomenologisch zugänglich, doch sie können auf diese Weise nur erhellt, nicht aber begründet werden. Selbst wenn man absolute Werte annimmt, bedarf es einer Entscheidung des Einzelnen zu ihnen, damit sie zu leitenden Normen für ihn werden. Auch solche Faktoren bestimmen also unter anderen den Erkenntnisvorgang neben Hermeneutik, Phänomenologie und Dialektik.

Diese vereinzelten Andeutungen sollen zeigen, daß unsere Darstellung jener drei »Methoden« nur isolierte Idealbilder von ihnen bieten konnte; damit ist unsere Aufgabe zwar erfüllt, aber die wis-

Hermeneutik, Phänomenologie und Dialektik 215

senschaftstheoretische Reflexion darüber müßte jetzt einsetzen. Doch wenigstens sollte deutlich geworden sein, was zum einen der hermeneutische Verstehensvorgang überhaupt ist und daß es aufgrund dieser Erkenntnis häufig darauf ankommt, erst einmal verstehen zu wollen; ähnlich braucht der Erkenntnisprozeß immer wieder die möglichst vorurteilsfreie Einstellung im Sinne der Phänomenologie und den Blick für das Wesentliche sowie die dialektische Haltung, die einen Widerspruch zunächst toleriert und dann seiner Bedeutung nachgeht.

Es stellt sich abschließend nochmals die Frage, worin die besondere Bedeutung von Hermeneutik, Phänomenologie und Dialektik liegt. Sie hängt zusammen mit dem *Gegenstand*, den geisteswissenschaftliche Pädagogik reflektiert. Auch wenn man feststellt, daß eine bestimmte Ausformung dieser Richtung, die sogenannte *Dilthey*-Schule, »am Ende ihrer Epoche«[4] angelangt sei, so bleibt doch in der Pädagogik die fundamentale Frage: Wie sollen wir den Menschen und seinem Wesen entsprechend den Erziehungs- und Bildungsvorgang verstehen? Dafür ist »*Geist*« eine Chiffre, die zwar philosophisch vorbelastet ist, mit der aber gesagt sein soll, daß das *Menschliche* als eine *eigene Qualität* begriffen wrd, als jenes, was den Menschen zum Menschen macht gegenüber dem reinen Naturding, das in kausale Zusammenhänge auflösbar ist. Eine andere Chiffre für die menschliche Qualität ist die »*Freiheit*«, die ja bekanntlich von *Kant* als Antinomie behandelt wird: Es *gibt* Freiheit; es gibt *keine* Freiheit. Letztlich ist darum die Frage des Menschenbildes eine Entscheidungsfrage. Geisteswissenschaftliche Pädagogik setzt auf die Möglichkeit der »Freiheit«. Sofern es in Erziehung und Bildung um die »Menschwerdung des Menschen« geht, braucht eine solche Pädagogik die Mittel, ihren Gegenstand angemessen zu erkennen. Diese sind ihr mit Hermeneutik, Phänomenologie und Dialektik gegeben, und darin liegt deren unverzichtbare Bedeutung.

Vielleicht kann die unüberholbare Bedeutung der geisteswissenschaftlichen Pädagogik mit ihren beschriebenen Zugangsweisen darin gesehen werden, daß sie die *Sinn-Kategorie* thematisiert hat — Sinn als jenes, was es am Menschen in Erziehung und Bildung zu *verstehen* gibt, das niemals nur quantitativ oder analytisch erfaßbar ist und das auf die Eingebundenheit in die *Lebenswelt* hinweist. Es könnte darum das gültige Anliegen der geisteswissenschaftlichen Pädagogik heute neu formuliert werden in einer »sinn-orientierten Pädagogik«[5].

Anmerkungen

Vorwort

1. Vgl. *S. Oppolzer* (Hrsg.): Denkformen und Forschungsmethoden der Erziehungswissenschaft, Band 2, S. 11f. — Für genaue bibliographische Angaben siehe Literaturverzeichnis.

2. Siehe hierzu *H. Danner*: Überlegungen zu einer ›sinn‹-orientierten Pädagogik, S. 107-118.

3. *H. Danner*: a.a.O., *ders.*: Verantwortung und Pädagogik. Anthropologische und ethische Untersuchungen zu einer ›sinn‹-orientierten Pädagogik; *ders.*: Erziehung vermittelt ›Sinn‹. Eine Studie; *ders.*: Die hermeneutische Bedeutung der Sinne in der Pädagogik.

4. Eine Einführung in Wissenschaftstheorie und Methodologie der Pädagogik bietet in Absicht einer Systemischen Pädagogik *R. Huschke-Rhein*: Systempädagogische Wissenschafts- und Methodenlehre. Band I: Systempädagogische Wissenschaftslehre als Bildungslehre im Atomzeitalter; Band II: Qualitative Forschungsmethoden und Handlungsformen. Siehe auch in allgemeiner Hinsicht das lesenswerte Buch von *D. Polkinghorne*: Methodology for the Human Sciences. Systems of Inquiry.

5. Tamagawa University Press, Tokyo, brachte 1988 den Hermeneutik-Teil dieses Buches in japanischer Sprache heraus, ebenso 1989 das Buch *M. J. Langeveld/H. Danner*: Methodologie und ›Sinn‹-Orientierung in der Pädagogik.

I. Einführung

1. *I. Dahmer/W. Klafki* (Hrsg.): Geisteswissenschaftliche Pädagogik am Ausgang ihrer Epoche — Erich Weniger.

2. *H. Stütz*: Rezension von »Geisteswissenschaftliche Pädagogik am Ausgang ihrer Epoche — Erich Weniger«, S. 665f.

3. Vgl. *I. M. Bocheński*: Die zeitgenössischen Denkmethoden, S. 16.

4. *M. Müller/A. Halder* (Hrsg.): Herders kleines philosophisches Wörterbuch, S. 110.

5. Einen Überblick über Erziehungs- und Unterrichtsmethoden gibt: *K. H. Schwager*: Methode und Methodenlehre, S. 93-128.

6. »Forschung« hat als Begriff in unserem Zusammenhang den Nachteil, daß dadurch zunächst naturwissenschaftliche Forschung assoziiert wird. Vgl. hierzu *O. F. Bollnow*: Erziehung in anthropologischer Sicht. S. 30-33; *W. Linke*: Aussage und Deutung in der Pädagogik, S. 15, Anm. 12; *H. Röhrs*: Forschungsmethoden in der Erziehungswissenschaft, S. 41.

7. Zu diesem weiten Begriff von Wissenschaftstheorie vgl. *H. Seiffert*: Einführung in die Wissenschaftstheorie, Band 2, S. 2: »Wissenschaftstheorie‹ verstehen wir hier ganz naiv als ›Theorie von der Wissenschaft überhaupt‹. Das ist nicht selbstverständlich, da man das Wort ›Wissenschaftstheorie‹ heute oft benutzt, wenn man lediglich die Theorie der ›analytischen‹ Wissenschaften meint. Diese Einschränkung ist zwar üblich, aber nicht notwendig; sofern ›geisteswissenschaftliche‹ Vorgehensweisen wie Phänomenologie, Hermeneutik oder Dialektik auch als ›Wissenschaft‹ bezeichnet werden können, dürfen wir das Nachdenken über sie natürlich auch ›Wissenschaftstheorie‹ nennen«. — Zur Einführung in die Wissenschaftstheorie siehe: *E. Ströker*: Einführung in die Wissenschaftstheorie.

Anmerkungen zu Einführung   217

[8]   Vgl. z.B. *W. Brezinka*: Metatheorie der Erziehung, S. 19.

[9]   Philosophie (insbesondere im traditionellen Sinn) insgesamt abzulehnen oder
      ihre fundierende Funktion im Hinblick auf ein Wissenschaftsverständnis leug-
      nen zu wollen — bedeutet dies nicht *auch* eine *philosophische* Position? Im Hin-
      blick auf die Pädagogik würde die Bedeutung der Philosophie allerdings zu eng
      gesehen, würde man sie auf die Zielvorgabe für die Erziehung beschränken,
      wie dies bei *G. de Landsheere*: Einführung in die pädagogische Forschung, S. 15
      zum Ausdruck kommt.

[10] Vgl. *H. Röhrs*: Forschungsmethoden in der Erziehungswissenschaft, S. 42.

[11] Der Unterschied besteht u.a. darin, daß der *autoritäre* Erzieher seine Überle-
      genheit so ausnutzt und ausspielt, daß sich das Kind nicht entfalten kann, wäh-
      rend der *autoritative* seine Überlegenheit positiv einsetzt, um dem Kind gerade
      zur Selbstentfaltung zu verhelfen.

[12] Das mag im Hinblick auf die Methodenfrage als übertrieben klingen; es ist
      aber die philosophische Konsequenz, wenn man den wissenschaftstheoreti-
      schen Zusammenhang der Methoden berücksichtigt. Siehe hierzu auch *R.
      Schwarz*: Wissenschaft und Bildung, S. 180. — Zur Methodenfrage vgl. *H.
      Thiersch*: Hermeneutik und Erfahrungswissenschaft. Zum Methodenstreit in
      der Pädagogik; *L. Hardörfer*: Empirische oder geisteswissenschaftliche Päd-
      agogik? *H. Ruprecht*: Die erfahrungswissenschaftliche Tradition der Erzie-
      hungswissenschaft, S. 109ff.

[13] Vgl. dazu: *H. K. Beckmann*: Geisteswissenschaftliche Methoden; *R. Lassahn*:
      Einführung in die Pädagogik; *W. Linke*: Aussage und Deutung in der Pädago-
      gik; *W. Nicklis/H. Wehrmeyer*: Erziehungswissenschaftliche Forschungsme-
      thoden; *S. Oppolzer* (Hrsg.): Denkformen und Forschungsmethoden der Erzie-
      hungswissenschaft, Band 1; *H. Röhrs*: Forschungsmethoden in der Erzie-
      hungswissenschaft; *H. Seiffert*: Einführung in die Wissenschaftstheorie, Band
      2; *K. Wuchterl*: Methoden der Gegenwartsphilosophie.

[14] Vgl. *T. Ellwein* u.a. (Hrsg.): Erziehungswissenschaftliches Handbuch, Band 4,
      S. 310ff.; *S. Oppolzer* (Hrsg.): a.a.O., Band 2; *H. Röhrs*: a.a.O., S. 42f.; *H.
      Ruprecht*: Einführung in die empirische pädagogische Forschung; *H. Skowro-
      nek/D. Schmied* (Hrsg.): Forschungstypen und Forschungsstrategien in der Er-
      ziehungswissenschaft; *A. Krapp/S. Prell*: Empirische Forschungsmethoden.

[15] Vgl. hierzu *H. Röhrs*: a.a.O., S. 22f.; *O. F. Bollnow*: Der Wissenschaftscharakter
      der Pädagogik, S. 26f., der darauf hinweist, daß es »nicht zu überschreitende
      sittliche Grenzen« gibt, die in der pädagogischen Forschung beachtet werden
      müssen; *W. Flitner*: Das Selbstverständnis der Erziehungswissenschaft in der
      Gegenwart, S. 22ff., der von »hermeneutisch-pragmatischer Pädagogik«
      spricht; ders.: Stellung und Methode der Erziehungswissenschaft, S. 375.

[16] *W. Linke*: Aussage und Deutung in der Pädagogik, S. 157.

[17] Als Protest gegen eine modische Methodengläubigkeit kann das Buch von *P.
      Feyerabend*: Wider den Methodenzwang, angesehen werden. Vgl. dazu *K.
      Wuchterl*: Methoden der Gegenwartsphilosophie, S. 57f.

[18] *I. M. Bocheński*: Die zeitgenössischen Denkmethoden (⁴1969), S. 138; Zusatz
      in Klammern von mir.

[19] Vgl. *H. Skowronek/D. Schmied* (Hrsg.): Forschungstypen und Forschungsstra-
      tegien in der Erziehungswissenschaft (1977), S. 9. — Stellvertretend für diese
      Rezeption sei genannt: *G. de Landsheere*: Einführung in die pädagogische For-
      schung (1969); siehe dort auch das Vorwort des Herausgebers, S. 11.

[20] Vgl. *K. Wuchterl*: Methoden der Gegenwartsphilosophie (1977), S. 5. — In einer
      ähnlichen Lage als wissenschaftstheoretischen Begründung der Geisteswis-
      senschaften im Fahrwasser der Naturwissenschaften befand sich *W. Dilthey*
      vor rund 90 Jahren. Dabei aber »hat sich *Dilthey* von dem Vorbild der Natur-
      wissenschaften zutiefst bestimmen lassen, auch wenn er gerade die methodi-
      sche Selbständigkeit der Geisteswissenschaften rechtfertigen wollte«. (*H. G.
      Gadamer*: Wahrheit und Methode, S. 4).

218 Anmerkungen zu Einführung

[21] In diesem Zusammenhang sind wohl auch alle Abhandlungen der letzten Jahre zu sehen, die sich mit einer Ablehnung oder der Existenzberechtigung der Philosophie im traditionellen Sinne befassen.

[22] Vgl. *W. S. Nicklis/H. Wehrmeyer*: Erziehungswissenschaftliche Forschungsmethoden, S. 6f.

[23] Vgl. *O. F. Bollnow*: Der Wissenschaftscharakter der Pädagogik, S. 26f.

[24] Vgl. dazu auch *W. Flitner*: Die Geisteswissenschaften und die pädagogische Aufgabe, S. 85: »Es gibt . . . im Lernprozeß . . . Mechanismen. Die Methode der experimentellen pädagogischen Psychologie versuchte sie zu erfassen. Sie entschied, wie man am leichtesten, gründlichsten, z.B. memoriert; aber ob man so lernen soll und was und in welchem Maße, darüber konnte sie keine Aussagen machen.«

[25] Vgl. *O. F. Bollnow*: Der Wissenschaftscharakter der Pädagogik, S. 28; *W. Linke*: Aussage und Deutung in der Pädagogik, S. 157f.; vgl. außerdem S. 14f., wo *Linke* auch auf *J. Derbolav* und *T. Litt* verweist.

[26] Vgl. *H. G. Gadamer*: Wahrheit und Methode, S. XXVII, 483.

[27] *A. Diemer*: Der Wissenschaftsbegriff in den Natur- und Geisteswissenschaften, S. 7-9; vgl. ders.: Geisteswissenschaften, Sp. 213.

[28] *J. Kraft*: Die Unmöglichkeit der Geisteswissenschaft.

[29] Vgl. *H. G. Gadamer*: Geisteswissenschaften, Sp. 1304.

[30] *J. Ritter*: Die Aufgabe der Geisteswissenschaften in der modernen Gesellschaft, S. 17.

[31] *J. Ritter*: a.a.O., S. 21. – Zur Begriffsbildung siehe: *A. Diemer*: Geisteswissenschaften, Sp. 211-213. – Einen gedrängten Überblick zu einzelnen *Strömungen* der Geisteswissenschaften gibt *H. G. Gadamer*: Geisteswissenschaften, Sp. 1304ff.: a. *Grundlagen: Kant; Hegel;* »historische Schule« (*Savigny, Ranke*); *Droysen;* b. *Dilthey* (»Lebensphilosophie«); Nachfolge: Geschichtsphilosophie (*Misch, Freyer, Rothacker*) und: *geisteswissenschaftliche Pädagogik* (*Spranger, Nohl, Litt*); c. *Neukantianismus* (*Rickert*: »Kulturwissenschaften«, *Windelband*); Fortsetzung durch *Cassirer* und *H. Hartmann* (Rückgriff auf *Hegel*); d. sog. *Existenzphilosophie* als neuer Ansatz (*Heidegger* und *Jaspers*, Vorarbeit durch *Husserl*).

[32] *W. Dilthey*: Über die Möglichkeit einer allgemeingültigen pädagogischen Wissenschaft (1888); ders.: Einleitung in die Geisteswissenschaften (1883); ders.: Ideen über eine beschreibende und zergliedernde Psychologie (1894); ders.: Der Aufbau der geschichtlichen Welt in den Geisteswissenschaften (1910). – Zu *Dilthey* vgl. *L. Landgrebe*: Wilhelm Diltheys Theorie der Geisteswissenschaften. Analyse ihrer Grundbegriffe: *O. F. Bollnow*: Dilthey. Eine Einführung in seine Philosophie; *U. Herrmann*: Die Pädagogik Wilhelm Diltheys; *J. L. Blaß*: Modelle pädagogischer Theoriebildung, Band 1, S. 109ff.; *C. Menze*: Die Wissenschaft von der Erziehung in Deutschland, S. 51ff.

[33] Vgl. z.B. *W. Dilthey*: Gesammelte Schriften, Band VII, S. 191.

[34] Hauptvertreter des Deutschen Idealismus: *J. G. Fichte* (1762-1814), *F. W. J. Schelling* (1775-1854), *G. W. F. Hegel* (1770-1831).

[35] *G. Kiel*: Zur Geschichte und Problematik der geisteswissenschaftlichen Pädagogik, S. 802.

[36] *A. Reble*: Geschichte der Pädagogik, S. 344; Hervorhebungen von mir.

[37] Zur Vielfalt des Geist-Begriffes vgl. das ausführlich behandelte Stichwort »Geist« im Hist. Wb. Philos., Band 3, Sp. 154-207.

[38] Siehe hierzu *E. Spranger*: »Das Leben bildet«. Eine geistesphilosophische Analyse, S. 146ff. Dort unterscheidet *Spranger* vier Geist-Begriffe: den objektivierten, objektiven, normativen und subjektiven Geist.

[39] Vgl. *A. Diemer*: Geisteswissenschaften, S. 212f.

[40] Auch im Rahmen der Hermeneutik wird sich zeigen, daß »geisteswissenschaftliche Pädagogik« nicht mit der sogenannten *Dilthey*-Schule identisch ist.

[41] Vgl. *W. Dilthey*: Gesammelte Schriften, Band VII, S. 277f.: »Die geschichtliche

Anmerkungen zu Einführung   219

Welt ist immer da, und das Individuum betrachtet sie nicht nur von außen, sondern es ist in sie verwebt ... Wir sind zuerst geschichtliche Wesen, ehe wir Betrachter der Geschichte sind, und nur weil wir jene sind, werden wir zu diesen.«

42 Vgl. dazu *A. Diemer*: Elementarkurs Philosophie — Hermeneutik, S. 70. — Siehe *W. Dilthey*: Gesammelte Schriften, Band VII, S. 276: »Wir kommen nicht durch das *System* zum Leben, sondern gehen von der Analysis des *Lebens* aus.« (Hervorhebung von mir)

43 Vgl. auch *T. Litt*: Das Wesen des pädagogischen Denkens, S. 283f.: »Dem psychophysischen Lebewesen eignet eine innere Einheit, Ganzheit, Geschlossenheit, die sich von jeder Art äußerlicher Zusammenfügung wesenhaft unterscheidet — wie auch immer wir diese Einheit bezeichnen mögen. Es ist in allen Teilen durchwaltet von einem zentralen Lebensprinzip ... Als Grundlage für eine Theorie der Erziehung scheint brauchbar nur eine solche Wissenschaft, deren Gegenstand eben dieses Leben ist«. — Zur »Teleologie« bei *Dilthey* siehe: *J. L. Blaß*: Modelle pädagogischer Theoriebildung, Band 1, S. 117ff.

44 Es ist daher nicht einsichtig, wenn ihr insbesondere von der sogenannten kritischen Erziehungswissenschaft vorgeworfen wird, sie würde die gesellschaftlichen Zusammenhänge negieren und sich auf das Individuum konzentrieren. Allerdings glauben die Vertreter der geisteswissenschaftlichen Pädagogik nicht an die Allmacht der Gesellschaft, an die ausschließliche Gesellschaftsbedingtheit. Aber sie haben immer den Wechselbezug von Einzelnem und Gesellschaft, von Individuum und Kultur reflektiert. So heißt es beispielsweise bei *W. Flitner*: Der Gegenstand der wissenschaftlichen Pädagogik »muß insofern *universal* sein, als er das gesamte menschliche Leben umfaßt, das kulturelle und gesellschaftliche wie das biographische Geschehen im einzelnen, aber bezogen auf das *erzieherische Phänomen*«. (Stellung und Methode der Erziehungswissenschaft, S. 375)

45 *A. Reble*: Geisteswissenschaftliche Pädagogik, S. 215. Hier werden noch weitere Themenkreise der geisteswissenschaftlichen Pädagogik angesprochen. Vgl. dazu auch *T. Ballauff/K. Schaller*: Pädagogik, Band 3, S. 508; *T. Dietrich*: Der Ertrag der geisteswissenschaftlichen Pädagogik für die Schule; *R. Broecken*: Hermeneutische Pädagogik, S. 241.

46 *R. Schwarz*: Wissenschaft und Bildung, S. 182; vgl. S. 191.

47 *R. Schwarz*: a.a.O., S. 193.

48 Hierher gehören die Fragen nach der Voraussetzungslosigkeit, Allgemeingültigkeit und Objektivität der Wissenschaft. Siehe unten II. 1. b.

49 Zum Streit über den Wissenschaftscharakter der geisteswissenschaftlichen Pädagogik vgl. u.a. die Diskussion zwischen *H. Rombach*: Der Kampf der Richtungen in der Wissenschaft. Eine wissenschaftstheoretische Auseinandersetzung, und *W. Brezinka*: Über den Wissenschaftsbegriff der Erziehungswissenschaft und die Einwände der weltanschaulichen Pädagogik. Eine Antwort an Heinrich Rombach; sowie zwischen *F. Böversen*: Erkennen — Werten — Verantworten. Eine philosophische und wissenschaftstheoretische Bemerkung zu Clemens Menzes Aufsatz »Erziehungswissenschaft und Erziehungslehre«, und *C. Menze*: »Auf dem Boden des unsichtbaren Gottes«. Einige Bemerkungen zum vorstehenden Aufsatz. Siehe außerdem von *O. F. Bollnow*: Empirische Wissenschaft und Hermeneutische Pädagogik. Bemerkungen zu Wolfgang Brezinka: Von der Pädagogik zur Erziehungswissenschaft; *J. Derbolav*: Eine »Metatheorie der Erziehung«, Überlegungen zu Wolfgang *Brezinkas* neuestem Werk. — Zum Wissenschaftsverständnis der geisteswissenschaftlichen Pädagogik siehe den Sammelband von *F. Nicolin* (Hrsg.): Pädagogik als Wissenschaft, wo u.a. Beiträge von *Schleiermacher, Dilthey, Frischeisen-Köhler, Litt, Nohl, Meister, W. Flitner* und *Langeveld* abgedruckt sind.

50 Vgl. hierzu *A. Diemer*: Der Wissenschaftsbegriff in den Natur- und Geisteswissenschaften, und ders.: Geisteswissenschaften; *W. Flitner*: Vom Gesetz in der Geschichte.

220 Anmerkungen zu Hermeneutik

[51] Zur normativen Pädagogik vgl. *R. Lassahn*: Einführung in die Pädagogik, S. 94-112; *J. Schurr*: Pädagogik und normative Wissenschaften.

[52] Vgl. *R. Uhle*: Geisteswissenschaftliche Pädagogik und kritische Erziehungswissenschaft; *H. Gassen*: Geisteswissenschaftliche Pädagogik auf dem Wege zur kritischen Theorie. Studien zur Pädagogik Erich Wenigers. — Wir werden bei der Behandlung der Methoden nur auf die geisteswissenschaftliche Pädagogik eingehen, nicht auch auf die sogenannte kritische Erziehungswissenschaft.

[53] *A. Reble*: Geschichte der Pädagogik, S. 353f. — *Reble* nennt außerdem: *R. Lehmann* und *F. Blättner* (S. 344 und 349). *T. Ballauff/K. Schaller*: Pädagogik, Band 3, rechnen hinzu: *H. Gaudig* (S. 680ff.), *G. Geißler, H. Hertz, I. Dahmer, W. Klafki, F. Copei, O. Dürr, U. Freyhoff, W. Neubert, K. Erlinghagen, H. Bokelmann* (S. 508). *J. Ruhloff*: Das ungelöste Normproblem der Pädagogik, S. 36, zählt *Spranger* und *Litt* nicht zur geisteswissenschaftlichen Pädagogik. Nach *R. Huschke-Rhein*: Das Wissenschaftsverständnis in der geisteswissenschaftlichen Pädagogik, S. 401, ist *Litt* der eigentliche Nachfolger *Diltheys*; er habe jedoch keine geisteswissenschaftliche Methodologie und Wissenschaftstheorie entwickelt (S. 219).

[54] Vgl. u.a. *M. J. Langeveld*: Einführung in die theoretische Pädagogik, insbesondere Kapitel 7, wo er eine ähnliche Position wie *W. Flitner* bezieht; *M. J. Langeveld*: Theoretische und empirische Forschung in der Pädagogik; *ders.*: Grundzüge der erziehungswissenschaftlichen Methodologie, wo deutlich wird, daß *Langeveld* jedoch von anderen Voraussetzungen als *Flitner* ausgeht. — Im übrigen sei zur Einführung in die geisteswissenschaftliche Pädagogik auf folgende Literatur verwiesen: *R. Lassahn*: Einführung in die Pädagogik, S. 23-58; *C. Menze*: Die Wissenschaft von der Erziehung in Deutschland, S. 62-68; *H. Emden*: Wesen und Aufgabe geisteswissenschaftlicher Pädagogik; *T. Ballauff/K. Schaller*: Pädagogik, Band 3, S. 499-510, 659-684; *A. Reble*: Geschichte der Pädagogik, S. 343-358; *G. Kiel*: Zur Geschichte und Problematik der geisteswissenschaftlichen Pädagogik. *H. Danner*: Überlegungen zu einer ›sinn‹-orientierten Pädagogik. — Auskunft über Person, Grundgedanken und Literatur geben die Einzelbeiträge in *J. Speck* (Hrsg.): Geschichte der Pädagogik des 20. Jh., Band 1 und 2, über: *Dilthey, Kerschensteiner, A. Fischer, Nohl, Weniger, Spranger, Litt, W. Flitner* und *Bollnow*.

[55] *R. Meister*: Beiträge zur Theorie der Erziehung, Wien 1946, zit. bei *T. Ballauff/K. Schaller*: a.a.O., S. 683.

[56] Der Vorwurf gegen geisteswissenschaftliche Pädagogen, daß sie nur die Reproduktion der bestehenden Gesellschaftsverhältnisse förderten, ist also nicht haltbar. Vgl. dazu *R. Broecken*: Hermeneutische Pädagogik, S. 244; auch *E. Spranger*: Lebensformen, S. 381f. — Zum Erziehungsbegriff vgl. *W. Flitner*: Erziehung, S. 60, wo die Definition von *Meister* inhaltlich gefüllt wird.

[57] *E. Spranger*: Berufsbildung und Allgemeinbildung, S. 24ff.

[58] Vgl. hierzu *C. Menze*: Bildung, S. 158.

II. Hermeneutik

[1] Vgl. die Definition von *A. Diemer*: »*Hermeneutik* ist eine theoretische (philosophische) Disziplin, die das Phänomen ›Verstehen‹, seine Elemente, Strukturen, Typen usw. sowie auch seine Voraussetzung untersucht. Dazu gehört dann auch . . . die ›angewandte‹ Hermeneutik.« (Elementarkurs Philosophie — Hermeneutik, S. 15)

[2] Vgl. hierzu insbesondere: *G. Ebeling*: Hermeneutik, Sp. 243. Außerdem: *W. Ritzel*: Methoden: Hermeneutische Verfahren in der Erziehungswissenschaft, S. 163; *A. Diemer*: Elementarkurs Philosophie — Hermeneutik, S. 17ff., 21; *R. Broecken*: Hermeneutische Pädagogik, S. 219.

Anmerkungen zu Hermeneutik 221

[3] Vgl. *E. Spranger*: Pestalozzis Denkformen, S. 66, Anm.: »Kunst (von Können) bedeutet in der Sprache des 18. Jahrhunderts, z.B. auch bei Goethe, sowohl die strenge Kunst = Technik, wie die schöne Phantasiekunst. Damals heißt also auch der Techniker ein ›Künstler‹.«

[4] Vgl. *W. Ritzel*: Methoden: Hermeneutische Verfahren in der Erziehungswissenschaft, S. 163.

[5] Vgl. *A. Diemer*: Elementarkurs Philosophie − Hermeneutik, S. 13f., 146ff.

[6] Siehe hierzu: *H. G. Gadamer*: Hermeneutik; ders./*G. Boehm* (Hrsg.): Seminar: Philosophische Hermeneutik, Einleitung; *A. Diemer*: a.a.O., S. 31-116; *R. Broecken*: Hermeneutische Pädagogik, S. 222-247.

[7] *G. Ebeling*: Hermeneutik, Sp. 243.

[8] *H. G. Gadamer*: Hermeneutik, Sp. 1062; *A. Diemer*: Elementarkurs Philosophie − Hermeneutik S. 119.

[9] *G. Ebeling*: Hermeneutik, Sp. 244.

[10] *F. Schleiermacher*, zit. nach *G. Ebeling*: a.a.O., Sp. 244.

[11] *G. Ebeling*: a.a.O., Sp. 244.

[12] Vgl. *A. Diemer*: Elementarkurs Philosophie − Hermeneutik, S. 117. − Zur wissenschaftstheoretischen Einordnung der Hermeneutik siehe: *U. Gerber* (Hrsg.): Hermeneutik als Kriterium für Wissenschaftlichkeit. Der Standort der Hermeneutik im gegenwärtigen Wissenschaftskanon.

[13] *R. Broecken*: Hermeneutische Pädagogik, S. 227, − Vgl. *R. Lassahn*: Einführung in die Pädagogik, S. 33.

[14] *W. Dilthey*: Gesammelte Schriften, Band VII, S. 207.

[15] *W. Dilthey*: a.a.O., Band V, S. 144; Hervorhebung von mir. − Analog hierzu ist die Unterscheidung *Windelbands* (1848-1915) von »nomothetischen« und »idiographischen« Wissenschaften zu verstehen. Erstere sind auf Gesetzmäßigkeiten aus (Naturwissenschaften), die zweiten auf das Beschreiben von Individuellem (»Geisteswissenschaften« bzw. »Kulturwissenschaften«). Vgl. hierzu *W. Dilthey*: a.a.O., Band V, S. 256; *A. Diemer*: Geisteswissenschaften, S. 214. − Zu »Verstehen« und »Erklären« vgl. auch *E. Spranger*: Verstehen und Erklären. Thesen.

[16] Vgl. *H. J. Helle*: Verstehende Soziologie und Theorie der Symbolischen Interaktion, S. 46, wo »Verstehen als Nachvollzug des Vorgangs der Bedeutungsverleihung« begriffen wird. Siehe dort außerdem: S. 11-46.

[17] Es ist nicht haltbar, wenn *K. Wuchterl* behauptet, daß »Hermeneutik stets dem Denken christlicher religiöser Formen verhaftet« bleibe (Methoden der Gegenwartsphilosophie, S. 170). Denn die Als-Struktur des Verstehens hat nichts mit religiöser Gläubigkeit zu tun. Allerdings wird die Voraussetzung gemacht, daß es ein spezifisch Menschliches gebe, das u.a. zur Folge hat, daß Dingen eine bestimmte Bedeutung unterlegt wird. Wenn man dies leugnet, wird tatsächlich die Unterscheidung von Verstehen und Erklären hinfällig. Doch auch das Postulat eines spezifisch Menschlichen braucht keineswegs theologisch oder sonstwie religiös verstanden zu werden. *Wuchterl* argumentiert ganz im Sinne von *H. Albert*; vgl. *E. Hufnagel*: Einführung in die Hermeneutik, S. 149; *A. Diemer*: Elementarkurs Philosophie − Hermeneutik, S. 113; *V. Huwendiek*: Erziehungsgeschichte und traditionelle Hermeneutik, S. 73. Gegen eine Gleichsetzung von Hermeneutik und Theologie spricht u.a. die Tatsache einer juristischen Hermeneutik; Vgl. z.B. *H. G. Gadamer*: Wahrheit und Methode, S. 311.

[18] Siehe zur Begriffsunterscheidung und -differenzierung auch *H. Danner*: Überlegungen zu einer ›sinn‹-orientierten Pädagogik, S. 129-132, und hier Abb. 3. *H. Skowronek* und *D. Schmied* z.B. gehen mit ihrer Kritik des hermeneutischen Verstehensbegriffs an diesem völlig vorbei, da sie ihn nur umgangssprachlich auffassen. (Forschungstypen und Forschungsstrategien in der Erziehungswissenschaft, S. 12)

[19] *A. Diemer*: Die Trias Beschreiben, Erklären, Verstehen . . ., S. 9f.

[20] So z. B. bei *S. Oppolzer* (Hrsg.): Denkformen und Forschungsmethoden der Er-

222 Anmerkungen zu Hermeneutik

ziehungswissenschaft, Band 2, S. 8; *H. Röhrs*: Forschungsmethoden in der Erziehungswissenschaft, S. 14f.

[21] Hierauf weist *F. M. Wimmer* hin: Verstehen, Beschreiben, Erklären, S. 30.

[22] *R. Broecken* weist darauf hin, daß *Dilthey* nur einen graduellen Unterschied zwischen Verstehen und Erklären zulassen wollte (Hermeneutische Pädagogik, S. 230). Vgl. *R. Huschke-Rhein*: Das Wissenschaftsverständnis in der geisteswissenschaftlichen Pädagogik, S. 82ff. — Problematisch wird diese Begriffsunterscheidung auch dann, wenn man den Gegensatz von Natur und Geist in Frage stellt, auch und gerade im Hinblick auf den Menschen; in der phänomenologischen Anthropologie *L. Binswangers* etwa gibt es weder »Körper«, »Seele« noch »Geist«, so daß der Mensch in seinem Verhalten und seinen Produkten immer als der *eine* erscheint (vgl. Grundformen und Erkenntnis menschlichen Daseins). — Zur gegenwärtigen Diskussion siehe: *K. O. Apel/J. Manninen/ R. Tuomela* (Hrsg.): Neue Versuche über Erklären und Verstehen.

[23] *W. Dilthey*: Gesammelte Schriften, Band V, S. 318; Hervorhebungen von mir.

[24] *E. Betti*: Die Hermeneutik als allgemeine Methodik der Geisteswissenschaften, S. 12.

[25] *W. Dilthey*: Gesammelte Schriften, Band VII, S. 217.

[26] Vgl. *K. Wuchterl*: Methoden der Gegenwartsphilosophie, S. 188; *V. Huwendiek*: Erziehungsgeschichte und traditionelle Hermeneutik, S. 72f.: »*Stegmüller* hat ...im Grunde an der Hermeneutik und ihrem Erkenntnisanspruch vorbeiargumentiert. Die Reduktion des Verstehens auf eine psychologische Einstellung, nämlich ›naives‹ Hineinversetzen, wird schon der ›traditionellen‹ Hermeneutik Diltheys nicht gerecht (Sinnverstehen).« *W. Brezinka*: Metatheorie der Erziehung, S. 129, 181.

[27] Vgl. dazu *W. Dilthey*: Gesammelte Schriften, Band VII, S. 221: »Das Objekt des historischen Studiums der Musik ist nicht der hinter dem Tonwerk gesuchte Seelenvorgang, das Psychologische, sondern das Gegenständliche, nämlich der in der Phantasie auftretende Tonzusammenhang als Ausdruck.« Vgl. S. 260. Hierzu und insgesamt zu der Unterscheidung von psychologischem und Sinn-Verstehen: *O. F. Bollnow*: Dilthey, S. 212ff.

[28] Vgl. *R. Broecken*: Hermeneutische Pädagogik, S. 221 und 251: Verstehen ist der »Weg zur Sinnfindung«, »das Erfassen eines Sinns«.

[29] Hier sei an *E. Spranger* erinnert, der ausdrücklich zwischen »objektivem Geist« und »normativem Geist« unterscheidet; mit ersterem ist für *Spranger* eine Sinn-Ebene der Bedeutungsgehalte gegeben; mit letzterem wird für *Spranger* eine absolute Dimension eröffnet. Vgl. Anm. II/39. — *A. Diemer*: Elementarkurs Philosophie — Hermeneutik, S. 125f., zählt einige Momente auf, die den hermeneutischen *Sinn nicht* ausmachen: sogenannte hypothetisch-theoretische Entitäten, theoretische Konstrukte, ein Inneres, ein wie auch immer ausgesetztes Allgemeines, ein Systemprinzip.

[30] Aber auch jener »letzte Sinn« muß in hermeneutischer Sicht in seiner erhellenden, aufschließenden Funktion verstanden und in Korrespondenz zum »Vorverständnis« gesehen werden; vgl. Ann. II/38. Vgl. hierzu *A. Diemer*: a.a.O., S. 165f., der von einer »*Sinn-Hermeneutik*« spricht und diese einer Reihe anderer Typen entgegensetzt.

[31] Zum Sinn- und Bedeutungszusammenhang vgl.: *W. Dilthey*: Gesammelte Schriften, Band VII, S. 232ff.; *R. Broecken*: Hermeneutische Pädagogik, S. 220: »Was immer man unter Sinn versteht, er impliziert einen Verweisungszusammenhang, eine Relation zwischen Zeichen und Bezeichnetem, Ausdruck und Ausgedrücktem, Reduktion und potentieller Komplexität, die nur einem Wesen zugänglich sind, das der Verweisungen über den aktuellen Bewußtseinsinhalt hinaus, des Erfassens von etwas als etwas, also des Denkens und der Sprache fähig ist.«

[32] Vgl. *A. Diemer*: Die Trias Beschreiben, Erklären, Verstehen..., S. 16; *R. Broecken*: a.a.O., S. 259. Zu dem differenzierten Problem der Unterscheidung von

Anmerkungen zu Hermeneutik   223

Natur- und Geisteswissenschaften bei *Dilthey* siehe: *R. Huschke-Rhein*: Das Wissenschaftsverständnis in der geisteswissenschaftlichen Pädagogik, S. 98f.

[33] Vgl. *V. Huwendiek*: Erziehungsgeschichte und traditionelle Hermeneutik, S. 54f.; *H. G. Gadamer/G. Boehm*: Seminar: Philosophische Hermeneutik, S. 35; *R. Broecken*: a.a.O., S. 231, 266.

[34] Vgl. *E. Hufnagel*: Einführung in die Hermeneutik, S. 13f.

[35] *R. Broecken*: Hermeneutische Pädagogik, S. 266; siehe dort auch das Beispiel, das *Broecken* hierzu bringt. − Zu *W. Dilthey* siehe: Gesammelte Schriften, Band VII, S. 260.

[36] *W. Dilthey*: a.a.O., Band VII, S. 207-213.

[37] *W. Dilthey*: a.a.O., Band V, S. 319.

[38] In diesem Zusammenhang sei auf die Unterscheidung von *drei Verstehensbegriffen* bei *A. Diemer*: Elementarkurs Philosophie − Hermeneutik, S. 122-124, verwiesen. Die ersten beiden decken sich inhaltlich mit dem elementaren und höheren Verstehen *Diltheys*; hinzu kommt als weitester Verstehens-Begriff das Vorverständnis. Im einzelnen differenziert *Diemer* wie folgt:

a) *Verstehen* i.e.S.:»die einfache spezifische *Begegnungsweise* mit dem entsprechenden (hermeneutischen) Gegenstandstypus. Im einfachen und schlichten Sinne verstehen wir im Alltagsleben wie auch in den Fachbereichen usw. unter dem Verstehen eine bzw. die spezifische Begegnungsweise mit Gegebenheiten, die den entsprechenden hermeneutischen Typus besitzen ... Bei allem ist bestimmend, daß der Gegenstandstypus immer durch einen Sinn usw. ausgezeichnet ist . . .«

b) *Interpretation, Deuten*:»Es geht hier darum, eine Vorgegebenheit, vor allem Texte ›so-oder-so-zu-verstehen‹. In diesem Sinne versucht das verstehende ... Interpretieren eine vorgegebene Sinn-mengen-gegebenheit (etwas ›als‹ Gedicht, als Roman ›vorverstanden‹) in einen entsprechenden relativ widerspruchsfreien Sinnzusammenhang zu bringen.«

c) *Vorverständnis*:»›Vor‹ aller konkreten Begegnung mit einem Wirklichen, einem Gegenstand, einem ›Seienden‹ ist dieses immer schon ›vor-verstanden‹ in seinem ›als‹.«»Dieses Vor-Verständnis macht damit eine Art ›Vorentwurf‹ über alles Gegebene hinweg; dieser Entwurf konstituiert so gewissermaßen einen ›Hinter-grund‹, den man seit Husserl, vor allem aber seit Heidegger, wie auch Gadamer als *Horizont* bezeichnet. Alles Gegebene steht damit im ›Vor-der-grund‹ . . . eines jeweils konstitutiven Horizonts. Die sich so konstituierende Gesamtwirklichkeit wird dann als jeweilige ›Welt‹ vorverstanden . . .« (S. 138).

Man beachte auch das von *Diemer* angegebene graphische Schema, a.a.O., S. 122.

[39] *Dilthey* unterscheidet seinen Begriff des »objektiven Geistes« von dem *Hegels*. In den Gesammelten Schriften, Band VII, S. 150, heißt es: *Hegel*»konstruierte die Gemeinschaften aus dem allgemeinen vernünftigen Willen. Wir müssen heute von der *Realität des Lebens* ausgehen; im Leben ist die Totalität des seelischen Zusammenhanges wirksam. *Hegel konstruiert metaphysisch*; wir analysieren das *Gegebene*.« (Hervorhebungen von mir) − Zweierlei wird hier im Hinblick auf den »objektiven Geist« sichtbar: 1. Sein Begriff wird phänomenologisch aus der Realität, dem Gegebenen gewonnen; hierzu gehört auch die Geschichte. 2. Die Realität aber ist Realität des »Lebens«; in ihm scheint uns aber bei *Dilthey* wiederum eine »metaphysisch konstruierte« Größe gegeben zu sein.

[40] *W. Dilthey*: a.a.O., Band VII, S. 146f.

[41] Vgl. *I. Bock*: Kommunikation und Erziehung, S. 30ff.

[42] Siehe auch *E. Spranger*: »Das Leben bildet«, S. 162: »Alles Geistesleben ist historisch . . . Jede frühere Gegenwart hat in dem ihr zugemessenen schmalen Spielraum Entscheidungen getroffen, die nicht voraussagbar waren. Dies alles ist nicht mehr umkehrbar (reversibel). Obwohl Strukturgesetze und Entwick-

224 Anmerkungen zu Hermeneutik

lungsgesetze abstrakt herauslösbar sind, hat *im historischen* alles seine *einzigartige Individualität*: Menschen, Ereignisse, Gebilde, Institutionen.« (Hervorhebung von mir)

[43] *W. Dilthey*: Gesammelte Schriften, Band VII, S. 146.

[44] *W. Dilthey*: a.a.O., Band VII, S. 147.

[45] *W. Dilthey*: a.a.O., Band VII, S. 151.

[46] *G. Picht*: Der Begriff der Verantwortung.

[47] *K. Wuchterl*: Methoden der Gegenwartsphilosophie, S. 175.

[48] Vgl. hierzu *H. G. Gadamer*, der *Dilthey* interpretierend formuliert: Das historische Bewußtsein weiß sich »zu sich selbst und zu der Tradition, in der es steht, in einem reflektierten Verhältnis. Es versteht sich selber aus seiner Geschichte. *Historisches Bewußtsein ist eine Weise der Selbsterkenntnis.*« (Wahrheit und Methode, S. 221)

[49] *W. Dilthey*: Gesammelte Schriften, Band VII, S. 278; vgl. S. 151, 261, 277f.; *V. Huwendiek*: Erziehungsgeschichte und traditionelle Hermeneutik, S. 55.

[50] *G. Ebeling*: Hermeneutik, Sp. 244.

[51] So unterscheidet z.B. *J. G. Droysen* die »historische Methode« mit dem Ziel des Verstehens von der philosophischen und der physikalischen Methode. (*V. Huwendiek*: Erziehungsgeschichte und traditionelle Hermeneutik, S. 52)

[52] Aufgrund dieses Denkens kann es umgekehrt für die *Geschichtswissenschaft* nur einen adäquaten Zugang zu ihrem Gegenstand geben: das hermeneutische Verstehen. Denn Geschichte muß als Manifestation eines fremden Geistes begriffen werden, die nur durch einen verwandten Geist verstehend erschlossen werden kann. Vgl. *K. Wuchterl*: Methoden der Gegenwartsphilosophie, S. 170; *H. G. Gadamer*: Wahrheit und Methode, S. 228, siehe dort auch die *Kritik Gadamers* an *Diltheys* Auffassung von Geschichte und Hermeneutik. — *E. Husserl* wirft der Position *Diltheys Historizismus* vor; diese Kritik faßt *G. Scholtz* wie folgt zusammen: »Während der ›Naturalismus‹ alles zur Natur machen und durch Gesetze begreifen möchte, versteht der mit den Geisteswissenschaften aufkommende ›Historizismus‹ alles ›als Geist, als historisches Gebilde‹; jener ist Wissenschaft, gefährdet aber die Kultur — dieser hat auf Wissenschaftlichkeit Verzicht geleistet und bereitet der Weltanschauungsphilosophie den Boden. *Husserl* weist nach, daß *Diltheys* Historizismus, der in alle historischen Geistesgestaltungen verstehend sich einfühlen und ihre Eigenheit begreifen möchte, entgegen der eigenen Intention in den Skeptizismus führt und außerdem einen Widerspruch beinhaltet: Die von *Dilthey* behauptete Relativität aller Philosophien und Weltanschauungen kann man nicht historisch, sondern nur orientiert an einem Ideal von geltender Wahrheit konstatieren.« (Historismus, Historizismus, Sp. 1145) Freilich muß auch hier wiederum bedacht werden, daß sich in dieser Kritik die eigene Position *Husserls* ausdrückt. Zu dem ganzen Problemkreis siehe *V. Huwendiek*: a.a.O.; *L. Froese*: Voraussetzungen der geisteswissenschaftlichen Pädagogik, S. 280.

[53] *R. Boehm*: »Erklären« und »Verstehen« bei Dilthey, gibt Hinweise hierzu im Hinblick auf *Dilthey*. Siehe vor allem: *O. F. Bollnow*: Zur Frage nach der Objektivität der Geisteswissenschaften; *H. Lipps*: Untersuchungen zu einer hermeneutischen Logik. Zu *Lipps* nimmt *K. Wuchterl*: Methoden der Gegenwartsphilosophie, S. 180ff., Stellung. — Zur Voraussetzungslosigkeit, Allgemeingültigkeit und Objektivität der Wissenschaft siehe: *R. Schwarz*: Wissenschaft und Bildung, S. 175-202; *E. Spranger*: Der Sinn der Voraussetzungslosigkeit in den Geisteswissenschaften; *J. Kaltschmid*: Zum Problem der Voraussetzungslosigkeit und Wertfreiheit der Erziehungswissenschaft; *T. Litt*: Das Allgemeine im Aufbau der geisteswissenschaftlichen Erkenntnis.

[54] *O. F. Bollnow*: a.a.O., S. 58.

[55] Vgl. *O. F. Bollnow*: a.a.O., S. 57: *G. Misch* weist »darauf hin, daß der Begriff der Allgemeingültigkeit nicht von vornherein notwendig zum Wesen der Wissenschaft gehöre, sondern aus der besonderen Entwicklung einer besonderen

Anmerkungen zu Hermeneutik   225

Wissenschaft, nämlich der modernen Naturwissenschaft, entstanden sei und auch in seiner Übertragung auf die Geisteswissenschaft an diesen seinen Ursprung aus dem Wissenschaftsideal der Naturwissenschaft gebunden bleibe. Wo Dilthey daher von Allgemeingültigkeit spreche, mache er sich des Rückfalls in eine Position schuldig, die er in Wirklichkeit bereits ... überwunden habe.«

[56] *O. F. Bollnow*: a.a.O., S. 57f.

[57] *O. F. Bollnow*: a.a.O., S. 59; Hervorhebungen von mir.

[58] *O. F. Bollnow*: a.a.O., S. 63, Hervorhebung von mir.

[59] Siehe zum Folgenden: *O. F. Bollnow*: a.a.O., S. 63-65; Hervorhebungen von mir.

[60] *W. Dilthey*: Gesammelte Schriften, Band VII, S. 141: »Das Verstehen erst hebt die Beschränkung des Individualerlebens auf, wie es andererseits dann wieder den persönlichen Erlebnissen den Charakter von Lebenserfahrung verleiht. Wie es sich auf mehrere Menschen, geistige Schöpfungen und Gemeinschaften erstreckt, erweitert es den Horizont des Einzellebens und macht in den Geisteswissenschaften die Bahn frei, die durch das Gemeinsame zum Allgemeinen führt.«

[61] Beim Verstehen geht es nicht um ein subjektives Sichhineinversetzen in den Autor im Sinne *Schleiermachers*. Hierzu *H. G. Gadamer*: Wahrheit und Methode, S. 276: »Was Schleiermacher als *subjektive* Interpretation entwickelt hat, darf wohl ganz beiseite gesetzt werden. Wenn wir einen Text zu verstehen suchen, versetzen wir uns nicht in die seelische Verfassung des Autors, sondern wenn man schon von Sichversetzen sprechen will, so versetzen wir uns in die *Perspektive*, unter der der andere seine Meinung gewonnen hat. Das heißt nichts anderes, als daß wir das *sachliche Recht* dessen, was der andere sagt, gelten zu lassen suchen ... Es ist die Aufgabe der Hermeneutik, dies Wunder des Verstehens aufzuklären, das nicht eine geheimnisvolle Kommunion der Seelen, sondern eine *Teilhabe am gemeinsamen Sinn* ist.« (Hervorhebungen von mir).

[62] »Vorverständnis« sei hier mehr im Sinne von Vorwissen oder vorwissenschaftlichem Begriff gebraucht und nicht in der Bedeutung eines existenzialen Vor-Entwurfs, obgleich diese Dimension grundsätzlich stets mit zu denken ist. Vgl. oben Anm. II/38.

[63] Siehe *W. Linke*: Aussage und Deutung in der Pädagogik, S. 173.

[64] Vgl. *A. Diemer*: Elementarkurs Philosophie — Hermeneutik, S. 144; siehe dort auch den Abschnitt »Kritik am Zirkel«, S. 144ff. Außerdem: *W. Klafki*: Erziehungswissenschaft, Band 3, S. 150.

[65] Zur Geschichte vgl. *A. Diemer*: a.a.O., S. 143: »Das Zirkelphänomen scheint als erster *Fichte* aufgezeigt zu haben; expressis verbis spricht als erster *Ast* und im Anschluß an ihn *Schleiermacher* vom ›hermeneutischen Zirkel‹ bzw. der ›Zirkelstruktur des Verstehens‹.«

[66] Vgl. *R. Broecken*: Hermeneutische Pädagogik, S. 222.

[67] *F. Schleiermacher*: Pädagogische Schriften, S. 7.

[68] *G. Ebeling*: Hermeneutik, Sp. 246. Man beachte dagegen den hermeneutischen Anspruch, den Autor »besser zu verstehen«, als er sich verstanden hat; siehe unten II. 1. d.

[69] Zu *Schleiermacher*, *Dilthey* und *Gadamer* siehe unten II. 2. c.

[70] *K. Wuchterl*: Methoden der Gegenwartsphilosophie, S. 165.

[71] Vgl. *W. Dilthey*: Gesammelte Schriften, Band VIII, S. 227, 329.

[72] In diesem Zusammenhang sei auf den hermeneutischen Zirkel hingewiesen, der zwischen vorwissenschaftlichem Wissen und Wissenschaft besteht. Tatsache ist, daß jeder Wissenschaftler zunächst vom vorwissenschaftlichen Bereich herkommt und diesen in seine Wissenschaft hineinträgt. Dies wird am unumgänglichen Gebrauch der Sprache am deutlichsten sichtbar; selbst eine Symbolsprache muß von einer vorwissenschaftlichen Sprache ausgehen und

226 Anmerkungen zu Hermeneutik

umgekehrt immer wieder gedeutet und ausgelegt werden, wie jede andere wissenschaftliche Aussage grundsätzlich auch verstehbar sein muß – dies allerdings nicht in einem populärwissenschaftlichen Sinn. Aber sie muß gedeutet, interpretiert, oft auch angewendet werden können. Wenn der Verstehende ein »reiner« Wissenschaftler sein soll, dann müßte er – bildlich gesprochen – in seinem Denken eine Trennwand errichten: hier vorwissenschaftliches Verstehen, dort wissenschaftliches. Wo müßte dann die Grenze gezogen werden zwischen wissenschaftlichem und vorwissenschaftlichem Bereich? Wo hört der Verstehende auf, »vorwissenschaftlicher Mensch« zu sein, und wo fängt er an, »Wissenschaftler« zu sein?

[73] *K. Wuchterl* legt allerdings dieses Mißverständnis nahe, wenn er sagt: »Verstehen geschieht daher stets in einem Zirkel: echtes Verstehen kann sich nur durch Kenntnis aller Umstände einstellen; diese Kenntnis muß aber durch *Einzelerfahrungen* vermittelt werden, die erst *das Ganze aufbauen* können.« (Methoden der Gegenwartsphilosophie, S. 165; Hervorhebungen von mir)

[74] Grundlegendes zum hermeneutischen Zirkel siehe: *J. C. Maraldo*: Der hermeneutische Zirkel. Untersuchungen zu Schleiermacher, Dilthey und Heidegger.

[75] In der Geschichte der Hermeneutik gibt es immer wieder Versuche, feste Regeln der Interpretation aufzustellen; der Zweck von fachbezogenen Hermeneutiken wie in Theologie oder Philologie bestand häufig vorwiegend in der Formulierung solcher Regeln. So stützte man sich beispielsweise im Judentum auf die sieben Regeln *Hillels,* sprach man im christlichen Raum von »regulae« oder »claves« (»Schlüsseln«) der Auslegung; *Schleiermacher* formulierte »grammatische« und »psychologische Kanones«. Vgl. dazu: *G. Ebeling*: Hermeneutik, Sp. 243ff.; *A. Diemer*: Elementarkurs Philosophie – Hermeneutik, S. 59, 120, 162ff.; *K. Wuchterl*: Methoden der Gegenwartsphilosophie, S. 174; *E. Betti*: Die Hermeneutik als allgemeine Methodik der Geisteswissenschaften.

[76] Siehe oben II. 1. b.

[77] *R. Broecken*: Hermeneutische Pädagogik, S. 261.

[78] Vgl. *E. Betti*: Die Hermeneutik als allgemeine Methodik der Geisteswissenschaften, S. 14f.: Kanon der hermeneutischen Autonomie des Objekts: »Sensus non est inferendus sed efferendus«.

[79] Beispiel: In welchen ökonomischen Verhältnissen lebte ein Künstler des 17. Jahrhunderts? Inwieweit war *Shakespeare* politisch abhängig?

[80] Beispiel: Wie verstehen wir heute patriotische Äußerungen, die vom Anfang dieses Jahrhunderts stammen, nachdem der Mißbrauch des Patriotismus im Dritten Reich unser Verhältnis zu ihm beeinflußt hat?

[81] Vgl. *H. G. Gadamer*: Wahrheit und Methode, S. 343: »Offenheit für den anderen schließt . . . die Anerkennung ein, daß ich in mir etwas gegen mich geltend mache.« *H. Röhrs*: Forschungsmethoden in der Erziehungswissenschaft, S. 46: »Das Antizipieren des Nichtgesagten und der Einwände als methodisches Grundbedürfnis hat immer zum Wesen der Hermeneutik gehört.«

[82] Vgl. *A. Diemer*: Elementarkurs Philosophie – Hermeneutik, S. 239.

[83] Vgl. *E. Betti*: Die Hermeneutik als allgemeine Methodik der Geisteswissenschaften, S. 15ff.: »Kanon des sinnhaften Zusammenhanges (Grundsatz der Ganzheit)«; *H. G. Gadamer*: Wahrheit und Methode, S. 186.

[84] *E. Betti*: a.a.O., S. 14ff., 19f., 53f.: 1. »Kanon der hermeneutischen Autonomie des Objekts«, 2. »Kanon der Totalität und des sinnhaften Zusammenhangs«, 3. »Kanon der Aktualität des Verstehens« und 4. »Kanon der hermeneutischen Sinnentsprechung (Sinnadäquanz des Verstehens)«. Die Hermeneutik *Bettis* ist stark an *Schleiermacher* und *Dilthey* orientiert und daher umstritten. Zur Auseinandersetzung zwischen *Gadamer* und *Betti* siehe: *E. Betti*: a.a.O., *H. G. Gadamer*: a.a.O., S. 482ff.; zur Kritik an *Betti* außerdem: *R. Broecken*: Hermeneutische Pädagogik, S. 232.

[85] Siehe unten II. 3. a.

[86] Vgl. *F. Schleiermacher*: Hermeneutik, zit. bei *E. Coreth*: Grundfragen der Her-

Anmerkungen zu Hermeneutik   227

meneutik, S. 136, Anm. 4; *W. Dilthey*: Gesammelte Schriften, Band VII, S. 331.
— Ausführlich befaßt sich mit diesem Gedanken *O. F. Bollnow*: Was heißt, einen Schriftsteller besser verstehen, als er sich selbst verstanden hat? in: Das Verstehen, S. 7-33. Zu *Bollnow* siehe: *H. G. Gadamer*. Wahrheit und Methode, S. 182.

[87] *E. Coreth*: a.a.O., S. 136f. — Vgl. *R. Broecken*: Hermeneutische Pädagogik, S. 225; *W. Linke*: Aussage und Deutung in der Pädagogik, S. 138, 169ff.; *H. G. Gadamer*. a.a.O., S. 180, 184.

[88] *H. G. Gadamer*. a.a.O., S. 280. — Auch der Anspruch der »*Ideologiekritik*« behauptet letztlich ein Besserverstehen, weil ja die ideologische Situation des Autors aufgedeckt werden soll; aber wie steht es auch hier mit der *Ideologie des Entlarvenden*? Vgl. zum Anspruch der Ideologiekritik: *W. Klafki*: Erziehungswissenschaft, Band 3, S. 152f.; *K. O. Apel* u.a.: Hermeneutik und Ideologiekritik; *R. Broecken*: a.a.O., S. 234ff.

[89] Zu *Schleiermacher* siehe: *F. Schleiermacher*. Hermeneutik; *W. Schulz*: Die Grundlagen der Hermeneutik Schleiermachers, ihre Auswirkungen und ihre Grenzen; *A. Diemer*: Elementarkurs Philosophie — Hermeneutik, S. 55-59; *H. G. Gadamer/G. Boehm*: Seminar: Philosophische Hermeneutik, S. 31ff.; *H. G. Gadamer*: Hermeneutik; ders.: Wahrheit und Methode, S. 172ff.

[90] Wir verbleiben für unseren Zusammenhang beim Modell der Textauslegung und sind uns bewußt, daß dies nicht die ganze Hermeneutik ausmacht.

[91] *A. Diemer*: Elementarkurs Philosophie — Hermeneutik, S. 58. — »Psychologisch« bedeutet für *Schleiermacher* noch mehr und anderes als ein moderner Psychologie-Begriff.

[92] *E. Coreth*: Grundfragen der Hermeneutik, S. 94, 129; vgl. *H. G. Gadamer*. Wahrheit und Methode, S. 177, 179.

[93] Einen Überblick *Dilthey* gibt: *K. Bartels*: Wilhelm Dilthey.

[94] Siehe Anmerkungen des Herausgebers, *B. Groethuysen*, S. 360 der Gesammelten Schriften, Band VII.

[95] Die einzelnen Textstellen sind zu finden: a.a.O., S. 191 (Satz 1-3); S. 213-217 (Satz 4-49). Die Sätze 43-49 gehören bereits zum nächsten Abschnitt, der überschrieben ist: »Die Auslegung oder Interpretation«. Der Text ist auch abgedruckt in *H. G. Gadamer/G. Boehm*: Seminar: Philosophische Hermeneutik, S. 189, 212-217, und: *S. Oppolzer* (Hrsg.): Denkformen und Forschungsmethoden der Erziehungswissenschaft, Band 1, S. 25, 45-49.

[96] Die in Klammern angegebenen Zahlen beziehen sich auf den voranstehenden Textteil und bezeichnen die numerierten Sätze.

[97] Vgl. oben II. 1. b.

[98] Vgl. unten II. 3. d (2).

[99] Siehe oben II. 1. b.

[100] *W. Dilthey*: Gesammelte Schriften, Band VII, S. 218; Hervorhebungen von mir.

[101] *H. G. Gadamer*. Wahrheit und Methode, S. 294f.

[102] Vgl. *H. G. Gadamer*. a.a.O., S. 261ff.: »Vorurteile als Bedingungen des Verstehens«.

[103] Vgl. *H. G. Gadamer*. a.a.O., S. 284ff.: »Das Prinzip der Wirkungsgeschichte«.

[104] *H. G. Gadamer*. a.a.O., S. 285. Hier stellt *Gadamer* unter Verweis auf *K. Jaspers* und *E. Rothacker* deutlich heraus, daß die Erhellung einer Situation nicht vollendbar ist.

[105] *H. G. Gadamer*. a.a.O., S. 295 (Satz 1), S. 311 (Satz 2-22), S. 316f. (Satz 23-41), S. 323 (Satz 42-54). Wir bringen Auszüge aus dem Abschnitt, der überschrieben ist: »Die exemplarische Bedeutung der juristischen Hermeneutik«, da hier die Applikation anschaulich entfaltet wird, während in dem Abschnitt: »Das hermeneutische Problem der Anwendung« nur die These einer Notwendigkeit von Applikationen erarbeitet wird. Unser erster Satz ist der Schluß dieses Abschnitts. Hierauf sei jedoch ausdrücklich verwiesen, a.a.O., S. 290ff.

228   Anmerkungen zu Hermeneutik

[106] Vgl. in diesem Zusammenhang: *R. Uhle*: Geisteswissenschaftliche Pädagogik und kritische Erziehungswissenschaft, S. 21ff.: »H. G. Gadamers Theorie der Applikationsstruktur des Verstehens.«

[107] *H. G. Gadamer*: Wahrheit und Methode, S. 312; Hervorhebung von mir.

[108] Vgl. dagegen die »wesensmäßige Subjektivität« im Sinne *O. F. Bollnows*, oben II. 1. b.

[109] *H. G. Gadamer*: Wahrheit und Methode, S. 295; Hervorhebungen von mir.

[110] Vgl. oben II. 1. d.

[111] Zur »Horizontverschmelzung« siehe: *H. G. Gadamer*: Wahrheit und Methode, S. 289f.

[112] *H. G. Gadamer*: a.a.O., S. 307; Hervorhebungen von mir.

[113] So müßte für *Gadamer* einerseits der ganze Zusammenhang von »Wahrheit und Methode« beachtet werden; andererseits wären die Bezüge zur Philosophie *M. Heideggers* aufzuzeigen. Denn »Wirkungsgeschichte« etwa ist nur auf dem Hintergrund der »Geschichte des Seins« oder der »Anspruch des Textes« nur von der »Sprache als Haus des Seins« her voll zu verstehen.

[114] Wir müssen uns auch hier darüber im klaren sein, daß Schemata inhaltliche Verkürzungen und Vergröberungen bedeuten. Sie können nur einseitig Aspekte hervorheben.

[115] Zu *Schleiermacher* und *Dilthey* vgl. auch die schematische Gegenüberstellung bei *A. Diemer*: Elementarkurs Philosophie — Hermeneutik, S. 52.

[116] Vgl. *H. G. Gadamer*: Wahrheit und Methode, S. 177.

[117] *G. Ebeling*: Hermeneutik, Sp. 255.

[118] Vgl. oben Anm. II/38.

[119] Vgl. *J. Schurr*: Zum Entwurf einer pädagogischen Hermeneutik, S. 338.

[120] Dies ist in der »geisteswissenschaftlichen Pädagogik« in der Tat der Fall. Zudem ist *W. Flitner* aus sachlicher Notwendigkeit zu dem Modell einer »*hermeneutisch-pragmatischen*« Pädagogik gekommen; vor allem: Das Selbstverständnis der Erziehungswissenschaft in der Gegenwart; außerdem *H. Döpp-Vorwald*: Grundfragen der Erziehungswissenschaft, S. 24ff.

[121] Vgl. *J. Schurr*: Zum Entwurf einer pädagogischen Hermeneutik. — Hier liegt in Anlehnung an *Schleiermacher* der Versuch einer Grundlegung einer pädagogischen Hermeneutik vor, der weiterverfolgt und differenziert werden sollte. Es ist jedoch nicht einsichtig, weshalb *Schurr* in der Darstellung zum Mittel der Symbolsprache greift; denn dadurch wird einerseits das nachvollziehende Verstehen erschwert und andererseits wird der Anschein von mathematischer Präzision erweckt, die nicht in der Sache selbst begründet ist. Denn es geht immerhin um komplexe Verstehensvorgänge, die sich nicht auf formal-logische Zeichen reduzieren lassen.

[122] Siehe oben I. 2.

[123] *Schurr* meint dagegen, daß eine pädagogische Hermeneutik die »historischen und topischen Implikate einer pädagogischen Situation« nicht verstehen könne, daß dies vielmehr ein Anspruch der geisteswissenschaftlichen Pädagogik sei. (Zum Entwurf einer pädagogischen Hermeneutik, S. 338)

[124] Vgl. Anm. II/38.

[125] Vgl. *W. Linke*: Aussage und Deutung in der Pädagogik, S. 171. — Zur pädagogischen Verantwortung vgl. vor allem *E. Lichtenstein*: Erziehung, Autorität, Verantwortung; *W. Flitner*: Allgemeine Pädagogik; ders.: Das Selbstverständnis der Erziehungswissenschaft in der Gegenwart. *Flitners* Begriff der »réflexion engagée« wäre unter diesem hermeneutischen Gesichtspunkt näher zu untersuchen. Siehe auch *H. Danner*: Verantwortung und Pädagogik.

[126] Vgl. *H. H. Groothoff*: Einführung in die Erziehungswissenschaft, S. 158f., der folgende drei Ebenen einer Hermeneutik in der Pädagogik unterscheidet: Verstehen des alltäglichen Umgangs, methodische Hermeneutik und Theorie der Hermeneutik.

[127] Zur Hermeneutik in der Pädagogik vgl. auch: *W. Linke*: Aussage und Deutung

Anmerkungen zu Hermeneutik 229

in der Pädagogik, S. 157-171; *R. Broecken*: Hermeneutische Pädagogik, S. 247-269; *H. K. Beckmann*: Geisteswissenschaftliche Methoden; *H. Thiersch*: Die hermeneutisch-pragmatische Tradition der Erziehungswissenschaft.

[128] Siehe oben II. 1. d. — Als Pädagogen, die bewußt die Hermeneutik in ihre Reflexion einbeziehen und die darum als »*Hermeneutiker*« bezeichnet werden, können alle jene Vertreter der geisteswissenschaftlichen Pädagogik gelten, die wir in Abb. 2 aufgeführt haben; vgl. auch die dazugehörigen Bemerkungen im Text und Anm. I/53.

[129] *W. Klafki* u.a.: Erziehungswissenschaft, Band 3, S. 134-153. Als besonderen Gesichtspunkt nimmt *Klafki* die Ideologiekritik bei den hermeneutischen Regeln mit auf. Diese wird hier nicht berücksichtigt, da sie ein dogmatisches Moment darstellt, das den Rahmen der Hermeneutik im aufgezeigten Sinn sprengt. Der Interpret müßte die Maßstäbe seiner Ideologiekritik am Autor legitimieren, was er schwerlich rein hermeneutisch kann. Auch er selbst müßte sich ideologiekritisch in Frage stellen lassen. Zur Kritik an *Klafki* vgl. auch *K. Reich*: Erziehung und Erkenntnis, S. 287-290; ebenso *R. Broecken*: Hermeneutische Pädagogik, S. 261f., die darauf hinweist, daß emanzipatorisches Interesse ebenso den Sinn verstellt wie ein antiquarisches Interesse. — Zu den Regeln: *R. Broecken*: a.a.O., S. 261f.; *H. H. Groothoff*: Einführung in die Erziehungswissenschaft, S. 165.

[130] Beispiel: *W. Dilthey*: Gesammelte Schriften, herausgegeben von B. Groethuysen, versehen mit »Vorbemerkungen« und ausführlichen Anmerkungen des Herausgebers.

[131] Beispiel: *H. G. Gadamer*: Wahrheit und Methode, 4. Auflage von 1975 als »unveränderter Nachdruck der 3., erweiterten Auflage« mit zusätzlichen »Exkursen« und Stellungnahmen zur Kritik. — Selbstverständlich können auch ältere Auflagen sowie die jeweilige Veränderung von Interesse sein.

[132] Hierauf verweist *R. Broecken*: Hermeneutische Pädagogik, S. 262.

[133] Hierauf verweist *H. H. Groothoff*: Einführung in die Erziehungswissenschaft, S. 165.

[134] Vgl. die Sammelbände von *V. Lenhart* (Hrsg.): Historische Pädagogik, und von *W. Böhm/J. Schriewer* (Hrsg.): Geschichte der Pädagogik und systematische Erziehungswissenschaft.

[135] Siehe oben I. 2 und II. 1. b.

[136] *A. Reble*: Geschichte der Pädagogik, S. 9ff.

[137] *H. Nohl*: Die pädagogische Bewegung. . ., S. 119; Hervorhebungen von mir.

[138] *W. Flitner*: Allgemeine Pädagogik, S. 19.

[139] Vgl. *R. Broecken*: Hermeneutische Pädagogik, S. 266.

[140] *W. Flitner*: Allgemeine Pädagogik, S. 22.

[141] Vgl. *R. Lassahn*: Verlust der Geschichte, S. 317ff.

[142] Mit »Konkretisierung« ist hier gemeint, daß die in einer Theorie enthaltene Erziehungs- und Bildungs*idee* in ihrer Umsetzung auf konkrete Menschen und Situationen verstanden werden soll, aber nicht, daß von *vorfindbaren* Erziehungssituationen auszugehen ist, die unter Umständen eine ganz anders geartete Erziehungsidee enthalten. Dies sind zwei verschiedene Denkansätze, die sich allerdings gegenseitig bedingen.

[143] Vgl. *H. H. Groothoff*: Einführung in die Erziehungswissenschaft, S. 166, wo von »*transzendierender* Interpretation« die Rede ist, die versucht, den Sinn eines Textes »zu *realisieren*, das soll heißen, selbst zu denken und zu prüfen, wie weit sich das Gemeinte als solches sachlich verifizieren läßt«. — Vgl. *Gadamers* Beispiel vom »Befehl«, II. 2. b.

[144] Vgl. *H. Danner*: Das erzieherische Verhältnis in Rousseaus »Emile«, wo versucht wird, mit dem verhältnismäßig modernen Gedanken des pädagogischen Bezugs als Maßstab den historischen Text »Emile« zu interpretieren. Durch diese Konfrontation gewinnt der historische Gesichtspunkt durch den systematischen und umgekehrt.

230   Anmerkungen zu Hermeneutik

[145] Vgl. *R. Broecken*: Hermeneutische Pädagogik, S. 264. Zur Hypothesenbildung
in der Pädagogik vgl.: *W. Klafki*: Erziehungswissenschaft, Band 3, S. 129-134;
W. Brezinka: Metatheorie der Erziehung, S. 112ff. und 130ff.; *H. Skowronek/D.
Schmied*: Forschungstypen und Forschungsstrategien in der Erziehungswissenschaft, S. 29ff.

[146] Vgl. *G. de Landsheere*: Einführung in die pädagogische Forschung, S. 25.

[147] Vgl. *H. Skowronek/D. Schmied*: Forschungstypen und Forschungsstrategien in
der Erziehungswissenschaft, S. 29f.; *W. Brezinka*: Metatheorie der Erziehung,
S. 113; ders.: Grundbegriffe der Erziehungswissenschaft, S. 22.

[148] *H. Skowronek/D. Schmied*: a.a.O., S. 29.

[149] Vgl. *H. Skowronek/D. Schmied*: a.a.O., S. 29f.

[150] Vgl. z.B. *J. Langer/F. Schulz v. Thun*: Messung komplexer Merkmale in Psychologie und Pädagogik. Ratingverfahren.

[151] *R. Broecken*: Hermeneutische Pädagogik, S. 264f.

[152] Vgl. *H. K. Beckmann*: Geisteswissenschaftliche Methoden, S. 62; *R. Broecken*:
a.a.O., S. 253.

[153] Vgl. *R. Broecken*: a.a.O., S. 253.

[154] Vgl. *A. Diemer*: Elementarkurs Philosophie — Hermeneutik, S. 49f.

[155] *R. Broecken* zählt folgende Gesichtspunkte auf, die auf ein Verstehen verweisen: den pädagogischen Prozeß als Kommunikationsprozeß, der im Medium
der Sprache verläuft; Selbstverstehen, Fremdverstehen und Sinnverstehen;
Verständnis der Tradition; Selbstverständnis des Erzieher-Berufes; Eigenart
des Individuums. (Hermeneutische Pädagogik, S. 248).

[156] Vgl. *R. Broecken*: a.a.O., S. 263f.

[157] Vgl. zum Wirklichkeitsbegriff: *J. Drechsler*: Das Wirklichkeitsproblem in der
Erziehungswissenschaft.

[158] Dieses Vorgehen ist gerechtfertigt, weil wir hier keine Grundlegung einer
»Hermeneutik der Erziehungswirklichkeit« geben wollen; das könnte Aufgabe einer wissenschaftstheoretisch ausgearbeiteten pädagogischen Hermeneutik sein.

[159] Vgl. *H. H. Groothoff*: Einführung in die Erziehungswissenschaft, S. 158 und
166.

[160] Vgl. oben II. 1. a.

[161] Das Problem einer »Hermeneutik der Erziehungswirklichkeit« greifen u.a.
auf: *T. Rutt*: Die hermeneutische Dimension der Erziehungswirklichkeit; *H. K.
Beckmann*: Geisteswissenschaftliche Methoden, S. 57f.; *R. Broecken*: Hermeneutische Pädagogik, S. 242 und 247ff.; *H. H. Groothoff*: Einführung in die Erziehungswissenschaft. — Ein beachtenswerter Versuch in dieser Richtung liegt
von *R. Uhle* vor: Verstehen und Verständigung im Unterricht. Hermeneutische Interpretation. Allerdings greift *Uhle* bestimmte Ansätze der Sozialfor-
schung auf, die alltägliche Weisen sozialer Interaktionen thematisieren, vor allem die »Ethnomethologie« oder »Konversationsanalyse« (S. 13). »Verstehen« und »Verständigung« werden darum auf einer etwas anderen Ebene als
der streng hermeneutischen untersucht.

[162] *W. Linke*: Aussage und Deutung in der Pädagogik, S. 127ff.

[163] Zur »Eigenwelt« des Kindes vgl. die phänomenologischen Untersuchungen
von *M. J. Langeveld*, z.B.: Studien zur Anthropologie des Kindes.

[164] So sieht *W. Ritzel* im *exemplarischen Prinzip* ein hermeneutisches Verfahren,
weil hier zum einen das Ganze am Teil erkannt wird und weil als exemplarisch
dasjenige gelernt werden kann, was den Geist anspricht. (Methoden: Hermeneutische Verfahren in der Erziehungswissenschaft, S. 170ff.) — Ebenso sind
Verstehensvorgänge angesprochen, wenn *W. Flitner* Erziehung und Bildung
im Sinne der geistigen Erweckung versteht als »*Selbstbildung am sichtbar ge-
machten Sinn*«. (Allgemeine Pädagogik. S. 45ff.) — Den *Verstehensprozeß* und
die *Zirkelstruktur* im Lern- und Bildungsvorgang arbeitet *J. Schurr* ausdrücklich
heraus in seinem »Entwurf einer pädagogischen Hermeneutik«. — Zu diesem

Anmerkungen zu Hermeneutik 231

Gedanken vgl. auch: *R. Broecken*: Hermeneutische Pädagogik, S. 221, 223, 239, 248. – *W. Dilthey* bietet als Modell für den Bildungsprozeß die Korrespondenz von Teleologie des Seelenlebens mit dem Leben überhaupt an. Dies aber ist ein anderer Entwurf, der von dem aufgezeigten Gedanken durch eine Reihe von Setzungen abweicht. Vgl. hierzu: *J. L. Blaß*: Modelle pädagogischer Theoriebildung, Band 1, S. 123ff. – Siehe auch *R. Huschke*: Pädagogik und Erziehungswissenschaft; *G. Buck*: Hermeneutik und Bildung.

[165] Vgl. *H. K. Beckmann*: Geisteswissenschaftliche Methoden, S. 53.

[166] Zum »erzieherischen Verhältnis« vgl. *H. Danner*: Das erzieherische Verhältnis in Rousseaus »Emile«, S. 97ff.; *C. Menze*: Kritik und Metakritik des pädagogischen Bezugs.

[167] Vgl. *O. F. Bollnow*: Der Wissenschaftscharakter der Pädagogik, S. 34f.

[168] Vgl. *R. Broecken*: Hermeneutische Pädagogik, S. 267.

[169] Vgl. *M. J. Langeveld*: Einführung in die theoretische Pädagogik, S. 26ff.; *T. Rutt*: Die hermeneutische Dimension der Erziehungswirklichkeit, S. 117.

[170] Vgl. *H. H. Groothoff*: Einführung in die Erziehungswissenschaft, S. 157.

[171] Der hier gemeinte Sinn zeigt sich gerade auch dann, wenn eine Erziehungshandlung als »unsinnig« beurteilt wird, weil in einer solchen Beurteilung Sinn erwartet wird.

[172] Zur Kritik an der Hermeneutik vgl.: *K. Wuchterl*: Methoden der Gegenwartsphilosophie. S. 187ff.; *A. Diemer*: Elementarkurs Philosophie – Hermeneutik, S. 144ff., 219; *D. Benner*: Hauptströmungen der Erziehungswissenschaft, S. 203ff.; *K. Reich*: Erziehung und Erkenntnis, S. 67f.; *H. Albert*: Die moderne Wissenschaftslehre und der methodologische Autonomieanspruch der Geisteswissenschaften; *F. M. Wimmer*: Verstehen, Beschreiben, Erklären, S. 26f.

[173] *Th. Wilhelm*: Pragmatische Pädagogik, S. 152.

[174] »Phänomenologie« ist hier nicht im streng *Husserl*schen Sinn verstanden, sondern so, wie sie in Einzelwissenschaften »angewendet« wird.

[175] *O. F. Bollnow*: Der Wissenschaftscharakter der Pädagogik, S. 37; Hervorhebungen von mir.

[176] Vgl. *K. Reich*: Erziehung und Erkenntnis, S. 67f. Hier wird der Hermeneutik darüber hinaus vorgeworfen, daß sie »faschistisch« sei. Dieser Vorwurf ist wohl nur ideologisch verständlich, nämlich nach dem Motto: Alles, was nicht marxistisch ist, ist faschistisch! Wie wäre demnach das Schicksal einiger Geisteswissenschaftler im Dritten Reich zu erklären oder auch, weshalb damals die geisteswissenschaftliche Zeitschrift »Die Erziehung« eingestellt werden mußte? Vgl. hierzu: *W. Flitner*: Selbstdarstellung, S. 185ff. – Siehe vor allem auch: *R. Lassahn*: Einführung in die Pädagogik, S. 40-42, insbesondere dort die Anmerkungen 21 und 27; *H. Emden*: Wesen und Aufgabe geisteswissenschaftlicher Pädagogik, S. 415.

[177] *R. Lassahn*: a.a.O., S. 42; Hervorhebungen von mir.

[178] Vgl. *R. Broecken*: Hermeneutische Pädagogik, S. 257; *D. Benner*: Hauptströmungen der Erziehungswissenschaft, S. 204; *R. Lochner*: Deutsche Erziehungswissenschaft, S. 223.

[179] *R. Broecken*: a.a.O., S. 256.

[180] *R. Broecken*: a.a.O., S. 246, 258.

[181] *T. Rutt*: Die hermeneutische Dimension der Erziehungswirklichkeit, S. 119; *R. Broecken*: a.a.O., S. 224.

[182] *E. Spranger*: Verstehen und Erklären, S. 205.

[183] *E. Spranger*: a.a.O., S. 205; vgl. *T. Rutt*: Die hermeneutische Dimension der Erziehungswirklichkeit, S. 119. Zu den »Grenzen der Hermeneutik« vgl. außerdem: *O. F. Bollnow*: Grenzen des Verstehens; *L. Froese*: Voraussetzungen der geisteswissenschaftlichen Pädagogik.

[184] Zu Phänomenologie, Anthropologie und Philosophie vgl. *O. F. Bollnow*: Der Wissenschaftscharakter der Pädagogik, S. 39, 43, 45; zu Ideologiekritik: *W. Klafki*: Erziehungswissenschaft, Band 3, S. 153; zu Theologie: *E. Hufnagel*:

232 Anmerkungen zu Phänomenologie

Einführung in die Hermeneutik, S. 149 (*H. Albert*). Vgl. *R. Broecken*: Hermeneutische Pädagogik, S. 246, 257ff., und oben: Anm. II/17.
[185] *R. Lassahn*: Einführung in die Pädagogik, S. 43.
[186] *L. Froese*: Voraussetzungen der geisteswissenschaftlichen Pädagogik, S. 283.
Vgl. dort auch die Einschätzung geisteswissenschaftlicher Aussagen in der
Pädagogik, S. 289.

III. Phänomenologie

[1] Vgl. *L. M. Bocheński*: Die zeitgenössischen Denkmethoden, S. 25; *W. Linke*:
Aussage und Deutung in der Pädagogik, S. 148f.; *M. Heidegger*: Sein und Zeit,
S. 28ff.: »Der Begriff des Phänomens«.
[2] *L. M. Bocheński*: a.a.O., S. 31.
[3] Vgl. *A. Diemer*: Phänomenologie, S. 241.
[4] Vgl. oben II. 3. d; II. 4.
[5] Vgl. *E. Husserl*: Nachwort zu meinen Ideen, in: Husserliana, Band V, S. 139.
[6] Vgl. *K. Kuypers*: Die Wissenschaften vom Menschen und Husserls Theorie
von zwei Einstellungen, wo für den späten *Husserl* eine enge Verwandtschaft
mit dem *Dilthey*schen Entwurf der Geisteswissenschaften festgestellt wird.
[7] Vgl. *P. Janssen*: Edmund Husserl, S. 13.
[8] Als herausragendes Beispiel sei hier auf *L. Binswangers* »Grundformen und Erkenntnis menschlichen Daseins« und auf seine »Ausgewählten Vorträge und
Aufsätze«, Band 1, hingewiesen. Es handelt sich dort um einen differenzierten
Entwurf einer *phänomenologischen Anthropologie*, der durch *Binswanger* praktische und theoretische Anwendung in der Psychiatrie gefunden hat. Durch
Binswanger wurde hier auch für eine pädagogische Anthropologie ein Weg gezeigt. Bemerkenswert ist dabei die strukturelle Verwandtschaft der »angewandten Phänomenologie« bei *Binswanger* mit phänomenologischen Ansät-
zen in der geisteswissenschaftlichen Pädagogik; siehe *H. Danner*: Die phänomenologische Anthropologie Ludwig Binswangers. Vgl. auch die Strukturmomente, die *Max van Manen* für die Pädagogik herausarbeitet: Practicing Phenomenological Writing.
[9] Vgl. Anm. III/5.
[10] Vgl. *E. Ströker*: Einleitung zu: E. Husserl: V. Logische Untersuchung, S. XXf.
[11] *A. Diemer*: Edmund Husserl, S. 9.
[12] Vgl. *P. Janssen*: Edmund Husserl, S. 18-29; *A. Diemer*: a.a.O., S. 70f.; *E. Fink*:
Einleitung zu: E. Husserl: Entwurf einer »Vorrede« zu den »Logischen Untersuchungen«.
[13] Dies sind die *Hauptwerke Husserls*, die die Stationen der Entwicklung seiner
Phänomenologie markieren. Hinzuzufügen wäre noch die 1936 erschienene
Schrift: »Die Krisis der europäischen Wissenschaften und die transzendentale
Phänomenologie«.
[14] *M. Scheler*: Der Formalismus in der Ethik und die materiale Wertethik (1913/
16). — *M. Heidegger*: Sein und Zeit (1927); siehe vor allem § 7. — *J. P. Sartre*: Das
Sein und das Nichts. Versuch einer phänomenologischen Ontologie (1952). —
M. Merleau-Ponty: Phänomenologie der Wahrnehmung (frz. 1945).
[15] Vgl. *A. Diemer*: Phänomenologie, S. 241f., der von deskriptiver, eidetischer,
transzendentaler und absoluter Phänomenologie spricht; *K. Wuchterl*: Methoden der Gegenwartsphilosophie, S. 208ff., unterscheidet deskriptive, transzendentale, existenziale und operative Phänomenologie. — Siehe außerdem *P.
Janssen*: Edmund Husserl, S. 14ff.
[16] Siehe III. 2. a.
[17] Siehe hierzu: *P. Janssen*: Edmund Husserl. Einführung in seine Phänomenologie; *S. Szilasi*: Einführung in die Phänomenologie Edmund Husserls; *A.*

Anmerkungen zu Phänomenologie   233

Diemer: Edmund Husserl. Versuch einer systematischen Darstellung seiner Phänomenologie; *E. Fink*: Die phänomenologische Philosophie Edmund Husserls in der gegenwärtigen Kritik.

[18] *E. Levinas*: Über die ›Ideen‹ Edmund Husserls, S. 107, Vgl. *A. Diemer*: Die Phänomenologie und die Idee der Philosophie als strenge Wissenschaft; *W. Biemel*: Die entscheidenden Phasen der Entfaltung von Husserls Philosophie, S. 206ff. — Um uns dem Anliegen *Husserls* nähern zu können, ist es hilfreich zu wissen, daß er ursprünglich Mathematiker war und über den Versuch, eine »Philosophie der Arithmetik« (1891) darzustellen, und in Verbindung mit *Brentanos* deskriptiver Psychologie zur Entdeckung der »Phänomenologie« kam. Sein Werdegang und der erste, für die Phänomenologie wichtige Titel, nämlich »*Logische* Untersuchungen«, lassen bereits das Abstraktionsniveau vermuten, auf dem er reflektiert. Dies erfordert für den Nachvollzug Geduld und Anstrengung.

[19] *E. Fink*: Die phänomenologische Philosophie Husserls . . ., S. 359.

[20] Vgl. hierzu *A. Diemer*: Edmund Husserl, S. 11f.; *P. Janssen*: Edmund Husserl, S. 164.

[21] Vgl. *A. Diemer*: a.a.O., S. 32: In der Phänomenologie *Husserls* wird der »Schritt auf die ›vor-weltliche‹ Transcendentalität der seins-konstituierenden Subjektivität« vollzogen.

[22] Vgl. *E. Husserl*: Logische Untersuchungen, Band II/2, S. 235.

[23] Genau genommen muß gesagt werden, daß die phänomenologisch untersuchten »Denk-Erlebnisse« noch *vor* aller Logik liegen und diese wiederum erst begründen; mit »logisch« wird aber die Richtung angezeigt, wie die phänomenologischen Inhalte im Gegensatz zu psychologischen zu verstehen sind. — Zur Abgrenzung von Psychologie und Phänomenologie siehe *E. Fink*: Die phänomenologische Philosophie Husserls . . ., S. 357ff.

[24] *E. Fink*: a.a.O., S. 377: »Der phänomenologische Idealismus ist *konstitutiver Idealismus*, der die Welt grundsätzlich einbegreift im Rückgang auf den konstitutiven Ursprung. Ein solcher Idealismus bedeutet prinzipiell keinen ›Subjektivismus‹.«

[25] Der Begriff »*transzendental*« ist zu unterscheiden von »*transzendent*«. Letzteres meint, daß etwas »jenseitig« ist, also nicht von »dieser Welt«, was allerdings nicht nur theologisch oder metaphysisch, sondern auch erkenntnistheoretisch verstanden werden kann. »Transzendental« dagegen gibt an, daß etwas auf der Bewußtseinsebene angesprochen wird, sofern diese erkenntnistheoretisch betrachtet wird. Dabei müßte nochmals zwischen der Bedeutung unterschieden werden, die der Begriff »transzendental« bei *Husserl* und die er bei *Kant* hat. — Vgl. hierzu *E. Fink*: a.a.O., S. 333, 342, wo auch eine Abhebung zum Kantianismus geschieht.

[26] *P. Janssen*: Edmund Husserl, S. 39.

[27] *E. Husserl*: Cartesianische Meditationen, S. 52 und 56: »Evidenz ist in einem allerweitesten Sinn eine *Erfahrung* von Seiendem und So-Seiendem, eben ein Es-selbst-geistig-zu-Gesicht-bekommen.« »Jede Evidenz ist Selbsterfassung eines Seienden oder Soseienden in dem Modus ›es selbst‹ in völliger Gewißheit dieses Seins, die also jeden Zweifel ausschließt.«

[28] Vgl. *P. Janssen*: Edmund Husserl, S. 21, 24f., 32; *A. Diemer*: Edmund Husserl, S. 12. *Diemer* sieht in der Intentionalität den Interpretationsansatz für seine Untersuchung.

[29] *E. Fink*: Die phänomenologische Philosophie Husserls . . ., S. 370.

[30] *P. Janssen*: Edmund Husserl, S. 11; Hervorhebungen von mir.

[31] Zur Epoché vgl. *U. Claesges*: Epoché, Sp. 595; *E. Ströker*: Das Problem der Epoché in der Philosophie Edmund Husserls, wo sichtbar wird, daß der Vorgang der Epoché weit differenzierter und vielschichtiger verstanden werden muß, als wir ihn hier darstellen können; *E. Husserl*: Die Krisis der europäischen Wissenschaften und die transzendentale Phänomenologie, S. 138, wo Epoché be-

234   Anmerkungen zu Phänomenologie

zeichnet wird als eine »Enthaltung von natürlich-naiven, und von jedenfalls
schon im Vollzug stehenden Geltungen«; *A. Diemer*: Edmund Husserl, S. 33f.

[32] Sofern die phänomenologische Reduktion nicht in ihrem vollen transzendentalen Sinn vollzogen wird, ist es berechtigt, phänomenologische Einstellung
und Wesensschau auf einer von der transzendentalen Subjektivität abgehobe-
nen Ebene zu sehen; dies ist insbesondere dann der Fall, wenn die phänomenologische Reduktion im Hinblick auf eine »reine Psychologie« vollzogen
wird. Sofern aber vor allem der spätere *Husserl* die phänomenologische Reduktion voll *als* transzendentale verstanden hat, wären die dritte und die vierte
Ebene unseres Schemas (Abb. 15) als *eine* zu sehen, bzw. es würde die gestri-
chelte Linie gelten. Der Begriff »phänomenologische Reduktion« wird dadurch mehrdeutig; er wird darum in der Literatur oft synonym mit »transzendentaler Reduktion« verwendet. Im Stadium der »Cartesianischen Meditationen« deutet *Husserl* eine weitere Reduktion, die »primordiale«, an (§ 50); neben der Ebene einer »transzendentalen Subjektivität« soll auch die einer
»transzendentalen *Inter*subjektivität« reflektiert werden (§ 44). Entsprechend
wäre das Schema unserer Abb. 15 durch einen weiteren Schritt zu ergänzen. —
Vgl. *U. Claesges*: Epoché, Sp. 596, der darauf hinweist, daß die »transzendentale Reduktion« im strengen Sinn von der »phänomenologisch-psychologischen
Reduktion« geschieden werden muß. Siehe auch *P. Janssen*: Edmund Husserl,
S. 96; und *E. Fink*: Die phänomenologische Philosophie Husserls . . ., S. 378, der
auch darauf hinweist, »daß wir in der *phänomenologischen* Reduktion vorerst
auf einen *vorläufigen* Begriff der transzendentalen Subjektivität kommen, der
durch die höheren Stufen der Phänomenologie überwunden werden . . . soll«
(Hervorhebungen von mir).

[33] Vgl. *P. Janssen*: Edmund Husserl, S. 23.

[34] *A. Diemer*: Edmund Husserl, S. 21.

[35] Vgl. *P. Janssen*: Edmund Husserl, S. 136ff.

[36] *P. Janssen*: a.a.O., S. 137; Hervorhebungen von mir.

[37] Vgl. *A. Diemer*: Edmund Husserl, S. 35.

[38] *A. Diemer*: a.a.O., S. 40.

[39] *A. Diemer*: a.a.O., S. 35, Anm. 74.

[40] *A. Diemer*: a.a.O., S. 21.

[41] Vgl. *E. Fink*: Die phänomenologische Philosophie Husserls . . ., S. 348ff., wo
diese Einstellung als »Weltglaube« bezeichnet wird.

[42] *P. Janssen*: Edmund Husserl, S. 64.

[43] Wichtige Grundgedanken hierzu haben wir bereits im Zusammenhang mit
»Bewußtsein«, »Intentionalität« und »intentionaler Gegenstand« kennengelernt; vgl. oben III, 1. a.

[44] *E. Fink*: Die phänomenologische Philosophie Husserls . . ., S. 342f. Vgl. auch *E.
Husserl*: Cartesianische Meditationen, § 15.

[45] *E. Fink*: a.a.O., S. 350ff; vgl. *P. Janssen*: Edmund Husserl, S. 66.

[46] *P. Janssen*: a.a.O., S. 66.

[47] *P. Janssen*: a.a.O., S. 39f.

[48] Vgl. *P. Janssen*: a.a.O., S. 67.

[49] Vgl. *A. Diemer*: Edmund Husserl, S. 25ff.; *P. Janssen*: a.a.O., S. 67.

[50] Aus der Nachlaßschrift C 16 II S. 2/3, zitiert bei *A. Diemer*: Edmund Husserl, S.
28; Hervorhebung von mir.

[51] Vgl. *E. Fink*: Die phänomenologische Philosophie Husserls . . ., S. 329.

[52] Vgl. *A. Diemer*: Edmund Husserl, S. 131f.; *P. Janssen*: Edmund Husserl, S. 97;
L. Landgrebe: Phänomenologie und Metaphysik, S. 14.

[53] *A. Diemer*: Phänomenologie, S. 243.

[54] Vgl. *A. Diemer*: Edmund Husserl, S. 27, Anm. 55.

[55] *E. Husserl*: Erfahrung und Urteil, S. 419. Vgl. auch *P. Janssen*: Edmund Husserl
S. 97, und insbesondere *A. Diemer*: a.a.O., S. 131ff.

[56] Wir gehen hier auch nicht darauf ein, daß es nach *Husserl* ein *gegliedertes Reich*

Anmerkungen zu Phänomenologie   235

von Wesenheiten gibt und daß Wesen verschiedenen Allgemeinheitsgrad haben. Siehe *P. Janssen:* a.a.O., S. 98.

[57] *E. Husserl:* Erfahrung und Urteil, S. 435f.; vgl. *P. Janssen:* a.a.O., S. 13f.

[58] Vgl. *A. Diemer:* Phänomenologie, S. 243; *P. Janssen:* a.a.O., S. 94, 97, 108.

[59] *A. Diemer:* Edmund Husserl, S. 32.

[60] Vgl. oben III. 1. a und Anm. III/32.

[61] Vgl. *E. Levinas:* Über die ›Ideen‹ Edmund Husserls, S. 106.

[62] *E. Ströker:* Einleitung zu: Edmund Husserl: V. Logische Untersuchung, S. XVIII.

[63] *P. Janssen:* Edmund Husserl, S. 149 und 152; 2. Hervorhebung von mir.

[64] *E. Fink:* Die phänomenologische Philosophie Husserls . . ., S. 355f.

[65] *E. Fink:* a.a.O., S. 377f.

[66] *A. Diemer:* Edmund Husserl, S. 69.

[67] *G. Kiel:* Phänomenologie und Pädagogik, S. 525; Hervorhebung von mir.

[68] Z.B. *S. Strasser:* Phänomenologie und Erfahrungswissenschaft vom Menschen; *ders.:* Erziehungswissenschaft – Erziehungsweisheit, hier insbesondere das 3. Kapitel: »Die phänomenologische Verantwortung der Pädagogik«.

[69] Eine strenge und direkte Orientierung an *Husserl* braucht zwar nicht als absolute Forderung für eine angewandte Phänomenologie verstanden zu werden. Doch sollte ein Operieren mit Begriffen wie »phänomenologische Reduktion«, »Intentionalanalyse« usw. nicht eine Orientierung an *Husserl* vortäuschen, wenn tatsächlich der Sinn solcher Begriffe nicht übernommen wird und diese dadurch sinn-entleert sind. Die phänomenologische Bestrebung innerhalb der Pädagogik wird unglaubwürdig, wenn scheinbare Rückgriffe auf *Husserl* sich als peinliche Mißverständnisse herausstellen. – Der Begriff »Phänomenologie« verliert auch an Präzision, wenn u.a. *J. F. Herbart* (1776-1841) und *W. Dilthey* (1833-1911) als Phänomenologen bezeichnet werden; vgl. *D. Benner/W. Schmied-Kowarzik:* Herbarts praktische Philosophie und Pädagogik. Möglichkeiten und Grenzen einer Erziehungsphänomenologie, und: *H. H. Groothoff:* Phänomenologie der Erziehung. – Die ästhetische Denkhaltung im Sinne *Herbarts* und eine Deskription im Sinne *Diltheys* haben zwar entfernt verwandte Züge mit der erst später von *Husserl* begründeten Phänomenologie; aber zugunsten einer begrifflichen Klarheit sollte man *Husserl* als den Beginn »der Phänomenologie« gelten lassen, aus der allerdings sehr unterschiedliche Richtungen hervorgegangen sind.

[70] Darum gilt auch für die Pädagogik, was *C. F. Graumann* und *A. Métraux* von der Psychologie sagen:»Die phänomenologische Philosophie und die phänomenologische Psychologie, das sind *zweierlei Dinge,* die sich an einigen Stellen berühren, damit aber auf die jederseits beanspruchte Autonomie nicht verzichten wollen.« (Die phänomenologische Orientierung in der Psychologie, S. 29). Wir fügen allerdings hinzu, daß eine solche Autonomie eine echte und wissenschaftstheoretisch begründete sein muß. – Der fundierende Bezug auf *Husserl* ist in der Pädagogik weit geringer als *G. Kiel* angibt (Phänomenologie und Pädagogik, S. 529).

[71] Der Fall liegt etwas anders, wenn Begriffe mit neuem Inhalt gefüllt werden und dies begründet wird, so z.B. bei *O. F. Bollnow:* Philosophie der Erkenntnis, S. 77ff.

[72] Der Bedeutungswandel der verbleibenden Begriffe wird weiter unten deutlich werden, III. 2. b-d.

[73] Vgl. *O. F. Bollnow:* Die anthropologische Betrachtungsweise in der Pädagogik, S. 43.

[74] *E. Fink:* Die phänomenologische Philosophie Edmund Husserls . . ., S. 342, Anm.

[75] Zur Geschichte der Phänomenologie in der Pädagogik und zu einzelnen Vertretern vgl.: *G. Kiel:* Phänomenologie und Pädagogik; *H. Röhrs:* Forschungsmethoden der Erziehungswissenschaft, S. 80-93; *H. H. Groothoff:* Phänomeno-

236 Anmerkungen zu Phänomenologie

logie der Erziehung, S. 205-209. *Groothoff* bezieht allerdings auch *Herbart* und *Dilthey* mit ein, da sich diese bereits um eine »Deskription« in der Pädagogik bemüht haben. Es entsteht dadurch allerdings der Eindruck, als würde Phänomenologie in Deskription aufgehen.

[76] Die inhaltlichen Zusätze bei den Gruppen I-III bedeuten Titel (in Anführungszeichen) oder Schwerpunkte der betreffenden phänomenologischen Arbeitsweise. Sofern keine Titel im Schema angegeben sind, siehe zu *P. Petersen*: z.B. Der Ursprung der Pädagogik (1931); *R. Lochner*: Deskriptive Pädagogik (1972), und: Phänomene der Erziehung (1975); *O. F. Bollnow*: Existenzphilosophie und Pädagogik (1959), und: Die pädagogische Atmosphäre (1964); *M. J. Langeveld*: Grundzüge der erziehungswissenschaftlichen Methodologie (1952, 1972, 1981), und: Studien zur Anthropologie des Kindes (³1968); *S. Strasser*: Phänomenologie und Erfahrungswissenschaft vom Menschen (1964), und: Erziehungswissenschaft – Erziehungsweisheit (1965).

[77] Zur Einordnung von *R. Lochner* siehe *C. Menze*: Erziehungswissenschaft und Erziehungslehre. Eine Stellungnahme.

[78] Vgl. *H. H. Groothoff*: Phänomenologie der Erziehung, S. 206. Über *Th. Litts* Bezüge zur Phänomenologie siehe *R. Huschke-Rhein*: Das Wissenschaftsverständnis in der geisteswissenschaftlichen Pädagogik, S. 190ff.

[79] *Langeveld* macht jedoch gegenüber der phänomenologischen Methode Einschränkungen und schlägt vor, sie »Methode der immanenten Reduktion« zu nennen; siehe hierzu die Kapitel über »die sogenannte phänomenologische Methode« und über »die sogenannte Intuition« in: Grundzüge der erziehungswissenschaftlichen Methodologie.

[80] Weitere Einzelstudien führt an: *K. Schneider*: Das Problem der Beschreibung in der Erziehungswissenschaft, S. 92; vgl. auch *S. Oppolzer* (Hrsg.): Denkformen und Forschungsmethoden der Erziehungswissenschaft, Band 1, S. 204f.

[81] Zur kritischen Einordnung von *A. Fischers* »Deskriptiver Pädagogik« vgl. *W. Linke*: Aussage und Deutung in der Pädagogik, S. 144-148; zum wissenschaftlichen Gesamtwerk *Fischers* vgl. *H. Röhrs*: Die Pädagogik Aloys Fischers.

[82] Vgl. *H. H. Groothoff*: Phänomenologie der Erziehung, S. 213; siehe auch *W. Loch*: Phänomenologische Pädagogik, und hierzu: *H. Danner*: Die phänomenologische Anthropologie Ludwig Binswangers, S. 140f.

[83] Vgl. *E. Levinas*: Über die ›Ideen‹ Edmund Husserls, S. 125.

[84] Vgl. *H. H. Groothoff*: Phänomenologie der Erziehung, S. 210.

[85] Vgl. z.B. *S. Strasser*: Erziehungswissenschaft – Erziehungsweisheit, S. 93f.; *R. Lochner*: Phänomene der Erziehung.

[86] *N. Perquin*: Pädagogik, S. 15.

[87] *S. Strasser*: Erziehungswissenschaft – Erziehungsweisheit, S. 103, 107ff., 138ff. Vgl. auch *J. Derbolav*: Grundlagenprobleme der Erziehungstheorie. Beitrag zu einer Phänomenologie der erzieherischen Grundhaltungen.

[88] *A. Fischer*: Deskriptive Pädagogik, S. 83; Einschub in Klammern von mir.

[89] *A. Fischer*: a.a.O., S. 87. »Deskriptive Pädagogik« im Sinne *Fischers* versteht sich in etwa als eine »pädagogische Phänomenologie«.

[90] *H. Röhrs*: Forschungsmethoden der Erziehungswissenschaft, S. 94; Hervorhebungen von mir.

[91] Siehe oben III. 1. b.

[92] *W. Linke*: Aussage und Deutung in der Pädagogik, S. 152.

[93] Vgl. z.B.: *G. Kiel*: Phänomenologie und Pädagogik, S. 530; *K. Schneider*: Das Problem der Beschreibung in der Erziehungswissenschaft, S. 17, 25, 31ff.

[94] *H. Noack* (Hrsg.): Husserl, S. VIII f.; Hervorhebung von mir.

[95] Siehe die Bedeutung des »Vorurteils« in dem hermeneutischen Ansatz *Gadamers* oben II. 2. b. und c.

[96] Siehe oben II. 3.

[97] Vgl. *M. J. Langeveld*: Grundzüge der erziehungswissenschaftlichen Methodologie, S. 17ff. *H. H. Groothoff*: Phänomenologie der Erziehung, S. 211, 213; *O. F.*

Anmerkungen zu Phänomenologie 237

Bollnow: Philosophie der Erkenntnis, S. 60; *K. Schneider*: Das Problem der Beschreibung in der Erziehungswissenschaft, S. 12, 29, 34, 101ff. Siehe auch das »Düsenjäger-Beispiel« von *S. Strasser*: Erziehungswissenschaft — Erziehungsweisheit, S. 96f., wo gezeigt wird, wie schon im vorsprachlichen Raum ein technisches und ein mythisches Weltbild und Weltverständnis eine Wahrnehmung unterschiedlich deuten lassen. — Vgl. dazu *R. Schwarz*: Bildung als Problem und Aufgabe heute, S. 279f.

[98] Vgl. *S. Strasser*: Erziehungswissenschaft — Erziehungsweisheit, S. 99: »*Gibt es deskriptive Urteile, die notwendigerweise allgemeingültig sind?* Diese Frage kann bejaht werden.«

[99] *A. Fischer*: Deskriptive Pädagogik, S. 89f.; Hervorhebungen zum Teil von mir.

[100] Siehe oben III. 1. c: »Natürliche und phänomenologische Einstellung«.

[101] »Naiv« und »unkritisch« sind hier insbesondere im Hinblick auf die phänomenologische und transzendentale Reduktion im Sinne *Husserls* zu verstehen, also nicht abwertend. Das »Naive« und »Unkritische« liegt darin, daß weder auf die Gegebenheit im Bewußtsein noch auf die Intentionalität hin reflektiert wird. — Vgl. auch *E. Fink*: Die phänomenologische Philosophie Husserls..., S. 330.

[102] Siehe unten III. 3. d.

[103] *K. Schneider* sieht eine Schwierigkeit darin, »die Einengung der phänomenologischen Methode auf Bewußtseinsphänomene zu überwinden« (Das Problem der Beschreibung in der Erziehungswissenschaft, S. 27). Hier wäre zu fragen, was »Phänomen« sonst sein soll als »Bewußtseinsphänomen«. Außerdem handelt es sich nicht um eine »Einengung«, wenn *alle* Bewußtseinsinhalte als Phänomene gelten sollen und nicht etwa nur Wahrgenommenes. Wenn er dann unter Bezug auf *Bollnow* sagt, »das Selbstgegebene ist das, was die *Erfahrung* in einem noch nicht eingeengten Sinne enthält«, so ist diese »Erfahrung« nichts anderes als ein (vager) Ausdruck für Bewußtsein. — Siehe Anm. III/101 (*Fink*).

[104] *N. Perquin*: Pädagogik, S. 15. — Zur Beschreibung bei *Husserl* vgl. *F. Kaulbach*: Philosophie der Beschreibung, S. 391ff.

[105] Vgl. *R. Lochner*: Phänomene der Erziehung, S. 8; *C. F. Graumann/A. Métraux*: Die Phänomenologische Orientierung in der Psychologie, S. 28.

[106] *A. Diemer*: Die Trias Beschreiben, Erklären, Verstehen..., S. 13; Hervorhebungen von mir.

[107] *A. Diemer*: a.a.O., S. 6. *Diemer* hebt hier das Beschreiben ab von der *Definition*, die auf *Vollständigkeit* aus ist.

[108] *M. Heidegger*: Sein und Zeit, S. 34.

[109] Siehe oben II. 1. a.

[110] Siehe oben S. 34.

[111] Gerade in der Pädagogik, wo es um menschliche Sachverhalte geht, wird beim Beschreiben immer auch eine »hochentwickelte psychologische und pädagogische Achtsamkeit und eine Weite der Einfühlung und des Nachverstehens« vorausgesetzt (*A. Fischer*: Deskriptive Pädagogik, S. 10). So spricht auch *S. Strasser* von einem »spontanen Verstehen des Phänomens ›Erziehung‹« (Erziehungswissenschaft — Erziehungsweisheit, S. 94). Hermeneutische Vorgänge wie das »elementare Verstehen« spielen also beim phänomenologischen Beschreiben mit herein. Auch hier zeigt sich, daß eine völlig vorurteilsfreie Einstellung nicht erreicht werden kann.

[112] *A. Fischer*: a.a.O., S. 88f.; Einschub in Klammern und Hervorhebungen zum Teil von mir.

[113] Vgl. zu dieser Auffassung: *M. Heidegger*:. Der Ursprung des Kunstwerkes.

[114] Vgl. z.B.: *G. Kiel*: Phänomenologie und Pädagogik, S. 530, der die Phänomenologie als Methode der Wesenserkenntnis bezeichnet; *J. Derbolav*: Grundlagenprobleme der Erziehungstheorie, S. 401; *H. Röhrs*: Forschungsmethoden der Erziehungswissenschaft, S. 83. — Vgl. dagegen *R. Lochner*: Phänomene der Er-

238 Anmerkungen zu Phänomenologie

ziehung, S. 10: »dem ›Wesen aller Dinge‹ wollen wir nicht nachjagen«. Hier drückt sich der Standpunkt der »Tatsachenforschung« aus. Siehe III. 3. a, I. Gruppe.

[115] *E. Lichtenstein*: Bemerkungen zur Phänomenologie der Erziehungsweisen.

[116] *A. Fischer*: Deskriptive Pädagogik, S. 92.

[117] Siehe oben III. 1. d. — Vgl. *G. Kiel*: Phänomenologie und Pädagogik, S. 531; *S. Strasser*: Erziehungswissenschaft — Erziehungsweisheit, S. 99.

[118] Vgl. *E. Fink*: Die phänomenologische Philosophie Husserls..., S. 330, wonach die Phänomenologie nur aufgrund einer Fehlinterpretation »das Gesicht einer, schlichte Befunde deskriptiv und eidetisch erfassenden Wissenschaft (gewinnt), die so im Grunde einen durchweg positivistischen Methodencharakter zeigt«. Dieser Einwand zielt vor allem gegen eine deskriptive Phänomenologie im Sinne *Fischers*.

[119] *S. Strasser*: Erziehungswissenschaft — Erziehungsweisheit, S. 103. — Wir stellen in Frage, ob dieses phänomenologisch verstandene Wesen so ohne weiteres mit der scholastischen »essentia rerum« gleichgesetzt werden kann, wie es *S. Strasser* tut (a.a.O.).

[120] *E. Lichtenstein*: Bemerkungen zur Phänomenologie der Erziehungsweisen, S. 52.

[121] Zur Auffassung der Sprache als Sach-Hinweis vgl. *O. F. Bollnow*: Wesen und Wandel der Tugenden, S. 16ff.; *H. Scheuerl*: Das Spiel, S. 5ff.; *H. H. Groothoff*: Phänomenologie der Erziehung, S. 212; *G. Kiel*: Phänomenologie und Pädagogik, S. 528.

[122] Siehe oben II. 1. b, auch I. 2.

[123] *S. Strasser*: Erziehungswissenschaft — Erziehungsweisheit, S. 99.

[124] *S. Strasser*: a.a.O., S. 100f.; Hervorhebung von mir. — Siehe auch *Strassers* Entwurf einer »Dialektischen Phänomenologie« in: Phänomenologie und Erfahrungswissenschaft vom Menschen, S. 223ff.

[125] *M. J. Langeveld*: Einführung in die theoretische Pädagogik, S. 26; vgl. dort S. 171ff. — Wir verweisen auf weitere phänomenologische Studien von *Langeveld*, die sich vor allem finden in: Die Schule als Weg des Kindes. Versuch einer Anthropologie der Schule, und in: Studien zur Anthropologie des Kindes, hier vor allem auf die Beiträge »Das Ding in der Welt des Kindes« und »Vertraute Welt«. — Siehe auch Anm. III/79.

[126] Bei der Numerierung fassen wir hier jeweils einige Sätze zusammen. Unsere Textauswahl ist den Seiten 67-73 des Erstdrucks entnommen. Zusatz in eckigen Klammern von mir.

[127] Le facheux troisième: der lästige Dritte.

[128] Vielleicht wäre es besser, wenn es hier »Leib« und nicht »Körper« hieße.

[129] Es ist typisch für eine phänomenologische Untersuchung, daß *Langeveld* die Momente *Zeit, Raum* und *Leib* beschreibt.

[130] Wir mußten mehrere Passagen, wo dies erfolgt, weglassen.

[131] *M. J. Langeveld*: Das Erziehungsverhältnis der Eltern zum Kinde, S. 74. — Demnach müßte kritisch gefragt werden, ob *Langeveld* tatsächlich das *Erziehungs*verhältnis beschreibt und nicht vielmehr das Verhältnis im »Umgang«; vgl. hierzu ders.: Einführung in die theoretische Pädagogik, S. 26ff. Außerdem müßte untersucht werden, inwieweit die Analyse *Langevelds*, die sich hauptsächlich am *Kleinkindalter* orientiert, allgemein für das Eltern-Kind-Verhältnis gilt.

[132] Vgl. *M. J. Langeveld*: Das Erziehungsverhältnis der Eltern zum Kinde, S. 66f.

[133] Vgl. *G. Kiel*: Phänomenologie und Pädagogik, S. 536.

[134] Siehe oben I. 2. — Vgl. *H. Röhrs*: Forschungsmethoden in der Erziehungswissenschaft, S. 93.

[135] Vgl. *O. F. Bollnow*: Die anthropologische Betrachtungsweise in der Pädagogik, S. 41f.

[136] Vgl. *G. Kiel*: Phänomenologie und Pädagogik, S. 537, der die Bedeutung der

Anmerkungen zu Dialektik   239

phänomenologischen Methode für die Pädagogik in folgenden Momenten
sieht: in dem Erarbeiten von Wesensstrukturen von Erziehungserscheinun-
gen, in der Übernahme von phänomenologischen Einzelerkenntnissen in Didaktik und Bildungstheorie sowie in der Einübung von phänomenologischen
Erkenntnisverfahren in der Schule (Kanning).

[137] Zu den Begriffen »kritische«, »darstellende« und »produktive Funktion« vgl.
K. Schneider: Das Problem der Beschreibung in der Erziehungswissenschaft, S.
108f.

[138] Vgl. G. Kiel: Phänomenologie und Pädagogik, S. 531, 536; M. J. Langeveld: Einführung in die theoretische Pädagogik, S. 26.

[139] Siehe oben III. 3. b. — Vgl. P. Janssen: Edmund Husserl, S. 99; E. Spranger: Der
Sinn der Voraussetzungslosigkeit in den Geisteswissenschaften, S. 12, Anm.
12; A. Diemer: Die Trias Beschreiben, Erklären, Verstehen..., S. 21; S. Strasser:
Erziehungswissenschaft — Erziehungsweisheit, S. 97.

[140] Vgl. H. H. Groothoff: Phänomenologie der Erziehung, S. 211; W. Linke: Aussage und Deutung in der Pädagogik, S. 153-156.

[141] S. Strasser: Erziehungswissenschaft — Erziehungsweisheit, S. 95ff.; vgl. H.
Röhrs: Forschungsmethoden der Erziehungswissenschaft, S. 94f.

IV. Dialektik

[1] Überblicke zur Geschichte der Dialektik bieten u.a.: A. Diemer: Elementarkurs
Philosophie — Dialektik, S. 33-127; Artikel »Dialektik« in Hist. Wb.Philos.,
Band 2.

[2] Vgl. A. Diemer: a.a.O., S. 52, 63.

[3] Zitiert bei A. Diemer: a.a.O., S. 136 (ohne Beleg).

[4] Vgl. W. Linke: Aussage und Deutung in der Pädagogik, S. 23; Hist. Wb. Philos.,
Band 2, Sp. 167; R. Heiss: Wesen und Formen der Dialektik, S. 29; A. Diemer:
a.a.O., S. 19ff.

[5] A. Diemer: a.a.O., S. 21. — Zum dialektischen Gespräch vgl. K. Wuchterl: Methoden der Gegenwartsphilosophie, S. 110; E. Hoffmann: Das dialektische
Denken in der Pädagogik, S. 76.

[6] Weder Streitgespräch noch dialektische Darstellung machen allerdings den
gesamten Gehalt der Dialektik Platons aus. Vgl. hierzu: W. Bröcker: Dialektik,
Positivismus, Mythologie, S. 9-20.

[7] E. Hoffmann: Das dialektische Denken in der Pädagogik, S. 8.

[8] Vgl. auch R. Spaemann: Dialektik und Pädagogik, S. 28.

[9] I. Kant: Kritik der reinen Vernunft, S. 401.

[10] R. Heiss: Wesen und Formen der Dialektik, S. 104.

[11] R. Heiss: a.a.O., S. 122; vgl. vor allem S. 109-124, 160f. Vgl. auch E. Hoffmann:
Das dialektische Denken in der Pädagogik, S. 5.

[12] Zum Verhältnis von Dialektik und Logik siehe u.a.: W. Linke: Aussage und
Deutung in der Pädagogik, S. 30; W. Bröcker: Dialektik, Positivismus, Mythologie, S. 21; A. Diemer: Elementarkurs Philosophie — Dialektik, S. 129ff.; 152ff.

[13] Vgl. W. Linke: a.a.O., S. 44f. Zur Bedeutung des Begriffs »wirklich« im Hege-
lschen Sinn siehe A. Diemer: a.a.O., S. 58: »Wirklich« ist »nicht identisch mit
dem Faktischen«. »Vielmehr ist ›wirklich‹ eben das wirkende Prinzip, d.h. die
Vernunft.«

[14] Für die unterschiedlichen Dialektik-Theorien gibt das Hist. Wb.Philos., Band
2, einen differenzierten Überblick. Als ausführlichere Darstellung siehe E.
Röd: Dialektische Philosophie der Neuzeit, Band 1: Von Kant bis Hegel, und
Band 2: Von Marx bis zur Gegenwart.

[15] Wenn H. Seiffert sagt: »... die Dialektik bezieht sich nicht auf etwas ›Reales‹,
sondern immer nur auf bestimmte Aussagen, die als solche in einem Dialog

240 Anmerkungen zu Dialektik

diskutiert werden« (Einführung in die Wissenschafts-Theorie, Band 2, S. 201), dann werden auch die *Hegel*schen und die marxistischen Dialektik-Systeme zu einseitig verstanden und Dialektik auf Dialog reduziert.

[16] *S. Kierkegaard*: Entweder — Oder, 1922, Band 1, S. 34, zit. bei *R. Heiss*: Wesen und Formen der Dialektik, S. 65.

[17] *R. Heiss*: a.a.O., S. 65.

[18] *A. Diemer*: Elementarkurs Philosophie — Dialektik, S. 58f. über *Hegel*: »Die Dialektik ist im Rahmen der allgemeinen Logik die Logik der ›*negativen Vernunft*‹, d.h. die Gesetzlichkeit des Auseinander, d.h. die Logik der Bewegung und der Entwicklung. Sie wird dann in der spekulativen Methode der ›*positiven Vernunft*‹ ›*aufgehoben*‹ in der dreifachen Bedeutung des Wortes. . .« Jener Zusammenhang stellt sich bei *Hegel* (hinsichtlich der Logik) demnach folgendermaßen dar: 1. »Logik des Verstandes, d.h. die traditionelle formale Logik mit dem Satz des Widerspruchs usw.«; 2. »Logik der negativen Vernunft, d.h. die *Dialektik*«; 3. »Logik der positiven Vernunft, d.h. die Spekulation«. (Hervorhebung von mir)

[19] Vgl. hierzu *W. Linke*: Aussage und Deutung in der Pädagogik, S. 25, 92, 108; *A. Diemer*: a.a.O., S. 25-27; *K. Wuchterl*: Methoden der Gegenwartsphilosophie, S. 113-116.

[20] *R. Heiss*: Wesen und Formen der Dialektik, S. 150.

[21] Vgl. *R. Heiss*: a.a.O., S. 62, 143f.

[22] Vgl. *A. Diemer*: Elementarkurs Philosophie — Dialektik, S. 88-91.

[23] *A. Diemer*: a.a.O., S. 66, Vgl. *G. W. F. Hegel*: Phänomenologie des Geistes, S. 90; Hist. Wb.Philos., Band 1, Sp. 619.

[24] *R. Heiss*: Wesen und Formen der Dialektik, S. 151; Hervorhebung von mir. Vgl. *W. Linke*: Aussage und Deutung in der Pädagogik, S. 38f.

[25] *E. Hoffmann*: Das dialektische Denken in der Pädagogik, S. 72f.

[26] *R. Heiss*: Wesen und Formen der Dialektik, S. 156.

[27] *G. W. F. Hegel*: Phänomenologie des Geistes, S. 21; Hervorhebungen von mir.

[28] *A. Diemer*: Elementarkurs Philosophie — Dialektik, S. 90, zeigt in einem Schema den *Marx*schen Fall, wo die These durch die Antithese vernichtet wird.

[29] *A. Diemer*: a.a.O., S. 141.

[30] *E. Hoffmann*: Das dialektische Denken in der Pädagogik, S. 36.

[31] Vgl. *R. Heiss*: Wesen und Formen der Dialektik, S. 27, 147, 150, 157, 165f.; *A. Diemer*: Elementarkurs Philosophie — Dialektik, S. 15, 17; *K. Wuchterl*: Methoden der Gegenwartsphilosophie, S. 112, 145.

[32] Wodurch wird ein solcher Optimismus gerechtfertigt? Die Beantwortung dieser Frage wäre wichtig, nicht zuletzt auch für die Methodendiskussion. Wir können sie jedoch hier nicht weiter verfolgen.

[33] Vgl. *J. Barion*: Ideologie, Wissenschaft, Philosophie, S. 170f.

[34] Vgl. *A. Diemer*: Elementarkurs Philosophie — Dialektik, S. 72, 129ff. (»Die Kritik an der Dialektik«), 144; *R. Heiss*: Wesen und Formen der Dialektik, S. 53, 60, 180ff.; *E. Hoffmann*: Das dialektische Denken in der Pädagogik, S. 28, 36f., 40.

[35] Vgl. dagegen *W. Schmied-Kowarzik*: Dialektische Pädagogik, der die »dialektische Pädagogik« als eine »wissenschaftstheoretische Selbstbegründung der Pädagogik« versteht (S. 7).

[36] Vgl. *W. Schmied-Kowarzik*: a.a.O., S. 21:»Für die geisteswissenschaftliche Pädagogik liegt die Dialektik in der praktischen Erziehungssituation selbst, und die Pädagogik muß sich bemühen, ihr in ihrem Denken so gerecht zu werden, daß sie dem praktischen Erzieher die Dialektik seiner erzieherischen Situation erschließt und damit seine Praxis anleitet.«

[37] Vgl. oben II. 4.

[38] Vgl. dazu *R. Odebrecht*: Einleitung zu *F. Schleiermachers* Dialektik, S. XXIII: »*Hermeneutik ist der Gegenpol zur Dialektik.*« »Diese Polarität ist eine so innige, daß die hermeneutische Situation nicht erst nach Abschluß der Rede einsetzt,

Anmerkungen zu Dialektik 241

sondern als immanente Gegeninstanz jeden Moment des dialektischen Prozesses beim Bewegen des Wortes in Beziehung auf die Sinntotalität des Sprachkreises durchwirkt«. – *J. Schurr*: Schleiermachers Theorie der Erziehung, S. 96ff.

[39] Der Zusammenhang von Dialektik und Hermeneutik wird schon bei *F. Schleiermacher* hergestellt; siehe hierzu *J. Schurr*: a.a.O., S. 129-170.

[40] Der enge Zusammenhang von Dialektik, Hermeneutik und Phänomenologie bringt es konsequenterweise mit sich, daß häufig von »phänomenologischer Hermeneutik«, »dialektischer Hermeneutik«, »dialektischer Phänomenologie«, »hermeneutischer Dialektik«, »verstehender Dialektik« usw. gesprochen wird. Vgl. *W. Linke*: Aussage und Deutung in der Pädagogik, S. 139ff.; *S. Strasser*: Phänomenologie und Erfahrungswissenschaft vom Menschen, S. 223ff.; *A. Diemer*: Elementarkurs Philosophie – Dialektik, S. 70, 125f., 163; *E. Hoffmann*: Das dialektische Denken in der Pädagogik, S. 86.

[41] *E. Hoffmann*: a.a.O., S. 86 (Zitat: *K. Jaspers*: Psychologie der Weltanschauungen, Berlin 1919, S. 213).

[42] *E. Hoffmann*: a.a.O., S. 36.

[43] Die Position *E. Hoffmanns* wird noch deutlicher, wenn wir die Fortsetzung des obigen Zitats beachten: »Die dialektische Methode behandelt die Antinomie nicht als im Leben auftretende Realität, sondern bringt sie auf eine logische Formel, die gewonnen ist durch ein rückwärtiges Analysieren von der vorgefaßten Synthese her...« (a.a.O., S. 36) Vgl. dazu die Kritik *W. Klafkis* (Dialektisches Denken in der Pädagogik, S. 62-67), der allerdings den existentiellen Ansatz *Hoffmanns* zu negativ beurteilt, weil er selbst die spekulative Seite der Dialektik akzentuiert.

[44] *W. Klafki*: a.a.O., S. 60, 67. Vgl. dagegen *F. Zimbrich*: Über einige Antinomien der pädagogischen Reflexion und ihre Aufhebung in der Sprachlichkeit der Erziehung, wo – wie der Titel bereits sagt – Antinomien als aufhebbar verstanden werden.

[45] *E. Hoffmann*: Das dialektische Denken in der Pädagogik, S. 16ff.

[46] *W. Linke*: Aussage und Deutung in der Pädagogik, S. 92, 109.

[47] Vgl. auch *A. Diemer*: Elementarkurs Philosophie – Dialektik, S. 157, 159.

[48] Eine Überbetonung des spekulativen Akzents sehen wir beispielsweise in den Arbeiten von *W. Klafki*: Dialektisches Denken in der Pädagogik (1955), *J. Derbolav*: Versuch einer wissenschaftstheoretischen Grundlegung der Didaktik (1960), und: Kritik und Metakritik der kategorialen Didaktik (1970) (beide Beiträge in: Systematische Perspektiven der Pädagogik), sowie: *W. Schmied-Kowarzik*: Dialektische Pädagogik (1974). Die These *Klafkis* ist, daß die Erziehungswirklichkeit dialektisch strukturiert sei und das pädagogische Denken darum entsprechend dialektisch sein müsse (S. 160); der Bildungsprozeß stellt sich für *Derbolav* dialektisch dar, indem das Selbst (These) über das Andere (Antithese) zu sich selbst komme (Synthese) (S. 71); und *Schmied-Kowarzik* möchte »die Erziehungswissenschaft als eine Disziplin erweisen, die nicht anders denn als dialektische Theorie auftreten kann« (S. 9). Wir wollen die Möglichkeit derartiger Interpretationen von Erziehung und Bildung und ihrer Theorie als Modelle nicht leugnen. Jedoch vermissen wir eine Reflexion der *hermeneutischen* Komponente; Dialektik scheint dort *alles* leisten zu können. So heißt es etwa bei *Schmied-Kowarzik*, S. 68: »Gerade das macht die Dialektik aller Sinnbestimmung aus, daß sie um die in jeder inhaltlichen Sinnbenennung mitgesetzte Verfehlung des von ihr Intendierten weiß und doch immer wieder erneut eine solche inhaltliche Sinnsetzung wagt, denn es gibt keine andere Möglichkeit, gegen die fortherrschende Unterdrückung der Menschlichkeit anzukämpfen als die über die Aufdeckung der Entmenschlichung versuchte Neuorientierung an der Menschwerdung des Menschen.« Woher nimmt »die Dialektik« den »Sinn«, den Inhalt? Woher erfährt sie ihre Bestimmung als humanistische Befreiungsbewegung? Dialektik ist hier in der Tat mehr als »Me-

242   Anmerkungen zu Dialektik

thode«, nämlich Weltanschauung. – *Derbolav* hat die Gefahr der dialektischen Überinterpretation erkannt, wenn er im Aufsatz von 1970 selbst sagt, er habe »vielleicht etwas zu hegelisch« die Bildungsbewegung »als ein Im-Andern-zu-sich-selber-Kommen« gefaßt, und nun jene Interpretation ablöst durch die Deutung als Fragestruktur (S. 107).

[49]   Insbesondere S. 66-125.

[50]   Sämtliche Literaturangaben sind exemplarisch zu verstehen. – Zu *Klafki, Derbolav* und *Schmied-Kowarzik* siehe Anmerkung IV/48. *Spaemann* benennt auch die Grenzen der Dialektik. – Außer den von uns genannten »Dialektikern« führt *Schmied-Kowarzik* noch folgende Autoren auf: *F. Fischer, Makarenko, Freire, Adorno, Heydorn, Hoernle* und *Habermas*; *E. Hoffmann* verweist noch auf *J. Cohn* und auf *Guardini*; *Klafki* nennt schließlich auch *Buber*.

[51]   Siehe hierzu J. Derbolav: Systematische Perspektiven der Pädagogik, S. 66-123. *Derbolav* versucht, Bildung als die Vermittlung des dialektischen Gegensatzes von subjektivem und objektivem Geist zu interpretieren. Vgl. *W. Linke*: Aussage und Deutung in der Pädagogik, S. 67, 108f.

[52]   *H. Nohl*: Die pädagogische Bewegung . . ., S. 127. Zum antinomischen Anspruch an den Erzieher vgl. *H. Danner*: Verantwortung und Pädagogik, S. 222-231.

[53]   *H. Nohl*: a.a.O., S. 218-220.

[54]   Siehe oben II. 3. d (1).

[55]   Zur Ergänzung siehe *H. Nohl*: Die pädagogische Bewegung . . ., S. 135-138. Beispielhaft sei hier auf *T. Litts* »Führen oder Wachsenlassen« verwiesen, wo es abschließend heißt: »In verantwortungsbewußtem Führen niemals das Recht vergessen, das dem aus eigenem Grunde wachsenden Leben zusteht – in ehrfürchtig-geduldigem Wachsenlassen niemals die Pflicht vergessen, in der der Sinn erzieherischen Tuns sich gründet – das ist der pädagogischen Weisheit letzter Schluß.« (S. 81f.) – Wir erwähnen noch die »*Grundstile* der Erziehung«, wie sie *E. Spranger* antinomisch dargestellt hat als »weltnahen und isolierenden Stil«, als »freien und gebundenen Erziehungsstil« und als »vorgreifende und entwicklungsfreie Erziehung«, in: Pädagogische Perspektiven, S. 93ff. – Es wäre auch zu untersuchen, inwieweit das *dialogische Verhältnis* zwischen Erzieher und Zögling dialektisch interpretiert werden kann. Dabei wären dann Ich und Du synthetisch im Wir »aufgehoben«. Problematisch ist hierbei allerdings, daß das Du nicht als »Negation« des Ich verstanden werden kann. Wenn Ich und/oder Du verschwinden würden, wäre das Verhältnis zu Ende, gäbe es also kein Wir. Vgl. hierzu: *S. Oppolzer* (Hrsg.): Denkformen und Forschungsmethoden der Erziehungswissenschaft, Band 1, S. 8; *A. Diemer*: Elementarkurs Philosophie – Dialektik, S. 123f.; *R. Spaemann*: Dialektik und Pädagogik, S. 22f.

[56]   *W. Flitner*: Stellung und Methode der Erziehungswissenschaft, S. 375. – Das Problem von Theorie und Praxis thematisiert *W. Schmied-Kowarzik* ausdrücklich in seiner »Dialektischen Pädagogik«; die Formel, die er für eine solche dialektische Pädagogik verwendet, lautet: Pädagogik als »Wissenschaft *von der Praxis für die Praxis*«, z.B. S. 137f.; siehe II. 3. d (6).

[57]   *F. Schleiermacher*: Dialektik, S. XXIII (*Odebrecht*), 13ff.; vgl. II. 2; IV. 2 und 3.

[58]   *F. Schleiermacher*: a.a.O., S. 5. Vgl. XXf. (*Odebrecht*), 5ff., 47ff.; *F. Kaulbach*: Schleiermachers Idee der Dialektik, S. 235; »Schleiermacher denkt anders: für ihn sind es die im Dialog stehenden Individuen selbst, die sich am Beginn ihrer Teilnahme am Gespräch im Zustand des Streites und damit des Irrtums befinden, aus dem sie sich auf dialektischem Wege herauszuarbeiten haben. Streit und Begrenztheit des Horizontes gehören danach zur natürlichen Eigenart individueller, subjektiver Perspektive, die jederzeit überwunden werden kann und soll.« – Siehe oben IV. 1. a.

[59]   *F. Schleiermacher*: a.a.O., S. XX (*Odebrecht*); *F. Scheuerl*: Probleme einer systematischen Pädagogik, S. 48.

Anmerkungen zu Hermeneutik, Phänomenologie und Dialektik   243

[60] *F. Schleiermacher:* a.a.O., S. 149ff.; *F. Kaulbach:* Schleiermachers Idee der Dialektik, S. 239; *W. Linke:* Aussage und Deutung in der Pädagogik, S. 42, 76f.

[61] *E. Hoffmann:* Das dialektische Denken in der Pädagogik, S. 54. Zur Dialektik *Schleiermachers* siehe dort S. 52-57; außerdem: *F. Schleiermacher:* a.a.O., *F. Kaulbach:* a.a.O.; *G. Wehrung:* Die Dialektik Schleiermachers. Zu *Schleiermachers* Vorlesung von 1826 siehe: *H. Scheuerl:* Probleme einer systematischen Pädagogik, S. 43ff.; *E. Lichtenstein:* Schleiermachers Pädagogik; ders. (Hrsg.): *F. E. D.* Schleiermacher, Ausgewählte Schriften, siehe vor allem dort die »Übersichtstafel über den Aufbau der Erziehungstheorie Schleiermachers«; *J. L. Blaß:* Modelle pädagogischer Theoriebildung, Band 1, S. 80-108.

[62] *F. Schleiermacher:* Pädagogische Schriften. Unter Mitwirkung von *Th. Schulze* herausgegeben von *E. Weniger,* Band 1.

[63] *F. Schleiermacher:* a.a.O., S. 45. – Wir numerieren den folgenden Auszug wieder nach Satzgruppen durch. Außerdem heben wir sprachliche Formulierungen, die auf dialektisches Vorgehen verweisen, besonders hervor. Der Text ist den Seiten 46-51 entnommen, wobei nur bis Satz 3 größere Auslassungen vorgenommen wurden.

[64] Das wird von *Schleiermacher* in der Folge des Satzes 2 ausführlicher dargelegt; wir mußten diesen Teil auslassen.

V. Hermeneutik, Phänomenologie und Dialektik im pädagogischen Erkenntnisprozeß

[1] Siehe oben II. 3. d; II. 4; III. 3. b und c; Anm. III/111; 5; IV. 2. – Vgl. *G. Misch:* Lebensphilosophie und Phänomenologie. Eine Auseinandersetzung der Diltheyschen Richtung mit Heidegger und Husserl; *P. Ricœur:* Phénoménologie et herméneutique; *K. Kuypers:* Die Wissenschaften vom Menschen und Husserls Theorie von zwei Einstellungen; *O. F. Bollnow:* Philosophie der Erkenntnis, S. 110; *A. Diemer:* Elementarkurs Philosophie – Dialektik, S. 126.

[2] Vgl. oben I. 1.

[3] Vgl. oben I. 2.

[4] Siehe I. 1.

[5] Siehe *H. Danner:* Überlegungen zu einer ›sinn‹-orientierten Pädagogik; *ders.:* Verantwortung und Pädagogik. Anthropologische und ethische Untersuchungen zu einer sinnorientierten Pädagogik; *ders.:* Erziehung vermittelt ›Sinn‹. Eine Studie; *ders.:* Vom Bambus zur Panflöte. Über den Zusammenhang von Sinnen, Sinn und Bildung; *K. Dienelt:* Von der Metatheorie der Erziehung zur ›sinn‹-orientierten Pädagogik.

Literaturverzeichnis

Aus Umfanggründen nehmen wir hier nur die zitierte Literatur auf; für weitere Literaturhinweise siehe: *S. Oppolzer* und *Hintjes*.

Abkürzungen

Hist. Wb.Philos. = J. Ritter (Hrsg.): Historisches Wörterbuch der Philosophie, Basel 1971ff.
PädRdsch = Pädagogische Rundschau
ZfPäd = Zeitschrift für Pädagogik

Albert, H.: Die moderne Wissenschaftslehre und der methodologische Autonomieanspruch der Geisteswissenschaften, in: *S. Oppolzer* (Hrsg.): Denkformen und Forschungsmethoden der Erziehungswissenschaft, Band 1, München 1966.
Apel, K. O. u.a.: Hermeneutik und Ideologiekritik, Frankfurt a.M. 1971.
—/ *J. Manninen/R. Tuomela* (Hrsg.): Neue Versuche über Erklären und Verstehen, Frankfurt a.M. 1978.
Ballauff, T./K. Schaller: Pädagogik, Band 3, Freiburg/München 1974.
Barion, J.: Ideologie — Wissenschaft — Philosophie, Bonn 1966.
Bartels, K.: Wilhelm Dilthey, in: *J. Speck* (Hrsg.): Geschichte der Pädagogik des 20. Jh., Band 1, Stuttgart 1978.
Barritt, L. u.a.: Das Versteck-Dich-Spiel; in: *W. Lippitz/K. Meyer-Drawe* (Hg.): Lernen und seine Horizonte, Königstein 1982.
Becker, W./W. K. Essler (Hg.): Konzepte der Dialektik. Frankfurt a.M. 1981.
Beckmann, H. R.: Geisteswissenschaftliche Methoden, in: *L. Roth* (Hrsg.): Methoden erziehungswissenschaftlicher Forschung, Stuttgart 1978.
Beekman, T./H. Bleeker/K. Mulderij: Kinder wohnen auch – Eine Orientierung in der niederländischen Kinderlandschaft; in: *H. Hengst* (Hg.): Kindheit in Europa. Zwischen Spielplatz und Computer. Frankfurt a.M. 1985.
Benner, D.: Hauptströmungen der Erziehungswissenschaft, München 1973.
—/ *W. Schmied-Kowarzik*: Herbarts praktische Philosophie und Pädagogik, Düsseldorf 1967.
Betti, E.: Die Hermeneutik als allgemeine Methodik der Geisteswissenschaften, Tübingen [2]1972.
Biemel, W.: Die entscheidenden Phasen der Entfaltung von Husserls Philosophie, in: Zeitschrift für philosophische Forschung, 1959.
Binswanger, L.: Ausgewählte Vorträge und Aufsätze, Band 1, Bern [2]1961.
—, Grundformen und Erkenntnis menschlichen Daseins, München [3]1962.
Blaß, J. L.: Modelle pädagogischer Theoriebildung, Band 1, Stuttgart 1978.
Bleeker, H./K. Mulderij: Pedagogiek op je knieen. Aspecten van kwalitatief-pedagogisch onderzoek. Amsterdam 1984.
Bocheński, I. M.: Die zeitgenössischen Denkmethoden, Bern [4]1969.
Bock, I.: Kommunikation und Erziehung, Darmstadt 1978.
Boehm, R.: »Erklären« und »Verstehen« bei Dilthey, in: Zeitschrift für philosophische Forschung, 1950.
Böhm, W./J. Schriewer (Hrsg.): Geschichte der Pädagogik und systematische Erziehungswissenschaft, Stuttgart 1975.
Bokelmann, H.: Pädagogik, Erziehung, Erziehungswissenschaft, in: *J. Speck/G. Wehle* (Hrsg.): Handbuch pädagogischer Grundbegriffe, Band 2, München 1970.

Literaturverzeichnis 245

Bollnow, O. F.: Die pädagogische Atmosphäre, Heidelberg [4]1970.
—, Die anthropologische Betrachtungsweise in der Pädagogik, Essen 1965.
—, Dilthey. Eine Einführung in seine Philosophie, Stuttgart [2]1955.
—, (Hrsg.): Erziehung in anthropologischer Sicht, Zürich 1969.
—, Existenzphilosophie und Pädagogik, Stuttgart [3]1965.
—, Zur Frage nach der Objektivität der Geisteswissenschaften, in: *S. Oppolzer* (Hrsg.): Denkformen und Forschungsmethoden in der Erziehungswissenschaft, Band 1, München 1966.
—, Grenzen des Verstehens, in: *O. F. Bollnow*: Einfache Sittlichkeit, Göttingen 1947.
—, Philosophie der Erkenntnis, Stuttgart 1970.
—, Das Verstehen, Mainz 1949.
—, Wesen und Wandel der Tugenden, Frankfurt a.M. 1958.
—, Empirische Wissenschaft und Hermeneutische Pädagogik, in: ZfPäd 1971.
—, Der Wissenschaftscharakter der Pädagogik, in: *O. F. Bollnow* (Hrsg.): Erziehung in anthropologischer Sicht, Zürich 1969.
Böversen, F.: Erkennen — Werten — Verantworten, in: PädRdsch 1968.
Brezinka, W.: Grundbegriffe der Erziehungswissenschaft, München [3]1977.
—, Metatheorie der Erziehung, München 1978.
—, Über den Wissenschaftsbegriff der Erziehungswissenschaft und die Einwände der weltanschaulichen Pädagogik, in: ZfPäd 1967.
Broecken, R.: Hermeneutische Pädagogik, in: *T. Ellwein* u.a. (Hrsg.): Erziehungswissenschaftliches Handbuch, Band 4, Berlin 1975.
Bröcker, W.: Dialektik, Positivismus, Mythologie, Frankfurt a.M. 1958.
Buck, G.: Hermeneutik und Bildung, München 1981.
Claesges, U.: Epoché, in: Hist. Wb.Philos., Band 2.
Coenen, H.: Diesseits von subjektivem Sinn und kollektivem Zwang. München 1985.
Cohn, J.: Theorie der Dialektik, Leipzig 1923.
Copei, F.: Der fruchtbare Moment im Bildungsprozeß. Heidelberg 1969, 9. Aufl.
Coreth, E.: Grundfragen der Hermeneutik, Freiburg 1969.
Dahmer, I./W. Klafki (Hrsg.): Die geisteswissenschaftliche Pädagogik am Ausgang ihrer Epoche — Erich Weniger, Weinheim 1968.
Danner, H.: Das erzieherische Verhältnis in Rousseaus »Emile«, in: Paedagogica Historica, 1978.
—, Überlegungen zu einer ›sinn‹-orientierten Pädagogik; in: *M. J. Langeveld/H. Danner*: Methodologie und ›Sinn‹-Orientierung in der Pädagogik. München 1981.
—, Lebenswelt ist aller Pädagogik Anfang. Ein Bericht über die Erste Tagung des Arbeitskreises für phänomenologisch-pädagogische Forschungen in Siegen, Oktober 1983; in: Bildung und Erziehung 1984.
—, Die phänomenologische Anthropologie Ludwig Binswangers. Ihre Bedeutung für die Pädagogik; in: *H. Danner/W. Lippitz* (Hg.): Beschreiben — Verstehen — Handeln. München 1984.
—, Verantwortung und Pädagogik. Anthropologische und ethische Untersuchungen zu einer sinnorientierten Pädagogik. Königstein 1985, 2. Aufl.
—, Erziehung vermittelt ›Sinn‹. Eine Studie; in: Utrechtse Pedagogische Cahiers, Nr. 7. Utrecht, Niederlande, 1985.
—, Senses and meaning, quality and education: Some notes on a workshop; in: Phenomenology + Pedagogy 1986.
—, Die hermeneutische Bedeutung der Sinne in der Pädagogik; in: Erziehung und Bildung 1988.
—, Vom Bambus zur Panflöte. Über den Zusammenhang von Sinnen, Sinn und Bildung; in: *W. Lippitz/Ch. Rittelmeyer* (Hg.): Phänomene des Kinderlebens. Bad Heilbrunn 1989.
— /*W. Lippitz* (Hg.): Beschreiben — Verstehen — Handeln. München 1984.

246   Literaturverzeichnis

Derbolav, J.: Grundlagenprobleme der Erziehungstheorie, in: Bildung und Erziehung, 1951.
—, Eine »Metatheorie der Erziehung«, Überlegungen von Wolfgang *Brezinkas* neuestem Werk, in: PädRdsch 1978.
—, Systematische Perspektiven der Pädagogik, Heidelberg 1971.
Diemer, A.: Elementarkurs Philosophie — Dialektik, Düsseldorf/Wien 1977.
—, Edmund Husserl, Meisenheim 1956.
—, Geisteswissenschaften, in: Hist. Wb.Philos., Band 3.
—, Die Phänomenologie und die Idee der Philosophie als strenge Wissenschaft, in: Zeitschrift für philosophische Forschung, 1959.
—, Die Trias Beschreiben, Erklären, Verstehen in historischem und systematischem Zusammenhang, in: *A. Diemer* (Hrsg.): Der Methoden- und Theorienpluralismus in den Wissenschaften, Meisenheim 1971.
—, Der Wissenschaftsbegriff in den Natur- und Geisteswissenschaften, in: Studia Leibnitiana, Sonderheft 5, 1975.
—, Elementarkurs Philosophie — Dialektik. Düsseldorf/Wien 1976.
— Phänomenologie; in: *A. Diemer/I. Frenzel* (Hrsg.): Philosophie, Frankfurt 1967.
Dienelt, K.: Von der Metatheorie der Erziehung zur »sinn«-orientierten Pädagogik. Frankfurt a.M. 1984.
Dietrich, T.: Der Ertrag der geisteswissenschaftlichen Pädagogik für die Schule, in: *W. Böhm/J. Schriewer*: Geschichte der Pädagogik und systematische Erziehungswissenschaft, Stuttgart 1975.
Dilthey, W.: Gesammelte Schriften, Band I: Einleitung in die Geisteswissenschaften, Stuttgart ^{5}1962,
Band V: Die geistige Welt I, Stuttgart ^{3}1961,
Band VI: Die geistige Welt II, Stuttgart ^{3}1958,
Band VII: Der Aufbau der geschichtlichen Welt in den Geisteswissenschaften, Stuttgart ^{3}1961.
Döpp-Vorwald, H.: Grundfragen der Erziehungswissenschaft, Ratingen 1964.
Drechsler, J.: Der pädagogische Ort der Freude, in: PädRdsch 1966.
—, Das Wirklichkeitsproblem in der Erziehungswissenschaft, Heidelberg 1959.
Ebeling, G.: Hermeneutik, in: Die Religion in Geschichte und Gegenwart, Band 3, Tübingen ^{3}1959.
Ellwein, T. u.a. (Hrsg.): Erziehungswissenschaftliches Handbuch, Band 4, Berlin 1975.
Emden, H.: Wesen und Aufgabe geisteswissenschaftlicher Pädagogik, in: PädRdsch 1977.
Feyerabend, P.: Wider den Methodenzwang, Frankfurt a.M. 1976.
Fink, E.: Einleitung zu: E. Husserl: Entwurf einer »Vorrede« zu den »Logischen Untersuchungen«, in: Tijdschrift voor Philosophie I/1-2, 1939.
—, Die phänomenologische Philosophie Edmund Husserls in der gegenwärtigen Kritik, in: Kant-Studien, Band 38, Berlin 1938.
Fischer, A.: Deskriptive Pädagogik, in: Zeitschrift für Pädagogische Psychologie und experimentelle Pädagogik, 1914.
Flitner, W.: Allgemeine Pädagogik. Stuttgart, ^{14}1974.
—, Erziehung, in: *E. Weber* (Hrsg.): Der Erziehungs- und Bildungsbegriff im 20. Jahrhundert, Bad Heilbrunn 1972.
—, Die Geisteswissenschaften und die pädagogische Aufgabe, in: Studium Generale 11, 1958.
—, Selbstdarstellung, in: *L. J. Pongratz* (Hrsg.): Pädagogik in Selbstdarstellungen, Band 2, Hamburg 1976.
—, Das Selbstverständnis der Erziehungswissenschaft in der Gegenwart, Heidelberg ^{4}1966.
—, Stellung und Methode der Erziehungswissenschaft, in: *F. Nicolin* (Hrsg.): Pädagogik als Wissenschaft, Darmstadt 1969.

Literaturverzeichnis 247

—, Vom Gesetz in der Geschichte, in: *W. Flitner* u.a.: Das Problem der Gesetzlichkeit, Band 1, Hamburg 1949.

Froese, L.: Voraussetzungen der geisteswissenschaftlichen Pädagogik, in: *L. Landgrebe* (Hrsg.): Beispiele, Den Haag 1965.

Gadamer, H. G.: Die phänomenologische Bewegung, in: Philosophische Rundschau, 1963.

—, Geisteswissenschaften, in: Die Religion in Geschichte und Gegenwart, Band 2, Tübingen [3]1958.

—, Hermeneutik, in: Hist. Wb.Philos., Band 3. Basel 1974.

—, Wahrheit und Methode, Tübingen [4]1975.

—/ *G. Boehm* (Hrsg.): Seminar: Philosophische Hermeneutik, Frankfurt a.M. 1976.

Gaßen, H.: Geisteswissenschaftliche Pädagogik auf dem Wege zur kritischen Theorie, Weinheim 1978.

Gerber, U. (Hrsg.): Hermeneutik als Kriterium für Wissenschaftlichkeit, Loccum 1972.

Giorgi, A.: Psychology as a human science. A phenomenologically based approach. New York 1970.

Graumann, C. F./A. Métraux: Die Phänomenologische Orientierung in der Psychologie, in: *K. A. Schneewind* (Hrsg.): Wissenschaftstheoretische Grundlagen der Psychologie, München 1977.

Groothoff, H. H.: Einführung in die Erziehungswissenschaft, Ratingen/Kastellaun 1975.

—, Phänomenologie der Erziehung, in: *T. Ellwein* u.a. (Hrsg.): Erziehungswissenschaftliches Handbuch, Band 4, Berlin 1975.

Gruschka, A.: Von Spranger zu Oevermann; in ZfPäd 1985.

Hardöfer, L.: Empirische oder geisteswissenschaftliche Pädagogik? In: PädRdsch 1968.

Hegel, G. W. F.: Phänomenologie des Geistes, hrsg. von *J. Hoffmeister*, Hamburg [6]1952.

Heidegger, M.: Sein und Zeit, Tübingen [10]1963.

—, Der Ursprung des Kunstwerkes, in: *M. Heidegger*: Holzwege, Frankfurt a.M. [4]1963.

Heiss, R.: Wesen und Formen der Dialektik, Köln/Berlin 1959.

Helle, H.J.: Verstehende Soziologie und Theorie der Symbolischen Interaktion, Stuttgart 1977.

Hellemans, M./P. Smeyers (Hg.): Phänomenologische Pädagogik: Methodologische und theoretische Ansätze. Leuven/Amersfoort 1987.

Herrmann, U.: Die Pädagogik Wilhelm Diltheys, Göttingen 1971.

Hintjes, J.: Geesteswetenschappelijke pedagogiek. Amsterdam 1981.

Hoffmann, E.: Das dialektische Denken in der Pädagogik, Langensalza 1929.

Hufnagel, E.: Einführung in die Hermeneutik, Stuttgart 1976.

Huschke, R.: Pädagogik *und* Erziehungswissenschaft, Essen 1973.

Huschke-Rhein, R.: Das Wissenschaftsverständnis in der geisteswissenschaftlichen Pädagogik. Dilthey — Litt — Nohl — Spranger. Stuttgart 1979.

—, Zum Verhältnis von Wissenschaftstheorie und Wissenschaftsdidaktik in der Pädagogik anläßlich neuer Literatur; in PädRdsch 1980.

—, Systempädagogische Wissenschaftslehre als Bildungslehre im Atomzeitalter. Köln 1986.

—, Qualitative Forschungsmethoden und Handlungsforschung. Köln 1987.

Husserl, E.: Husserliana — Edmund Husserls Gesammelte Werke, Den Haag 1950ff.,
Band I: Cartesianische Meditationen und Pariser Vorträge,
Band III: Ideen zu einer reinen Phänomenologie und phänomenologischen Philosophie. Erstes Buch,

248   Literaturverzeichnis

Band VI: Die Krisis der europäischen Wissenschaften und die transzendentale Phänomenologie.
—, Erfahrung und Urteil, Hamburg 1972.
—, Logische Untersuchungen, Band I und II (1. und 2. Teil), Halle [2]1913.
—, Fünfte Logische Untersuchung, hrsg. von *E. Ströker*, Hamburg 1975.
Huwendiek, V.: Erziehungsgeschichte und traditionelle Hermeneutik, in: *V. Lenhart* (Hrsg.): Historische Pädagogik, Wiesbaden 1977.
Janssen, P.: Edmund Husserl, Freiburg/München 1976.
—, Lebenswelt; in: Hist. Wb.Philos. Basel 1980.
Kaltschmid, J.: Zum Problem der Voraussetzungslosigkeit und Wertfreiheit der Erziehungswissenschaft, in: PädRdsch 1968.
Kanning, F.: Strukturwissenschaftliche Pädagogik, Heidelberg 1953.
Kant, I.: Kritik der reinen Vernunft, hrsg. von *W. Weischedel*, Darmstadt [2]1966.
Kaulbauch, F.: Philosophie der Beschreibung, Köln 1968.
—, Schleiermachers Idee der Dialektik, in: Neue Zeitschrift für systematische Theologie und Religionsphilosophie, 1968.
Kiel, G.: Zur Geschichte und Problematik der geisteswissenschaftlichen Pädagogik, in: PädRdsch 1967.
—, Phänomenologie und Pädagogik, in: PädRdsch 1966.
Klafki, W.: Dialektisches Denken in der Pädagogik, in: *J. Derbolav/F. Nicolin* (Hrsg.): Geist und Erziehung, Bonn 1955.
— u.a.: Erziehungswissenschaft, Band 3, Frankfurt 1970.
Kraft, J.: Die Unmöglichkeit der Geisteswissenschaft, Frankfurt [2]1957.
Krapp, A./S. Prell: Empirische Forschungsmethoden, München 1975.
Kuypers, K.: Die Wissenschaften vom Menschen und Husserls Theorie von zwei Einstellungen, in: *A. T. Tymienicka* (Hrsg.): Analecta Husserliana, Band 1, Dordrecht 1971.
Landgrebe, L.: Phänomenologie und Metaphysik, Hamburg 1949.
—, Wilhelm Diltheys Theorie der Geisteswissenschaften, in: Jahrbuch für Philosophie und phänomenologische Forschung, 1928.
Landsheere, G. de: Einführung in die pädagogische Forschung, Weinheim 1969.
Langer, I./F. Schulz von Thun: Messung komplexer Merkmale in Psychologie und Pädagogik. München 1974.
Langeveld, M. J.: Einführung in die theoretische Pädagogik, Stuttgart [8]1973.
—, Das Erziehungsverhältnis der Eltern zum Kinde, in: Internationale Zeitschrift für Erziehungswissenschaft, 1955.
—, Die Schule als Weg des Kindes, Braunschweig [2]1963.
—, Studien zur Anthropologie des Kindes, Tübingen [3]1968.
—, Theoretische und empirische Forschung in der Pädagogik, in: ZfPäd 1964.
—, Grundzüge der erziehungswissenschaftlichen Methodologie; in: *ders./H. Danner*: Methodologie und ›Sinn‹-Orientierung in der Pädagogik. München 1981.
Lassahn, R.: Einführung in die Pädagogik, Heidelberg [2]1976.
—, Verlust der Geschichte, in: PädRdsch 1978.
Lenhart, V. (Hrsg.): Historische Pädagogik, Wiesbaden 1977.
Levinas, E.: Über die ›Ideen‹ Edmund Husserls, in: *H. Noack* (Hrsg.): Husserl, Darmstadt 1973.
Lichtenstein, E.: Bemerkungen zur Phänomenologie der Erziehungsweisen, in: *W. Brezinka* (Hrsg.): Weltweite Erziehung, Freiburg 1961.
—, Erziehung, Autorität, Verantwortung, Ratingen 1967.
—, Schleiermachers Pädagogik, in: Neue Zeitschrift für systematische Theologie und Religionsphilosophie, 1968.
— (Hrsg.): F. E. D. Schleiermacher: Ausgewählte Schriften, Paderborn [2]1964.
Linke, W.: Aussage und Deutung in der Pädagogik. Heidelberg 1966.
Lippitz, W.: »Lebenswelt« oder die Rehabilitierung vorwissenschaftlicher Erfahrung. Ansätze eines phänomenologisch begründeten anthropologischen und

Literaturverzeichnis 249

sozialwissenschaftlichen Denkens in der Erziehungswissenschaft. Weinheim 1980.

—,/ *J. Plaum*: Tasten — Gestalten — Genießen. Einführung in konkretes pädagogisch-anthropologisches Denken an Unterrichtsbeispielen aus der Grundschule. Königstein 1981.

—,/ *K. Meyer-Drawe* (Hg.): Lernen und seine Horizonte. Phänomenologische Konzeptionen menschlichen Lernens — didaktische Konsequenzen. Königstein 1982.

—,/ *K. Meyer-Drawe* (Hg.): Kind und Welt. Phänomenologische Studien zur Pädagogik. Königstein 1984.

—,/ *Ch. Rittelmeyer* (Hg.): Phänomene der Kinderwelt. Bad Heilbrunn 1989.

Lipps, H.: Untersuchungen zu einer hermeneutischen Logik, Frankfurt a.M. [2]1959.

Litt, T.: Das Allgemeine im Aufbau der geisteswissenschaftlichen Erkenntnis, Groningen [2]1959.

—, Führen oder Wachsenlassen, Stuttgart [13]1967.

—, Das Wesen des pädagogischen Denkens, in: *F. Nicolin* (Hrsg.): Pädagogik als Wissenschaft, Darmstadt 1969.

Loch, W.: Beiträge zu einer Phänomenologie von Gespräch und Lehre, in: Bildung und Erziehung 1962.

—, Phänomenologische Pädagogik; in: Enzyklopädie der Erziehungswissenschaft, Band I. Stuttgart 1983.

Lochner, R.: Deskriptive Pädagogik, Darmstadt [2]1967.

—, Deutsche Erziehungswissenschaft, Meisenheim 1975.

—, Phänomene der Erziehung, Meisenheim 1975.

Luttringer, K.: Dialektik und Pädagogik. Frankfurt u.a. 1980.

Manen, M. van: Practicing Phenomenological Writing; in: Phenomenology + Pedagogy 1984.

Maraldo, J.C.: Der hermeneutische Zirkel, Freiburg/München 1974.

Menze, C.: Bildung, in: *J. Speck/G. Wehle* (Hrsg.): Handbuch pädagogischer Grundbegriffe, Band 1, München 1970.

—, »Auf dem Boden des unsichtbaren Gottes«, in: PädRdsch 1968.

—, Erziehungswissenschaft und Erziehungslehre, in: *F. J. Holtkemper* (Hrsg.): Pädagogische Blätter, Ratingen 1967.

—, Kritik und Metakritik des pädagogischen Bezugs, in: PädRdsch 1978.

—, Die Wissenschaft von der Erziehung in Deutschland, in: *J. Speck* (Hrsg.): Problemgeschichte der neueren Pädagogik, Band 1, Stuttgart 1976.

Merleau-Ponty, M.: Phänomenologie der Wahrnehmung. Berlin 1966.

Meyer-Drawe, K.: Leiblichkeit und Sozialität. Phänomenologische Beiträge zu einer pädagogischen Theorie der Inter-Subjektivität. München 1984.

Misch, G.: Lebensphilosophie und Phänomenologie, Darmstadt [3]1975.

Müller, M./A. Halder (Hrsg.): Herders kleines philosophisches Wörterbuch, Freiburg [10]1967.

Muth, J.: Pädagogischer Takt, Heidelberg 1952.

Nicklis, W. S./H. Wehrmeyer: Erziehungswissenschaftliche Forschungsmethoden, Bad Heilbrunn 1976.

Nicolin, F. (Hrsg.): Pädagogik als Wissenschaft, Darmstadt 1969.

Noack, H. (Hrsg.): Husserl, Darmstadt 1973.

Nohl, H.: Die pädagogische Bewegung in Deutschland und ihre Theorie, Frankfurt a.M. [7]1970.

Oppolzer, S. (Hrsg.): Denkformen und Forschungsmethoden in der Erziehungswissenschaft, Band 1, München 1966; Band 2, München 1969.

Orth, E. W. (Hg.): Dialektik und Genesis in der Phänomenologie. Freiburg i. Brsg. 1980.

Perquin, N. C. A.: Pädagogik, Düsseldorf 1961.

Petersen, Peter: Der Ursprung der Pädagogik, Berlin/Leipzig 1931.

250 Literaturverzeichnis

Picht, G.: Der Begriff der Verantwortung, in: *G. Picht*: Wahrheit, Vernunft, Verantwortung, Stuttgart 1969.
Polakow, V.: The erosion of childhood. Chicago 1982.
Polkinghorne, D.: Methodology for the human sciences. Systems of inquiry. Albany, USA, 1983.
Plöger, W.: Phänomenologie und ihre Bedeutung für die Pädagogik. München/Paderborn 1986.
Reble, A.: Geisteswissenschaftliche Pädagogik, in: Hist. Wb.Philos., Band 3.
—, Geschichte der Pädagogik, Stuttgart ¹²1975.
Reich, K.: Erziehung und Erkenntnis, Stuttgart 1978.
Ricœur, P.: Phénoménologie et herméneutique, in: *H. Rombach* u.a. (Hrsg.): Phänomenologie heute, Freiburg/München 1975.
Ritter, J.: Die Aufgabe der Geisteswissenschaften in der modernen Gesellschaft, Münster 1961.
Ritzel, W.: Methoden: Hermeneutische Verfahren in der Erziehungswissenschaft, in: *J. Speck/G. Wehle* (Hrsg.): Handbuch pädagogischer Grundbegriffe, Band 2, München 1970.
Röd, W.: Dialektische Philosophie der Neuzeit, Band 1 und 2, München 1974.
Röhrs, H.: Forschungsmethoden in der Erziehungswissenschaft, Stuttgart ²1971.
—, Die Pädagogik A. Fischers, Heidelberg ²1967.
Rombach, H.: Der Kampf der Richtungen in der Wissenschaft, in: ZfPäd 1967.
Roth, L. (Hrsg.): Methoden erziehungswissenschaftlicher Forschung, Stuttgart 1978.
Ruhloff, J.: Das ungelöste Normproblem in der Pädagogik. Heidelberg 1980.
Ruprecht, H.: Einführung in die empirische pädagogische Forschung, Bad Heilbrunn 1974.
—, Die erfahrungswissenschaftliche Tradition der Erziehungswissenschaft, in: *H. Thiersch/H. Ruprecht/U. Herrmann*: Die Entwicklung der Erziehungswissenschaft, München 1978.
Rutt, R.: Die hermeneutische Dimension der Erziehungswirklichkeit, in: *V. Warnach* (Hrsg.): Hermeneutik als Weg heutiger Wissenschaft, Salzburg 1971.
Sartre, J. P.: Das Sein und das Nichts, deutsch: Hamburg 1962.
Scheler, M.: Der Formalismus in der Ethik und die materiale Wertethik, Halle 1913/16.
Scheuerl, H.: Probleme einer systematischen Pädagogik, in: *T. Ellwein* u.a. (Hrsg.): Erziehungswissenschaftliches Handbuch, Band 4, Berlin 1975.
—, Das Spiel, Weinheim 1954.
Schleiermacher, F.: Dialektik, hrsg. von *A. Arndt*, 2 Bände. Hamburg 1986, 1987.
—, Hermeneutik, hrsg. von *H. Kimmerle,* Heidelberg 1959.
—, Pädagogische Schriften, unter Mitwirkung von *Th. Schulze* hrsg. von *E. Weniger,* Band 1: Die Vorlesungen aus dem Jahre 1826, Düsseldorf/München ²1966.
Schmied-Kowarzik, W.: Dialektische Pädagogik, München 1974.
Schneider, K.: Das Problem der Beschreibung in der Erziehungswissenschaft, Heidelberg 1971.
Scholtz, G.: Historismus, Historizismus, in: Hist. Wb.Philos., Band 3.
Schulz, W.: Die Grundlagen der Hermeneutik Schleiermachers, ihre Auswirkungen und ihre Grenzen, in: Zeitschrift für Theologie und Kirche, 1953.
Schurr, J.: Zum Entwurf einer pädagogischen Hermeneutik, in: *J.L. Blaß* u.a. (Hrsg.): Bildungstradition und moderne Gesellschaft, Hannover 1975.
—, Pädagogik und normative Wissenschaften, in: *J. Speck* (Hrsg.): Problemgeschichte der neueren Pädagogik, Band 2, Stuttgart 1976.
—, Schleiermachers Theorie der Erziehung. Interpretation zur Pädagogikvorlesung von 1826, Düsseldorf 1975.
Schwager, K. H.: Methode und Methodenlehre, in: *J. Speck/G. Wehle* (Hrsg.): Handbuch pädagogischer Grundbegriffe, Band 2, München 1970.

Literaturverzeichnis 251

Schwarz, R.: Bildung als Problem und Aufgabe heute, in: *H. Röhrs* (Hrsg.): Erziehungswissenschaft und Erziehungswirklichkeit, Frankfurt a.M. 1967.
—, Wissenschaft und Bildung, Freiburg/München 1957.
Seiffert, H.: Einführung in die Wissenschaftstheorie, Band 2, München 1970.
Skowronek, H./D. Schmied (Hrsg.): Forschungstypen und Forschungsstrategien in der Erziehungswissenschaft, Hamburg 1977.
Spaemann, R.: Dialektik und Pädagogik, in: PädRdsch 1961.
Speck, J. (Hrsg.): Geschichte der Pädagogik des 20. Jh., Band 1 und 2, Stuttgart 1978.
Spiegelberg, H.: The phenomenological movement. Den Haag u.a. 1982.
Spranger, E.: Berufsbildung und Allgemeinbildung, in: *E. Spranger:* Grundlegende Bildung — Berufsbildung — Allgemeinbildung, Heidelberg [2]1968.
—, »Das Leben bildet«, in: *E. Spranger:* Gesammelte Schriften, Band 2, Heidelberg 1973.
—, Lebensformen, Tübingen [9]1966.
—, Pädagogische Perspektiven, Heidelberg [8]1965.
—, Pestalozzis Denkformen, Heidelberg [2]1959.
—, Der Sinn der Voraussetzungslosigkeit in den Geisteswissenschaften, Heidelberg 1963.
—, Verstehen und Erklären. Thesen, in: *E. Spranger:* Gesammelte Schriften, Band 4, Tübingen 1974.
Strasser, S.: Erziehungswissenschaft — Erziehungsweisheit, München 1965.
—, Phänomenologie und Erfahrungswissenschaft vom Menschen, Berlin 1964.
Ströker, E.: Einführung in die Wissenschaftstheorie, Darmstadt [2]1977.
—, Das Problem der ἐποχή in der Philosophie Edmund Husserls, in: *A.-T. Tymieniecka* (Hrsg.): Analecta Husserliana, Band 1, Dordrecht 1971.
—, (Hrsg.): Lebenswelt und Wissenschaft in der Philosophie Edmund Husserls. Frankfurt a.M. 1979.
—, Husserls transzendentale Phänomenologie. Frankfurt a.M. 1987.
Stütz, H.: Rezension von »*I. Dahmer/W. Klafki* (Hrsg.): Geisteswissenschaftliche Pädagogik am Ausgang ihrer Epoche — Erich Weniger«, in: PädRdsch 1968.
Szilasi, W.: Einführung in die Phänomenologie Edmund Husserls, Tübingen 1959.
Thiersch, H.: Hermeneutik und Erfahrungswissenschaft, in: Die Deutsche Schule, 1966.
—, Die hermeneutisch-pragmatische Tradition der Erziehungswissenschaft, in: *H. Thiersch/H. Ruprecht/U. Herrmann:* Die Entwicklung der Erziehungswissenschaft, München 1978.
Uhle, R.: Geisteswissenschaftliche Pädagogik und kritische Erziehungswissenschaft, München 1976.
—, Verstehen und Verständigung im Unterricht, München 1978.
Wagner, F.: Schleiermachers Dialektik. Gütersloh 1974.
Wehrung, G.: Die Dialektik Schleiermachers, Tübingen 1920.
Wilhelm, T.: Pragmatische Pädagogik, in: *T. Ellwein u.a.* (Hrsg.): Erziehungswissenschaftliches Handbuch, Band 4, Berlin 1975.
Wimmer, F. M.: Verstehen, Beschreiben, Erklären, Freiburg 1978.
Wuchterl, K.: Methoden der Gegenwartsphilosophie, Bern 1977.
Zimbrich, F.: Über einige Antinomien der pädagogischen Reflexion und ihre Aufhebung in der Sprachlichkeit der Erziehung, in: PädRdsch 1977.

Namensverzeichnis (ohne Anmerkungen)

Adorno, T.W.   171
Aristoteles   33
Ast, F.   57

Ballauff, T.   96
Barritt, L.S.   144
Beekman, T.   144, 169
Betti, E.   41, 63f
Binswanger, L.   232
Bollnow, O.F.   21, 25f, 52–54, 62, 66f, 116, 122, 143f, 158, 167
Brezinka, W.   96
Broecken, R.   44, 94, 113
Buck, G.   113

Camus, A.   178
Coenen, H.   144
Cohn, J.   181

Dannhauser, J.   33
Derbolav, J.   143, 198
Descartes, R.   124
Diemer, A.   19, 67, 151, 173, 187
Dilthey, W.   20–23, 26, 28f, 32–36, 38–41, 43f, 47–51, 53, 58, 67–77, 84–86, 88, 100, 116, 159, 215, 217, 220
Drechsler, J.   143

Fichte, J.G.   178
Fink, E.   142
Fischer, A.   25, 122, 143–147, 149–152, 154f, 158
Flitner, W.   23, 26, 30, 91, 98, 116, 143f, 167, 220
Frischeisen-Köhler, M.   26

Gadamer, H.-G.   33, 51, 65, 67f, 77–88, 91, 100, 159
Groothoff, H.-H.   94

Hegel, G.F.W.   21, 25, 170, 176–178, 180–182, 185f, 189
Heidegger, M.   122, 152, 158
Heiß, R.   175, 187
Hellemans, M.   169
Hintjes, J.   30
Hoffmann, E.   174, 195–199, 202f
Huschke-Rhein, R.   8, 30, 216, 220, 222f

Husserl, E.   120–126, 129f, 133–138, 141–143, 148–150, 155, 168

Janssen, P.   124, 126, 135–137
Jaspers, K.   195

Kanning, F.   143
Kant, I.   20, 25f, 28, 43, 170, 174–178, 185, 205
Kerschensteiner, R.   26
Kiel, G.   141
Kierkegaard, S.   170, 177f
Klafki, W.   94, 198

Langeveld, M.J.   8, 25f, 122, 143f, 158–167, 220
Lichtenstein, E.   143, 154, 156
Linke, W.   105
Lippitz, W.   9, 145, 159, 169
Litt, T.   26f, 171, 191, 198, 220
Loch, W.   143
Lochner, R.   143
Luther, M.   71, 76
Luttringer, K.   203

Manen, M. v.   144f, 232
Marx, K.   170, 177, 180
Meister, R.   26f, 29
Merleau-Ponty, M.   9, 120–122, 135, 137–141, 145, 168
Meyer-Drawe, K.   139, 145, 169
Misch, G.   52
Mollenhauer, K.   96
Mozart, W.A.   41
Muth, J.   143

Nohl, H.   23, 26, 97, 196, 198, 200, 203

Perquin, N.C.A.   143–146, 151
Pestalozzi, H.   39, 60, 119
Petersen, P.   142
Picht, G.   50
Platon   173f, 185
Plaum, J.   169
Plöger, W.   159
Polkinghorne, D.   216

Reble, A.   25, 97
Rittelmeyer, Ch.   169

Namensverzeichnis   253

Röhrs, H.   30, 147
Rousseau, J.-J.   51, 77, 99, 149, 174, 197
Ruhloff, J.   220

Sartre, J.-P.   122
Scheler, M.   122
Scheuerl, H.   143
Schleiermacher, F.   20, 26, 28, 33, 57f, 67f, 85—88, 171, 174, 185, 198f, 203—212, 214
Schmied-Kowarzik, W.   198
Schütz, A.   168f
Schwarz, R.   24, 29

Shakespeare, W.   39, 75
Sokrates   170, 172f, 185
Spaemann, R.   198
Spiegelberg, H.   135
Spranger, E.   21, 26—29, 91, 116, 220
Stalin, J.   189
Strasser, S.   143—146, 157, 159, 167
Ströker, E.   136

Weniger, E.   11, 23, 26, 205
Wilhelm, T.   113
Wuchterl, K.   58

Sachverzeichnis

Allgemeingültigkeit 51f, 54f, 63, 66, 115, 124, 157, 158, 225, 237
Antinomie 170, 175, 196f, 199—203, 215, 241f
Antithese 173f, 176, 178—182, 186—188, 192f, 209, 213, 242
Anwendung 78—84, 87, 91, 99, 111
Applikation s. Anwendung
Aufhebung (dialektische) 180—182, 186, 202, 207, 209
Auslegung 31f, 40, 71, 77f, 81—83, 102, 223
Autorität 14, 107, 146, 156, 206f

Bedeutung 35f, 40f, 48, 62, 78, 82f, 98, 101, 103, 112, 140, 214
Beschreiben 117—119, 124, 141, 147—156, 158, 163—168, 191, 202, 213f, 235, 237f
Bewußtsein 123f, 126, 124, 133f, 137—140, 150, 237f
— Gegebenheit 118, 120, 125, 141
Bezug, pädagogischer 23, 27, 91, 106f, 111, 148f, 156, 159—166, 229, 231, 238, 242
Bildung 23, 27—29, 75, 91f, 97, 99f, 110, 146, 215, 231, 242

Darstellung (dialektische) 11, 166f, 173f, 178, 185, 194f, 197f, 202
Denken 175—177, 185—192, 190—192, 194—197, 201f, 213f
Deskription s. Beschreiben
Dialektik 9, 15, 30, 34, 114, 157, 159, 168—171, 174, 177—179, 188, 190—192, 194f, 198, 202f, 210, 212—215, 239—241
  Ansätze 171—178, 202
  Begriff 171f, 185f
  Denk- 174f, 178, 185
  Grenzen 176, 180f, 186—188, 190f, 193, 242
  polare 205
  verstehende 190—198, 202, 211
  Vertreter 198, 242
Differenz, hermeneutische 57f, 63, 66
Dynamik (dialektische) 181—183, 187—189, 200, 202, 212

Eidos s. Wesen
Einstellung, natürliche 122, 126—129, 133—135, 138
  phänomenologische 122, 126, 128—130, 133—135
  theoretische 126, 147f, 163
  vorurteilsfreie 147f, 151, 158f, 163, 166, 193, 213f
Enthaltung 147—149, 158, 163, 166
Entscheidung 97f, 114f, 196f, 214f
Epoché 122, 126—129, 133f, 141, 148, 234
Erfahrung, existentielle 177f, 180, 186, 194f, 197f, 202
Erkenntnis 17f, 24, 29, 53, 96, 172, 174—178, 185, 187f, 191, 213—215
Erklären 34—37, 42, 62, 65, 93, 104, 152—154, 158, 191, 214, 221f
Erziehung 23, 27—29, 52, 56f, 91f, 97—100, 104, 107, 110, 147, 149, 201, 205—211, 215, 241
  -wirklichkeit 23, 25, 29, 34, 93, 100, 104—109, 111—113, 167, 190f, 196—198, 202, 212, 230, 241
  -wissenschaft, kritische 11, 25, 29, 166, 219f
  -ziel 23, 29, 109, 112, 146
Evidenz 125, 168, 234
Existenz 138
Existenzphilosophie 21, 25, 120, 194f

Ganzheit 21, 23, 29, 42f, 60, 63, 66, 75, 115, 160f, 182
Geist 21f, 24, 29, 35, 41, 43, 51, 68, 72—75, 77, 104, 215, 218, 222
  absoluter 176f
  objektiver 47—51, 54f, 58f, 62f, 66, 68, 72, 88, 106, 213, 222, 224
Geisteswissenschaft(en) 19—22, 24, 28, 33, 43, 52, 68, 78f, 81, 115, 119f, 127, 168, 217f, 221, 225, 231
Geschichte, Geschichtlichkeit 21f, 24, 28, 49—51, 63, 66, 68, 71f, 76, 78, 83, 87f, 91, 93, 96, 112, 115, 148, 176f, 180, 185, 189, 219, 224f
Gesetzmäßigkeit 24, 35, 52, 101, 103, 221

Sachverzeichnis 255

Gespräch (dialektisches) 157, 170, 172f, 178, 185, 187, 194f, 203f, 214, 239, 242

Hermeneutik 9, 15, 30—32, 34, 44, 51f, 54, 65, 71, 77f, 84, 93, 97f, 107, 111, 113, 115, 119, 132—135, 149, 170—172, 190—195, 197f, 203f, 212—215, 220—222, 225, 226, 231, 240f
  allgemeine 33, 81 88f
  Begriff 31f
  Geschichte 32f
  Grenzen 89f, 108, 113—115, 187
  juristische 33, 78—81, 91, 222
  pädagogische 89—92, 99f, 104f, 107, 110, 113, 144, 228
  philologisch-historische 33, 71, 77—81, 91, 98, 226
  theologische 33, 81, 91, 226
  Vertreter 25f, 220, 229
Hineinversetzen 69, 74, 77
Hypothesen(bildung) 93, 95, 97, 100—104, 111

Ideologiekritik 115, 226, 229
Individualität 23f, 28f, 53, 67, 112, 115, 224
Intentionalität 124f, 129—131, 134f, 137, 141, 150, 155
Interpretation s. Auslegung, Textinterpretation
Intersubjektivität 136

Kausalität 22, 24, 36, 113, 115, 214f
Kind 168f
Kongenialität 32, 58, 67f, 71f, 76—78, 85f, 100
Konkretisierung 99f, 190, 201, 229
Konstitution (von Welt) 135, 137
Kultur 27—29, 49, 51, 53, 63, 67, 72, 91

Lebensphilosophie 21f, 28, 72, 88, 219
Lebenswelt 8f, 120, 128, 134—141, 149, 168f, 215
Lebenszusammenhang 44, 49, 68—70, 72—74, 86
Leiblichkeit 136—140, 169
Lernen 74f, 106, 111, 146
Logik 175, 187, 191, 194—196, 213f, 233, 239

Methoden 9, 12—19, 30, 62, 64, 76f, 88f, 97, 101, 103—105, 110, 113f,

116f, 119f, 123, 127, 130, 134f, 144—147, 150f, 157, 163, 166—171, 174, 177f, 186—193, 202, 212—214, 217, 224, 236, 240, 242
  Begriff 12
  empirische 15—17, 23, 114, 119, 213f, 237f
  geisteswissenschaftliche 14f, 17f, 34, 51
  Grenzen 14—16, 19

Nacherleben 69—71, 73—77, 86
Natur, -wissenschaft 20f, 24, 28, 35f, 119, 128, 177, 185, 214f, 217, 221f, 225
Negation 179f, 182, 186f, 209f
Norm(en) 114, 192, 196, 201, 213f

Objektivität 31, 52—55, 62f, 66, 102, 136

Pädagogik, Deskriptive 143, 237
  dialektische 193
  empirische 8, 11, 14, 100—103, 143, 150f, 167, 218
  geisteswissenschaftliche 8, 11, 19f, 22—25, 28—30, 34, 88—91, 97f, 107, 110, 115, 119, 135, 140, 142f, 145, 158, 167f, 170—172, 178, 190—195, 197f, 202, 201—203, 213, 215, 218—220, 228, 232, 240
  Geschichte 23, 97f, 110f, 167
  hermeneutische 89f, 110
  normative 25, 29
  philosophische 25, 29
  sinn-orientierte 8, 215, 243
Phänomen 117, 125, 129f, 134, 147, 151, 154, 158f, 168f, 237
Phänomenologie 9, 15, 30, 34, 104, 114, 117—122, 127f, 130, 134, 138, 141f, 152f, 170—172, 190—195, 199, 212—215, 233, 238, 241
  angewandte 120, 141f, 168, 213, 232
  Begriff 117
  Deskriptive 122
  Geschichte 142—144
  Grenzen 167f, 187
  Husserlsche 9, 120—125, 130—137, 140—142, 146, 150, 158, 168
  pädagogische 141, 143—147, 150f, 155, 158, 163, 166, 168
  Vertreter 142—144
  Wesens- 122
Philosophie 13f, 120, 123, 138, 216f

256 Sachverzeichnis

Qualität 23f, 101—103, 107, 127, 167, 177, 215

Reduktion 126, 128, 134, 136, 142, 149
  eidetische 122, 126, 130—133, 151f, 155
  phänomenologische 122f, 126, 128f, 131f, 135, 141f, 150, 155, 158, 234f
  priomordiale 136, 234
  transzendentale 120, 122, 126, 134—142, 158, 234
Regeln, hermeneutische 31, 33, 61—64, 66, 94—96, 103, 110, 226f
Rekonstruktion 73, 83
  grammatische 58, 68, 85
  psychologische 58, 68, 85f

Schule 27, 108, 151f, 155f
Setzen (dialektisches) 172, 179, 186, 192f, 202
Sein-zur-Welt 137, 139f
Sinn 8, 23f, 29, 39—48, 54, 62f, 66, 78f, 80, 82—84, 86f, 94, 101, 103, 106, 109f, 112, 115, 135, 140, 167f, 192, 201, 213, 215, 222f, 226, 228, 231
Sinne 136
Situation, hermeneutische 58, 67, 77f, 83—85, 87f
Sprache 49—51, 67, 71, 149, 156—159, 175, 185, 226, 238
Struktur 21, 23f, 29, 69, 72—75, 125, 146, 150f, 155, 167
Subjektivität 51—55, 58, 63, 66, 84, 87
  transzendentale 122, 124—126, 131—135, 141, 155, 233f
Synthese 173f, 176, 178, 180—183, 186f, 192—196, 200—204, 207—209, 211, 213, 241
System 176—179, 182, 186, 188—190, 193, 204, 219

Textinterpretation 32, 40, 44, 61f, 64f, 77, 80, 84, 93—96, 110, 113, 227
Theorie und Praxis 25, 29, 60f, 66, 98, 100, 109, 190, 201, 204, 240—242
These 173f, 176, 178—182, 186—188, 192f, 209, 213, 241

Umschlag (dialektischer) 180f, 186f

Variation 130f, 135, 155—157, 164f

Verantwortung 22f, 26f, 50, 92f, 100, 107, 112, 146, 168, 190, 192, 198f, 202f, 212, 228
Verstehen 8, 21, 31f, 34—40, 42f, 47—49, 51—53, 55f, 62, 65f, 68—88, 91—93, 96—100, 102—112, 115, 140, 152—154, 158, 168, 191, 197, 202, 213—215, 221—226, 230f
  Anders- 65, 67, 84, 87
  antizipierendes 192f, 196f, 202
  Besser- 64, 67, 74, 206
  elementares und höheres 41—46, 50, 55, 58, 61, 66, 69, 73, 77, 93, 105, 107, 109
  grammatisches 67
  -Horizont 42, 57, 84, 87, 106, 110, 226
  psychologisches 41, 43—46, 63, 65, 67, 75
  Sinn- 41—46, 63, 65
Vertrauen 16, 107, 189, 204, 211
Vorurteil 78, 84, 87, 99, 128, 134, 148f, 156
Vorverständnis 56—58, 63, 66, 87, 92—94, 97, 99, 103, 105, 110, 114, 223, 226
Vorwissen 56f, 63

Welt 123—130, 133—135, 137, 139f, 149
  theoretische 122, 126—128, 134, 141
Wert(e) 23, 29, 101, 103f, 109, 112, 167f, 196, 201, 214
Wesen 123f, 130f, 134f, 138, 154, 156—158, 164f, 167f, 213, 215, 235, 237
  -erfassung 147, 151f, 154f, 157f, 163—166, 168
  -schau 122, 130f, 134—141
Widerspruch 171f, 174, 176—182, 185—197, 199, 205—209, 211f, 215
  kontradiktorischer und konträrer 179, 186
Wirklichkeit 104, 106, 172, 174—178, 189, 230, 239
Wirkungsgeschichte 78, 80—82, 84, 87f, 228
Wissenschaftstheorie 12—15, 18f, 81, 88f, 97, 100, 103, 109, 115, 136, 139, 141f, 144, 168, 213f, 216, 219—221, 240

Zirkel, hermeneutischer 55—60, 62f, 66, 77, 92, 95, 103—106, 109, 115, 213f, 226, 231